四川省 2020—2021 年度重点图书出版规划项目
高速铁路同相牵引供电技术丛书

高速铁路同相供电关键技术与理论

张秀峰 著

西南交通大学出版社
·成 都·

图书在版编目（CIP）数据

高速铁路同相供电关键技术与理论 / 张秀峰著. —成都：西南交通大学出版社，2021.3
ISBN 978-7-5643-7639-0

Ⅰ.①高… Ⅱ.①张… Ⅲ.①高速铁路–供电系统–研究 Ⅳ.①U238

中国版本图书馆 CIP 数据核字（2020）第 262550 号

Gaosu Tielu Tongxiang Gongdian Guanjian Jishu yu Lilun
高速铁路同相供电关键技术与理论

张秀峰 / 著

责任编辑 / 李芳芳
封面设计 / 吴 兵

西南交通大学出版社出版发行
（四川省成都市金牛区二环路北一段 111 号西南交通大学创新大厦 21 楼 610031）
发行部电话：028-87600564 028-87600533
网址：http://www.xnjdcbs.com
印刷：四川森林印务有限责任公司

成品尺寸 185 mm×260 mm
印张 15.25 字数 379 千
版次 2021 年 3 月第 1 版 印次 2021 年 3 月第 1 次
书号 ISBN 978-7-5643-7639-0
定价 88.00 元

图书如有印装质量问题 本社负责退换
版权所有 盗版必究 举报电话：028-87600562

序一

自古以来交通就是人类文明进步的重要因素，哪里交通发达，哪里就繁荣！基于发达的交通，世界各个角落都可以实现互通有无、商品交换、贸易往来和文化交流。在众多的交通运输方式中，高速铁路以其节能、环保、高效、安全、舒适、快捷、准时等特点在运输市场竞争中脱颖而出，深受世界各国青睐、争相发展。目前世界高速铁路已进入网络化、国际化的飞速发展阶段。

工频单相交流制高速电气化铁路，经过多年运行，技术相对成熟，且具有安全、可靠、快速等特点，至今依然是高速铁路发展的主流。但是，为了削弱单相牵引负荷造成的系统三相严重不对称，电气化铁道牵引供电系统沿线采用了换相连接，不得不将异相之间用绝缘器分断。绝缘分断对高速铁路的可靠安全运行构成了威胁，制约了高速电气化铁路的发展。同时单相交流电气化铁路对周围有通信干扰，若采用交-直电力机车牵引，还存在大量谐波和无功。如何解决通信干扰、谐波、无功，特别是如何解决"过电分相"及负序问题，这关系高速电气化铁路的发展与未来。

无论是谐波、无功、负序，还是通信干扰，甚至是"过电分相问题"，就当前技术发展水平解决其中任何一个单一的问题都不存在难题。但是由于电气化铁路的特殊性，各种问题相互关联，如果只寻求解决某一单个问题，则时常会带来新的甚至是更严重的问题。我们不能只考虑滤除谐波，却不考虑滤除谐波的后果；不能只考虑解决"过电分相"，却不考虑由此带来的严重不对称问题。任何工程技术问题必然牵涉经济成本。因此，要想全面彻底解决高速电气化铁路诸多问题，并使系统的综合经济技术指标达到最佳，就必须从系统结构、方法、原理出发，构建变压器接线方式、牵引供电方式、通信防护和平衡补偿等各部分相互匹配，集供电与补偿于一体的新型同相供电系统。

本书作者是最早开展新型同相供电系统方面研究的学者之一，在长期的研究实践中，逐步形成了较为完善的理论体系。书中详细介绍了新型同相牵引供电系统构建方案，系统全面阐述了解决谐波、无功、负序、通信干扰和过电分相等一系列问题的关键技术和理论，是相关专家和学者必备的参考资料。

序二

　　本书作者针对单相工频交流电气化铁道存在负序、谐波、无功、通信干扰和"过电分相"问题，提出了将 AT 供电方式、不同接线方式变压器和平衡补偿装置三者有机结合，构建新型同相 AT 牵引供电系统，给出了基于"V"形变压器、"Y"形变压器和平衡变压器等多种平衡补偿同相 AT 牵引供电系统结构方案，并从供电可靠性、经济性和技术要求上，分析了各种方案的优劣。采用 AT 供电方式可以较好地解决通信干扰问题，采用由电力电子构成的平衡补偿装置可以动态实时补偿谐波、无功和负序，再结合合理的变压器接线方式可以构建出理想的新型同相供电系统。但是这首先需要研究解决系统最佳结构、平衡补偿的策略、最优补偿模型、最小设备容量、期望补偿电流检测方法、平衡补偿装置的合理结构、变流器的控制方法以及 AT 供电方式、不同接线方式变压器和平衡补偿装置如何实现最佳匹配等一系列的技术与理论问题。

　　为了在不同情况下都能使同相供电系统经济、高效、合理运行，本书讨论了两种最优补偿模型：以获得最佳负载为目标的对称电阻模型和以波形质量最优为目标的波形畸变最小模型；分析了设备容量与补偿端口和接线方式的关系，给出了三种满意补偿模型和设备容量最小化的方法。

　　本书讨论了当前谐波与无功电流检测方法所存在的问题和同相牵引供电系统综合补偿电流实时检测的特殊性，给出了多种新型检测方法，其中等效虚拟三相和基于 Fryze 功率定义的单相系统谐波与无功电流检测新方法，不需要构造环节，不存在构造延时，实时性好；基于最佳负载模型最优补偿电流检测方法无锁相环不受电压畸变影响；另外还给出了基于波形畸变最小模型的四种检测方法：有功电流分离检测法、等效虚拟三相检测法、考虑补偿度检测方法和无锁相环的检测方法。这些检测方法可以很好地适应电气化铁道同相牵引供电系统特殊性、复杂性和检测电流精确度、快速性的要求。

　　本书讨论了常用变流器的结构与系统的匹配方式，分析了不同接线方式同相牵引供电系统的平衡变换装置合理的结构，还提出了单相变流器双滞环电流比较状态优化控制方法和三相滞环比较单桥臂开关控制方法。

本书全面系统地阐述了高速铁路同相牵引供电系统的各种关键技术与理论,构建的系统方案能够有效解决谐波、无功、负序和"过电分相"以及通信干扰问题,并对于高速铁路运行安全性、可靠性、经济性和技术性能有很大改善。本书是针对本专业博士研究生、硕士研究生和相关学者撰写,可作为本专业本科生和从事相关工作与研究的专家、科技工作者参考资料。

序三

单相交流电气化铁路除了谐波、无功和通信干扰之外，最突出的问题是单相牵引负荷引起了三相系统严重不平衡，通常的解决办法——换相连接只能减轻但并不能彻底解决系统不平衡问题，尤其是换相连接后各供电区段需要用分相绝缘器分隔。而分相绝缘器，无论在电气上还是机械上都是薄弱环节，高速电力机车过电分相时存在较大隐患，制约了高速、重载铁路的发展。因此，综合考虑各种因素，彻底解决"过电分相"问题，构建不仅对通信干扰有很好的防护效果，同时又能有效平衡三相负荷、滤除谐波、补偿无功，技术经济性能优越的新型同相牵引供电系统是高速电气化铁路发展的必然选择。

我们该如何构建这样的系统呢？采用全线同相供电可以取消"过电分相"，但无疑会进一步加大系统不平衡程度，因此必须采取强有力的负序补偿。为了达到更理想的效果，需要对负序、谐波和无功实施综合补偿，这必须针对牵引供电系统和牵引负荷的特点，解决负序、谐波、无功电流的实时检测、综合补偿电流生成、变流器控制等一系列技术问题。AT 供电方式对通信干扰防护效果性能优越，因此为了达到较好的通信防护效果，同相供电系统应优先考虑采用 AT 供电方式。但构建同相 AT 牵引供电系统，必须考虑该采用哪一种接线形式变压器和哪一种类型的平衡补偿装置，因为二者的结构形式会影响系统的可靠性、安全性、运行效果、技术性能和经济效益，系统优劣与否取决于 AT 供电方式、平衡补偿装置和变压器接线方式三者之间的匹配关系。平衡补偿是以达到某一性能指标为目标，性能指标包括一次系统三相不平衡程度、电压电流波形畸变程度、功率因数高低、电源向负荷传递能量时能量损失大小和设备容量利用率等，显然补偿目标不同补偿效果也不同，怎样才能使新型同相供电系统达到最优呢？以上这些问题在本书中都能找到答案。值得说明的是，尽管本书主要讨论了基于 AT 供电方式的新型同相供电系统，但其理论、原理、方法和技术同样适用于 BT 直供等其他供电方式。

本书作者长期从事于电能质量、谐波抑制、无功补偿和电气化铁道牵引供电系统方面的研究工作，尤其对基于电力电子技术解决高速铁路同相供电系列问题颇有建树，先后曾发表过多篇很有影响力的学术论文，在多年的研究实践中逐步形成了综合解决高速电气化铁路牵引供电系统诸多问题的关键技术与理论，本书是作者多年来研究成果的结晶，值得相关专家、学者们学习参考。

前言 PREFACE

正当世界各国都在为交通运输面临能源短缺、环境污染、事故多发等难题而深感忧虑之时，高速铁路以其节能、环保、高效、安全、舒适、快捷、准时等特点在运输市场竞争中脱颖而出。自 1964 年世界上第一条正式运行的高速铁路——东海道新干线在日本开通以来，高速铁路在世界各国得到了快速发展。继日本之后，法国、德国、西班牙、意大利、瑞典等国相继发展了高速铁路，且速度不断刷新。目前，国外高速铁路已进入干线化、网络化、国际化的飞速发展时期。

面对高速铁路建设高潮，加强高速铁路技术与理论的研究很有必要。作为高速铁路的重要组成部分——牵引供电系统是牵引负荷的动力来源，其供电质量优劣，对高速铁路安全、可靠、经济运行将产生重大影响。而当前牵引供电系统还存在着许多问题，如：谐波、负序、通信干扰以及"过电分相"等问题，降低了供电的效率与质量，且对高速铁路的安全、可靠运行构成了威胁。因此研究解决这些问题，建立适合高速铁路运行的新型牵引供电系统不仅必要且很有意义。本书在作者博士论文《高速铁路同相 AT 牵引供电系统研究》和多年来的研究成果基础上，深入分析了当前牵引供电系统存在的问题，系统阐述了基于有源补偿并结合通信防护效果优越的 AT 供电方式和不同接线变压器构建新型同相 AT 牵引供电系统的原理、方法与理论。本书内容包括：

第 1 章介绍了牵引变电所类型及各物理量之间的关系，阐述了电气化铁道存在通信干扰、谐波、无功和系统不平衡四大问题以及当前国内外解决这些问题的一般对策；讨论了不同接线方式系统不平衡程度以及采用平衡变压器和换相连接存在的问题。本章第一节还介绍了牵引供电系统常用的坐标变换，应用坐标变换可以使分析简化，达到事半功倍的效果，但越过本节内容并不影响进一步阅读。

第 2 章介绍了同相牵引供电系统基本类型、原理及特点；分析了采用电容、电感等无源器件和采用电子开关变流器实现同相供电平衡补偿的原理与方法。

第 3 章讨论了基于"V"形接线、"Y"形接线、平衡变压器接线和单相接线等多种接线形式，构建同相 AT 牵引供电系统结构方案；给出了与不同接线相匹配的平衡补偿装置结构和大容量平衡变换装置实现方法；从供电的可靠性、经济性、技术性能及实现的难易程度方面，分析了各种同相 AT 牵引供电系统方案的特点。

第 4 章讨论了同相牵引供电系统平衡补偿的模型、期望补偿电流、补偿容量和最小设备容量；给出了以电源侧电压、电流波形畸变最小为目标的波形畸变最小模型和以负载达到对称纯阻性的理想负载为目标的最佳负载模型；分析了变压器容量、平衡补偿装置容量、系统提供的容量和期望补偿容量，与补偿目标、补偿端口、接线方式的关系，讨论了三种满意补偿模型和设备容量最小化的方法。

第 5 章分析了当前谐波与无功电流检测方法所存在的问题和同相牵引供电系统综合补偿电流实时检测的特殊性。针对单相牵引供电系统，讨论了谐波和无功电流的等效虚拟三相检测法和基于 Fryze 功率定义检测法；给出了基于最佳负载模型补偿电流检测方法和基于波形畸变最小模型的有功电流分离检测法、等效虚拟三相检测法、考虑补偿度检测法和无锁相环检测法。

第 6 章介绍了期望补偿电流、期望电压的生成原理与变流器多电平技术，讨论了单相变流器滞环状态优化控制、三相空间电压矢量控制、三相电流滞环比较控制、滞环电流比较单臂开关控制、三相电流解耦定频滞环控制、四桥臂电流比较解耦控制。

第 7 章讨论了平衡补偿装置参数选择原则，给出了不同接线形式同相牵引供电系统的仿真结果。

本书主要针对本专业博士研究生、硕士研究生和学者撰写，也可作为本专业本科生和从事相关工作与研究的专家、科技工作者的参考资料。

借本书出版之际特别要感谢我的导师西南交通大学连级三教授，我曾在他的精心指导下，完成了《高速铁路同相 AT 牵引供电系统研究》博士论文，为本书顺利出版奠定了基础。特别是连级三教授还审阅了本书的初稿，提出了中肯的修改意见。西南交通大学钱清泉院士，ABB 公司开发中心资深首席科学家、瑞典皇家工学院王建平教授，北京轨道交通建设与管理有限公司总经理丁树奎教授，为本书写了序言。西南交通大学贺威俊教授、李群湛教授，也为本书出版给予了关心和支持，在此一并表示感谢！

作 者

2020 年 10 月

目 录

第 1 章 电气化铁道牵引供电系统 …………………………001

1.1 牵引供电系统常用的坐标变换 ……………………………001
1.2 牵引变电所类型及物理量之间的关系 ……………………009
1.3 牵引供电系统存在的主要问题与一般对策 ………………020
1.4 本章小结 ……………………………………………………041

第 2 章 同相牵引供电系统概况 ……………………………042

2.1 同相牵引供电系统基本构成及发展概况 …………………042
2.2 同相牵引供电系统的类型 …………………………………045
2.3 同相牵引供电系统平衡补偿的基本原理 …………………052
2.4 同相牵引供电系统关键技术与理论 ………………………067
2.5 本章小结 ……………………………………………………068

第 3 章 同相 AT 牵引供电系统 ……………………………070

3.1 同相 AT 牵引供电系统的构成及特点 ……………………070
3.2 同相 AT 牵引变电所构建方案 ……………………………072
3.3 平衡补偿装置 ………………………………………………082
3.4 本章小结 ……………………………………………………089

第 4 章 同相供电系统平衡补偿的模型与优化 ……………091

4.1 最佳负载模型 ………………………………………………091
4.2 波形畸变最小模型 …………………………………………096
4.3 系统谐波与不对称对补偿模型的影响 ……………………097
4.4 期望补偿电流 ………………………………………………109
4.5 期望补偿功率 ………………………………………………116
4.6 最小设备容量 ………………………………………………128
4.7 本章小结 ……………………………………………………138

第5章 期望补偿电流检测 ··· 140
5.1 同相供电对电流检测的要求 ·· 140
5.2 谐波与无功电流实时检测 ·· 141
5.3 同相供电期望补偿电流的实时检测 ······························ 158
5.4 本章小结 ·· 166

第6章 期望补偿电流生成 ··· 167
6.1 平衡补偿电流的生成原理 ·· 167
6.2 期望补偿电压的生成原理 ·· 171
6.3 变流器的电流控制技术 ··· 187
6.4 本章小结 ·· 211

第7章 同相牵引供电系统仿真 ··· 212
7.1 平衡变换装置参数确定原则 ······································· 212
7.2 同相 AT 供电系统仿真分析 ······································· 214
7.3 本章小结 ·· 222

参考文献 ·· 223

第1章 电气化铁道牵引供电系统

1.1 牵引供电系统常用的坐标变换

在电气化铁道牵引变电所，各种接线形式的变压器其功能除了电气隔离之外，主要是实现电压、电流变换。变压器对电压、电流的变换作用，如同数学上从一个坐标系到另一坐标系的坐标变换。如 YN,d11 接线变压器是将原边三相电压和电流变换为次边三相电压和电流，相当于从三相坐标系变换到另一个三相坐标系的坐标变换。而阻抗匹配接线变压器是将原边三相电压和电流变换为次边两相电压和电流，相当于从三相坐标系变换到两相坐标系的坐标变换。

此外，在同相供电系统中为了消除系统不平衡，须采用大功率变流技术，才能有效抑制谐波、无功和负序，实现系统三相平衡。而对变流器的控制策略研究也要用到与坐标变换及旋转矢量的概念。

1.1.1 旋转矢量

1. 旋转矢量的概念

设一个复数 $\dot{I}$ 的指数形式为

$$\dot{I} = I_m e^{j\varphi} \tag{1.1}$$

式中，I_m 为复数 $\dot{I}$ 的模；φ 为初相角，也就是相对于参考轴实轴的夹角。将复数 $\dot{I}$ 画在复平面上就是一个长度为 I_m、初相角为 φ 的静止不动的矢量。在电路中一般称它为电流向量。如果式（1.1）右边乘以因子 $e^{j\omega t}$，用 $\vec{I}$ 表示以区别静止的电流向量 $\dot{I}$，即

$$\vec{I} = I_m e^{j(\omega t + \varphi)} \tag{1.2}$$

这时矢量 $\vec{I}$ 将随着时间的增长围绕着原点逆时针方向旋转，所以称其为旋转矢量，如图 1.1 所示，旋转的角速度为 ω，初相角 φ 为 $t=0$ 时矢量 $\vec{I}$ 与参考轴的夹角。

2. 旋转矢量与瞬时值之间的关系

图 1.2（a）为旋转矢量在两相坐标轴上的投影，其中 α、β 代表两相坐标轴，两坐标轴相差 90°；φ_α 为 α 坐标轴与参考轴 OO 的夹角。根据矢量合成与分解的平行四边形法则，可得

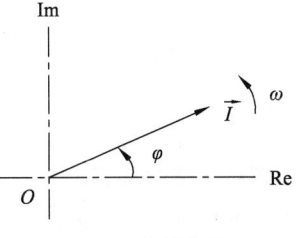

图 1.1 旋转矢量

$$\vec{I} = \dot{I}_\alpha + \dot{I}_\beta = i_\alpha \mathrm{e}^{-\mathrm{j}\varphi_\alpha} + \mathrm{j}i_\beta \mathrm{e}^{-\mathrm{j}\varphi_\alpha} = (i_\alpha + \mathrm{j}i_\beta)\mathrm{e}^{-\mathrm{j}\varphi_\alpha} \tag{1.3}$$

式中　i_α、i_β——分别为 $\vec{I}$ 在坐标轴 α、β 上的投影值。由于 $\vec{I}$ 随时间旋转，所以 i_α、i_β 随时间不断变化，是时间的函数，称为两相坐标系下的瞬时值。而坐标轴与参考轴的夹角恒定不变，分别为 $-\varphi_\alpha$，$\dfrac{\pi}{2}-\varphi_\alpha$，所以 $\dot{I}_\alpha = i_\alpha \mathrm{e}^{-\mathrm{j}\varphi_\alpha}$、$\dot{I}_\beta = \mathrm{j}i_\beta \mathrm{e}^{-\mathrm{j}\varphi_\alpha}$。

图 1.2（b）为旋转矢量与其在三相坐标轴上的投影，A、B、C 为三相坐标轴，坐标轴彼此相差 120°，φ_A 为 A 坐标轴与参考轴 OO 的夹角。根据矢量合成与分解的平行四边形法则，同样可得

$$\begin{aligned}\vec{I} &= \dot{I}_A + \dot{I}_B + \dot{I}_C = i_A \mathrm{e}^{-\mathrm{j}\varphi_A} + a i_B \mathrm{e}^{-\mathrm{j}\varphi_A} + a^2 i_C \mathrm{e}^{-\mathrm{j}\varphi_A} \\ &= (i_A + a i_B + a^2 i_C)\mathrm{e}^{-\mathrm{j}\varphi_A}\end{aligned} \tag{1.4}$$

式中，i_A、i_B、i_C 分别为 $\vec{I}$ 在坐标轴 A、B、C 上的投影值，同样由于 $\vec{I}$ 随时间旋转，所以 i_A、i_B、i_C 是随时间不断变化的量值，称为三相坐标系下的瞬时值；a 为单位矢量因子或称为旋转因子，对于三相坐标系 $a = \mathrm{e}^{\mathrm{j}\frac{2\pi}{3}}$。根据图 1.2（b）坐标关系有，$\dot{I}_A = i_A \mathrm{e}^{-\mathrm{j}\varphi_A}$、$\dot{I}_B = a i_B \mathrm{e}^{-\mathrm{j}\varphi_A}$、$\dot{I}_C = a^2 i_C \mathrm{e}^{-\mathrm{j}\varphi_A}$。

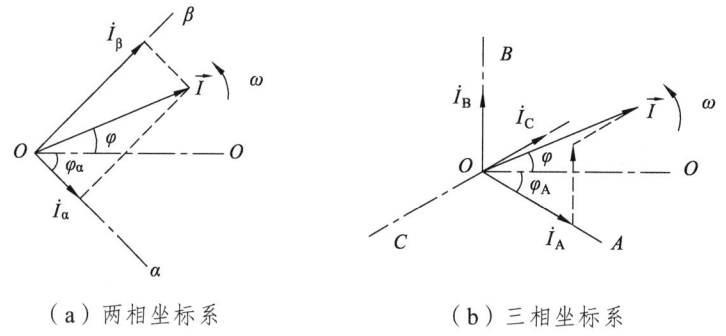

（a）两相坐标系　　　　　　（b）三相坐标系

图 1.2　旋转矢量与瞬时值之间的关系

特别当 A 相坐标轴和 α 坐标轴分别与参考轴 OO 重合时，则

$$\vec{I} = i_A + a i_B + a^2 i_C = i_\alpha + \mathrm{j}i_\beta \tag{1.5}$$

1.1.2　坐标变换

电机的定子与转子、变压器原边与次边绕组是通过磁场相互作用传递能量，而磁场的大小由磁势决定。如果两个系统所产生的磁势完全相等，那么两个系统作用效果相同，可以相互替代、互为等效。因此，三相系统星形接线可以等效为三角形接线，三相系统也可以等效为两相甚至多相系统，只要保持两者合成磁势相等，那么原、次边的能量传递关系就不会改变。变压器的原次边也可视为是两个坐标系，将原边视为一个坐标系，次边视为另一坐标系，为了保证变压器磁势平衡，变压器原边合成磁势和次边合成磁势也必须相等。

1. 两相系统的坐标变换

设矢量 $\vec{I}$ 为静止或旋转矢量，$\alpha\text{-}\beta$ 和 $M\text{-}T$ 分别为两个不同的两相直角坐标系，也可将 $\alpha\text{-}\beta$ 坐标系视为变压器原边系统，而 $M\text{-}T$ 为变压器次边系统。$\vec{I}$ 在两个坐标系的坐标（投影值）分别为 i_α、i_β 和 i_M、i_T。如图 1.3 所示，根据两个系统等效或磁势平衡原则，可得

$$W_\alpha(i_\alpha+ji_\beta)e^{-j\varphi_\alpha}=W_M(i_M+ji_T)e^{-j\varphi_M} \qquad (1.6)$$

式中，W_M、W_α 分别为 α、β 坐标系和 M、T 坐标系的绕组匝数。两个复数相等，则其实虚部必须相等，由式（1.6）得

$$\begin{bmatrix}i_\alpha\\i_\beta\end{bmatrix}=\frac{W_M}{W_\alpha}\begin{bmatrix}\cos\varphi_{\alpha M} & -\sin\varphi_{\alpha M}\\ \sin\varphi_{\alpha M} & \cos\varphi_{\alpha M}\end{bmatrix}\begin{bmatrix}i_M\\i_T\end{bmatrix} \qquad (1.7)$$

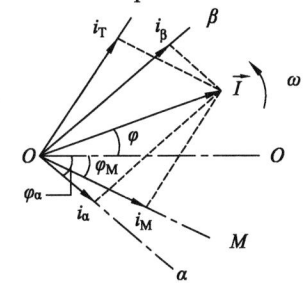

图 1.3 两相坐标系的坐标变换

式中，$\varphi_{\alpha M}=\varphi_\alpha-\varphi_M$ 为两个坐标系参考轴之间的夹角。注意 $\varphi_{\alpha M}=-\varphi_{M\alpha}$，令

$$\boldsymbol{C}_{M\alpha}=\frac{W_M}{W_\alpha}\begin{bmatrix}\cos\varphi_{\alpha M} & -\sin\varphi_{\alpha M}\\ \sin\varphi_{\alpha M} & \cos\varphi_{\alpha M}\end{bmatrix}=\frac{W_M}{W_\alpha}\begin{bmatrix}\cos\varphi_{M\alpha} & \sin\varphi_{M\alpha}\\ -\sin\varphi_{M\alpha} & \cos\varphi_{M\alpha}\end{bmatrix} \qquad (1.8)$$

式中，$\boldsymbol{C}_{M\alpha}$ 表示从 M、T 坐标系到 α、β 坐标系的变换矩阵，其反变换矩阵记为 $\boldsymbol{C}_{\alpha M}$，可求得

$$\boldsymbol{C}_{\alpha M}=\boldsymbol{C}_{M\alpha}^{-1}=\frac{W_\alpha}{W_M}\begin{bmatrix}\cos\varphi_{\alpha M} & \sin\varphi_{\alpha M}\\ -\sin\varphi_{\alpha M} & \cos\varphi_{\alpha M}\end{bmatrix} \qquad (1.9)$$

式（1.9）中的 $\boldsymbol{C}_{M\alpha}$ 的上标 "-1" 表示矩阵求逆。

2. 三相与两相系统的坐标变换

假设系统原边为 A、B、C 三相，次边为 α、β 两相，根据变压器原、次边磁势平衡原则，有

$$W_2(i_\alpha+ji_\beta)e^{-j\varphi_\alpha}=W_3(i_A+ai_B+a^2i_C)e^{-j\varphi_A} \qquad (1.10)$$

式中，W_2、W_3 分别为两相和三相系统的绕组匝数，令 $\varphi_{\alpha A}=\varphi_\alpha-\varphi_A$，所以

$$\begin{bmatrix}i_\alpha\\i_\beta\end{bmatrix}=\frac{W_3}{W_2}\begin{bmatrix}\cos\varphi_{\alpha A} & \cos\left(\varphi_{\alpha A}+\dfrac{2\pi}{3}\right) & \cos\left(\varphi_{\alpha A}+\dfrac{4\pi}{3}\right)\\ \sin\varphi_{\alpha A} & \sin\left(\varphi_{\alpha A}+\dfrac{2\pi}{3}\right) & \sin\left(\varphi_{\alpha A}+\dfrac{4\pi}{3}\right)\end{bmatrix}\begin{bmatrix}i_A\\i_B\\i_C\end{bmatrix} \qquad (1.11)$$

令

$$\boldsymbol{C}_{A\alpha}=\frac{W_3}{W_2}\begin{bmatrix}\cos\varphi_{\alpha A} & \cos\left(\varphi_{\alpha A}+\dfrac{2\pi}{3}\right) & \cos\left(\varphi_{\alpha A}+\dfrac{4\pi}{3}\right)\\ \sin\varphi_{\alpha A} & \sin\left(\varphi_{\alpha A}+\dfrac{2\pi}{3}\right) & \sin\left(\varphi_{\alpha A}+\dfrac{4\pi}{3}\right)\end{bmatrix} \qquad (1.12)$$

式中，$C_{A\alpha}$ 为从 A、B、C 三相坐标系到 α、β 坐标系的变换矩阵，由于 $C_{A\alpha}$ 不可逆，所以不能直接求其反变换阵。

令

$$[i_A \quad i_B \quad i_C]^T = C_{\alpha A}[i_\alpha \quad i_\beta]^T \tag{1.13}$$

当

$$C_{\alpha A} = \frac{2}{3}\frac{W_2}{W_3}\begin{bmatrix} \cos\varphi_{\alpha A} & \sin\varphi_{\alpha A} \\ \cos\left(\varphi_{\alpha A} + \frac{2\pi}{3}\right) & \sin\left(\varphi_{\alpha A} + \frac{2\pi}{3}\right) \\ \cos\left(\varphi_{\alpha A} + \frac{4\pi}{3}\right) & \sin\left(\varphi_{\alpha A} + \frac{4\pi}{3}\right) \end{bmatrix} \tag{1.14}$$

则

$$C_{A\alpha} \times C_{\alpha A} = \begin{bmatrix} 1 & 0 \\ 0 & 1 \end{bmatrix} \tag{1.15}$$

因此式（1.11）两边分别乘以 $C_{\alpha A}$，可得式（1.13），所以 $C_{\alpha A}$ 是 $C_{A\alpha}$ 的反变换矩阵，特别当 $W_2 = W_3$、$\varphi_{\alpha A} = 0$ 时：

$$C_{A\alpha} = \frac{3}{2}C_{\alpha A}^T = \begin{bmatrix} 1 & -1/2 & -1/2 \\ 0 & \sqrt{3}/2 & -\sqrt{3}/2 \end{bmatrix} \tag{1.16}$$

为方便求逆矩阵，可以在两相系统引入与平面垂直的第三相 γ 相，并令

$$i_\gamma = 1/\sqrt{2}(i_A + i_B + i_C) \tag{1.17}$$

则

$$\begin{bmatrix} i_\alpha \\ i_\beta \\ i_\gamma \end{bmatrix} = \begin{bmatrix} 1 & -1/2 & -1/2 \\ 0 & \sqrt{3}/2 & -\sqrt{3}/2 \\ 1/\sqrt{2} & 1/\sqrt{2} & 1/\sqrt{2} \end{bmatrix}\begin{bmatrix} i_A \\ i_B \\ i_C \end{bmatrix} \tag{1.18}$$

变换矩阵为方阵，可方便求逆，其逆变换为

$$\begin{bmatrix} i_A \\ i_B \\ i_C \end{bmatrix} = \frac{2}{3}\begin{bmatrix} 1 & 0 & 1/\sqrt{2} \\ -1/2 & \sqrt{3}/2 & 1/\sqrt{2} \\ -1/2 & -\sqrt{3}/2 & 1/\sqrt{2} \end{bmatrix}\begin{bmatrix} i_\alpha \\ i_\beta \\ i_\gamma \end{bmatrix} \tag{1.19}$$

3．三相与三相系统的坐标变换

考察 A、B、C 坐标系三相瞬时电流 i_A、i_B、i_C 和 a、b、c 坐标系三相瞬时电流 i_a、i_b、i_c 之间的关系。为了书写方便，令 $\boldsymbol{i}_{ABC} = [i_A \quad i_B \quad i_C]^T$，$\boldsymbol{i}_{abc} = [i_a \quad i_b \quad i_c]^T$，$\boldsymbol{i}_{\alpha\beta} = [i_\alpha \quad i_\beta]^T$（以下都用简写符号代替相应矩阵，特此说明），根据三相两相变换式（1.11）和式（1.13）可得

$$i_{ABC} = C_{\alpha A} i_{\alpha\beta} = C_{\alpha A} C_{a\alpha} i_{abc} = C_{aA} i_{abc} \tag{1.20}$$

$C_{\alpha A}$、$C_{a\alpha}$ 可由式（1.12）和式（1.14）确定，代入上式可求得

$$C_{aA} = C_{\alpha A} C_{a\alpha} = \frac{2}{3}\frac{W_a}{W_A}\begin{bmatrix} \cos\varphi_{Aa} & \cos\left(\varphi_{Aa}+\frac{2\pi}{3}\right) & \cos\left(\varphi_{Aa}+\frac{4\pi}{3}\right) \\ \cos\left(\varphi_{Aa}-\frac{2\pi}{3}\right) & \cos\varphi_{Aa} & \cos\left(\varphi_{Aa}+\frac{2\pi}{3}\right) \\ \cos\left(\varphi_{Aa}-\frac{4\pi}{3}\right) & \cos\left(\varphi_{Aa}-\frac{2\pi}{3}\right) & \cos\varphi_{Aa} \end{bmatrix} \tag{1.21}$$

式中，W_A、W_a 分别为 A、B、C 坐标系和 a、b、c 坐标系绕组的匝数矩阵。

如果是从 ABC 坐标系到 abc 坐标系变换，可用同样方法求 C_{Aa}，C_{Aa} 是 C_{aA} 的反变换矩阵。根据对称性，简单方法是将式（1.21）中字符 A 与 a 对换，可得

$$C_{Aa} = \frac{2}{3}\frac{W_A}{W_a}\begin{bmatrix} \cos\varphi_{aA} & \cos(\varphi_{aA}+\frac{2\pi}{3}) & \cos\left(\varphi_{aA}+\frac{4\pi}{3}\right) \\ \cos\left(\varphi_{aA}-\frac{2\pi}{3}\right) & \cos\varphi_{aA} & \cos\left(\varphi_{aA}+\frac{2\pi}{3}\right) \\ \cos(\varphi_{aA}-\frac{4\pi}{3}) & \cos\left(\varphi_{aA}-\frac{2\pi}{3}\right) & \cos\varphi_{aA} \end{bmatrix} \tag{1.22}$$

$$i_{abc} = C_{Aa} i_{ABC} \tag{1.23}$$

4．多相系统的坐标变换

在实际中用到的坐标变换主要是以上讨论的几种，但个别情况也有例外，这时就需要通用的坐标变换关系。以下讨论任意 N 相坐标系统与任意 k 相坐标系统的坐标变换，并设两个坐标系的瞬时电流分别为 i_A，i_B，$\cdots$，i_N 和 i_a，i_b，$\cdots$，i_k。以下通过两相系统关系来建立 N 相和 k 相变换关系。根据两相与多相系统之间的关系，有

$$\begin{bmatrix} i_\alpha \\ i_\beta \end{bmatrix} = \frac{W_N}{W_2}\begin{bmatrix} \cos\varphi_{\alpha A} & \cos\left(\varphi_{\alpha A}+\frac{2\pi}{N}\right) & \cdots & \cos\left(\varphi_{\alpha A}+(N-1)\frac{2\pi}{N}\right) \\ \sin\varphi_{\alpha A} & \sin\left(\varphi_{\alpha A}+\frac{2\pi}{N}\right) & \cdots & \sin\left(\varphi_{\alpha A}+(N-1)\frac{2\pi}{N}\right) \end{bmatrix}\begin{bmatrix} i_A \\ i_B \\ \vdots \\ i_N \end{bmatrix} \tag{1.24}$$

$$\begin{bmatrix} i_\alpha \\ i_\beta \end{bmatrix} = \frac{W_k}{W_2}\begin{bmatrix} \cos\varphi_{\alpha a} & \cos\left(\varphi_{\alpha a}+\frac{2\pi}{k}\right) & \cdots & \cos\left(\varphi_{\alpha a}+(k-1)\frac{2\pi}{k}\right) \\ \sin\varphi_{\alpha a} & \sin\left(\varphi_{\alpha a}+\frac{2\pi}{k}\right) & \cdots & \sin\left(\varphi_{\alpha a}+(k-1)\frac{2\pi}{k}\right) \end{bmatrix}\begin{bmatrix} i_a \\ i_b \\ \vdots \\ i_k \end{bmatrix} \tag{1.25}$$

式中，W_N、W_k、W_2 分别为 N 相、k 相和两相系统的绕组匝数。若令 $C_{a\alpha}$ 为由 k 相坐标系到两相坐标系的变换矩阵，则

$$\boldsymbol{C}_{\mathrm{a}\alpha} = \frac{W_k}{W_2} \begin{bmatrix} \cos\varphi_{\alpha\mathrm{a}} & \cos\left(\varphi_{\alpha\mathrm{a}} + \frac{2\pi}{k}\right) & \cdots & \cos\left(\varphi_{\alpha\mathrm{a}} + (k-1)\frac{2\pi}{k}\right) \\ \sin\varphi_{\alpha\mathrm{a}} & \sin\left(\varphi_{\alpha\mathrm{a}} + \frac{2\pi}{k}\right) & \cdots & \sin\left(\varphi_{\alpha\mathrm{a}} + (k-1)\frac{2\pi}{k}\right) \end{bmatrix} \quad (1.26)$$

$\boldsymbol{C}_{\mathrm{a}\alpha}$ 的反变换矩阵用 $\boldsymbol{C}_{\alpha\mathrm{a}}$ 表示，则

$$\boldsymbol{i}_{\mathrm{abc}\cdots k} = [i_\mathrm{a} \quad i_\mathrm{b} \quad \cdots \quad i_k]^\mathrm{T} = \boldsymbol{C}_{\alpha\mathrm{a}}\boldsymbol{i}_{\alpha\beta} \quad (1.27)$$

利用正余弦函数的正交性，注意到

$$\frac{2}{k}\frac{W_2^2}{W_k^2}\boldsymbol{C}_{\mathrm{a}\alpha}\boldsymbol{C}_{\mathrm{a}\alpha}^\mathrm{T} = \begin{bmatrix} 1 & 0 \\ 0 & 1 \end{bmatrix} = \boldsymbol{C}_{\mathrm{a}\alpha}\boldsymbol{C}_{\alpha\mathrm{a}} \quad (1.28)$$

比较式（1.28）两边，可得

$$\boldsymbol{C}_{\alpha\mathrm{a}} = \frac{2}{k}\frac{W_2}{W_k} \begin{bmatrix} \cos\varphi_{\alpha\mathrm{a}} & \sin\varphi_{\alpha\mathrm{a}} \\ \cos\left(\varphi_{\alpha\mathrm{a}} + \frac{2\pi}{k}\right) & \sin\left(\varphi_{\alpha\mathrm{a}} + \frac{2\pi}{k}\right) \\ \vdots & \vdots \\ \cos\left(\varphi_{\alpha\mathrm{a}} + (k-1)\frac{2\pi}{k}\right) & \sin\left(\varphi_{\alpha\mathrm{a}} + (k-1)\frac{2\pi}{k}\right) \end{bmatrix} \quad (1.29)$$

将式（1.24）代入式（1.27）可得

$$\boldsymbol{i}_{\mathrm{abc}\cdots k} = \boldsymbol{C}_{\mathrm{Aa}}\boldsymbol{i}_{\mathrm{ABC}\cdots N} \quad (1.30)$$

式中

$$\boldsymbol{C}_{\mathrm{Aa}} = \boldsymbol{C}_{\alpha\mathrm{a}}\boldsymbol{C}_{\mathrm{A}\alpha} = \frac{2W_N}{kW_k}[C_1 \quad C_2 \quad \cdots \quad C_N] \quad (1.31)$$

其中

$$C_{i(i=1,2,\cdots,N)} = \begin{bmatrix} \cos\left(\varphi_{\mathrm{Aa}} - (i-1)\frac{2\pi}{N}\right) \\ \cos\left(\varphi_{\mathrm{Aa}} + \frac{2\pi}{N} - (i-1)\frac{2\pi}{N}\right) \\ \vdots \\ \cos\left(\varphi_{\mathrm{Aa}} + (k-1)\frac{2\pi}{N} - (i-1)\frac{2\pi}{N}\right) \end{bmatrix} \quad (1.32)$$

1.1.3 坐标变换的基本原则

1．功率守恒原则

坐标变换必须遵守功率守恒定律，包括功率守恒定律、功率守恒伴随式、电压电流功率守恒对偶式。

1）功率守恒定律

功率守恒是基本规律，不管什么类型的变压器，其输入的功率恒等于变压器内部损失的功率与变压器输出功率之和。如果忽略变压器的内部损耗，变压器的输入功率必须等于变压器的输出功率；而变压器输出的功率又必须等于负载吸收的功率。

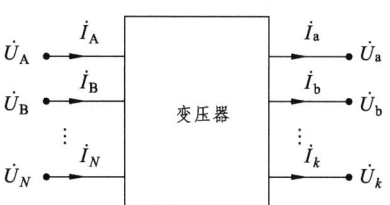

图 1.4　变压器多端口网络

为不失一般性，假定牵引变压器一次侧有 N 相，二次侧有 k 相，原次边及负荷端口的电压、电流向量如图 1.4 所示，其中，

$\dot{U}$ ——N 行 1 列变压器原边电压向量矩阵，$\dot{U} = [\dot{U}_A \quad \dot{U}_B \quad \cdots \quad \dot{U}_N]^T$；

$\dot{I}$ ——N 行 1 列原边电流向量矩阵，$\dot{I} = [\dot{I}_A \quad \dot{I}_B \quad \cdots \quad \dot{I}_N]$；

$\hat{I}$ ——$\dot{I}$ 的共轭矩阵；

$\dot{U}'$ ——k 行 1 列变压器次边电压向量矩阵，$\dot{U}' = [\dot{U}_a \quad \dot{U}_b \quad \cdots \quad \dot{U}_k]^T$；

$\dot{I}'$ ——k 行 1 列次边电流向量矩阵，$\dot{I}' = [\dot{I}_a \quad \dot{I}_b \quad \cdots \quad \dot{I}_k]$；

$\hat{I}'$ ——$\dot{I}'$ 的共轭；

$\dot{U}_m$、$\dot{I}_m$ ——分别为负载端口的电压、电流向量，m 表示第 m 个端口，负载可以接于相与相之间，也可以接于相上；在牵引变压所中牵引负荷都是接于端口上。

为表述方便，定义两个集合 $Y = \{A \quad B \quad \cdots \quad N\}$，$X = \{a \quad b \quad \cdots \quad k\}$，两个集合的元素由相序符号组成。

功率守恒式可写为

$$\dot{U}^T \hat{I} = \dot{U}' \hat{I}' = \sum_m \dot{U}_m \hat{I}_m \quad (m \in X) \tag{1.33}$$

式中，$\dot{U}^T \hat{I}$、$\dot{U}' \hat{I}'$、$\sum_m \dot{U}_m \hat{I}_m$ 分别为变压器原边输入功率、次边输出功率和负载所消耗的功率，当忽略变压器各种损耗时，三者必然恒等，所以称式（1.33）为功率守恒式。

3）电压、电流对偶式

对于一个确定的变压器，原次边电压以及原次边电流之间的关系是确定的，总是可以写为

$$\begin{cases} \dot{I}' = M\dot{I} \\ \dot{U} = Q\dot{U}' \end{cases} \tag{1.34}$$

式中，Q 为 N 行 k 列的电压变换矩阵；M 为 k 行 N 列电流变换矩阵。且对于任何变压器 M 和 Q 都恒为实数矩阵。将式（1.34）代入式（1.33）可得

$$\dot{U}^T \hat{I} = \dot{U}'^T Q^T \hat{I} = \dot{U}'^T \hat{I}'^* = \dot{U}'^T \hat{M}\hat{I} \tag{1.35}$$

由于 Q 和 M 都为实数矩阵，所以

$$M = \hat{M} = Q^T \tag{1.36}$$

式（1.36）说明对于任何一种变压器，电流变换矩阵恒等于电压变换矩阵的转置。式（1.34）可改写为

$$\begin{cases} \dot{I}' = M\dot{I} \\ \dot{U} = M^{\mathrm{T}}\dot{U}' \end{cases} \tag{1.37}$$

式（1.37）电流变换式与电压变换式有对偶关系，只要功率守恒，变压器原次边电压、电流就有如式（1.37）的关系，所以称其为电压电流对偶式。

3）功率守恒伴随式

对于变压器还有一个与功率守恒相似的恒等式，可用下式表示

$$\dot{U}^{\mathrm{T}}\dot{I} = \dot{U}'^{\mathrm{T}}\dot{I}' = \sum_{m} \dot{U}_m \dot{I}_m \quad (m \in X) \tag{1.38}$$

式（1.38）为什么也能够成立呢？我们利用功率守恒式和电压电流对偶式给出证明。根据式（1.37）容易得

$$\dot{U}^{\mathrm{T}}\dot{I} = \dot{U}'^{\mathrm{T}}M\dot{I} = \dot{U}'^{\mathrm{T}}\dot{I}' \tag{1.39}$$

所以式（1.38）左半部分等式成立。现证明式（1.38）右半部分等式 $\dot{U}'^{\mathrm{T}}\dot{I}' = \sum_{m}\dot{U}_m\dot{I}_m$ 也成立。假设负载接于变压器次边第 i 相与第 j 相之间，则有

$$\begin{cases} \dot{I}_i = \dot{I}_{\mathrm{f}} \\ \dot{I}_j = -\dot{I}_{\mathrm{f}} \\ \dot{I}_m = 0 \, (m \neq i, j) \end{cases} \tag{1.40}$$

式中，$\dot{I}_{\mathrm{f}}$ 为负荷电流。则

$$\dot{U}'^{\mathrm{T}}\dot{I}' = (\dot{U}_i - \dot{U}_j)\dot{I}_{\mathrm{f}} = \dot{U}_{ij}\dot{I}_{\mathrm{f}} = \dot{U}_{\mathrm{f}}\dot{I}_{\mathrm{f}} \tag{1.41}$$

式中，$\dot{U}_{\mathrm{f}} = \dot{U}_{ij} = \dot{U}_i - \dot{U}_j$ 为负载端口电压，也即第 i 相电压 $\dot{U}_i$ 与第 j 相电压 $\dot{U}_j$ 之差值。如果有 m 个负载接于不同端口时，可应用叠加原理，同样可证明式（1.38）右半部分成立。

值得说明的是，当负载并非接于相与相之间而是接于任意一相上或几个相上时，应用相同方法可证明式（1.38）依然成立。

以上证明利用了变压器的功率守恒定律和电压电流对偶式，二者对于所有变压器都是成立的，所以当忽略变压器内部损耗时，式（1.38）与功率守恒关系式一样也是恒等式，我们将式（1.38）称为功率守恒伴随式。

2．磁势平衡原则

前文已述及，不管怎样变换，变换前后电机中的旋转磁势不应该发生改变；变压器铁芯上的各相绕组磁势满足磁势平衡，也即，总合成磁势为零，此时变压器原边各相合成磁势等于次边各相合成磁势。

1.2 牵引变电所类型及物理量之间的关系

根据牵引变电所主变压器接线类型可以分为：单相牵引变电所、三相牵引变电所、Scott 牵引变电所、阻抗匹配接线牵引变电所等。不同类型接线方式的牵引变电所，其性能、特点以及各物理量之间的关系也不同[1-3]。在研究不同类型的变压器构成的同相牵引供电系统时，需要了解各自的特点，尤其是不同类型变压器原次边电压电流关系，据此才能构建科学合理的同相供电系统，使其结构、电流检测方法和补偿方案达到最优。

1.2.1 单相牵引变电所

单相牵引变电所原理接线如图 1.5（a）所示。图中，"T"表示接触线，"R"表示钢轨。单相变压器的原边两端子直接接入系统两相，图中接 A 相和 B 相；变压器次边一端接钢轨，另一端接牵引母线向牵引网供电。变电所通常设两台单相变压器：一台运行，一台备用，也可以两台并列运行。

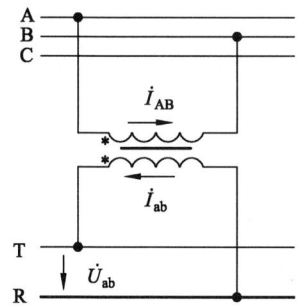 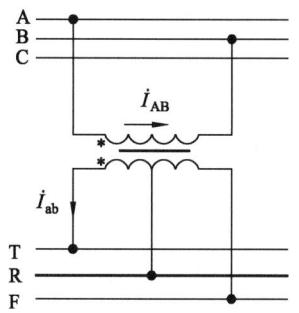

（a）BP 和直供方式单相牵引变电所接线原理　　（b）AT 方式单相牵引变电所接线原理

图 1.5　单相牵引变电所原理接线

这种牵引变电所的优点是接线简单，设备少，投资小，成本低；变压器容量利用率可达 100%。缺点是牵引侧不能供应三相电力；由于只用系统两相，另一相永远不接负荷，这会造成系统三相严重不平衡。所以这种接线只能用于负荷相对较小而系统容量相对较大的场合。

单相变电所也可以改造成同相供电系统，但为了实现平衡补偿需要加补偿变压器，补偿变压器可根据补偿需要选择合适的类型。一般讲单相变压器与 YN,d11 接线变压器，通过适当连接可以达到较好效果。

图 1.5（b）为 AT 供电方式下单相牵引变电所原理接线图，这种接线方式是 AT 供电方式中最简单的一种。简单、可靠、经济是其最大的优点。与 BT 和直供方式一样，这种接线造成系统不对称也最为严重。

1.2.2 V,v 接线牵引变电所

V,v 接线牵引变电所可以由两台单相变压器连接成 V,v 形，也可以采用三相的 V,v 接变压

器构成，从原理上讲两者都是一样的。以两台单相变压器为例，BT 供电方式或直供方式 V,v 接线牵引变电所原理接线，如图 1.6（a）所示，图中"DK"为分相绝缘器。两台单相变压器原次边绕组分别接成"V"形，原边公共连接点接入系统 B 相，另外两个端子分别接系统 A 相和 C 相；次边公共点连接钢轨，另外两个端子分别接两个不同方向供电臂牵引母线，并通过馈线向两个供电臂供电。

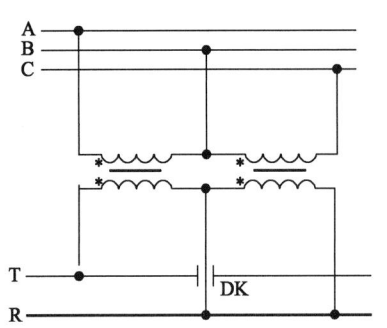 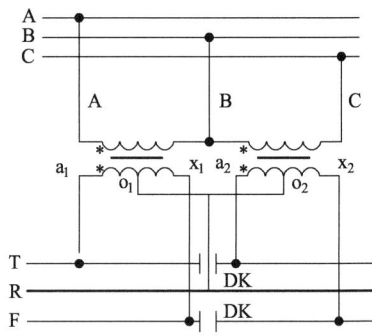

（a）BT 和直供方式 V,v 牵引变电所接线原理　　（b）AT 供电方式 V,v 牵引变电所接线原理

图 1.6　V,v 接线牵引变电所接线原理

图 1.6（b）为 AT 供电方式牵引变电所原理接线图，两台单相变压器原边分别接 AB 和 BC 相；一台变压器次边绕组中点 o_1 与另一台变压器次边绕组中点 o_2 连接后接钢轨，端子 a_1x_1 和 a_2x_2 分别接两组 55 kV 牵引母线向两侧供电臂供电。

这种牵引变电所牵引变压器容量利用率理论上可达 100%；正常运行情况下牵引侧保持三相，可供变电所三相自用电和地区三相用电；其结构简单，投资少、经济；单相牵引负荷同样会造成系统严重不对称，尤其仅一个供电臂有负荷时，系统不对称程度与单相牵引变电所情况相当，只有在两个供电臂同时有负荷时三相不平衡才有所改善，但受牵引负荷的大小和分布状况的影响，改善程度十分有限。由于两个相邻供电臂电压相别不同，必须用分相绝缘器进行分隔，分相绝缘器的存在增加了机车操作的复杂性，容易引起故障，制约了高速、重载铁路的发展。

尽管通常情况下 V,v 接线牵引变电所变压器容量利用率很高，但若以这种接线方式为基础构成同相供电系统，并对负序进行实时补偿时，与其他接线方式同相供电系统相比较，变压器容量利用率反而有所降低。

1.2.3　三相 YN,d11 接线牵引变电所

1．原理接线及特点

YN,d11 接线牵引变电所在我国电气化铁道应用最为普遍，因这类牵引变电所主变压器接线形式为 YN,d11 接，故得此名。其原理接线如图 1.7 所示，图中"DK"代表分相绝缘器，"R"代表钢轨，"T"代表接触线。变压器原边三相端子分别接三相电源；次边 c 相端子接钢轨，另外两个端子分别接两个不同方向供电臂母线。通常变电所设两台变压器：一台备用，一台运行；也可以根据实际情况采用两台并列运行。

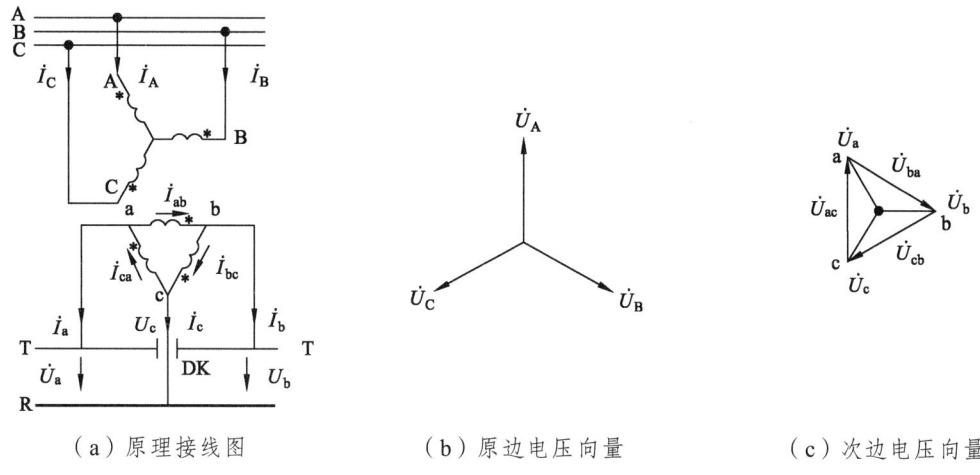

(a) 原理接线图　　　　　(b) 原边电压向量　　　　　(c) 次边电压向量

图 1.7　YN,d11 牵引变电所原理接线图

这种变电所最大的优势是次边为三角接，隔断了零序及 3 倍数谐波的流通通路，可以大大减小谐波，就像一个双环路滤波器，既保护了电源侧，也保护了负载侧；同时由于变电所牵引变压器低压侧保持了三相，因此可以向地区和本变电所提供三相电。单相牵引负荷作用下系统三相严重不平衡，变压器容量利用率很低，尤其是只有一个供电臂有负荷时，流过三角侧一个绕组的电流为负荷电流的三分之二，而流过另外两个绕组的电流为负荷电流的三分之一，因此，当重负荷绕组达到额定的满负荷时，两个轻负荷绕组仅为额定负荷的二分之一，这时供给牵引负荷的容量为变压器额定容量的二分之一，变压器容量利用率仅为 50%，变压器和系统工作在不对称状态，变压器容量无法得到充分利用。当两个供电臂同时有负荷时，系统不对称程度有所降低，变压器容量利用率也有所提高，但变压器容量利用率不会超过 75.6%；由于两个相邻供电臂电压相别不同，必须用分相绝缘器进行分隔，分相绝缘器的存在增加了机车操作的复杂性，制约了高速、重载铁路的发展。

2．电压电流关系

图 1.7 中标出了牵引变压器原次边电压、电流各量。其中：

$\dot{U}_A$、$\dot{U}_B$、$\dot{U}_C$——变压器原边三相电压向量；

$\dot{I}_A$、$\dot{I}_B$、$\dot{I}_C$——变压器原边三相电流向量；

$\dot{U}_{ac}$、$\dot{U}_{cb}$、$\dot{U}_{ba}$——变压器次边绕组上的三相电压向量；

$\dot{U}_a$、$\dot{U}_b$、$\dot{U}_c$——变压器次边三相等效星形电压向量，与绕组上的电压向量关系如图 1.7（c）所示；

$\dot{I}_{ca}$、$\dot{I}_{bc}$、$\dot{I}_{ab}$——变压器次边绕组的三相电流向量；

$\dot{I}_a$、$\dot{I}_b$、$\dot{I}_c$——变压器次边三相电流向量，为了与绕组电流区别，也可称其为变压器次边三相端口电流。

根据变压器次边绕组电流与端口电流关系，很容易得到二者的关系式，再根据磁势平衡和功率守恒容易求得两边电流电压关系。以下作为实例，应用坐标变换来求解电压电流关系式。

应用坐标变换确定两边电压电流关系是非常简单的,不需要了解变压器内部关系,只需要知道两边电压之间的相位关系和两边绕组的匝数。假设原边和次边匝数分别为 W_A、W_a,则原边与次边绕组匝数 $\dfrac{W_A}{W_a} = \dfrac{\sqrt{3}U_A}{\sqrt{3}U_a} = \dfrac{1}{K_b}$。根据 YN,d11 变压器连接组别知次边线电压向量 $\dot{U}_{ab}$ 超前于原边线电压向量 $\dot{U}_{AB}$ 30°,也就是原边电压向量 $\dot{U}_A$ 滞后于次边等效星形电压向量 $\dot{U}_a$ 30°,即 $\varphi_{Aa} = -30°$。将 $\varphi_{Aa} = -30°$ 直接代入三相坐标变换啊啊(1.22)式(1.23),可得

$$\dot{I}_{abc} = \begin{bmatrix} \dot{I}_a \\ \dot{I}_b \\ \dot{I}_c \end{bmatrix} = \frac{2}{3}\frac{1}{K_b}\begin{bmatrix} \cos 30° & -\cos 30° & \cos 270° \\ \cos 270° & \cos 30° & -\cos 30° \\ -\cos 30° & \cos 270° & \cos 30° \end{bmatrix}$$

$$= \frac{1}{\sqrt{3}K_b}\begin{bmatrix} 1 & -1 & 0 \\ 0 & 1 & -1 \\ -1 & 0 & 1 \end{bmatrix}\begin{bmatrix} \dot{I}_A \\ \dot{I}_B \\ \dot{I}_C \end{bmatrix} = \boldsymbol{M}\dot{I}_{ABC} \quad (1.42)$$

则

$$\dot{U}_{ABC} = \begin{bmatrix} \dot{U}_A \\ \dot{U}_B \\ \dot{U}_C \end{bmatrix} = \frac{1}{\sqrt{3}K_b}\begin{bmatrix} 1 & 0 & -1 \\ -1 & 1 & 0 \\ 0 & -1 & 1 \end{bmatrix}\begin{bmatrix} \dot{U}_a \\ \dot{U}_b \\ \dot{U}_c \end{bmatrix} = \boldsymbol{M}^T\dot{U}_{abc} \quad (1.43)$$

式中,$\dot{U}_{abc} = [\dot{U}_a \ \dot{U}_b \ \dot{U}_c]^T$ 为变压器次边三相星形等效电压向量。如果变压器连接组别不同,如 YN,d3,YN,d5,YN,d7 等以及其他任意连接组别的变压器,根据连接组别容易得到 φ_{Aa},将 φ_{Aa} 代入坐标变换式(1.22)和式(1.23),就可以直接得到变压器两侧电压电流关系式。

3. AT 供电方式下接线形式

由于 AT 供电方式的特殊性,牵引变电所需要将两台 YN,d11 接线变压器十字交叉连接。如图 1.8 所示。其中一台变压器的原边三相端子 A、B、C 分别接入三相系统 A、B、C 相;另一台变压器原边三相端子 A′、B′、C′ 分别接入三相系统 A、C、B 相。一台变压器的次边 c 端子与另一台变压器 a′ 端子相连后接钢轨,两台变压器次边的另外两个端子 a、c′ 和 b、b′ 分别接两组 55 kV 牵引母线。

这种由两台变压器十字交叉连接构成的 AT 供电牵引变电所接线方式,是由苏联专家提出来的。这种接线方式至少需要一台 YN,d11 接线变压器作为备用,变压器占地面积大。在我国大秦线采用一台三相三绕组变压器来代替两台三相双绕组变压器构成十字交叉接线形式,其原理和接线与两台双绕组相似,不再赘述。基于两台十字交叉 YN,d11 接线方式构建同相牵引供电系统时,可以与平衡补偿装置有机结合而减少一台工作变压器,并依然能够很好地补偿谐波、无功和负序。关于这方面的详细内容可参考本书第 3 章和其后各章节。

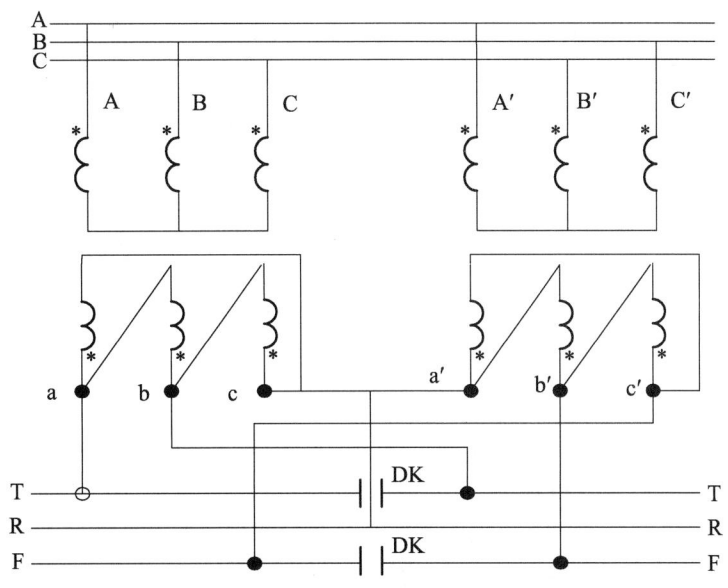

图 1.8　AT 供电方式三相变压器十字交叉接线

1.2.4　Scott 接线牵引变电所

1．原理接线及特点

Scott 牵引变电所原理接线，如图 1.9 所示。牵引变压器采用 Scott 接线，Scott 变压器相当于两个单相变压器连接而成，其中一台变压器称为 M 座，其原边绕组中点引出并与另一台变压器称为 T 座的一端相连。M 座原边绕组两个端子分别接三相系统 B 相和 C 相；T 座原边绕组一端接 M 座中点"D"，另一端接系统 A 相。M 座和 T 座次边一端相连并接钢轨，M 座另一端和 T 座的另一端分别接两个不同方向供电臂母线。变压器原边绕组电压向量和匝数关系必须满足等边三角形高和底关系，如图 1.9（b）和图 1.9（c）所示。M 座原边绕组匝数为 W_1，以三角形底边长度 BC 表示，则 AD 的长度代表 T 座原边匝数为 $\frac{\sqrt{3}}{2}W_1$，次边绕组匝数为 W_2。

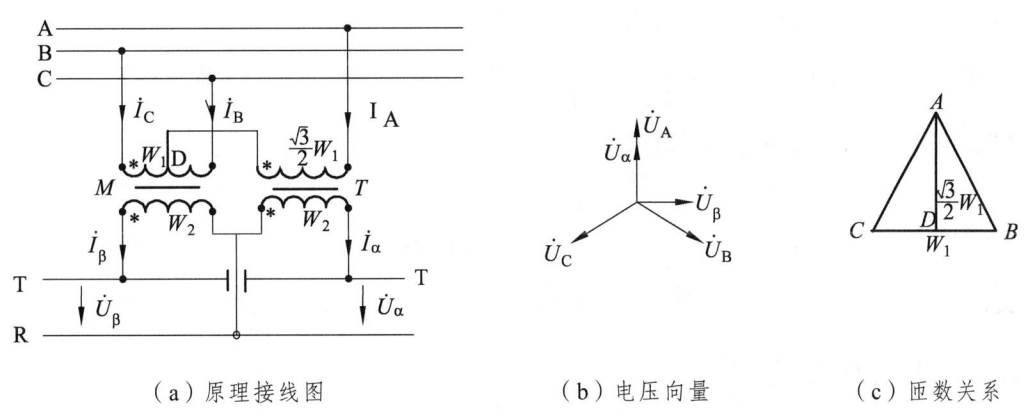

（a）原理接线图　　　（b）电压向量　　　（c）匝数关系

图 1.9　Scott 变压器牵引变电所原理接线

为了保证变电所不间断供电，仍然需要设两台 Scott 变压器，通常一台运行，一台备用。根据实际情况也可以两台并联运行。

这种变电所的主要优点是当两个供电臂牵引负荷大小相等、功率因数角相同时，变压器次边两个电流也大小相等相位相差 90°，则原边三相电流完全对称，这一点优于单相和三相 YN,d11 接线牵引变电所。但在实际中两个供电臂负荷大小相等、功率因数角相同的概率非常小，大部分时间是仅一个供电臂有负荷，而另一个供电臂没有负荷。当仅一个供电臂有负荷时仍然会造成系统三相严重不对称，这时的不对称程度与单相接线和 YN,d11 接线情况相当。

这种接线的主要缺点是接线相对复杂、成本高，维护、检修工作量大，运行费用高，尤其变压器 M 座原边绕组需要中点引出，变压器制造难度大、造价高。变压器原边不再是 Y 接，没有像 YN,d11 接中性点，图 1.9（a）中伪中点"D"电位容易随负荷变化而产生漂移，从而失去了 YN,d11 接变压器那样三角接的优势。另外，分相绝缘器上承受的电压为 $\sqrt{2} \times 27.5$ kV，因此与 YN,d11 接变压器相比，分相绝缘器绝缘水平需要提高 $\sqrt{2}$ 倍。分相绝缘器的存在增加了机车操作的复杂性，制约了高速、重载铁路的发展。

2．电压电流关系

根据磁势平衡，由图 1.9 不难得到

$$\begin{cases} W_2 \dot{I}_\alpha = \dfrac{\sqrt{3}}{2} W_1 \dot{I}_A \\ W_2 \dot{I}_\beta = \dfrac{1}{2} W_1 \dot{I}_B - \dfrac{1}{2} W_1 \dot{I}_C \end{cases} \quad (1.44)$$

再利用 $\dot{I}_A + \dot{I}_B + \dot{I}_C = 0$ 进行整理，得

$$\dot{I}_{\alpha\beta} = \frac{1}{\sqrt{3}K_b} \begin{bmatrix} 1 & -\dfrac{1}{2} & -\dfrac{1}{2} \\ 0 & \dfrac{\sqrt{3}}{2} & -\dfrac{\sqrt{3}}{2} \end{bmatrix} \begin{bmatrix} \dot{I}_A \\ \dot{I}_B \\ \dot{I}_C \end{bmatrix} = \boldsymbol{M} \dot{I}_{ABC} \quad (1.45)$$

利用三相两相坐标变换，可以省去建立和求解方程的麻烦过程，注意：原边三相等效匝数 W_Y 与次边 α 相绕组匝数比 $\dfrac{W_Y}{W_\alpha} = \dfrac{U_A}{U_\alpha} = \dfrac{1}{\sqrt{3}K_b}$，将 $\varphi_{\alpha A} = 0$ 代入式（1.11）即可得式（1.45）。再根据电压变换式与电流变换式对偶关系可得

$$\dot{U}_{ABC} = \frac{1}{\sqrt{3}K_b} \begin{bmatrix} 1 & 0 \\ -1/2 & \sqrt{3}/2 \\ -1/2 & -\sqrt{3}/2 \end{bmatrix} \dot{U}_{\alpha\beta} = \boldsymbol{M}^T \dot{U}_{\alpha\beta} \quad (1.46)$$

3．AT 供电方式下接线

AT 供电方式下 Scott 牵引变电所原理接线如图 1.10 所示。牵引变压器 M 座原边中点引

出接 T 座一端，T 座另一端接系统 A 相，M 座两个端子分别接 B 相和 C 相。牵引变压器 M 座次边两个端子分别接一组 55 kV 接触线"T"和负馈线"F"的牵引母线；T 座次边两个端子分别接另一组 55 kV 接触线"T"和负馈线"F"的牵引母线。由于 Scott 变压器次边绕组没有中间抽头，所以 M 座和 T 座的次边绕组都必须并接自耦变压器，通过自耦变压器引出中点再接钢轨。变电所也需要两台 Scott 变压器：一台备用，一台运行，根据需要也可以两台并列运行。

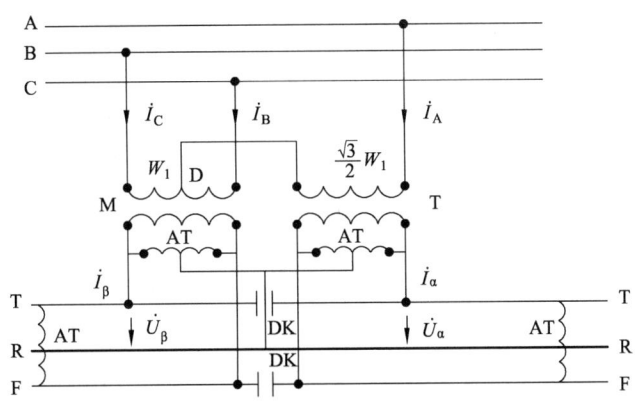

图 1.10　AT 供电方式 Scott 牵引变电所原理接线

1.2.5　阻抗匹配接线牵引变电所

阻抗匹配接线牵引变电所的主变压器采用了阻抗匹配平衡变压器，一般变电所都是设两台变压器：一台运行，一台备用，也可以根据实际需要两台并列运行。牵引变电所及阻抗匹配平衡变压器原理接线如图 1.11 所示，阻抗匹配平衡变压器结构原理相当于 YN,d11 接线变压器三角侧 ab 相(本图中与原边 B 相同相的绕组)延伸，ab 两边分别增加一个匝数相等的附加绕组，附加绕组的匝数 ΔW 应使次边电压满足图 1.11（c）所示的三角形，所以附加绕组的匝数为

$$\Delta W = \frac{\sqrt{3}-1}{2}W_2 \tag{1.47}$$

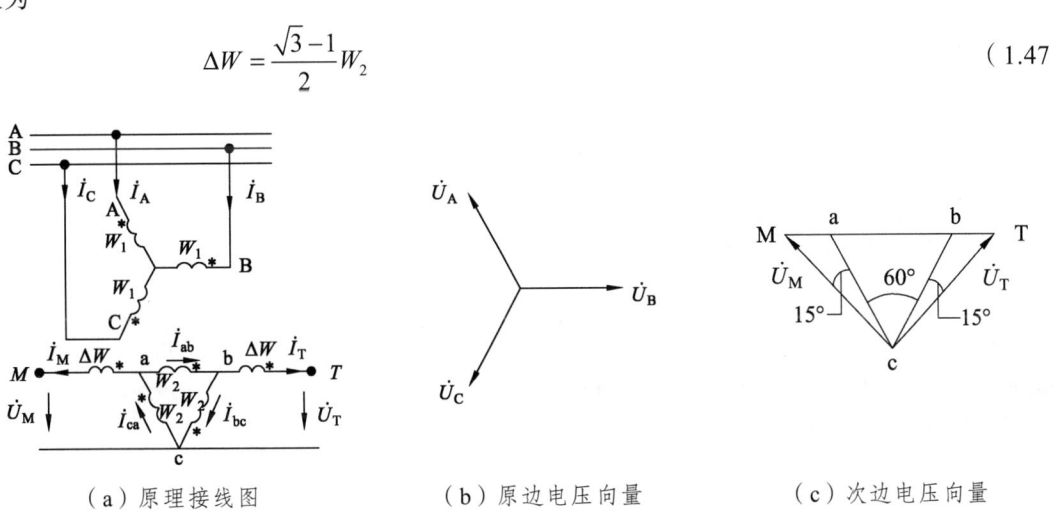

（a）原理接线图　　　　（b）原边电压向量　　　　（c）次边电压向量

图 1.11　阻抗匹配牵引变电所原理接线

1．原理接线及特点

变压器原边三相端子分别接入系统三相，变压器次边 C 端子接钢轨；M、T 端子分别接不同方向供电臂的两个牵引母线。

这种变电所与 YN,d11 接变电所一样，次边保留了三角接，隔断了零序及 3 倍数谐波的流通，可以大大减小谐波及由此造成的电压电流波形畸变，相当于双环路滤波器，既保护了电源侧，也保护了负载侧；与 Scott 牵引变电所不同之处是变压器原边仍保持了三相星接，可以将中性点引出，避免了中点飘移现象发生；当两供电臂负荷电流大小相等、功率因数角相同时，变压器次边两个端口电流也大小相等、相位相差 90°，原边三相电流完全对称，变压器的容量可以得到充分利用，这一点等同于 Scott 接线而优于三相 YN,d11 接线牵引变电所。在实际中两个供电臂负荷大小相等、功率因数角相同的概率非常小，大部分时间是仅一个供电臂有负荷，而另一个供电臂没有负荷。在单臂牵引负荷作用下仍然会造成系统三相严重不对称，不对称程度与单相接线和 YN,d11 接线情况相当。

这种牵引变电所缺点也是十分明显的，阻抗匹配平衡变压器制造工艺复杂、制造难度大，造价高。变电所分相绝缘器承受电压高于 YN,d11 接变电所。由图 1.11 可以看出分相绝缘器上承受电压为 $\sqrt{2}\times 27.5$，因此，与 YN,d11 接线变压器相比，分相绝缘器的绝缘水平需要提高 $\sqrt{2}$ 倍。分相绝缘器的存在增加了机车操作的复杂性，制约了高速、重载铁路的发展。

2．电压电流关系

根据匝数三角形关系，电压 $\dot{U}_M$ 与电压 $\dot{U}_T$ 相位正好相差 90°，$\dot{U}_M$ 与 $\dot{U}_T$ 夹角 $\varphi_{MA}=15°$。从坐标变换来看，阻抗匹配平衡变压器是 Scott 变压器的特殊形式，相当于坐标轴旋转了 15°，也即 $\varphi_{M\alpha}=15°$，所以阻抗匹配变压器的 M、T 两相电流与 Scott 变压器的 α、β 两相电流关系为

$$\begin{bmatrix} \dot{I}_M \\ \dot{I}_T \end{bmatrix} = C_{\alpha M} \begin{bmatrix} \dot{I}_\alpha \\ \dot{I}_\beta \end{bmatrix} = \begin{bmatrix} \cos\varphi_{M\alpha} & -\sin\varphi_{M\alpha} \\ \sin\varphi_{M\alpha} & \cos\varphi_{M\alpha} \end{bmatrix} \begin{bmatrix} \dot{I}_\alpha \\ \dot{I}_\beta \end{bmatrix} \quad (1.48)$$

将 $\varphi_{M\alpha}=15°$ 和式（1.45）代入式（1.48）可得

$$\dot{I}_{MT} = \frac{1}{2\sqrt{3}K_W} \begin{bmatrix} \sqrt{3}+1 & -2 & -(\sqrt{3}-1) \\ \sqrt{3}-1 & 2 & -(\sqrt{3}+1) \end{bmatrix} \dot{I}_{ABC} \quad (1.49)$$

式中，$K_W = \dfrac{W_2}{W_1} = \dfrac{U_a}{U_A} = \dfrac{\sqrt{2}U_M}{\sqrt{3}U_A} = \sqrt{2}K_b$。

式（1.49）也可以根据式（1.11）坐标变换直接求得，将 $\dfrac{W_Y}{W_\alpha} = \dfrac{U_A}{U_\alpha} = \dfrac{\sqrt{2}U_A}{\sqrt{3}U_\alpha} = \dfrac{\sqrt{2}}{\sqrt{3}K_W}$ 和 $\varphi_{M\alpha}=15°$ 代入式（1.11），即可得式（1.49）。

对应电压变换式为

$$\dot{U}_{ABC} = \frac{1}{2\sqrt{3}K_W} \begin{bmatrix} \sqrt{3}+1 & \sqrt{3}-1 \\ -2 & 2 \\ -(\sqrt{3}-1) & -(\sqrt{3}+1) \end{bmatrix} \quad (1.50)$$

根据式（1.11）也可以直接求得式（1.50），还可以根据变压器磁势平衡原理，求解电压、电流变换关系。根据图 1.11 参考方向可得

$$\begin{aligned} \dot{I}_A W_1 &= \dot{I}_{ca} W_2 \\ \dot{I}_B W_1 &= \dot{I}_{ab} W_2 + \Delta W \dot{I}_T - \Delta W \dot{I}_M \\ \dot{I}_C W_1 &= \dot{I}_{bc} W_2 \\ \dot{I}_M &= \dot{I}_{ca} - \dot{I}_{ab} \\ \dot{I}_T &= \dot{I}_{ab} - \dot{I}_{bc} \\ \dot{I}_A + \dot{I}_B + \dot{I}_C &= 0 \end{aligned} \quad (1.51)$$

根据式（1.51）总能得到式（1.49）。

3．AT 供电方式牵引变电所接线

三绕组式阻抗匹配变压器 AT 供电方式牵引变电所原理接线如图 1.12 所示。原边三相端子接系统三相，次边两个延边三角形的两个 c 端子相连后接钢轨，延边三角形两个端子α、β 端子与另一个延边三角形的α、β 端子，共同构成了α-α、β-β 两组 55 kV 电压分别向两边供电臂供电。变电所设置两台阻抗匹配平衡变压器：一台运行，一台备用，也可两台并列运行。

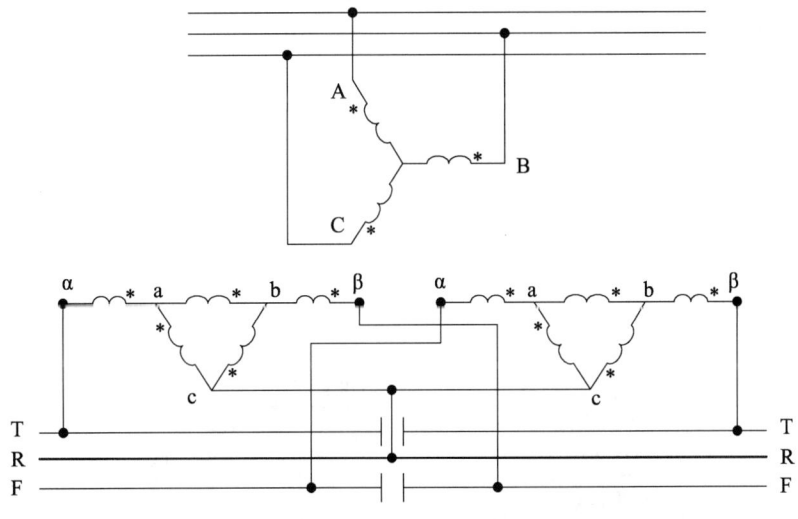

图 1.12　AT 供电方式阻抗匹配牵引变电所原理接线

1.2.6　三相变四相变压器牵引变电所

1．变压器原理接线

三相变四相变压器有四柱式和三柱式两种类型[4-15]。四柱式三相变四相变压器绕组接线

原理如图 1.13 所示，每相铁心均采用三绕组结构，三相侧为曲折连接，绕组 W_{a1}、W_{c1} 并联构成三相侧 A 相，绕组 W_{a2}、W_{c2} 并联为 B、C 两相的公共支路，绕组 W_{b1}、W_{d1} 并联与公共支路串联构成三相侧 C 相，O 点为中性点。绕组 W_{a3}、W_{b3}、W_{c3}、W_{d3} 分别为四相侧的四相绕组，四相侧绕组采用星形连接。绕组结构 a 相与 c 相对称，b 相与 d 相对称。设三相侧的相电压与四相侧的相电压之比为 $K=U_A/U_a$，取各相绕组的匝数关系为

$$\begin{cases} W_{a1}/W_{a3}=K \\ W_{a2}=W_{a1}/2 \\ W_{b1}=W_{b2}=\sqrt{3}W_{a1}/2 \\ W_{a1}=W_{c1}=W_{a2}=W_{c2} \\ W_{b1}=W_{d1}=W_{b2}=W_{d2} \\ W_{a3}=W_{b3}=W_{c3}=W_{d3} \end{cases} \quad (1.52)$$

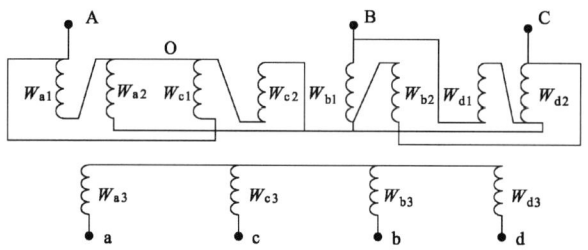

图 1.13 四柱式三相变四相变压器接线原理

三柱式三相变四相变压器绕组接线原理如图 1.14 所示，图中 W_A、W_B、W_C 组成原边三相绕组，W_{c1}、W_{b1} 和 W_{c3}、W_{b3} 分别组成副边 b、d 相绕组，W_{c2}，W_{a1}，W_{b2} 和 W_{c4}，W_{a2}，W_{b4} 分别组成副边 a、c 相绕组。设变比 $K=W_1/W_2$，各绕组的匝数关系为

$$\begin{cases} W_A=W_B=W_C=W_1 \\ W_{c2}=W_{a1}=W_{b2}=W_2 \\ W_{c4}=W_{a2}=W_{b4}=W_2 \\ W_{c1}=W_{b1}=W_{c3}=W_{b4}=W_2/\sqrt{3} \end{cases} \quad (1.53)$$

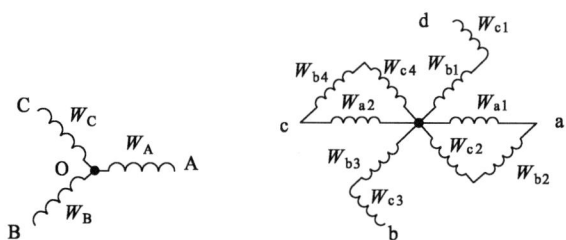

图 1.14 三柱式三相变四相变压器接线原理

2．电压电流关系

三相变四相变压器原次边电压向量如图 1.15 所示。根据磁势平衡原理求变压器原次边电流关系，就不像前面几种接线方式那样简单。应用坐标变换式（1.30）和式（1.31），原边为三相、次边为四相，所以 $k=3$，$N=4$，$\varphi_{Aa}=0$，代入可得

1.2 牵引变电所类型及物理量之间的关系

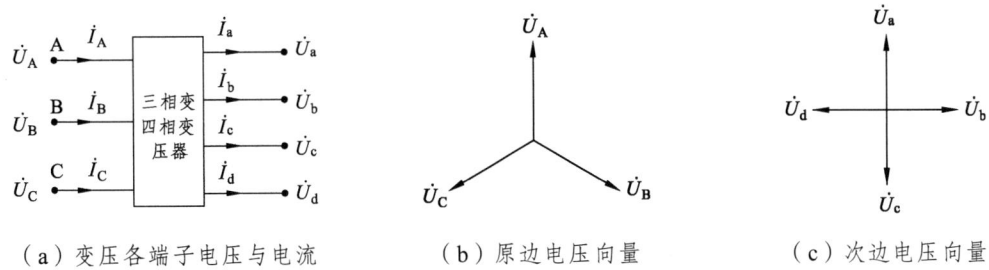

（a）变压各端子电压与电流　　（b）原边电压向量　　（c）次边电压向量

图 1.15　三相变四相变压器原次边电压向量

$$\begin{bmatrix} \dot{I}_A \\ \dot{I}_B \\ \dot{I}_C \end{bmatrix} = \frac{1}{K} \begin{bmatrix} \frac{2}{3} & 0 & -\frac{2}{3} & 0 \\ -\frac{1}{3} & \frac{\sqrt{3}}{3} & \frac{1}{3} & -\frac{\sqrt{3}}{3} \\ -\frac{1}{3} & -\frac{\sqrt{3}}{3} & \frac{1}{3} & \frac{\sqrt{3}}{3} \end{bmatrix} \begin{bmatrix} \dot{I}_a \\ \dot{I}_b \\ \dot{I}_c \\ \dot{I}_d \end{bmatrix} \tag{1.54}$$

3．AT 供电方式牵引变电所接线方式

三相变四相变压器用于四相输电时，四相侧输出端子 a、b、c、d 分别接入四相输电系统的四个相别；若将三相变四相变压器应用于电气化铁道时，四相侧输出端子 a、c 和 b、d 分别构成两组 55 kV 电压，a、c 端子和 b、d 端子分别接两组牵引母线，再通过馈电线分别向上行和下行接触线（T）和负馈线（F）供电；将变压器次边中点（o）接钢轨。AT 供电方式三相四相牵引变电所原理接线如图 1.16 所示。

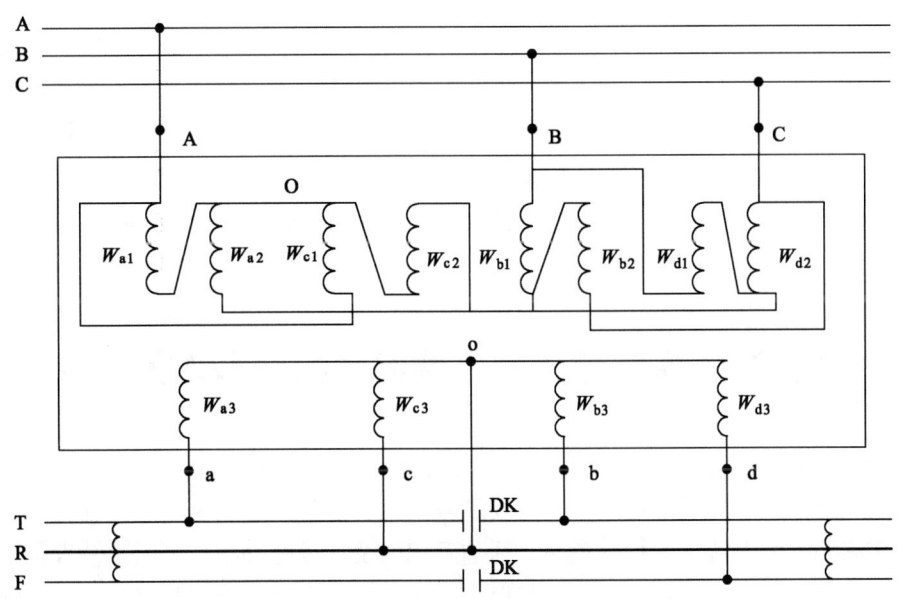

图 1.16　AT 供电方式三相四相牵引变电所原理接线

三相四相变压器用在 AT 供电方式牵引变电所是非常方便的，变压器原边和次边都有中点，尤其是次边中点引出正好接钢轨，不需要像 Scott 变压器那样必须用自耦变压器构成中点接钢轨。

与 Scott 变压器一样，当两个供电臂负荷大小相等、功率因数角相同时，系统三相电流完全对称。两个方向供电臂负荷相同，也即四相电流可设为

$$\dot{I}_a = -\dot{I}_c = j\dot{I}_b = -j\dot{I}_d = \dot{I}_s \tag{1.55}$$

将式（1.55）代入式（1.54）可得

$$\dot{I}_A = a\dot{I}_B = a^2\dot{I}_C = \frac{1}{\sqrt{3}}I_s \tag{1.56}$$

式（1.55）和式（1.56）说明当两个方向供电臂负荷相同时，系统侧三相电流对称。三相变四相变压器原次边电流向量如图 1.17 所示。

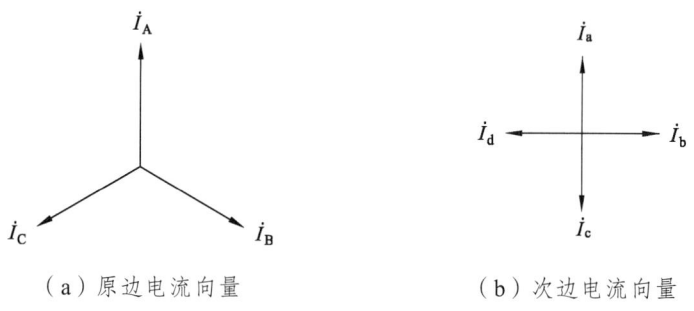

（a）原边电流向量　　　　（b）次边电流向量

图 1.17　三相变四相变压器原次边电流向量

与 Scott 变压器和阻抗匹配平衡变压器相似，采用三相变四相平衡变压器，可以降低三相系统不平衡状况，但只有在两供电臂负荷相同时，才能完全消除三相不平衡。通常情况下两臂负荷相差很大，所以三相不平衡改善程度是有限的。由于各供电臂电压不同，必须用分相绝缘器分隔，分相绝缘器将承受 $\sqrt{2}\times 27.5$ kV 电压。与 YN,d11 接线相比，分相绝缘器的绝缘水平需要提高 $\sqrt{2}$ 倍。分相绝缘器的存在增加了机车操作的复杂性，制约了高速、重载铁路的发展。

1.3　牵引供电系统存在的主要问题与一般对策

运行经验证实，单相工频交流制的电气化铁道具有很多的优越性[1,16-18]，根据目前世界各国高速电气化铁路的发展情况，今后的发展方向主要是采用单相工频交流制。这种制式也存在着许多问题，如谐波、无功、负序、通信干扰以及"过电分相"等问题一直备受人们关注。自工频单相交流电气化铁道投入运行以来，人们一直在努力研究和解决这些问题，并提出了一些对策，但这些对策还无法解决高速、重载电气化铁路的所带来的新问题。随着高速、重载电气化铁路的不断发展，有些问题，如"过电分相"、通信干扰、三相不平衡等更加突出。

1.3.1 牵引负荷的特点

牵引供电系统的供电对象是电力机车，相对于三相电力负荷而言，电力机车牵引负荷有其显著的特点。它对牵引供电系统的结构与运行、供电设备接线方式以及电力系统的运行都将产生直接影响。牵引负荷的特点与机车类型有着直接关系，其主要特点是[19]：

（1）我国电气化铁道运行的交-直整流器电力机车，是非线性的，整流结果使得电流滞后于电压，而且接近方波，所以牵引负荷电流中含有大量的谐波成分。

（2）电力机车为单相、移动性动态负荷。负荷电流受线路状况和机车本身运行工况（起动、加速、惰行、过电分相、制动与再生等）的多变因素作用，而具有随机剧烈波动的特性。供电区内无机车运行或仅有机车惰行时，馈线负荷很小；当有多台机车同时起动和加速时，或当机车过电分相情况下，机车主断路器拉闸又空载合闸，使机车主变压器产生很大的激磁涌流（可达几倍的主变压器原边额定电流），以及当上述起动、加速工况与过电分相的激磁涌流叠加或不同组合时，将出现冲击最大负荷现象。单相牵引负荷会使系统产生大量的负序电流，造成系统三相严重不平衡。

（3）我国电气化铁道运行的交-直整流器电力机车，是一种非线性、低功率因数负荷，将对牵引供电系统和电力系统注入各次谐波电流，成为一种谐波源。牵引负荷谐波对供电系统和电力系统的危害和影响是多方面的，主要包括引起供电设备与仪表的发热甚至损坏，对通信、控制、继电保护的正常运行产生威胁。

（4）交-直整流器电力机车在不同工况下，牵引负荷电流相位角（相对于牵引网电压）的变化幅度较大，致使功率因数偏低，需进行无功功率补偿。当机车处于再生制动工况时，机车电流回送牵引网，电流相位角为滞后 120°~130°；机车过电分相产生激磁涌流时，可视为纯感性电流，相位角接近滞后 90°；机车处在其他工况时，相位角为 35°~37°（功率因数为 0.82~0.8）；而在牵引网短路故障时，故障电流相位角为滞后 65°~70°。正常工况下相位角的大幅度变化和牵引负荷电流动态的剧烈波动，加大了有效补偿无功功率的难度。

（5）我国运行的交-直-交电力机车，功率因数接近于 1，低次谐波含量较少，主要含有较高次的谐波。

1.3.2 谐波的影响及其抑制

1．谐波的概念

通常我们总期望或假定系统电压和电流是理想的标准正弦波形，因为这样可以方便分析、简化设计。但在实际供电系统中，这种理想的电压和电流波形基本不存在。由于各种原因实际的电压和电流一般都是周期性的畸变波形。任意周期性的非正弦函数，只要满足狄里赫利条件，就可分解为傅里叶级数。设周期为 T 的非正弦函数 $f(t)$ 满足狄里赫利条件，傅里叶级数展开式为

$$f(t) = a_0 + \sum_{k=1}^{\infty}(a_k \cos k\omega_1 t + b_k \sin k\omega_1 t) \qquad (1.57)$$

式中　ω_1——基波角频率，$\omega_1 = \dfrac{2\pi}{T}$；

$$a_0 = \frac{1}{T}\int_0^T f(t)\mathrm{d}t\text{；}$$

$$a_k = \frac{1}{T}\int_0^T f(t)\cos k\omega_1 t\, \mathrm{d}t\ (k=1,2,3,\cdots)\text{；}$$

$$b_k = \frac{1}{T}\int_0^T f(t)\sin k\omega_1 t\, \mathrm{d}t\ (k=1,2,3,\cdots)\text{。}$$

式（1.57）可以写为

$$f(t) = A_0 + \sqrt{2}\sum_{k=1}^{\infty} A_{km}\sin(k\omega_1 t + \varphi_k) \tag{1.58}$$

其中，$A_{km} = \sqrt{a_k^2 + b_k^2}$，$\varphi_k = \arctan\dfrac{b_k}{a_k}$；$A_0$ 为常数称为直流分量。

电气化铁道的牵引负荷主要有两类：一类为交-直型机车，另一类为交-直-交型机车。以前者为例，电流中所含的谐波主要是奇次谐波，电流可表示为

$$i(t) = \sqrt{2}\sum_{n=1}^{\infty} I_n \sin(n\omega_1 t + \varphi_n) \tag{1.59}$$

式中　I_n、φ_n——n 次谐波电流有效值和初相角，$n = 2k+1\ (k=0,1,2,\cdots)$ 为奇数；
　　　ω_1——基波角频率。

2．谐波引起的波形畸变主要度量方法[20,21]

（1）谐波畸变下的电压有效值 U 和电流有效值 I：

$$U = \sqrt{\frac{1}{T}\int_0^T u^2(t)\mathrm{d}t} = \sqrt{\sum_{n=1}^{\infty} U_n^2} \tag{1.60}$$

$$I = \sqrt{\frac{1}{T}\int_0^T i^2(t)\mathrm{d}t} = \sqrt{\sum_{n=1}^{\infty} I_n^2} \tag{1.61}$$

（2）n 次谐波电流含有率 HRI_n 和电压含有率 HRU_n：

$$HRI_n = \frac{I_n}{I_1}\times 100\% \tag{1.62}$$

$$HRU_n = \frac{U_n}{U_1}\times 100\% \tag{1.63}$$

式中，I_1、U_1——基波电流有效值和电压有效值；
　　　I_n、U_n——n 次谐波电流有效值和电压有效值

电流和电压谐波总畸变率 THD_i 和 THD_u 定义为

$$THD_i = \frac{1}{I_1}\sqrt{\sum_{n=2}^{\infty}I_n^2}\times 100\% \tag{1.64}$$

$$THD_u = \frac{1}{U_1}\sqrt{\sum_{n=2}^{\infty}U_n^2}\times 100\% \tag{1.65}$$

对于 69 kV 以下的电力系统,《电力系统中谐波控制的措施和要求》(IEEE519 标准)规定,应将单个频率的谐波电压限制到基波电压的 3%,将电压总谐波畸变率限制到 5%。

还可以用功率等其他方式来度量谐波引起的波形畸变程度,这些度量方式基本都可以用电压和电流含有率和总畸变率来表达。

3. 谐波源

1)本地负荷谐波

本地负荷谐波主要是指牵引负荷产生的谐波。交-直整流器电力机车,采用了单相可控整流器,由于其非线性特性,整流输出电流滞后于电压,且其波形接近于方波,说明牵引负荷电流中含有大量的谐波成分。含有大量谐波的牵引负荷,经牵引供电系统向电力系统注入了大量的谐波电流,所以对于电力系统而言牵引负荷相当于谐波源。这种机车产生的谐波主要是奇次谐波,而且 n 次谐波的含量接近于 $1/n$。

交-直-交电力机车的控制电路是由整流和逆变两个部分组成,谐波的大小和次数与整流和逆变两部分控制方式的脉波数有关。对于 12 脉波变流器的交-直-交电力机车所产生的谐波次数主要为 $12n\pm 1 = 11, 13, 23, 25, 35, 37, \cdots$。

2)系统谐波

系统谐波是指除本地负荷之外的原因引起的谐波,如系统中非线性负荷、磁饱和设备、电力电子装置等引起的牵引母线电压波形发生畸变,或向牵引变电所注入谐波。

电气化铁道谐波主要是牵引负荷产生的谐波,然而系统中的谐波对电气化铁道影响也不可忽视。在实际运行中,为了消除牵引负荷产生的谐波而在牵引变电所设置谐波滤波器,而滤波器对于谐波就相当于阻抗为零的短路通路,所以在滤除牵引负荷谐波时,系统谐波或多或少也会流向滤波器,尤其当系统谐波与滤波器产生谐振时,出现谐波倒灌和过电压现象。因此在消除牵引负荷谐波时,必须考虑系统谐波的影响。

系统谐波源主要有三大类:

(1)磁饱和设备,如变压器、电机。变压器铁芯一般工作在接近非线性状态,所以即使电源电压是正弦的,变压器的励磁电流也是非正弦的,含有谐波,主要是三次谐波。电动机和发电机的磁路存在磁饱和现象,所以也会产生谐波。此外电机的线圈嵌入线槽中,由于这线槽不可能严格按正弦形分布,使得磁动势产生畸变,相当于谐波电压源。

(2)电力电子装置。随着电力电子器件的不断发展和广泛应用,电力电子装置成为最大的谐波源,包括整流装置、逆变器、开关电源、变速传动装置。

(3)其他的非线性负载,如电弧炉、荧光灯、水银灯等。

以上谐波源若从牵引变电所一侧来看,相当于谐波电流源或谐波电压源,无论是哪一种都会对牵引变电所产生一定的影响。

对于采用电力电子开关构成的滤波与补偿装置，为了避免系统谐波倒灌而增加滤波与补偿装置的负担，必须在滤波与补偿的目标模型上加以考虑。关于这方面的内容可参阅本书第 4 章。

4．谐波的危害及其抑制

牵引供电系统产生的谐波电流，将对电网造成严重的污染，恶化用电设备运行环境，其危害主要有[19-23]：

（1）使供电设备和元件产生附加的谐波损耗，降低了发电、输电及用电设备的效率。

（2）影响各种电气设备的正常工作，使电机产生附加损耗、引起机械振动、噪声和过电压，使变压器局部严重过热；使电容器、电缆等设备过热、绝缘老化、寿命缩短，以至损坏。

（3）引起电网并联谐振和串联谐振，从而使谐波放大，危害加重，甚至引起严重事故。

（4）导致继电保护和自动装置误动作，并会使电气测量仪表计量误差加大。

（5）对铁路沿线的通信系统产生干扰，轻者产生噪声，降低通信质量；重者导致信息丢失，使通信系统无法正常工作。

世界上许多国家都已制定了限制谐波的国家标准或全国性规定。各个国际组织，如国际电气电子工程师协会（IEEE）、国际电工委员会（IEC）等也纷纷推出了各自建议的谐波标准，如 IEEE519、IEC61000。我国也先后于 1984 年和 1993 年分别制定了限制谐波的规定和国家标准，如《电力系统谐波管理暂行规定》（SD125—84）和《电能质量 公用电网谐波》（GB/T 14549—93）。我国电气化铁道谐波允许值是以电力系统的地区变电站的 110 kV 为谐波电压监测点，由电气化铁道谐波电流引起的监测点处相电压正弦波形畸变率应低于 3%。

为解决谐波污染问题，一般采用两种办法：一种是装设谐波补偿装置[21,24-26]，这对各种谐波源都是适用的；另一种是对谐波源本身进行改造，使其不产生或少产生谐波，对于电气化铁道电力机车，若采用四象限 PWM 整流器时，可以使机车的低次谐波大大减少，并可提高功率因数。

装设谐波补偿装置的传统方法是采用 LC 调谐滤波器。这种方法既可补偿谐波，又可补偿无功功率，而且结构简单，一直被广泛使用。这种方法的缺点是补偿特性受电网阻抗和运行状态影响，易和系统发生并联谐振，导致谐波放大，使 LC 滤波器过载甚至烧毁。它只能补偿特定频率的谐波，补偿效果也不甚理想。

目前，谐波抑制的一个重要趋势是采用有源电力滤波器（APF）。其原理是从补偿对象中检测出谐波电流，并以此为参考控制有源滤波器产生一个与该谐波电流大小相等而极性相反的补偿电流，从而消除电网的谐波电流。这种方法的优点是滤波性能不受电网阻抗的影响，可动态跟踪谐波电流频率和幅值的变化，目前已在许多国家获得了广泛应用。

1.3.3　无功功率及其补偿

1．功率定义

1）传统功率定义

设单口网络的输入电压和输入电流为

$$u(t) = \sqrt{2}U\sin\omega t$$
$$i(t) = \sqrt{2}I\sin(\omega t - \varphi) \tag{1.66}$$

则网络吸收瞬时功率 $p(t)$ 为

$$p(t) = u(t)i(t) = UI\cos\varphi - UI\cos(2\omega t - \varphi)$$
$$= \underbrace{UI\cos\varphi(1 - \cos 2\omega t)}_{(1)} - \underbrace{UI\sin\varphi\sin 2\omega t}_{(2)} \tag{1.67}$$

有功功率 P 定义为

$$P = \frac{1}{T}\int_0^T p(t)\mathrm{d}t = UI\cos\varphi \tag{1.68}$$

注意式（1.67）右边（1）部分永远大于或等于零，是从电源到网络单向流动的功率，表明网络从电源吸收功率；而右边（2）部分是一个平均值为零和 2 倍系统频率的振荡分量，其峰值为 $UI\sin\varphi$，表明这一部分是在负载与电源之间来回交替流动。

定义无功功率为

$$Q = UI\sin\varphi \tag{1.69}$$

视在功率 S 为

$$S = UI \tag{1.70}$$

功率因数 $\cos\varphi$ 为

$$\cos\varphi = \frac{P}{S} \tag{1.71}$$

复功率 $\bar{S}$ 为

$$\bar{S} = P + \mathrm{j}Q = \dot{U}\hat{I} = UI\mathrm{e}^{\mathrm{j}\varphi} \tag{1.72}$$

2）Budeanu 功率定义

Budeanu 功率定义是由罗马尼亚电气工程师 Buldeanu 于 1972 年给出的，主要用于电压和电流具有周期性、可分解为傅氏级数的非正弦交流系统。电压和电流有效值见式（1.60）和式（1.61），视在功率见式（1.70），而有功功率和无功功率分别为

$$P = \frac{1}{T}\int_0^T p(t)\mathrm{d}t = \sum_{n=0}^{\infty} P_n = U_0 I_0 + \sum_{n=1}^{\infty} U_n I_n \cos\varphi_n \tag{1.73}$$

$$Q = \sum_{n=1}^{\infty} Q_n = \sum_{n=1}^{\infty} U_n I_n \sin\varphi_n \tag{1.74}$$

式中，U_0、I_0 分别代表系统的直流电压和直流电流。$U_0 I_0$ 为直流功率，在牵引供电系统中一般 $U_0 I_0 = 0$。

视在功率 S 定义为

$$S = \|u(t)\| \times \|i(t)\| = \sqrt{\sum_{n=0}^{\infty} U_n^2 \sum_{n=0}^{\infty} I_n^2} \tag{1.75}$$

式中，$\|x(t)\| = \sqrt{\dfrac{1}{T}\int_0^T x^2(t)\mathrm{d}(t)}$ 表示 x 的范数，也就是通常所说的均方根值。非正弦情况下视在功率、有功功率和无功功率不满足功率三角形，引入畸变功率 D，并定义 D 为

$$D^2 = S^2 - P^2 - Q^2 \tag{1.76}$$

3）Fryze 功率定义

Fryze 功率是关于非正弦周期性波形下的功率定义，由波兰 Fryze 教授于 1931 年提出。他把电流 $i(t)$ 按照电压分解成有功电流 $i_p(t)$ 和无功率电流 $i_q(t)$ 两个分量；有功电流分量 $i_p(t)$ 与电压 $u(t)$ 波形完全一致，并与无功电流分量 $i_q(t)$ 正交。即

$$i_p(t) = Gu(t) \tag{1.77}$$

$$i(t) = i_p(t) + i_q(t) \tag{1.78}$$

$$\int_0^T i_p(t) i_q(t) \mathrm{d}t = 0 \tag{1.79}$$

式中，G 为常数，且满足 $i_p(t)$ 与 $i(t)$ 一个周期内所消耗的平均功率相等，即

$$P = \dfrac{1}{T}\int_0^T u(t) i_p(t) \mathrm{d}t = \dfrac{1}{T}\int_0^T Gu^2(t)\mathrm{d}t = GU^2 \tag{1.80}$$

所以，有功电流分量 $i_p(t)$ 可表示为

$$i_p(t) = \dfrac{P}{U^2} u(t) \tag{1.81}$$

4）三相系统的功率

如果三相系统是完全对称的，只需要拿出一相来分析，功率的概念与单相系统没有什么区别。三相总有功、无功、视在功率分别是单相有功、无功、视在功率的 3 倍。如果三相系统是不对称的，就不能简单地仿照单相功率物理意义定义三相系统的功率。

定义三相瞬时有功功率 $p(t)$ 为

$$p(t) = u_A(t) i_A(t) + u_B(t) i_B(t) + u_C(t) i_C(t) \tag{1.82}$$

定义三相平均有功功率 P 为

$$P = \dfrac{1}{T}\int_0^T p(t)\mathrm{d}t \tag{1.83}$$

定义复功率 $\tilde{S}$ 为

$$\tilde{S} = \dot{U}_{ABC}^{T} \hat{I}_{ABC} = \dot{U}_{012}^{T} A \hat{I}_{012} = 3\dot{U}_{012}^{T} \hat{I}_{012} \tag{1.84}$$

式中　A——对称变换矩阵，$A = \begin{bmatrix} 1 & 1 & 1 \\ 1 & a^2 & a \\ 1 & a & a^2 \end{bmatrix}$，并且 $A^T = A$，$\hat{A} = 3A^{-1}$，$a = 1\angle 120° = \mathrm{e}^{\mathrm{j}(2\pi/3)} = -\frac{1}{2} + \mathrm{j}\frac{\sqrt{3}}{2}$；

$\dot{U}_{012}$、$\dot{I}_{012}$、$\hat{I}_{012}$——三相电压和电流各序向量以及电流各序共轭向量。

视在功率的定义常用的有两种：一种是把三相看作三个独立的单相，先计算每一相的视在功率再求和，称为分总视在功率；另一种是先求三相电压和电流的均方根值，二者的乘积称为集总视在功率。为表述方便，定义相序符号构成的集合 X，即 $X = \{A\ B\ C\}$。

分总视在功率为 S_Γ 为

$$S_\Gamma = \sum_k U_k I_k \quad (k \in X) \tag{1.85}$$

集总视在功率 S_Σ 为

$$S_\Sigma = U_\Sigma I_\Sigma \tag{1.86}$$

式中，$U_\Sigma = \sqrt{\sum_k U_k^2}$ $(k \in X)$ 称为集总电压有效值；$I_\Sigma = \sqrt{\sum_k I_k^2}$ $(k \in X)$ 称为集总电流有效值。可以验证，当三相完全对称时，集总视在功率等于分总视在功率，即 $S_\Sigma = S_\Gamma$；而当三相不对称时，$S_\Sigma \neq S_\Gamma$。

三相系统的无功功率物理意义与单相系统完全不同，当三相对称时，无功率仅仅是在三相之间往复传递，电源与负载之间并没有无功功率的流动。考虑不对称情况可以定义三相无功功率为

$$Q = \sum_k U_k I_k \sin\varphi_k \quad (k \in X) \tag{1.87}$$

式（1.87）定义的无功功率物理意义并不明显。总之，当系统不对称时，无功功率的定义很难有统一的概念和明确的物理意义。

2．无功功率的危害

如上所述，我国电气化铁道交-直型电力机车牵引负荷功率因数低、谐波含量高、变化剧烈，对电网及设备的不良影响严重。无功功率对电网和设备的影响主要有以下几个方面[21]：

（1）无功功率的增加，会导致电流增大和视在功率增加，从而使发电机、变压器及其他电气设备容量和导线容量增加。同时，电力用户的起动及控制设备、测量仪表的尺寸和规格也要加大。

（2）无功功率的增加，使总电流增大，因而使设备及线路的损耗增加。

（3）使线路及变压器的电压降增大，如果是冲击性无功功率负载，还会使电压产生剧烈波动，使供电质量严重降低。

3．无功补偿

无功功率的补偿方法有很多，常用的有并联电容器、同步电机和静止无功补偿装置等。

1）并联电容器

并联电容器可以提供超前的无功功率，而系统负载多数都是感性的，所以通过并联电容器，可以减少无功功率，提高功率因数。并联电容器补偿无功功率是最为传统的方法，其优点是简单、经济、方便、灵活；但由于补偿的无功容量固定不变，不能跟随负荷无功的改变而动态改变，所以其应用范围受到较大的限制。

2）同步电机

通过调整同步发电机励磁电流，使其在输出有功功率的同时输出无功功率。当过励时输出容性无功功率，而当欠励时输出感性无功功率，而且输出的无功功率大小随过励或欠励的程度而改变。也可以让同步电动机工作在空载状态，只向电网输送无功功率，这时称为同步调相机。由于旋转电机损耗和噪声大、运行维护成本高、响应速度慢，无法适应无功功率快速变化的场合，所以逐步被更为先进的静止无功补偿装置所淘汰。

3）静止无功补偿装置（SVC）

静止无功补偿装置是对应旋转电机而得名，其核心部分是电力电子装置。随着电力电子技术的发展静止无功补偿装置也不断得到改进。最早是由晶闸管构成的静止无功补偿装置，其中包括晶闸管控制电抗器和晶闸管投切电容器。

晶闸管控制电抗器补偿无功的原理是通过晶闸管的"通"与"断"来改变流过电抗器的电流，使流过电抗器的基波电流滞后或超前于其上的电压，从而可以提供感性无功功率或容性无功功率，达到补偿无功功率的目的。

晶闸管投切电容器补偿无功功率的原理也很简单，通过晶闸管的"通"与"断"改变并入电网的电容量，从而改变输出的超前无功功率总量。这种改变可以根据电网要求和无功功率大小来动态实现。

随着电力电子器件的发展产生了更为先进的由全控器件构成的静止无功发生器（SVG）。SVG 可以分为两种类型，如图 1.18 所示：图 1.18（a）为电压型静止无功发生器；图 1.18（b）为电流型静止无功发生器。由于运行效率等原因，实际中大都采用电压型静止无功发生器。电压型静止无功发生器（SVG）相当于工作于逆变状态的一个完全可控的电压源，SVG 将电容上直流电压逆变为交流电压，通过电抗器 L 接于电网。控制开关器件的"通"与"断"，可以改变输出的交流电压的大小和相位，从而改变流过电抗器 L 上的电流大小和相位，这也就改变了 SVG 从电网吸收功率的性质和大小，实现对电网无功功率的动态补偿。与传统无功补偿装置相比，SVG 具有更为优越的动态补偿性能。

在实际中，无功功率补偿与谐波抑制时常需要综合考虑，所以前述谐波抑制装置，大都可以用于或兼顾补偿无功，尤其对于有源滤波或有源无功补偿装置。从有些功率定义概念上讲，谐波也是无功，无功补偿与谐波抑制的主要差别是控制补偿或抑制装置达到的目标不同。

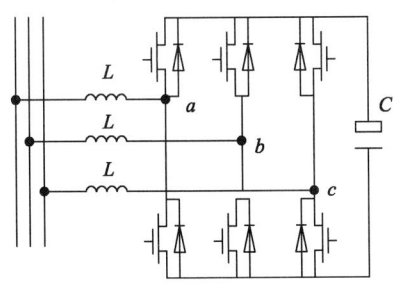 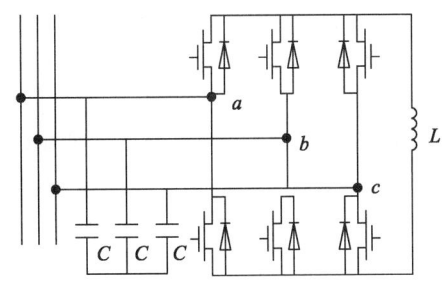

（a）电压型静止无功发生器　　　　　　（b）电流型静止无功发生器

图 1.18　静止无功发生器

1.3.4　通信干扰及其防护

交流电气化铁路是以接触网—钢轨（大地）为回路的单相不对称供电系统，其牵引网是一种特殊形式的单相工频交流高压输电线路。当牵引电流流过接触网时，接触网的周围产生电场和磁场，这种电场和磁场对邻近的通信线路产生危险影响和干扰影响。危险影响和干扰影响的国家标准和行业容许标准值如表1.1～表1.4所示[17]。

表 1.1　危险影响容许值

线路类型	感应纵电动势容许值/mV		静电感应电流容许值/mA
	接触网正常工作状态	接触网故障状态	
架空明线	60	430	15
电缆	60	60%直流试验电压	

表 1.2　通信线路干扰影响容许值

通信线路类型	600Ω杂音计电压容许值/mV
设有增音站的双线电话回路	2.25
未设有增音站的双线电话回路	5
单线电话回路	15

表 1.3　广播线路干扰影响容许值

广播线路类型	干扰噪声电压信噪比/dB
广播信号线路（不加权）	≥30
广播双线用户线路（不加权）	≥27
广播单线用户线路（不加权）	≥25

表 1.4　电气化铁道与短波及超短波调幅收信台防护距离

收信台（站）等级	防护距离/m
短波一级台（站）	800
短波二级台（站）	250
短波三级台（站）	100
超短波调幅收信台（站）	100

如果电气化铁道不采取防护措施,那么为了使危险影响和干扰影响限制在规定标准以内,保证通信线路正常工作和人身、设备安全,架空明线应远离电气化铁道 1 km 以上。如果距离达不到要求,必须采取有效的防护措施。电气化铁道通过采用带架空回流线的直接供电方式(简称 DN 方式)、自耦变压器供电方式(简称 AT 供电方式)、吸流变压器供电方式(简称 BT 供电方式)和同轴电缆供电方式(简称 CC 供电方式)[1,3,16]来降低对通信线路的危险影响和干扰影响,并使其限制在规定标准以内。

1．DN 供电方式

在接触网支柱上架设一条与接触线平行的回流线(NF),并隔一定距离设置连接导线将回流线与钢轨并联,就构成了带回流线的直接供电方式,如图 1.19 所示。

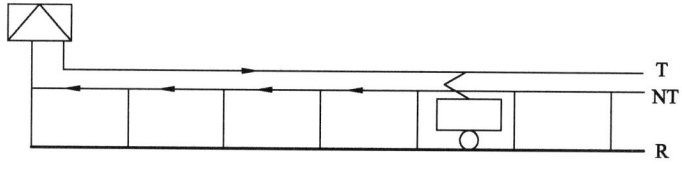

图 1.19　DN 供电方式原理接线

由于 NF 线和钢轨并联连接,使正常运行时钢轨中负荷电流的一部分分流到 NF 中去,从而可降低钢轨对地电位,减少流入地中的电流,同时 NF 线与接触导线距离较小,增强了对接触网负荷电流磁场的去磁效应。由于这两方面的原因,可减轻对通信线路的干扰影响,并使牵引网单位阻抗降低,有利于减小电压损失和功率损失。

这种供电方式,牵引网结构简单,经济性好,因而在国内外得到了广泛的应用。但其防干扰效果不如 AT 供电方式和 BT 供电方式,故主要用于对通信干扰防护效果要求不高的场合。

2．BT 供电方式

在 DN 供电方式的基础上,如果在牵引网的接触导线和回流线中串联接入变比为 1∶1 的吸流变压器(BT),即构成 BT 供电方式,其原理接线如图 1.20 所示。其中 BT 原边串联接入接触网,次边串联接入回流线。

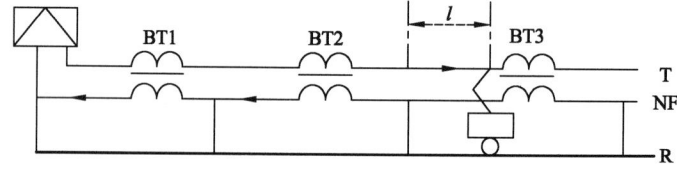

图 1.20　BT 供电方式原理接线

当牵引负荷电流流经 BT 原边时,其副边产生一个大小相等的互感电流,迫使负荷电流沿回流线流回牵引变电所而不经由轨道和大地。由于回流线与接触线中的电流反向,从而极大地减弱了牵引网周围磁场,有效降低了牵引电流对邻近通信线的干扰影响。

这种供电方式的缺点是存在半段效应,也就是当电力机车靠近 BT 近变电所一侧时,如图 1.20 所示位置时,BT3 原边无电流流过,则 l 段对应的回流线中没有感应电流,故不能消除该段接触网所产生的磁场,失去了防护效应。l 段长度约为两吸上线间距的一半,故称为半段效应。为了缩小半段效应,提高防护效果,通常牵引网每隔 2~4 km 设置一台 BT,如此一来,半段效应对整个供电区段抗干扰的影响就很有限了。但牵引网中串联接入大量的吸流变压器后,将使牵引网阻抗大大增加,从而增大了牵引网的功率损失和电压损失,与简单直供方式相比,牵引网阻抗和电压损失约增大 51%,牵引网电能损失约增大 56%。由于牵引网阻抗增大,牵引变电所距离需缩短,所以供电系统成本也明显增加。由于 BT 串入接触网后,每一个 BT 原边必须与一个电分段绝缘间隙并联,当牵引列车运行通过这些电分段绝缘间隙时,BT 原边绕组瞬时被短路,从而在 BT 的原边绕组中产生很高的自感电势,并在电力机车受电弓与接触线间产生很强的电弧,可能烧损接触线和电力机车受电弓滑板。特别是在高速列车和大负荷电流条件下,这种损害更为严重。因此,这种供电方式的应用受到了很大限制。

3. AT 供电方式

为了克服吸流变压器供电方式存在的严重缺陷,提出了牵引网并联 AT 供电方式,其原理电路示于图 1.21。图中 SS 为牵引变电所,其输出电压为 2×27.5 kV,AT_1、AT_2、AT_3 为自耦变压器,变比为 2∶1,$W_2 \colon W_1 = 1 \colon 1$,其一端与接触网连接,另一端与负馈线连接,中点与轨道连接。两自耦变压器之间的距离一般为 10 km 左右。实际 AT 间隔按对通信线防干扰及牵引供电要求核算后确定。

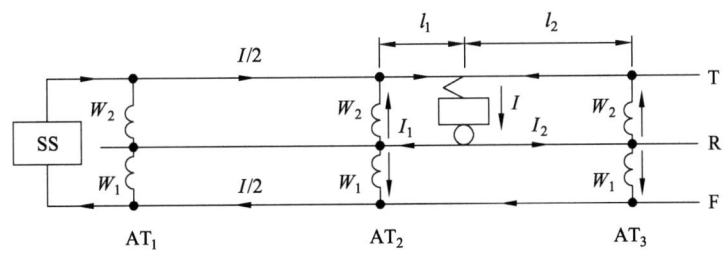

图 1.21　AT 供电方式原理接线

若 AT 阻抗为零、电力机车位于 AT_2 处,此时机车电流将被 AT_2 全部吸上,根据变压器磁势平衡原理,流经 AT_2 的 W_2 与 W_1 的电流必大小相等、方向相反,且为 $I/2$,根据节点电流定律,流经接触网和负馈线电流也必为 $I/2$,且该电流由牵引变电所沿接触网流出,沿负馈线流回牵引变电所。轨道中的电流为零。由于接触网与负馈线中的电流大小相等、方向相反,两者之间的距离相对很小,所以两者的交变磁场相互抵消,不存在牵引电流对邻近通信线路的电磁干扰影响。实际上 AT 存在着很小的阻抗。因此,在全供电臂内将有部分牵引电流流经轨道(大地)返回变电所。故仍存在对邻近通信线路的电磁干扰影响,但由于流经轨道、大地返回变电所的电流极小,因此对邻近通信线路的电磁干扰影响也必然很小。

当电力机车位于两台 AT 之间,如位于 AT_2 与 AT_3 之间时,电力机车电流将分两路流经轨道、大地,两路电流 I_1、I_2 大小分别与两分路的阻抗成反比,分路阻抗基本与机车距两 AT 间距成正比,所以 $I_1 = \dfrac{l_2}{l_1 + l_2} I$,$I_2 = \dfrac{l_1}{l_1 + l_2} I$。两分路电流在流向 AT_2 和 AT_3 时都有一部分流入大地。但由于 $I_1 l_1 = I_2 l_2$,所以在 l_1 和 l_2 两个长度内的电磁感应影响大小相等而方向相反,对平行于该 AT 段的通信线产生的电磁感应影响总合为零。

与其他供电方式相比，AT供电方式的优点是：

（1）无须提高牵引网的绝缘水平即可将供电电压提高一倍。在相同的牵引负荷条件下，接触网和负馈线中的电流大致可减小一半；牵引网阻抗小，约为直供方式牵引网阻抗的1/4，从而提高了牵引网的供电能力，大大减小了牵引网的电压损失和电能损失。牵引变电所间距可增大到90~100 km，从而减小变电所数量，降低投资。

（2）无须在AT处实行电分段，故有利于高速、重载列车顺利通过。

（3）经分析和试验表明，AT供电方式对邻近通信线的综合防护效果优于BT供电方式。

这种供电方式的缺点是：变电所接线复杂，使用变压器数量多，投资和维护费用高。例如，采用YN,d11接变压器至少需要两台（或一台三相三绕组）工作变压器；开闭所、分区亭和自耦变压器站接线也比较复杂。

当前有不少国家电气化铁道采用了这种供电方式，如日本、法国、比利时，我国北京—秦皇岛、大同—秦皇岛、郑州—武昌等电气化铁路也采用了这种供电方式。我国新建客运专线，也采用了AT供电方式。

4．CC供电方式[3]

这种供电方式又可分为接触网开口方式和不开口方式。CC供电方式不需要另设像AT供电方式的负馈线或BT供电方式的回流线那样的架空电线，对净空要求低，接触网结构简单，对邻近通信线路防护效果好，是一种优良的供电方式和防护措施。但由于其造价昂贵，无法在实际系统中大量正式采用。

1.3.5　系统不平衡及其对策

由于交流电气化铁道牵引负荷——电力机车为变化频繁的单相负荷，它将在电力系统中产生较大的负序电流，造成三相严重不平衡。不平衡程度与牵引负荷的大小及其分布状况、变电所主变压器接线形式有关。以下针对当前主要采用的接线形式，包括单相接线、V,v接线、YN,d11接线、阻抗匹配平衡接线和Scott接线，所造成的三相系统不平衡做简要分析。

1．正序与负序电流

当前电气化铁道常用的接线形式，其变压器一次侧都是三相系统，其二次侧分别有两相、三相、四相系统等多种形式。为不失一般性，假设要讨论的模型一次侧为三相、二次侧为n相系统，且一、二次侧都是星形接线，如果不是星形接线（如YN,d11接线二次侧为三角接线），则可以按照1.1.3节所示的等效原理将其等效为星形接线。

假设有k个端口有牵引负荷，第m个端口的电压和电流分别为

$$\begin{cases} \dot{U}_m = U_m \angle (-\psi_m) = U_m \mathrm{e}^{-\mathrm{j}\psi_m} \\ \dot{I}_m = I_m \angle (-\psi_m - \varphi_m) = I_m \mathrm{e}^{-\mathrm{j}(\psi_m + \varphi_m)} \end{cases} \quad (1.88)$$

式中，$\dot{U}_m$、$\dot{I}_m$分别为m端口负荷的电压和电流向量；ψ_m为m端口的电压滞后基准电压（如果是求系统一次侧的正、负电流，则基准侧为系统一次侧，基准电压一般选取为$\dot{U}_A$；如果基准侧为变压器二次侧，则基准电压一般选取为a相星形等效电压$\dot{U}_a$）的相位角，称为负载

接线角,并定义滞后时为正;φ_m 为 m 端口负载的功率因数角。

1) 三相系统

(1) 三相系统的正序电流。

设系统电压完全对称,这时电压只有正序分量,其余各序分量都为零,即 $\dot{U}_0 = \dot{U}_2 = 0$,根据功率守恒原理,得

$$\dot{\boldsymbol{U}}^{\mathrm{T}}\hat{\boldsymbol{I}} = \sum_m \dot{U}_m \hat{I}_m \tag{1.89}$$

$$\dot{\boldsymbol{U}}_{012}^{\mathrm{T}} \boldsymbol{A}^{\mathrm{T}} \hat{\boldsymbol{A}} \hat{\boldsymbol{I}}_{012} = \sum_m \dot{U}_m \hat{I}_m \tag{1.90}$$

$$3\dot{U}_1 \hat{I}_1 = \sum_m \dot{U}_m \hat{I}_m \tag{1.91}$$

式中 $\sum_m$ ——求和符号,在此表示对各端口牵引负荷造成的影响求总和;

$\boldsymbol{A}$ ——三相对称变换矩阵,$\boldsymbol{A}^{\mathrm{T}}\hat{\boldsymbol{A}} = 3\boldsymbol{E}$,$\hat{\boldsymbol{A}}$ 为 $\boldsymbol{A}$ 的共轭,$\boldsymbol{E}$ 为单位矩阵;

$\dot{\boldsymbol{U}}$、$\dot{\boldsymbol{I}}$ ——原边三相电压和电流向量矩阵;

$\dot{\boldsymbol{U}}_{012}$、$\dot{\boldsymbol{I}}_{012}$ ——原边三相电压和电流的零序、正序和负序分量矩阵,下标"0"代表零序,"1"代表正序,"2"代表负序。

记 $\dot{I}_1 = I_1 \mathrm{e}^{-\mathrm{j}\varphi_1}$,将式(1.88)代入式(1.91),两边取共轭并整理可得

$$\dot{I}_1 = \frac{1}{3}\sum_m \frac{U_m}{U_1} I_m \mathrm{e}^{-\mathrm{j}\varphi_m} = \frac{1}{3}\sum_m K_m I_m \mathrm{e}^{-\mathrm{j}\varphi_m} \tag{1.92}$$

式中,K_m 为第 m 端口的负载接线系数,等于负载端口电压有效值与基准电压有效值之比值。由于三相电压对称,基准电压等于正序电压,又由于通常情况下取 A 相电压为基准电压,所以,$K_m = U_m / U_1 = U_m / U_A$。

(2) 三相系统的负序电流。

当系统三相电压对称时 $\dot{U}_0 = \dot{U}_2 = 0$,$\dot{\boldsymbol{U}}^{\mathrm{T}} = \dot{\boldsymbol{U}}_{0.12}^{\mathrm{T}} \boldsymbol{A}^{\mathrm{T}} = \dot{U}[1 \quad a^2 \quad a]$,根据功率守恒式(1.38),有

$$\dot{\boldsymbol{U}}^{\mathrm{T}}\dot{\boldsymbol{I}} = \sum_m \dot{U}_m \dot{I}_m \tag{1.93}$$

$$\dot{U}_1[1 \quad a^2 \quad a]\boldsymbol{A}\dot{\boldsymbol{I}}_{012} = \sum_m \dot{U}_m \dot{I}_m \tag{1.94}$$

注意到 $[1 \quad a^2 \quad a]\boldsymbol{A}\dot{\boldsymbol{I}}_{012} = 3\dot{I}_2$,故

$$3\dot{U}_1\dot{I}_2 = \sum_m \dot{U}_m \dot{I}_m \tag{1..95}$$

所以

$$\dot{I}_2 = \frac{1}{3}\sum_m \frac{U_m}{U_1} I_m \mathrm{e}^{-\mathrm{j}(2\psi_m + \varphi_m)} = \frac{1}{3}\sum_m K_m I_m \mathrm{e}^{-\mathrm{j}(2\psi_m + \varphi_m)} \tag{1.96}$$

2）牵引变压器二次侧，n 相系统正序与负序电流

为不失一般性，假设系统有 n 相，根据多相对称分量法，各相向量与各序分量之间关系为

$$\dot{F} = A\dot{F}_{012} \tag{1.97}$$

式中，$\dot{F}$ 分别代表 n 相电压或电流向量矩阵；$\dot{F}_{012}$ 分别代表 n 相（等效星形）电压或电流各序分量矩阵；A 为对称变换矩阵，且对于 n 相系统，对称变换矩阵 A 为

$$A = \begin{bmatrix} 1 & 1 & 1 & \cdots & 1 \\ 1 & a^{n-1} & a^{n-2} & \cdots & a \\ 1 & a^{n-2} & a^{n-4} & \cdots & a^2 \\ \vdots & \vdots & \vdots & & \vdots \\ 1 & a & a^2 & \cdots & a^{n-1} \end{bmatrix} \tag{1.98}$$

式中，$a = 1\angle(2\pi/n)$ 为旋转因子，且 $1 + a + a^2 + \cdots + a^{n-1} = 0$；式（1.98）对于所有 $n > 2$ 的 n 相系统都适用，尤其当 $n = 3$ 时，则 $a = 1\angle 120° = 1\angle(2\pi/3)$，这时 A 就是我们熟悉的三相系统对称变换矩阵。

$n = 2$ 时的两相系统比较特殊，需要另外定义。本节讨论的两相系统是指相位相差 90° 的系统，可以看作四相系统的特例，即 $a = 1\angle 90° = 1\angle(\pi/2)$，两相系统的对称变换矩阵定义为 $A = \begin{bmatrix} 1 & 1 \\ -j & j \end{bmatrix}$。

经以上定义，两相、三相和四相系统的各相向量与各序分量之间关系可以统一用式（1.97）表达，且任意 n 相系统对称变换矩阵都满足 $A^T \hat{A} = nE$。n 相系统对应 n 个序分量，但是对于牵引供电系统来讲，只有正序和负序分量有意义。为不引起混淆，定义顺相序的分量为正序，统一用下标"1"表示；逆相序的分量为负序，统一用下标"2"表示。

（1）n 相系统的正序电流。

设 n 相等效星形电压完全对称，这时电压只有正序分量，其余各序分量都为零，根据功率守恒得

$$\dot{U}^T \hat{I} = \sum_m \dot{U}_m \hat{I}_m \tag{1.99}$$

$$\dot{U}_{012}^T A^T \hat{A} \hat{I}_{012} = \sum_m \dot{U}_m \hat{I}_m \tag{1.100}$$

$$n\dot{U}_1 \hat{I}_1 = \sum_m \dot{U}_m \hat{I}_m \tag{1.101}$$

式中，$\dot{U}$、$\dot{I}$ 分别代表 n 相系统的电压、电流向量矩阵；$\dot{U}_{012}$、$\dot{I}_{012}$ 与三相系统不同，在此分别代表 n 相电压和电流的各序分量矩阵，由式（1.101）得

$$\hat{I}_1 = \frac{1}{n} \sum_m \frac{\dot{U}_m}{\dot{U}_1} \hat{I}_m \tag{1.102}$$

1.3 牵引供电系统存在的主要问题与一般对策

$$\dot{I}_1 = \frac{1}{n}\sum_m \frac{U_m}{U_1} I_m e^{-j\varphi_m} = \frac{1}{n}\sum_m K_m I_m e^{-j\varphi_m} \tag{1.103}$$

（2）n 相系统的负序电流。

仍假设系统的 n 相电压完全对称，这时电压只有正序分量，其余各序分量都为零，$\dot{U}^T = \dot{U}_{012}^T A^T = \dot{U}_1[1 \quad a^{n-1} \quad a^{n-1} \quad \cdots \quad a]$，根据功率守恒伴随式（1.38），则

$$\dot{U}^T \dot{I} = \sum_m \dot{U}_m \dot{I}_m \tag{1.104}$$

$$\dot{U}_1[1 \quad a^{n-1} \quad a^{n-2} \quad \cdots \quad a]A\dot{I}_{012} = \sum_m \dot{U}_m \dot{I}_m \tag{1.105}$$

$$n\dot{U}_1\dot{I}_2 = \sum_m \dot{U}_m \dot{I}_m \tag{1.106}$$

记 $\dot{I}_2 = I_2 e^{-j\varphi_2}$，将式（1.88）代入式（1.106），可得

$$\dot{I}_2 = \frac{1}{n}\sum_m \frac{U_m}{U_1} I_m e^{-j(2\psi_m + \varphi_m)} = \frac{1}{n}\sum_m K_m I_m e^{-j(2\psi_m + \varphi_m)} \tag{1.107}$$

从以上分析可以看出，任意的 n 相系统，由牵引负荷引起的牵引变压器各侧的正、负序电流表达式完全相同。为示区别，以下将正、负序电流统一用 $\dot{I}^+$、$\dot{I}^-$ 表示，则正、负序电流统一表达式为

$$\begin{cases} \dot{I}^+ = \dfrac{1}{n}\sum_m \dfrac{U_m}{U_x} I_m e^{-j\varphi_m} = \dfrac{1}{n}\sum_m K_m I_m e^{-j\varphi_m} \\ \dot{I}^- = \dfrac{1}{n}\sum_m \dfrac{U_m}{U_x} I_m e^{-j(2\psi_m + \varphi_m)} = \dfrac{1}{n}\sum_m K_m I_m e^{-j(2\psi_m + \varphi_m)} \end{cases} \tag{1.108}$$

式中，K_m 为第 m 端口的负载接线系数，等于负载端口电压与基准电压之比值，$K_m = U_m/U_x$，U_x 为基准电压，一般以待求侧的等效星形 A 相（或 a 相或 α 相）电压为基准电压，由于系统电压对称，所以基准电压等于正序电压，即 $U_x = U_1$。式（1.108）还可写成如下形式：

$$\begin{cases} \dot{I}^+ = \dfrac{1}{nU_x}\sum_m S_m e^{-j\varphi_m} \\ \dot{I}^- = \dfrac{1}{nU_x}\sum_m S_m e^{-j(2\psi_m + \varphi_m)} \end{cases} \tag{1.109}$$

式中，$S_m = U_m I_m$ 为 m 端口负载容量（负载的视在功率）。

式（1.109）可见，正、负电流大小与基准电压有关，这是容易理解的，因为不同电压等级下，如变压器原边和次边的电流大小自然是不同的。考虑系统的功率守恒，定义各侧统一的基准容量为 S_j，待求侧的基准电流为 I_x，且 $I_x = S_j/(nU_x)$。将基准电流代入式（1.109），并假定只有一个端口（m 端口）有负荷，得

$$\begin{cases} \dot{I}^+_* = S_{m*} e^{-j\varphi_m} \\ \dot{I}^-_* = S_{m*} e^{-j(2\psi_m + \varphi_m)} \end{cases} \tag{1.110}$$

式中　　S_{m*} ——m 端口负荷容量标幺值，$S_{m*} = S_m / S_j$；

　　　　$\dot{i}_*^+$、$\dot{i}_*^-$ ——基准侧正、负序电流向量标幺值。

从式（1.110）可以看出，正、负序电流大小只与负荷容量有关，与负荷接入的端口无关。

结论：

（1）某端口负荷所引起的正、负序电流的标幺值恒等于该端口负荷容量的标幺值；正、负序电流的大小与该端口负荷的容量（视在功率）成正比，而与负荷接入的端口无关。

（2）某端口负荷所引起的正序电流的相位角等于负荷的功率因数角，与负荷接线角无关；某端口负荷所引起的负序电流的相位角等于负荷的功率因数角与两倍的负荷接线角之和。

2．不同接线方式时的正负序电流

由于以下讨论的是三相系统的正负序电流，因此式（1.108）中 $n=3$。

1）纯单相接线时三相系统的负序电流

纯单相接线次边仅有一个可供使用的端口，所以负载只能接入该唯一端口，如图 1.22 所示。图中变压器原边绕组接 AB 相间，所以负荷端口的接线角为 $\psi_1 = -30°$。实际中变压器原边绕组可能接 BC、CA 相间，所以负荷端口的接线角有三种不同取值，如表 1.5 所示。

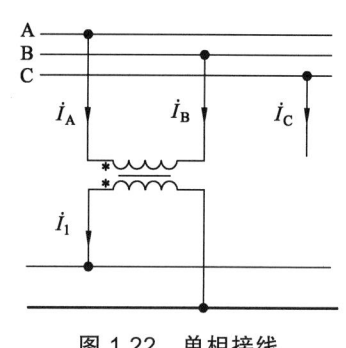

图 1.22　单相接线

表 1.5　单相接线时端口的接线角

端口相别	AB	BC	CA
端口的接线角	−30°	90°	−150°

定义电流不对称系数 K_I 为负序电流与正序电流之比值，显然单相接线正序和负序电流大小相等，电流不对称系数 $K_I = 1$，三相不对称程度十分严重。

由于牵引侧只有一个可供使用的端口，而补偿负序必须有另外一个不同接线角的端口。因此对于单相接线情况，要实现平衡补偿就必须额外增加补偿变压器，并能提供不同于负荷端口接线角的补偿用端口。

2）V,v 接线时三相系统的正负序电流

这种接线牵引侧有两个端口，三相系统的正序和负序电流可认为是由两个端口的负荷电流 $\dot{I}_1$、$\dot{I}_2$ 独立作用产生的三相系统正序和负序电流的叠加。对于图 1.23 接线，两个端口的接线角分别为 $\psi_1 = -30°$、$\psi_2 = 90°$，所以总正序电流和总负序电流，可由式（1.108）得

$$\begin{bmatrix} \dot{I}^+ \\ \dot{I}^- \end{bmatrix} = \frac{1}{3} \begin{bmatrix} K_1 I_1 e^{-j\varphi_1} + K_2 I_2 e^{-j\varphi_2} \\ K_1 I_1 e^{-j(\varphi_1 - 60°)} + K_2 I_2 e^{-j(\varphi_2 + 180°)} \end{bmatrix} \quad (1.111)$$

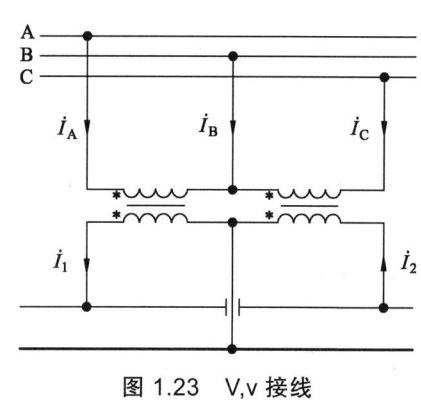

图 1.23　V,v 接线

一般情况 $K_1 = K_2$，根据式（1.111）可求得电流不对称系数。当 $I_1 = I_2$、$\varphi_1 = \varphi_2$ 时，则电

流不对称系数为 0.5；当 $I_1 \neq I_2$ 时，电流不对称系数将大于 0.5；当 I_1、I_2 其中一个为零时，则电流不对称系数为 1。所以电流不对称系数变化范围为 $K_I = 0.5 \sim 1$，系统不平衡程度仍很严重。

3）YN,d11 接线时三相系统的正负序电流

如图 1.24 所示，这种接线同样有两个端口，端口的接线角分别为 $\psi_1 = 0°$、$\psi_2 = -120°$，根据式（1.108），则三相系统总正序电流和总负序电流分别为

$$\begin{bmatrix} \dot{I}^+ \\ \dot{I}^- \end{bmatrix} = \frac{1}{3} \begin{bmatrix} K_1 I_1 e^{-j\varphi_1} + K_2 I_2 e^{-j\varphi_2} \\ K_1 I_1 e^{-j\varphi_1} + K_2 I_2 e^{-j(\varphi_2 - 240°)} \end{bmatrix} \tag{1.112}$$

一般情况 $K_1 = K_2 = K$。若两端口负荷电流大小相等、相位相同，也即 $I_1 = I_2$、$\varphi_1 = \varphi_2$ 时，则电流不对称系数 $K_I = 0.5$；当一个端口有负荷，另一端口无负荷时，不对称系数最大 $K_I = 1$。所以电流不对称系数的变化范围为 $K_I = 0.5 \sim 1$。

由于端口相别可能是 A、B 和 C 相，所以端口的接线角有 0°、120°、-120° 三种取值，如表 1.6 所示。

表 1.6 YN,d11 接线时端口的接线角

端口相别	A	B	C
端口的接线角	0°	120°	-120°

4）阻抗匹配平衡接线时三相系统的正负序电流

如图 1.25 所示，这种接线同样有两个端口，两个端口的接线角分别为 $\psi_1 = -15°$、$\psi_2 = 75°$，并令 $K_1 = K_2 = K$，代入式（1.108）可得

$$\begin{bmatrix} \dot{I}^+ \\ \dot{I}^- \end{bmatrix} = \frac{K}{3} \begin{bmatrix} I_1 e^{-j\varphi_1} + I_2 e^{-j\varphi_2} \\ I_1 e^{-j(30°+\varphi_1)} + I_2 e^{-j(\varphi_2 - 150°)} \end{bmatrix} \tag{1.113}$$

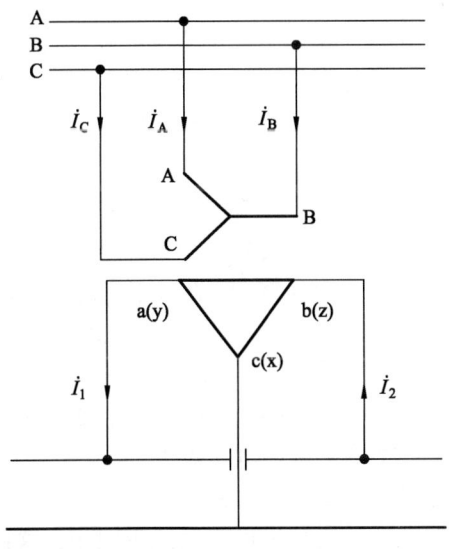

图 1.24 YN,d11 接线

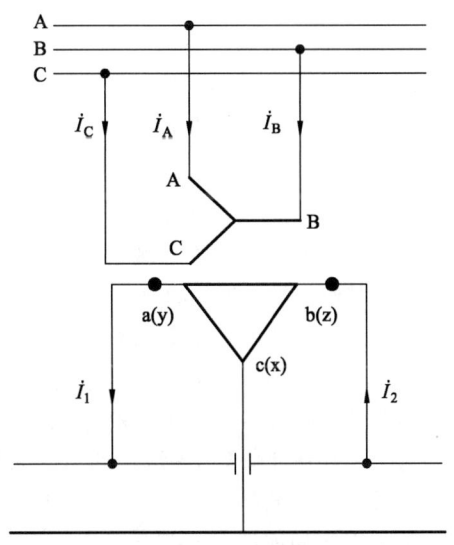

图 1.25 阻抗匹配平衡接线

若两端口负荷电流大小相等、功率因数相同，也即 $I_1=I_2$、$\varphi_1=\varphi_2$ 时，$\dot{I}^-=0$，阻抗匹配平衡变压器原边三相电流对称，电流不对称系数 $K_I=0$，这就是采用平衡变压器的优势所在。但是，根据对有关山区单线牵引变电所实测负荷统计，两供电臂同时有牵引负荷的概率很小，当一供电臂出现较大牵引负荷时，时常是另一个供电臂没有负荷。当仅有一个供电臂有负荷时，$K_I=1$。所以变电所即使采用阻抗匹配平衡变压器接线，多数情况下系统仍是不平衡的。电流不对称系数的变化范围为 $K_I=0\sim1$。

5）Scott 接线时三相系统的正负序电流

如图 1.26 所示，两个端口的接线角分别为 $\psi_1=90°$、$\psi_2=0°$，代入式（1.108），并令 $K_1=K_2=K$，可得

$$\begin{bmatrix}\dot{I}^+\\\dot{I}^-\end{bmatrix}=\frac{K}{3}\begin{bmatrix}I_1\mathrm{e}^{-\mathrm{j}\varphi_1}+I_2\mathrm{e}^{-\mathrm{j}\varphi_2}\\I_1\mathrm{e}^{-\mathrm{j}(180°+\varphi_1)}+I_2\mathrm{e}^{-\mathrm{j}\varphi_2}\end{bmatrix} \quad (1.114)$$

与阻抗匹配平衡变压器相同，当两个端口（M 座和 T 座两供电臂）负荷电流相等、功率因数相同时，即 $I_1=I_2$、$\varphi_1=\varphi_2$ 时，$\dot{I}^-=0$，电流不对称系数最小 $K_I=0$；当只有一个端口有负荷时，正负序电流大小相等，电流不对称系数最大 $K_I=1$。电流不对称系数的变化范围为 $K_I=0\sim1$。

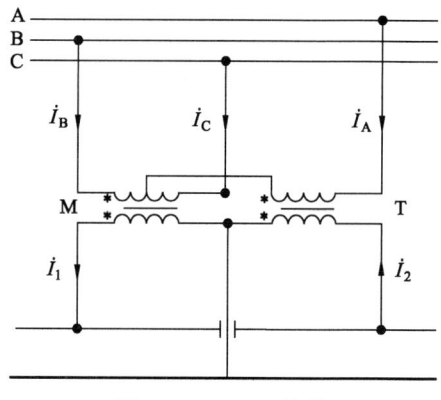

图 1.26 Scott 接线

3．解决不平衡问题的一般对策

由于单相牵引负荷的随机性和剧烈波动性，无论采用哪一种接线方式，都将导致三相电力系统不对称而产生负序电流。负序电流对电力系统的危害和影响是十分严重的，这主要表现在：一是造成系统网络节点电压不对称，降低三相电动机出力；二是负序电流在电网中产生负序功率损失，降低了电网的运行效益；三是负序电流在发电机定子中产生和转子旋转方向相反的空间旋转磁场，它以二倍同步转速切割转子导体，在其中产生感应电势，致使转子附加发热，严重时导致转子绕组烧损。为了防止对电力系统和电力设备带来严重影响，各国对负序电流都有严格的限制标准。为了使系统不平衡程度限制在规定标准以内，当前主要采取以下几种措施[26-29]：

（1）采用三相-两相平衡牵引变压器，如阻抗匹配平衡变压器、Scott 变压器、变形 Wood-bridge 变压器等[30-32]。这些变压器的优点是，当两个端口负荷完全相同时，变压器原边三相电流对称。即使两个端口负荷不相同，也会使不平衡度有所减弱。在日本广泛采用 Scott 变压器和变形 Wood-bridge 变压器，我国主要采用阻抗匹配平衡变压器和 Scott 变压器。

（2）采用高电压、大容量电源供电。因为高电压、大容量电源系统具有较强的承受不平衡负荷的能力。如日本采用 154 kV、220 kV 和 275 kV 三种电压等级，法国采用 235 kV 电压等级，意大利采用 130 kV 等级，西班牙采用 132 kV、220 kV 两种电压等级。

（3）采用不平衡补偿装置[33-35]，如日本采用单相负荷补偿装置（SFC）。

（4）采用换相连接，也就是各牵引变电所变压器原边轮换接入电力系统不同相，这样可以减小系统总负序电流。由式（1.108）可知，当两个端口的接线角相差 90°、三个端口的接

线角分别相差 60° 或 120° 时，端口负荷作用的结果，将使三相总负序电流减小。换相连接的原则：一是尽可能使各相负荷均匀，尽管各供电臂上的负荷是随机的，但只要按照相同的频率依次轮换接入不同的相别就可以大大减小不对称程度；二是在使各相负荷均衡的前提下，尽量使分相绝缘器承受较小的电压。按照这两条原则，单相接线和 YN,d11 接线换相连接的牵引供电系统示意图，如图 1.27（a）、（b）所示[1]。

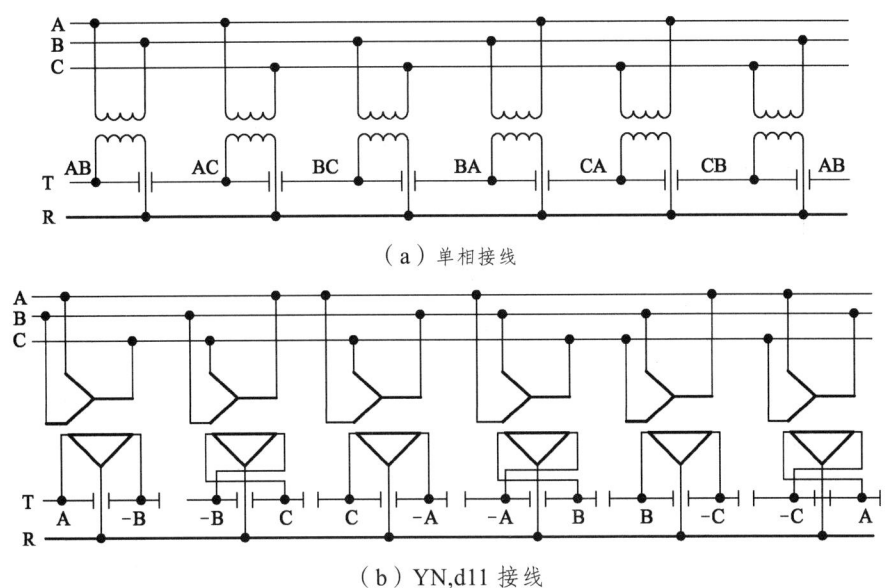

（a）单相接线

（b）YN,d11 接线

图 1.27　换相连接牵引供电系统示意图

对于单相接线，由于换相连接后，牵引侧各端口电压相别依次为 AB、AC、BC、BA、CA、CB、AB，所以端口的接线角依次为 −30°、30°、90°、150°、−150°、−90°、−30°。假定各端口牵引负荷完全相同，即大小相等功率因数角相同，由式（1.108）可以验证，任意三个相邻端口相同牵引负荷时所产生的三相系统负序电流总和为零。设三个端口的接线系数为 K，负荷电流有效值为 I，功率因数角为 φ，以 AB、AC、BC 三个端口为例，由式（1.108）得三个端口牵引负荷在系统中造成的总负序电流为

$$\dot{I}^- = \frac{1}{3}KI e^{-j(-60°+\varphi)} + \frac{1}{3}KI e^{-j(60°+\varphi)} + \frac{1}{3}KI e^{-j(180°+\varphi)} = 0 \quad (1.115)$$

若从图 1.27（a）左边依次标记端口序号为 1、2、3、…，则各端口单独作用造成的三相系统负序电流为 $\dot{I}_1^-$、$\dot{I}_2^-$、$\dot{I}_3^-$、…，向量图如图 1.28（a）所示。从向量图容易看出，在各端口负荷相同时，换相连接后任意三个相邻端口牵引负荷所产生的负序电流大小相等、相位互差 120°，所以在系统中产生的负序电流总和为零。当然任意六个相邻端口相同牵引负荷在系统中所产生的负序电流总和也为零。

对于 YN,d11 接线，换相连接后，牵引侧各端口电压相别依次为 A、−B、−B、C、C、−A、−A、B、B、−C、−C、A，所以端口的接线角依次为 0°、−60°、−60°、−120°、−120°、−180°、…。假定各端口牵引负荷完全相同，即大小相等、功率因数角相同，由式（1.108）可以验证，任意三个异相端口或任意六个相邻端口相同牵引负荷所产生的三相系统

负序电流总和为零。设六个端口的接线系数用 K 表示,负荷电流有效值为 I,功率因数角为 φ,以 A、-B、-B、C、C、-A 六个端口为例,由式（1.108）得六个端口牵引负荷在系统中造成的总负序电流为

$$\dot{I}^- = \frac{1}{3}KIe^{-j\varphi} + \frac{1}{3}KIe^{-j(-120°+\varphi)} + \frac{1}{3}KIe^{-j(-120°+\varphi)} +$$

$$\frac{1}{3}KIe^{-j(-240°+\varphi)} + \frac{1}{3}KIe^{-j(-240°+\varphi)} + \frac{1}{3}KIe^{-j\varphi} = 0 \qquad (1.116)$$

各端口负荷独立作用造成的三相系统负序电流向量图,如图 1.28（b）所示。从向量图容易看出,在各端口负荷相同时,换相连接后任意六个相邻端口或三个异相端口,在相同牵引负荷条件下所产生的负序电流大小相等、相位互差 120°,所以负序电流总和为零。

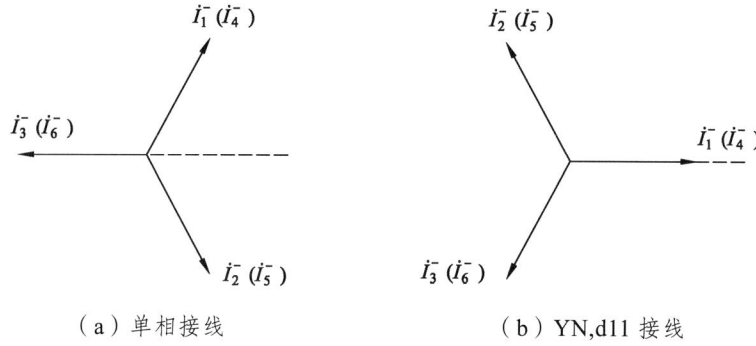

（a）单相接线　　　　　　　　（b）YN,d11 接线

图 1.28　换相连接后各端口负序电流向量图

1.3.6　换相连接问题

换相连接后任意三个异相供电臂都有相同负荷时,系统总负序电流为零,但是,实际运行中这种情况几乎不存在,这是由于牵引供电系统负荷的特殊性造成的。牵引负荷的随机性决定了三个异相供电臂同时有负荷的概率很小,即使三个异相供电臂同时有负荷,也会由于机车运行存在起动、加速、惰行、过电分相、制动与再生等多种状态,使各供电臂负荷变化剧烈而往往有显著不同。所以采用换相连接尽管能够改善三相不平衡状况,但由于牵引负荷在空间和时间分布上的随机性,使得换相连接对三相不平衡改善程度受到了限制。

换相连接后各供电区段需要用分相绝缘器分隔,如图 1.27 所示,而分相绝缘器的存在使电力机车安全平稳通过存在较大隐患,制约了高速、重载铁路的发展[36-38]：

（1）分相和分段绝缘器不论在电气上还是在机械上都是薄弱环节,当重载、高速列车通过时,由于绝缘器形成的硬点对受电弓构成严重威胁,同时绝缘器也常因拉弧而烧损。

（2）一般沿电气化铁道每 50 km 设一牵引变电所,25 km 左右设一"电分相"。若列车以 200 km/h 行驶,则每 7.5 min 就要过一次"电分相"。每当过"电分相"时,机车都需要提前退级、断电,并依靠惯性滑过"电分相"。待过去之后再重新给电、进级行驶。这给列车司机的操作带来了很大困难,对于高速行驶的列车,人工操作几乎不可能。

（3）"电分相"处一般有 20 m 以上的无电区,电力机车只能靠惯性通过。当"电分相"

处于上坡的长大坡道线路时，机车牵引满载的列车通过"电分相"就十分困难。机车通过"电分相"需要跨跃八跨的距离，所以称为"闯八跨"。

目前解决"闯八跨"问题的一般方法是在"电分相"处装设自动过分相转换装置[37]，但该装置复杂，且因电压高、转换动作频繁，使其准确性和可靠度在应用中受到严峻挑战，至今在使用中的技术缺陷依然存在，更重要的是装设自动过分相装置并不能解决系统不平衡问题。

1.4 本章小结

本章主要讨论了以下几个方面的内容：

（1）介绍了坐标变换基本原理，给出了常用的几种坐标变换表达式；给出了功率守恒式、功率守恒伴随式和电压、电流对耦式。利用坐标变换很容易建立牵引变电所电流、电压各物理量之间的关系，可简化分析；利用功率守恒式和功率守恒伴随式可以很方便导出系统正序电流和负序电流表达式。

（2）介绍了各类牵引变电所的构成及特点，建立了各物理量之间的关系式。

（3）综述了国内外高速铁路牵引供电系统的特点与存在的问题，阐述了谐波、无功、三相严重不平衡和通信干扰四大问题以及当前国内外解决这些问题的相应对策。

（4）讨论了不同接线方式时系统不平衡程度以及采用平衡变压器和换相连接所存在的问题：采用换相连接后各供电区段电压不同，必须用分相绝缘器分断，严重制约了高速、重载列车的发展。采用同相供电技术才能从根本上解决上述问题。

第 2 章　同相牵引供电系统概况

2.1　同相牵引供电系统基本构成及发展概况

2.1.1　同相牵引供电系统基本构成及特点

所谓同相供电[26]是指沿线的各个牵引变电所供电臂都采用同一相电压向牵引负荷供电。同相牵引供电系统组成如图 2.1 所示，主要由向电气化铁道供电的一次系统、三相变单相牵引变电所和牵引网三部分组成。一次系统通常就是电力系统，其电压一般为 110 kV 或 220 kV，有的国家是由独立电厂和专用电网向电气化铁道供电。牵引网包括接触网、钢轨和回流线，主要有简单直供式、带回流线直供式、BT 式、AT 式或 CC 式等多种供电方式，不同的供电方式会影响系统的结构和性能。与异相供电不同的是，牵引网各供电区段电压相别相同；图 2.1 中 SP1 和 SP2 为分段断路器，根据系统状况和运行需要断开或闭合分段断路器，实现单边或多边或贯通式供电。图 2.1 中，SS1、SS2 和 SS3 为三相/单相牵引变电所，视牵引主变压器类型、补偿装置的结构和牵引网供电方式不同而有不同种类，其功能主要是降压和实现三相到单相的变换；三相/单相牵引变电所一般是由牵引主变压器和平衡补偿装置两部分组成，主变压器主要完成降压和隔离的任务，平衡补偿装置主要完成平衡变换和补偿的任务，也有将二者组合为一个整体共同完成降压、变换和补偿任务。与异相供电模式相比，同相牵引供电系统具有以下特点：

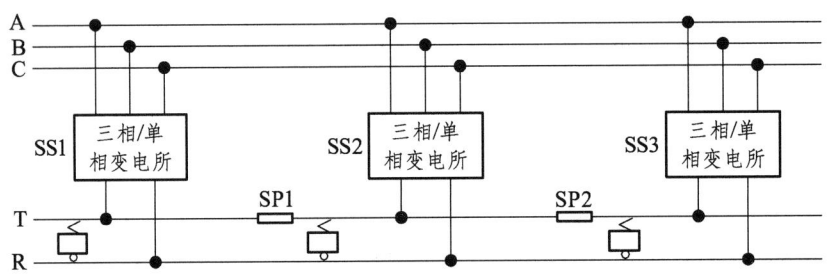

图 2.1　同相牵引供电系统示意图

（1）各变电所结构和接线完全相同，一次系统不再换相连接，牵引侧各供电臂电压相同，从而可取消分相绝缘器，省去自动过分相装置，避免了列车断电过分相的"闯八跨"问题，实现了同相供电，消除了高速列车过分相绝缘器所存在的安全隐患，适宜高速铁路运行。由于各供电臂电压相同，当条件允许时可以将各供电臂连通构成贯通供电，这样可以提高供电臂末端电压，降低线路损耗，改善供电性能；由于各变电所结构和接线完全相同，便于运行维护。

（2）由于平衡补偿装置可以完全消除系统不平衡，滤除谐波，补偿无功。因此，含有大量谐波、无功且严重不对称的单相牵引负荷，经平衡补偿装置变换与补偿后，可以等同于一个三相对称的纯阻性负荷。

（3）可以最大限度地提高变压器容量的利用率。常规的供电系统除单相变压器外，无论是 YN,d11 接变压器，还是平衡变压器（包括 Scott 变压器、阻抗匹配平衡变压器、三相变四相变压器等）在实际中其容量都不能得到充分利用。以 YN,d11 接变压器为例，当两个供电臂满负荷时变压器容量利用率最高，这时容量利用率也只能（负载容量与变压器容量比值）达到 76%。而 YN,d11 接变压器实现的同相牵引供电系统，完全补偿时系统三相完全对称，并且只承担负载有功功率，以负载功率因数为 0.8 计算，这时变压器容量为负载容量的 0.8 倍，所以变压器容量利用率可达 125%。

（4）供电的灵活性和可靠性提高，可根据要求断开或闭合分段断路器，实现单边或多边或贯通式供电，使牵引网电压损失和功率损失降低。

（5）由于各变电所都用同一相电压向负荷供电，若没有平衡补偿装置，将会造成更严重的不平衡。所以，加设平衡补偿装置是必然的选择。由于完全补偿时平衡补偿装置的容量与负荷的实际容量相当，所以同相供电需要很大容量的平衡补偿装置，必然导致变电所的一次投资增加。由于功率开关管耐压受限，为了降低开关管所承受的电压，用于平衡补偿的逆变器通常需要经匹配变压器接入系统，在完全补偿时匹配变压器的容量等于甚至必须大于负载容量，即便是满意补偿时其容量和价格也非常可观。

2.1.2 同相牵引供电系统发展概况

交流电气化铁道有两种供电制式：低频单相交流制和工频单相交流制。当今世界上实际运行的低频单相交流制电气化铁道都是由独立电厂和专用电网供电，且各供电臂全部为同相同频同电压供电，所以属于同相供电模式；而工频单相交流制电气化铁道通常是由公用电网供电，为了减轻单相牵引负荷对电网造成的不良影响，沿线各供电臂交替采用不同相电压供电，属于异相供电模式。对于异相供电模式可以在原来基础上改造成为同相牵引供电系统。

1. 低频单相交流制同相供电[27,28,39,40]

最早发展同相牵引供电系统的是中欧和北欧一些国家，德国、瑞典、瑞士、挪威、奥地利等国家结合自身的情况，从修建第一条交流电气化铁路开始就采用了 15 kV、$16\frac{2}{3}$ Hz 低频单相交流制同相供电。这种制式的牵引变电所是由独立的电厂和专用的电网供电，一般是从 110 kV 或 220 kV 供电网降压、再经整流将三相交流电变为直流电，直流电经逆变后变成单相低频交流电压，构成了从三相变为单相的交直交变流系统。整个电气化铁路牵引网电压都是 15 kV、$16\frac{2}{3}$ Hz 同相同频同电压，不存在分相绝缘和过电分相的问题。所以这是世界上最早的可以全线贯通的同相牵引供电系统。

随着时代的发展，牵引供电系统的变流技术也在不断改进和完善，如瑞典在 1934 年采用了旋转变流站，1973 年采用了晶闸管构成的交-交变流站，1984 年采用了晶闸管式交直交变流站，1990 年采用了 GTO 构成的交-直-交变流站。无论采用哪一种变流技术，都实现了三相/单相变换和整个牵引网的同相供电，并经过半个多世纪的长期运行证实这种低频单相交流制构成的同相供电系统是可靠的。后来这些国家又实现了牵引供电网的联网，进一步增强了系统的可靠性。

随着高速电气化铁路技术的发展，机车牵引功率越来越大，功率开关承受的压力增加，引起了德国等国家对当前供电制式的质疑，尤其在 1995 年由于德国铁路自有电厂的设备故障引起专用的 110 kV 牵引供电网崩溃，造成大面积停电、列车晚点，对于改变供电制式的问题再起波澜。经过德国专家慎重研究认为：尽管工频单相交流制可以由公用电网供电，但它也造成了电网的不平衡和谐波问题；采用轮换换相连接并不能彻底解决不平衡，异相供电比同相供电线路损耗和压降大，并且又会引起"过电分相"等一系列新问题，同时 50 Hz 电磁干扰也会大于低频 $16\frac{2}{3}$ Hz。而 15 kV、$16\frac{2}{3}$ Hz 单相交流制有独立电厂供电和专用电网，牵引负荷任何变化都不会波及公用电网，尤其是牵引侧各供电区段电压完全相同，实现了整个牵引网联通的真正意义上的同相供电，没有"分相绝缘"问题，如此可以降低线路损耗和电压损失。同时，如果要采用 25 kV 工频单相交流制，就需要对原有系统进行彻底改造，代价极大，得不偿失。所以从经济技术性综合考虑 15 kV、$16\frac{2}{3}$ Hz 单相交流制与 25 kV 工频单相交流制各有其优缺点，论证的结果依然是采用原有的 15 kV、$16\frac{2}{3}$ Hz 单相交流制同相供电模式。

2．基于 25 kV 工频单相交流制实现同相供电

中国、俄罗斯、日本、英国等大多数据国家采用了 25 kV 工频单相交流制异相供电模式。25 kV 工频单相交流制主要优势是电气化铁路可由强大的公用电网供电。为了不影响公用电网正常供电，尽量减小单相牵引负载造成的不对称程度，牵引变电所一般轮换接入不同相别，使各供电臂电压依次为 A、B、C 或其他不同相电压，这就是所谓的"异相供电"。轮换换相的目的就是减轻牵引负荷造成的不对称程度，其代价是必须在两个异相供电臂之间实施分相绝缘，产生"过电分相"问题，对于高速电气化铁路安全可靠运行造成威胁。同时仅以靠轮换换相连接的异相供电方式并不能有效解决单相牵引负荷造成的系统不对称问题。

不同国家对待"过电分相"和不对称的处理方式也大不相同，如英国由于系统容量相对较大，牵引负荷造成的不对称对系统影响不大，所以没有迫切的愿望解决不对称问题，对"同相供电"模式也仅在近几年在 Dconcaster 州进行过实验，且并没有实施对称补偿；日本电气化铁道对系统不平衡影响较严重的单相牵引负荷实施了对称补偿（SFC），但没有打算采用同相供电模式。在中国，为了彻底解决"过电分相"和不对称问题，在 20 世纪 80 年代开始同相供电技术研究并进行了大量试验。

对于 25 kV 工频单相交流制异相供电模式都可以改造成同相供电。如果采用同相供电就必须增加平衡补偿装置，否则因牵引负荷造成的系统不对称程度将进一步加大。所以这种制式同相供电牵引变电所一般都是由牵引变压器和平衡补偿装置共同组成。牵引变压器主要承

担向牵引负荷供电的任务，平衡补偿装置主要承担补偿负序、无功和谐波的任务。视牵引变电所结构，有时牵引变压器与平衡补偿装置共同承担供电和补偿的任务。各牵引变电所一次系统接线方式完全相同，各供电臂都由同相电压供电。必须加以说明的是尽管各供电臂都是同相电压，但由于各变电所是由异地公用电网供电，各供电臂上电压同相但仍有差别，所以可否实现贯通式供电必须视电网情况而定。

平衡补偿装置可采用无源网络（电感、电容）构成，称为无源对称（平衡）补偿；也可以采用大功率开关管的变流器构成，称为有源平衡补偿。无源对称补偿成本低，运行可靠，但动态补偿效果差；而有源平衡补偿系统动态补偿效果好，但成本高，同时其可靠性有待进一步的运行考验。随着大功率开关器件的不断发展，有源平衡补偿同相供电系统是今后发展的方向。

工频单相交流同相牵引供电系统的优势是可以用公用电网供电，尤其对于采用工频单相交流制式的供电系统，在原有供电系统基础上只要将各变电所变成完全相同接线，并加平衡补偿装置就能实现同相供电，几乎不需要对原有系统进行多少改造。但 25 kV 工频单相交流同相牵引供电系统也有它的问题，由于电压较高机车上还需要再一次降压，才能供电给变流器和牵引电机。所以，每一台机车上都有变压器，增加了机车的重量和成本。因此也有人曾提出低压工频单相交流制同相牵引供电系统，其结构和组成与 25 kV 工频单相交流同相牵引供电系统完全相同，只是主变压器将 110 kV 或 220 kV 直接降为交直交变流器和牵引电机所需要的电压。这样的好处是可省去机车上变压器，减轻机车车体重量，降低成本。带来好处的同时也带来了不少坏处：首先是会增加线路的损耗，以牵引网电压由 25 kV 降为 5 kV 为例，当供电线路截面积不变时，线路损耗必将增加 25 倍，即使线路截面积增加 5 倍，线路损耗依然会增加 5 倍；线路截面积增加，会使牵引网重量增加，沿线支柱密度也必然增大。由于机车上没有隔离变压器，容易受冲击电压的影响，对机车安全性能有一定影响。另外，中国电气化铁路远比德国的铁路运输任务繁重、山路多、牵引负荷功率大，对供电设施容量要求高。若直接采用低频单相交流制同相供电，牵引负荷全部功率将穿越交-直-交变流器，这对变流器及整个供电系统无疑是严峻考验。中国既有电气化铁路都是工频单相交流制，若在此基础上改造成低压工频单相交流制同相牵引供电系统，成本极高。综合以上原因，低频单相交流制同相牵引供电系统并不具有突出的优势，尤其在中国电气化铁路全面推广应用是十分困难的。

2.2 同相牵引供电系统的类型

同相牵引供电系统主要由牵引变压器、平衡补偿装置和牵引网三部分组成，因此可以按照三部分及其不同组合进行分类，由于每一部分都有多种形式，所以理论上同相牵引供电系统可以有许多种类型。

2.2.1 按照牵引网供电方式分类

牵引网的供电方式有 AT 供电方式、BT 供电方式、直供式、CC 供电方式等，不管什么样的供电方式，同相牵引供电系统的基本原理都是一样的，但由于 AT 供电方式的特殊性，

第 2 章　同相牵引供电系统概况

在构建同相牵引供电系统时，需要考虑 AT 供电方式、牵引变压器和平衡补偿装置三者的匹配程度，否则就达不到供电与补偿的最佳效果。所以同相牵引供电系统可以按照牵引网的供电方式分为两种：AT 式同相牵引供电系统和非 AT 式（包括 BT 供电方式、直供式、CC 供电方式，以下统称为"BDT 式"）同相牵引供电系统。BDT 式同相牵引供电系统结构相对简单，但很难达到 AT 式通信防护的技术经济比较优势。

2.2.2　按照供电与补偿之间的关系分类

通常情况下向牵引负荷供电的功能主要由牵引变压器完成，而平衡三相、补偿谐波和无功的功能主要由平衡补偿装置来完成，二者可以相互独立，也可以相互依赖。根据牵引变压器与平衡补偿装置的相互关系可以分为独立式（并联式）、一体式（串联式）和嵌入式（混合式）三种同相牵引供电系统。

1．独立式（并联式）

独立式同相供电牵引变电所中的平衡补偿装置是并联在系统中的，牵引变压器与平衡补偿装置结构上是完全分离、相互独立的，如图 2.2 所示。由于平衡补偿装置与牵引变压器是并联关系，所以也称为并联式同相牵引供电系统。平衡补偿装置不依赖牵引变压器而独立工作，可以独立承担平衡和补偿的任务，根据情况也可以承担供电任务。独立式根据平衡补偿装置与系统的连接关系又可以分为：单边式和双边式。

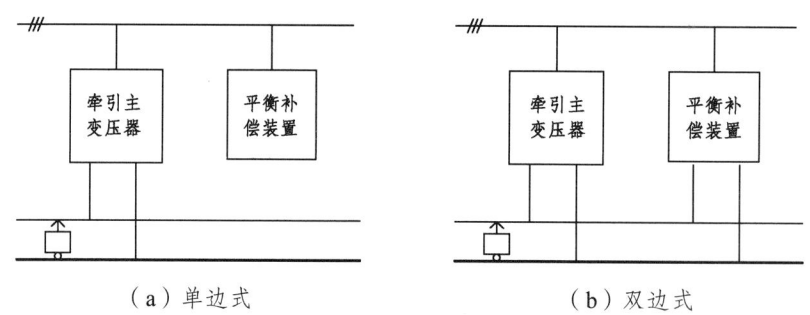

图 2.2　独立式同相牵引变电所

1）单边式和双边式的结构

独立单边式同相牵引供电系统的特点是平衡补偿装置仅连接在 110 kV 电压等级下（若连接在 27.5 kV 侧，就变成了下面讨论的嵌入式结构），如图 2.2（a）所示。平衡补偿变压器通常采用三相变压器，牵引变压器可以是单相也可以是其他形式的变压器。平衡补偿装置的结构如图 2.3（a）所示，其中：①为连接 110 kV 平衡补偿变压器；②为变流器；③为直流侧电容器。

独立双边式同相牵引供电的特点是平衡补偿装置跨接在 110 kV 和 27.5 kV 之间，如图 2.2（b）所示。双边式平衡补偿装置的结构如图 2.3（b）所示，其中：①为连接 110 kV 平衡补偿变压器；②为高压侧变流器；③为直流侧电容器；④为牵引侧变流器；⑤为连接 27.5 kV 的匹配变压器。

图 2.4 为独立式同相 AT 牵引变电所，其中（a）为单边式结构，（b）为双边式结构。由

图 2.4 可见，独立式牵引变电所的结构受牵引网供电方式的影响不大。独立式 AT 牵引变电所与独立式非 AT 牵引变电所结构基本相同，唯一差别是 AT 式连接 27.5 kV 的单相变压器有中间抽头，这是独立式结构的特点。

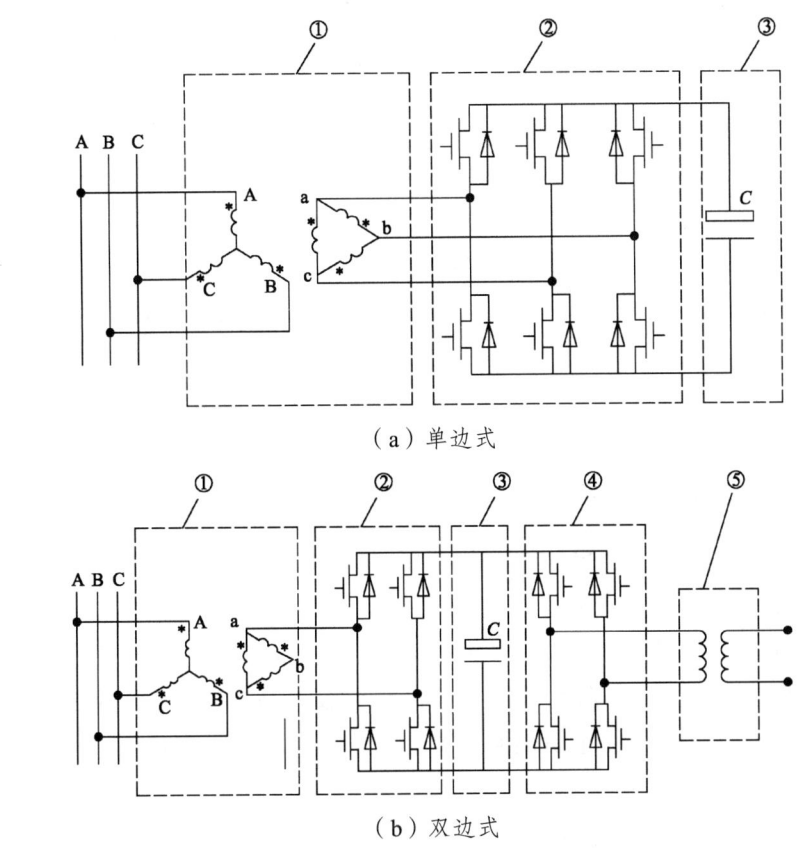

图 2.3 独立式平衡补偿装置的结构

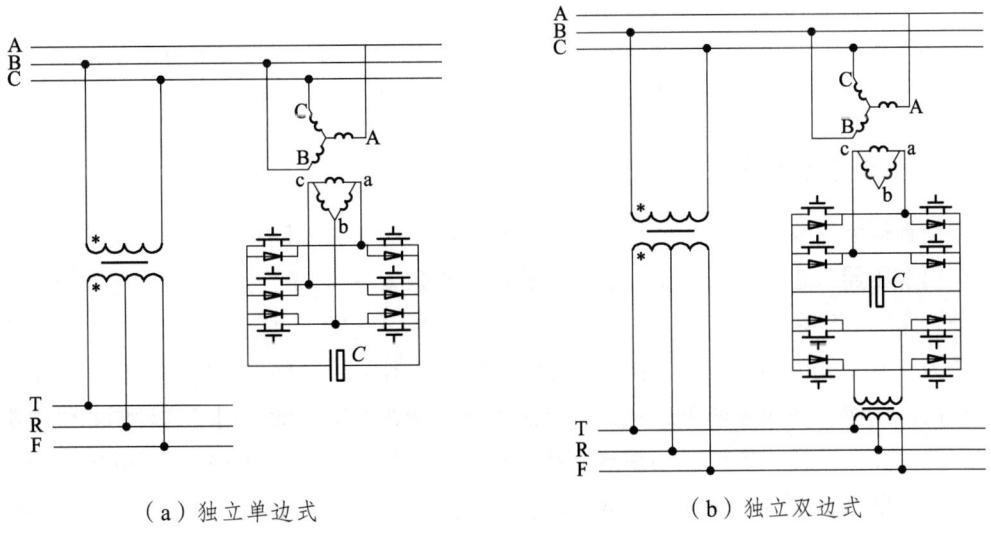

图 2.4 独立式同相 AT 牵引变电所

对于独立双边式牵引变电所,为了达到最佳效果,牵引变压器与平衡补偿变压器(接110 kV 侧的变压器)要相互匹配[41]。根据"Scott 效应",当电压相位相差 90°的两个端口上,分别接大小相等、功率因数角相同的负荷,则二者在系统中所产生的负序电流必然反向共线,相互抵消。在同相供电中,只有一个端口接负荷,但是只要负荷的端口(负荷端口)电压与平衡补偿变压器的端口(补偿端口)电压相差 90°,则同样具有"Scott 效应"。如果牵引变压器和平衡补偿变压器一个为三相,另一个为单相,且两个端口电压相别分别为 A、BC,或 B、CA,或 C、AB,则负荷端口和补偿端口电压相差 90°,具备"Scott 效应"条件,控制两个端口承担相等的负荷容量,则可以完全消除负序电流。所以从削弱负序角度考虑,单相接线变压器与 YN,d11 接线变压器是相互匹配的。

Scott 接线变压器以及由两台单相变压器连接而成的 Scott 接线,次边两个端口电压相差 90°,具有"Scott 效应"。但是补偿与供电两个功能不再相互独立,因此,把 Scott 接线变压器以及由两台单相变压器连接而成 Scott 接线构成的同相牵引供电系统,归入后边将要介绍的嵌入式类型。

2)单边式和双边式的比较

单边式平衡补偿装置与 27.5 kV 没有连接关系,因此不需要考虑连接 27.5 kV 的匹配变压器和变流器,与双边式相比省了图 2.3(b)所示的④、⑤部分器件和设备,尤其是节省了连接 27.5 kV 的价格昂贵的匹配变压器;但牵引变压器需要承担全部负荷容量,而平衡补偿装置要承担全部的补偿容量。由于补偿装置装设在高压侧,牵引变压器工作在不对称状态,容量利用率不高,与在牵引侧实施补偿的嵌入式相比没有优势,所以实际中较少采用。

双边式牵引变压器与平衡补偿装置各承担一半负荷,可以完全消除负序,无功功率可由交直交变流器逆变器进行补偿;补偿变压器或牵引变压器总有一个为三相变压器,且只用一个端口,变压器三相绕组将长期工作在不平衡的状态,容量不能得到充分利用。因此,其实际容量必须按照负荷容量的一半选择,与单边式相比需要增加连接 27.5 kV 的匹配变压器和变流器[如图 2.3(b)中④、⑤部分所示],以及相应的控制系统。

2.一体式(串联式)

平衡补偿装置完全串联在系统中,所以也可称其为串联式同相牵引供电系统,一般是串联在牵引变压器次边,牵引变压器和平衡补偿装置融为一体不可分割,共同完成供电和补偿的任务,如图 2.5 所示,其中:①为 110 kV 侧变压器,它既是供电变压器也是平衡补偿变压器;②为交直交变流器;③为连接 27.5 kV 匹配变压器。如果移走任何一部分,无论是供电还是补偿,任何一项任务都无法完成。当前德国、瑞典等国家就采用了这种同相供电类型。一体式交直交变流器一般由三相整流器和单相逆变器构成,如图 2.6 所示,其中①为三相整流器,②为单相逆变器。通过三相整流器将三相交流电变为直流电,再由单相逆变器将直流电变为单相交流电。

2.2 同相牵引供电系统的类型

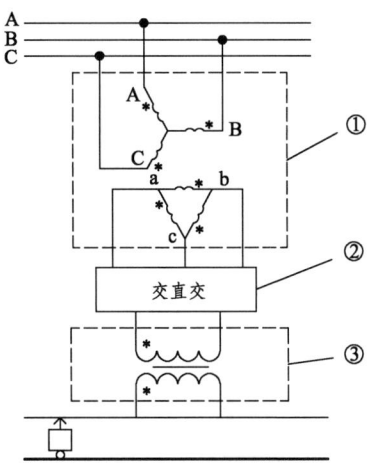

图 2.5 一体式同相牵引变电所

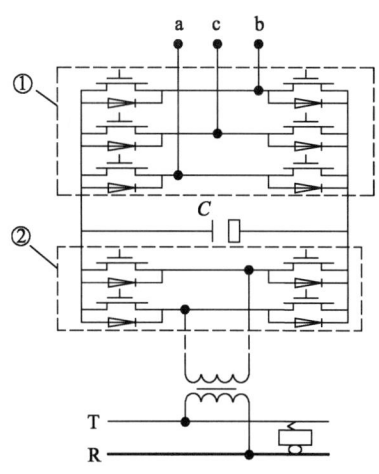

图 2.6 一体式交直交变流器

3. 嵌入式（混联式）

平衡补偿装置嵌入在牵引变压器与牵引网之间，如图 2.7 所示。牵引变压器的 ac 端口接供电臂向负荷供电，称为负荷端口；牵引变压器另一个端口 bc 端口接平衡补偿装置，称为补偿端口。平衡补偿装置的 a、b、c 端子分别接牵引变压器 a、b、c 端子。为了实现三相平衡，除了 ac 负荷端口向负荷供出一半负荷功率之外，bc 补偿端口也必须通过平衡补偿装置向牵引负荷传递另一半负荷功率。功率的流向是由牵引变压器 bc 端口通过平衡补偿装置经 ac 端口流向牵引负荷。所以从负荷来看平衡补偿装置是并接在负荷端口上的，但从功率流向看，平衡补偿装置又是串接在牵引变压器的补偿端口上。可见平衡补偿装置与系统的连接方式，既有并联又有串联的特征，所以也可称为混联式同相牵引供电系统。平衡补偿装置不能独立于牵引变压器之外正常运行，需要依赖牵引变压器完成平衡和补偿的任务。由于平衡补偿装置并联在负荷端口上，所以移走平衡补偿装置会影响供电的质量，但并不影响系统向牵引负荷的供电；若移走牵引变压器，则平衡补偿装置也就不能正常运行了。平衡补偿装置由三相逆变器和匹配变压器构成，如图 2.8 所示，其中①为三相逆变器，②为匹配变压器。

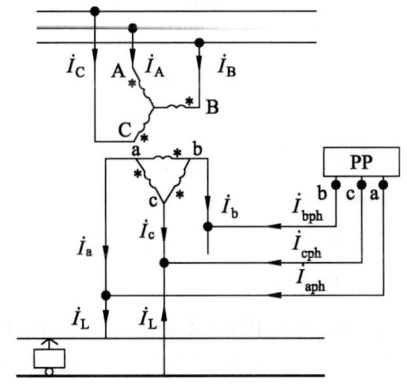

图 2.7 嵌入式同相牵引变电所

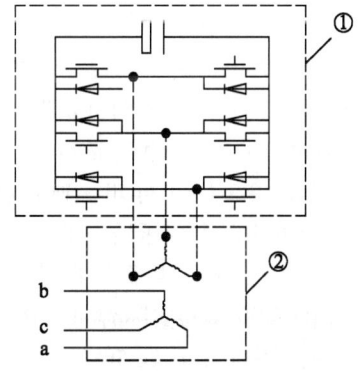

图 2.8 嵌入式平衡补偿装置

如果牵引主变压器是单相变压器，就无法实现三相平衡补偿，所以嵌入式同相牵引供电系统的牵引变压器一定是三相变压器，视具体情况可采用 YN,d11 接变压器，也可采用三相平衡变压器以及具备三相供电功能的各种接线形式的变压器。

4．独立式、嵌入式和一体式的优缺点

（1）技术性。三者都能达到向负荷供电和补偿谐波、无功和负序的要求。独立双边式是在 110 kV（220 kV）侧对负序进行补偿，为达到"Scott 效应"三相变压器只有一个端口接负荷，工作在不对称状态，三相变压器容量利用率低，只能达到额定容量的 50%；一体式和嵌入式是在牵引侧实施补偿，变压器完全工作在对称状态，且只承担有功功率，容量利用率高。一体式通过对交直交变流器的控制来调节各区段牵引网的电压为同频率、同相位和同大小，可以实现全线贯通供电；而独立式和嵌入式不具有这一功能，牵引网电压会因为不同区段电网或电厂供电电压不同而不同，能不能实现全区段贯通式供电，视各区段牵引网电压而定。贯通式供电可以降低牵引网电压损失和线路损耗，提高供电的可靠性和经济性，所以，与独立式和嵌入式相比，一体式在技术性能上更为优越。

（2）可靠性。独立式和嵌入式平衡补偿装置是并接在负荷端口上的，平衡补偿装置故障并不影响系统向牵引负荷正常供电，供电的可靠性高。一体式的补偿装置是完全串接在向负荷供电的回路中，交直交变流器的故障，将会中断系统向牵引负荷的正常供电。所以一体式供电可靠性依赖于电力电子器件的可靠性和发展水平。随着电力电子器件的飞速发展，交直交变流器的可靠性也会大幅度提高。德国、瑞典等国家经半个多世纪运行考验也证实一体式可靠性能够满足电气化铁路实际运行的要求。由于我国高速铁路牵引负荷容量很大，而且电气化铁道采用公用电网供电，没有独立的电厂和专用电网，同时受电力电子器件发展和应用水平限制，一体式同相供电模式还需要相当时间的研究和实践。加之我国已经采用了工频单相交流制异相供电模式，完全改造成一体式同相供电模式成本太大，在此基础上改造成嵌入式和独立双边式同相供电模式更为合理。

（3）经济性。经济性主要取决于变流器、主变压器和匹配变压器的数量、电压等级和容量大小，这与牵引变压器类型、平衡补偿装置的结构有关，尤其受电力电子器件的发展水平影响较大。平衡补偿装置中的变流器主电路由电力电子功率开关管构成，加上冷却与控制系统，以及直流稳压电容和滤波等辅助系统，总造价最高；其次平衡补偿装置还需要匹配变压器与系统连接，由于牵引系统补偿容量较大，所以匹配变压器造价也相当可观。为了简化分析，便于比较，假设同容量变流器无论单相还是三相结构造价相同，并假定牵引负荷功率因数为 1，总功率为 P，则独立式、一体式和嵌入式三种类型变电所，主要设备需求及其容量关系，可以分有无匹配变压两种情况讨论。

当前器件的耐压水平和容量有限，平衡补偿装置必须经匹配变压器与系统连接时。根据图 2.2（b）和图 2.3（b）可知，独立双边式需要一台牵引主变压器（单相），一台三相补偿变压器和一台单相匹配变压器，共需三台变压器；为了实现"Scott 效应"，牵引主变压器和平衡补偿装置各承担一半负荷容量，所以交直交变流器的单相整流器和单相逆变器以及 27.5 kV 单相匹配变压器实际容量应按照一半负荷容量选择，而三相补偿变压器由于仅用一个端口，容量利用率只能达到 50%。为了能够承担一半负荷容量，补偿变压器实际容量必须按满负荷容量选择，所以独立式设备容量关系为

独立式总容量 = 1P（三相变压器）+ $2\times\frac{1}{2}$P（单相变压器）+ $2\times\frac{1}{2}$P（变流器）

根据图 2.5 可知，一体式需要一台三相牵引主变压器和一台匹配变压器，共需两台变压器；交直交变流器由三相整流器和单相逆变器构成。所以一体式设备容量关系为

一体式总容量 = 1P（三相变压器）+ 1P（单相变压器）+ 2×1P（变流器）

根据图 2.7 可知，嵌入式需要一台三相变压器和一台三相匹配变压器，共两台变压器；补偿用的变流器为三相逆变器。所以嵌入式设备容量关系为

嵌入式总容量 = 2×1P（三相变压器）+ 1P（三相变流器）

当电力电子器件耐压高、容量大，不需要匹配变压器时，并假定变流器连接系统的匹配变压器都可省去，这时独立双边式补偿装置可省去匹配变压器。为了实现"Scott 效应"，三相补偿变压器不可或缺；一体式可省去牵引侧单相变压器；嵌入式可省去一台匹配变压器。所以总容量关系为

独立式总容量 = 1P（三相变压器）+ 0.5P（单相变压器）+ 1P（变流器）

一体式总容量 = 1P（三相变压器）+ 2P（变流器）

嵌入式总容量 = 1P（三相变压器）+ 1P（变流器）

综合来看，一体式成本最高，独立式次之，嵌入式成本最低。

当今电力电子器件发展水平突飞猛进，高电压、大容量、模块化技术不断完善，MMC 技术逐步成熟，取消匹配变压器已经成为一种趋势。所以，无论有无匹配变压器，嵌入式都具有较大优势，尤其是对于我国既有线路改造嵌入式最有发展前景。

2.2.3 按照端口电压相位关系分类

牵引变压器类型有纯单相接线、V/v 接线、YN,d11 接线、平衡变压器接线等多种。除单相接线外，变压器一般都有多个端口。按照各端口电压相位差角，可将同相牵引供电系统分为 120° 接线和 90° 接线。

（1）120° 接线，包括由 V/V 接线（及其不同形式）和 YN,d 接线变压器构成的同相牵引供电系统。这种类型的牵引变压器二次侧各端口电压相位差都是 120°。为补偿负序和降低平衡补偿装置的容量，与 120° 接线相匹配的平衡补偿装置变流器一般都是三相对称变流器。当然在特殊的连接方式下，可采用其他形式变流器，如四桥臂变流器，也能实现平衡补偿，一般情况下采用二相变流器较合理，否则就会无为增加变流器的容量，并导致变流器控制复杂化。

（2）90° 接线，包括由 Scott 接线、阻抗匹配平衡变压器接线、三相变四相接线变压器构成的同相牵引供电系统。这种类型的变压器二次侧各端口电压相位差都是 90°。与 90° 接线相匹配的平衡补偿装置变流器一般都是两个对称单相变流器，为了减少变流器的容量也可以采用不对称三相变流器。

对于纯单相接线，由于只有一个端口，无法直接加平衡补偿装置。为了实现平衡补偿，就必须加独立的用于补偿的变压器。为了降低负序减小设备容量，补偿用的变压器必须与单相变压器相匹配。与单相接线变压器相匹配的补偿变压器为 YN,d 接线，而且负荷端口电压（向牵引负荷供电的单相变压器输出电压）与补偿端口电压（YN,d11 接变压器接平衡补偿装置的端口电压）相位差必须是 90°，如负荷端口电压对应 AB、BC、CA 相，则补偿端口电压必须分别对应 C、A、B 相。所以由纯单相接线构成的同相牵引供电系统一定是 90° 接线，并且一定是独立式结构。

2.2.4 按照平衡补偿装置类型分类

按照平衡补偿装置类型可以分为两类：无源平衡补偿型和有源平衡补偿型。无源平衡补偿是由电容补偿装置或无功补偿装置实现对负序的补偿。有源平衡补偿是指通过控制由大功率开关管构成的逆变器实现对负序的补偿。

2.3 同相牵引供电系统平衡补偿的基本原理

2.3.1 无源对称补偿基本原理

在 20 世纪 80 年代，西南交通大学李群湛教授倡导采用同相供电，并针对中国电气化铁道牵引供电系统实际情况，为了消除或减小负序电流的影响，提出了无源对称补偿技术。无源对称补偿技术是通过在牵引侧端口上并联无功补偿（PRC）装置或并联电容补偿（PCC）装置来消除或削弱系统不平衡[42-46]。以 YN,d11 接线变电所为例，在牵引侧三个端口上并联补偿装置，如图 2.9 所示，图中原次边各绕组平行对应。设牵引侧各端口编号依次为 1、2、3、4，其中 1 号端口接负荷，2、3、4 号端口接补偿装置。

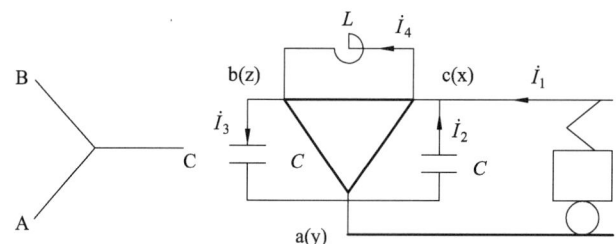

图 2.9 YN,d11 接线同相供电对称补偿系统

1. 负序的补偿

以 $\dot{U}_{ac}$ 为参考，本例 1 号端口与 2 号端口重合，因此各端口接线角分别为 $\psi_1 = \psi_2 = 0°$，$\psi_3 = 120°$，$\psi_4 = -120°$；各端口的接线系数分别为 K_1、K_2、K_3、K_4，由于各端口电压相等，所以 $K_1 = K_2 = K_3 = K_4 = 1$；如果负荷的功率因数角滞后 $40°$，根据式（1.108）可得各端口产生的负序电流分别为

$$\begin{cases} \dot{I}_1^- = \dfrac{1}{3} K_1 I_1 e^{-j(2\psi_1 + \varphi_1)} = \dfrac{1}{3} K_1 I_1 e^{-j40°} \\ \dot{I}_2^- = \dfrac{1}{3} K_2 I_2 e^{-j(2\psi_2 + \varphi_2)} = \dfrac{1}{3} K_2 I_2 e^{j90°} \\ \dot{I}_3^- = \dfrac{1}{3} K_3 I_3 e^{-j(2\psi_3 + \varphi_3)} = \dfrac{1}{3} K_3 I_3 e^{-j150°} \\ \dot{I}_4^- = \dfrac{1}{3} K_4 I_4 e^{-j(2\psi_4 + \varphi_4)} = \dfrac{1}{3} K_4 I_4 e^{j150°} \end{cases} \quad (2.1)$$

若要完全消除不平衡，则总负序电流应为零，所以

$$\sum_{m=2}^{4} \dot{I}_m e^{-j(2\psi_m+\varphi_m)} = -\dot{I}_1 e^{-j(2\psi_1+\varphi_1)} \quad (2.2)$$

式中　$\dot{I}_1$、φ_1——牵引负荷的电流及其功率因数角；

　　　$\dot{I}_m$、φ_m ($m=2,3,4$)——补偿端口 m 的补偿装置电流及功率因数角；

　　　ψ_m ($m=2,3,4$)——端口 m 的接线角。

式（2.2）中左侧为各补偿端口产生的负序电流总和，右侧为牵引负荷端口产生的负序电流，其中负号表示负序向量反向，说明当各补偿端口所产生的总负序电流与牵引负荷端口产生的负序电流大小相等、方向相反时，系统中的总负序电流为零。

复数相等，则两边虚实部应该分别相等，由式（2.2）可得

$$\begin{bmatrix} \cos(2\psi_2+\varphi_2) & \cos(2\psi_3+\varphi_3) & \cos(2\psi_4+\varphi_4) \\ \sin(2\psi_2+\varphi_2) & \sin(2\psi_3+\varphi_3) & \sin(2\psi_4+\varphi_4) \end{bmatrix} \begin{bmatrix} I_2 \\ I_3 \\ I_4 \end{bmatrix} = -\begin{bmatrix} \cos(2\psi_1+\varphi_1) \\ \sin(2\psi_1+\varphi_1) \end{bmatrix} I_1 \quad (2.3)$$

显而易见，式（2.3）最多有两个解，说明在两个端口上安装补偿装置能够完全补偿负序，两个端口之外任意一个端口上安装补偿装置对于仅补偿负序来说都是多余的。若仅在 2、4 端口上加补偿装置，以 $\dot{U}_{ac}$ 为参考，负荷的功率因数角为 40°，这时各端口负序向量图如图 2.10 所示。可见两个补偿端口产生的负序电流向量 $\dot{I}_2^-$、$\dot{I}_4^-$ 的合成向量与负荷产生的负序电流向量 $\dot{I}_1^-$，正好反向。

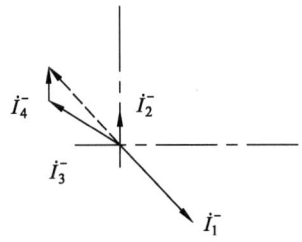

图 2.10　负序向量图

2．负序和无功同时补偿

定义负序补偿度 $K_N \in [0,1]$ 为对称补偿装置产生的总负序容量与牵引负荷产生的总负序容量之比值。对式（2.2）两端取共轭并乘以端口电压有效值，考虑负序补偿度可得

$$\sum_{m=2}^{4} S_m e^{j(2\psi_m+\varphi_m)} = -K_N S_1 e^{j(2\psi_1+\varphi_1)} \quad (2.4)$$

式中　S_1——牵引负荷容量；

　　　S_m ($m=2,3,4$)——补偿端口 m 的补偿装置容量，容性为正，感性为负。

定义无功补偿度 $K_c \in [0,1]$ 为对称补偿装置总（容性）无功功率与牵引负荷（感性）无功功率之比值；牵引负荷总无功功率为 $S_1 \sin\varphi_1$，根据负荷无功与补偿无功之间的关系，有

$$\sum_{m=2}^{4} S_m = K_c S_1 \sin\varphi_1 \quad (2.5)$$

由式（2.4）和式（2.5）可得以下方程组：

$$\begin{bmatrix} 1 & 1 & 1 \\ \cos(2\psi_2+\varphi_2) & \cos(2\psi_3+\varphi_3) & \cos(2\psi_4+\varphi_4) \\ \sin(2\psi_2+\varphi_2) & \sin(2\psi_3+\varphi_3) & \sin(2\psi_4+\varphi_4) \end{bmatrix} \begin{bmatrix} S_2 \\ S_3 \\ S_4 \end{bmatrix} = \begin{bmatrix} K_c S_1 \sin\varphi_1 \\ -K_N S_1 \cos(2\psi_1+\varphi_1) \\ -K_N S_1 \sin(2\psi_1+\varphi_1) \end{bmatrix} \quad (2.6)$$

当牵引变压器和牵引负荷一定时，对于任意给定的无功补偿度 K_c 和负序补偿度 K_N，根据式（2.6）总能求出各端口补偿装置容量 S_m ($m = 2,3,4$)。说明从理论上讲，任何一种牵引变压器，应用对称补偿技术，均能完全补偿无功和负序，使系统三相电流对称，即可构成三相-单相对称变换系统，实现同相供电。

仍以图 2.9 情况为例，将各端口接线角代入式（2.6）解得

$$\begin{bmatrix} S_2 \\ S_3 \\ S_4 \end{bmatrix} = \frac{S_1}{3} \begin{bmatrix} (2K_N + K_c)\sin\varphi_1 \\ 2K_N\cos(30° + \varphi_1) + K_c\sin\varphi_1 \\ 2K_N\cos(150° + \varphi_1) + K_c\sin\varphi_1 \end{bmatrix} \tag{2.7}$$

若牵引负荷的容量为 10 MVA，功率因数为 0.8（滞后），要求补偿后功率因数达到 0.9（当 $K_c = 0.354$ 时功率因数刚好为 0.9），负序完全补偿（$K_N = 1$），则由上式求得 $S_2 = 4.71$ MVA（容性），$S_3 = 3.33$ MVA（容性），$S_4 = 5.91$ MVA（感性），则 $S_2 + S_3 + S_4 = 14$ MVA，所以 $S_2 + S_3 + S_4 \geqslant S_1$。

由以上分析可知：

（1）基于常规变压器实施对称补偿时，由于各端口的接线角固定不等，各端口补偿装置所产生的负序电流都不能与牵引负荷产生的负序电流反向共线，从而使得补偿装置的总安装容量（完全补偿时）大于牵引负荷容量，补偿设备利用率不高，造成容量浪费。

（2）牵引负荷是动态变化的，但电容和电感难以动态调整，所以无法动态补偿无功和负序。

（3）从补偿无功功率角度看，感性与容性补偿功率是相互削弱的，为了减小不必要的容量浪费，补偿无功时希望各端口补偿装置都是容性；但补偿负序时必须一个容性、一个感性（见下节），二者永远是矛盾的。

3．最小设备容量条件

综合补偿时，为了使补偿装置设备容量达到最小，则各端口补偿支路所产生的负序电流都应与牵引负荷所产生的负序电流反向共线，考虑容性和感性容量一个为正、一个为负，则，式（2.4）和式（2.5）变为[42]

$$\begin{cases} \sum_{m=2}^{4} S_m = K_c S_1 \sin\varphi_1 \\ \sum_{m=2}^{4} |S_m| = K_N S_1 \end{cases} \tag{2.8}$$

式（2.8）两个方程只能有两个解，说明：为了达到最理想的补偿状态，必需且只需在某两个端口设置补偿装置；如果这两个端口的补偿装置性质相同(同为容性或同为感性)，则方程无解，故两个端口补偿装置必然一个为容性、一个为感性。设容性补偿端口的容量为 S_C，感性补偿端口的容量为 S_L，代入式（2.8）变为

$$\begin{cases} S_C - S_L = K_c S_1 \sin\varphi_1 \\ S_C + S_L = K_N S_1 \end{cases} \tag{2.9}$$

由于各补偿端口所产生的负序电流都应与负荷引起的负序电流反向共线,所以等式(2.4)两边的幅角应相等,即 $2\psi_m + \varphi_m = \pm 180° + 2\psi_1 + \varphi_1$,因此

$$\begin{cases} \psi_C = -45° + \psi_1 + \dfrac{\varphi_1}{2} \\ \psi_L = -135° + \psi_1 + \dfrac{\varphi_1}{2} \end{cases} 或 \begin{cases} \psi_C = 135° + \psi_1 + \dfrac{\varphi_1}{2} \\ \psi_L = 45° + \psi_1 + \dfrac{\varphi_1}{2} \end{cases} \quad (2.10)$$

式中,ψ_C 为容性端口的接线角;ψ_L 为感性端口的接线角。

式(2.10)表明实现同相供电最佳对称补偿的条件是两个补偿端口的电压矢量互相垂直。目前常用的 YN,d11 接线变压器和 V,v 接线变压器不能提供电压相互垂直的两个端口,所以不能实现最佳补偿;Scott 接线变压器和阻抗匹配平衡变压器,尽管能够提供电压相互垂直的两个端口,但无论电容、电感补偿端口和负载端口如何选择,ψ_C、ψ_L、ψ_1 都无法满足式(2.10),故不能实现最佳补偿。因此,采用特殊接线方式变压器是实现最佳对称补偿的唯一途径。实现同相供电对称补偿的特殊接线方式主要有不等边 Scott 接线、不等边 YN,vd 接线、不等边 V,v 接线和 YN,2d 接线等[28]。下面以不等边 Scott 接线为例说明其对称补偿的基本原理。

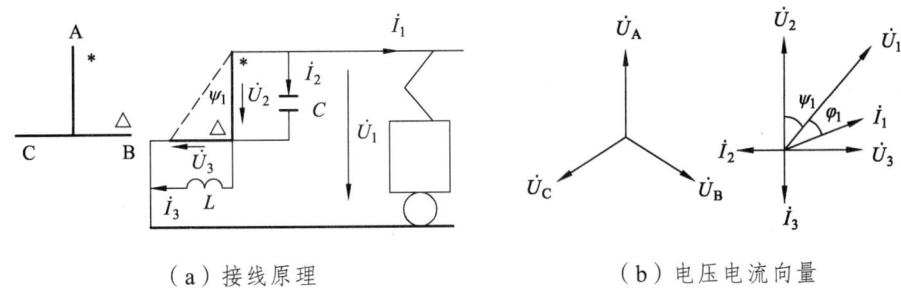

(a)接线原理　　　　　　(b)电压电流向量

图 2.11　不等边 Scott 接线对称补偿系统

不等边 Scott 接线与普通的三相-两相平衡 Scott 接线相似,输出电压相位垂直只是大小不等。不等边 Scott 接线同相供电对称补偿系统接线原理和电压电流相量关系,如图 2.11 所示。其中端口 1 接牵引负荷,端口 2 接并联电容,端口 3 接并联电抗。由图 2.11(a)可知 $\psi_C = 0$、$\psi_L = -90°$,因此,最佳补偿时牵引端口的接线角 ψ_1 可由式(2.10)求得

$$\psi_1 = 45° - \frac{1}{2}\varphi_1 \quad (2.11)$$

假设牵引负荷功率因数 $\varphi_1 = 30°$,则 $\psi_1 = 30°$。根据式(1.108)求得 $\dot{I}_1$、$\dot{I}_2$、$\dot{I}_3$ 产生的负序电流为

$$\begin{cases} \dot{I}_1^- = \dfrac{1}{3}K_1 I_1 e^{-j90°} \\ \dot{I}_2^- = \dfrac{1}{3}K_2 I_2 e^{j90°} = \dfrac{1}{2\sqrt{3}}K_2 I_2 e^{j90°} \\ \dot{I}_3^- = \dfrac{1}{3}K_3 I_3 e^{j90°} = \dfrac{1}{6}K_3 I_3 e^{j90°} \end{cases} \quad (2.12)$$

各端口产生的负序电流向量如图 2.12 所示,补偿电流产生的负序电流与牵引负荷产生的负序电流反向共线,从而可以使补偿设备容量得到充分利用。由式(2.9)可求出补偿电容器容量和补偿电抗器容量为

$$\begin{cases} S_C = \dfrac{S_1}{2}(K_N + K_c \sin\varphi_1) \\ S_L = \dfrac{S_1}{2}(K_N - K_c \sin\varphi_1) \end{cases} \quad (2.13)$$

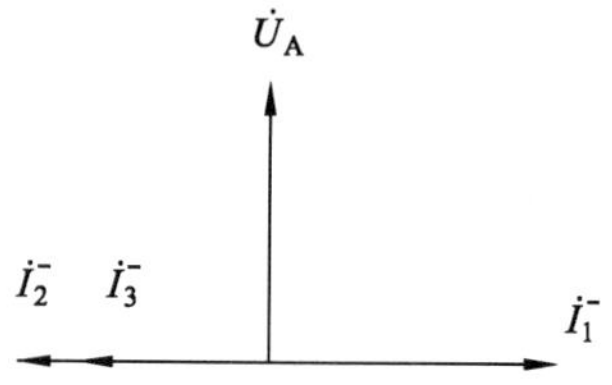

图 2.12 负序电流向量

由式(2.11)、式(2.12)和式(2.13)可得如下结论:

(1)因为 $S_C + S_L = K_N S_1$,所以补偿装置在任何情况下的总投入容量都不会超过牵引负荷容量。

(2)由于牵引负荷功率因数的波动性,必须按照式(2.11)实时调整接线角 ψ_1,否则无法达到最佳补偿的目的。因为如果接线角 ψ_1 不满足式(2.11),则补偿装置产生的负序电流与牵引负荷产生的负序电流就不可能反向共线,从而也就不可能完全实现对称补偿和补偿设备容量的充分利用。为了能够调整接线角 ψ_1,则次边应有一个绕组匝数可调,实现难度较大,为此实际中固定绕组匝数而按平均功率因数确定接线角 ψ_1。这样对于变化的牵引负荷也就不可能达到最佳补偿的要求。

(3)为了达到最佳补偿要求,必须根据牵引负荷的容量和功率因数的变化按照式(2.13)实时调整补偿装置的容量。在实际中电抗器可以做到连续可调,而电容器只能分级可调,所以无源补偿装置无法实现对负序和无功的动态最佳补偿。

2.3.2 嵌入式有源平衡补偿基本原理

在 20 世纪末,原北方交通大学曾国宏教授提出了基于有源滤波器实现 BT(直供)嵌入式同相供电平衡补偿系统技术方案,包括 YN,d11 接线、Scott 接线和阻抗匹配接线等三种同相供电系统结构、平衡变换原理和实现方法[47-53]。嵌入式有源平衡补偿同相牵引供电系统由牵引主变压器、牵引网和平衡补偿装置三部分组成。由于牵引变压器有 YN,d11 接、V,v 接、平衡变压器、特种变压器等多种类型,牵引网有 BT、直供、AT 等多种供电方式,平衡补偿装置的结构类型也有多种,再将三者进行不同组合,理论上可以构建多种嵌入式有源平衡补偿同相牵引供电系统[54,55]。

1. 基本构成

同相 BT(直供)式牵引变电所结构如图 2.13 所示,它是由牵引主变压器、BT(直供)式牵引网和平衡补偿装置构成。平衡补偿装置核心部分逆变器(变流器)由信号检测与处理电路、电流跟踪控制电路和主电路(包括驱动电路)构成。

(1)信号检测与处理电路的主要功能是检测补偿对象电流中谐波、无功和不平衡电流等分量,生成期望补偿电流参考信号。常用的电流检测电路有:瞬时无功功率检测法、有功电流分离检测法、基于 Fryze 功率定义的检测方法、虚拟三相检测法。在同相牵引供电系统中考虑牵引负荷剧烈变化等特殊性,电流检测必须快速准确,常用的有:基于最佳负载模型检

测法、基于波形畸变最小模型的有功电流分离法和基于波形畸变最小模型的等效虚拟三相检测法，还有基于满意补偿模型检测法。

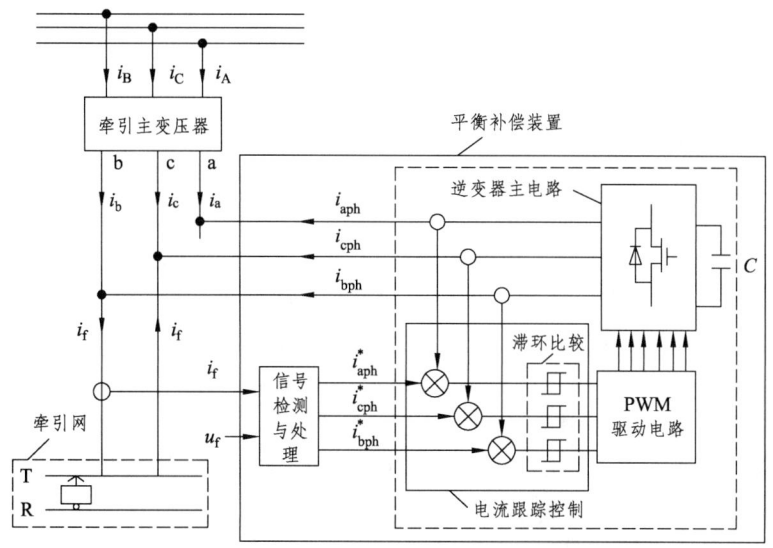

图 2.13 嵌入式有源补偿同相牵引变电所构成

假定原次边三相电压对称不含谐波，次边等效星形三相电压可表示为

$$\boldsymbol{u}(t) = [\sqrt{2}U\sin\omega t \quad \sqrt{2}U\sin(\omega t - 120°) \quad \sqrt{2}U\sin(\omega t + 120°)]^T \quad (2.14)$$

单相到三相平衡变换的条件是电源各相提供与电压同相位、成比例的电流，其大小由负载的平均有功功率决定，即电源电流的期望值为

$$\boldsymbol{i}(t) = [i_a(t) \quad i_b(t) \quad i_c(t)]^T = G\boldsymbol{u}(t) \quad (2.15)$$

式中，G 为比例常数。

根据功率守恒条件应满足

$$\frac{1}{T}\int_0^T \boldsymbol{u}^T(t)\boldsymbol{i}(t)\mathrm{d}t = \frac{1}{T}\int_0^T u_{bc}(t)i_f(t)\mathrm{d}t = P_f \quad (2.16)$$

根据式（2.14）、式（2.15）和式（2.16）可解得

$$G = P_f/(3U^2) \quad (2.17)$$

如果已知负荷的有功功率和变压器三相电压有效值，按照式（2.17）可计算出 G，再由式（2.15）可得到电源期望电流。根据节点电流定律，三相期望补偿电流 $i_{aph}(t)$、$i_{bph}(t)$、$i_{cph}(t)$ 满足：

$$\begin{bmatrix} i_{aph}(t) \\ i_{bph}(t) \\ i_{cph}(t) \end{bmatrix} = \begin{bmatrix} i_f(t) \\ -i_f(t) \\ 0 \end{bmatrix} - \begin{bmatrix} i_a(t) \\ i_b(t) \\ i_c(t) \end{bmatrix} \quad (2.18)$$

上式中　　$i_a(t)$、$i_b(t)$、$i_c(t)$——电源（变压器低压侧）三相电流；

　　　　　$u_{bc}(t)$——负载端口电压瞬时值；

　　　　　$i_f(t)$——负载电流瞬时值；

　　　　　$u(t)$——变压器次边三相电源等效星形电压瞬时值；

　　　　　T——矩阵转置；

　　　　　T——信号的周期。

如果平衡补偿装置输出电流满足式（2.18），电源电流就满足式（2.15），也就实现了三相平衡，并可以滤除谐波和补偿无功。

在获取三相期望补偿电流时，可以采用全周平均功率法求取负荷有功功率P_f，再由式（2.15）和式（2.16）求得结果，需要一周的时间。时间周期长，实时性不好，影响补偿效果。为了增强实时性和提高补偿效果，一般采用更为快速精确的检测方法得到电源期望补偿电流，可参见本书第 5 章。

（2）电流跟踪控制电路作用是根据补偿电流参考信号产生相应的 PWM 控制脉冲，控制逆变器各相开关管按照要求通断，使逆变器输出期望补偿电流，达到平衡补偿的目的。逆变器的控制方法常用的有：正弦波调制、电流滞环比较控制、空间电压矢量控制、四桥臂变流器解耦控制，可参见本书第 6 章。

电流比较滞环控制是最常用的一种控制方式，其原理是将检测得到的期望补偿电流参考值，与实际三相补偿电流进行比较，如果实际补偿电流大于参考电流，且差值超过给定边界时，通过控制变流器功率开关关断使之减小；如果实际电流小于参考电流，且差值超过给定边界时，控制功率开关导通使之增大。通过对电流的这种闭环控制，强制实际补偿电流的频率、幅值、相位按期望电流变化。

图 2.14 为电流滞环比较控制原理电路，图中 Δi 为参考电流 i^* 与实际电流 i 的差值。若放大器正向输出电压为 E，反向输出电压为 $-E$，则 m 点电压为 $\pm\dfrac{R_2}{R_1+R_2}E$。若令 $h=\dfrac{R_2}{R_1+R_2}E$，则当 $|\Delta i|\leqslant h$ 时，说明电流误差在允许范围以内，放大器输出保持原状态；当电流误差量值增大到 $|\Delta i|>h$ 时，放大器输出反转，$\Delta i>h$，输出电压反转为负；$\Delta i<-h$，输出电压反转为正。

图 2.15 给出了电流滞环比较控制 PWM 脉冲与参考电流、实际电流之间的关系。图中光滑黑实线为参考电流 i^*，实折线为实际电流 i；参考电流上下各有两条包络线，图中用细虚线表示，是实际电流上下边界线，上下边界线与参考电流的差值正好为 $\pm h$。当逆变器实际输出电流增大到上边界以外时，它与参考电流的误差 $\Delta i<-h$，说明实际输出电流过大，这时滞环比较器反转输出为负，PWM 为负脉冲，控制该相桥臂下开关管导通、上开关管关断，使输出电流减小；当逆变器实际输出电流减小到下边界以外，即 $\Delta i>h$ 时，说明实际输出电流过小，这时滞环比较器反转输出为正，PWM 为正脉冲，控制该相桥臂下开关管关断、上开关管导通，使输出电流增大。逆变器输出电流与参考电流的误差，始终控制在 $\pm h$ 以内。

（3）主电路主要是由若干功率开关管连接而成，在同相牵引供电系统中常用的变流器有交直交变流器、三相半桥变流器、四桥臂变流器，根据情况还可以采用其他结构。考虑同相牵引供电系统平衡补偿功率大、电压高，实际的主电路是多个模块的组合，以满足大功率高电压的要求。驱动电路主要作用是对电流跟踪控制生成的脉冲信号进行放大变换，以形成与主电路开关管相匹配的控制信号。

2.3 同相牵引供电系统平衡补偿的基本原理

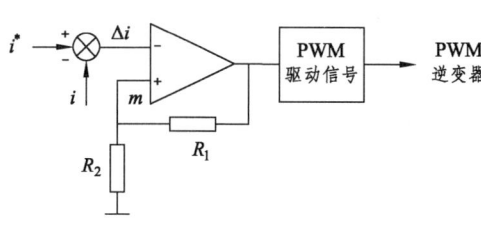
图 2.14 电流滞环比较控制原理电路

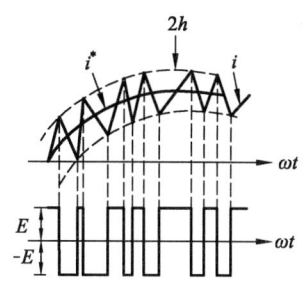
图 2.15 电流滞环比较控制 PWM 波形

2．工作原理

补偿对象的电压和电流经信号检测与处理电路得到补偿电流参考信号，再经电流跟踪控制电路产生 PWM 控制脉冲，通过驱动电路控制主电路产生补偿对象所需要的期望补偿电流。

完整的同相牵引供电系统工作原理比较复杂，这里为了突出说明平衡补偿的基本原理，将图 2.13 适当简化。图 2.13 中虚线框内包括电流跟踪控制电路、驱动电路和逆变器主电路，在理想状态下三者就相当于一个三相受控电流源，输入为三相期望补偿电流参考信号而输出为三相期望补偿电流，输出随输入的改变而改变。所以从平衡补偿原理上讲，图 2.13 可以等效为图 2.16 所示的形式。其中，受控电流源的输出电流 $\dot{I}_{aph}$、$\dot{I}_{bph}$、$\dot{I}_{cph}$，其大小和波形受输入量 $\dot{I}_{am}$、$\dot{I}_{bm}$、$\dot{I}_{cm}$ 的控制，并始终与输入量 $\dot{I}_{am}$、$\dot{I}_{bm}$、$\dot{I}_{cm}$ 成比例。如果输入量 $\dot{I}_{am}$、$\dot{I}_{bm}$、$\dot{I}_{cm}$ 正好为信号检测与处理电路输出的期望补偿电流参考值，那么受控电流源的输出正好为期望补偿电流。

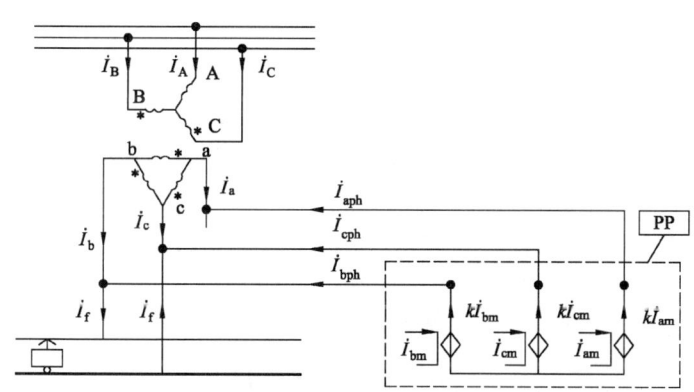
图 2.16 嵌入式同相供电平衡补偿原理等效模型

根据节点电流定律

$$[\dot{I}_a \quad \dot{I}_b \quad \dot{I}_c]^T = [\dot{I}_f \quad 0 \quad -\dot{I}_f]^T - [\dot{I}_{aph} \quad \dot{I}_{bph} \quad \dot{I}_{cph}]^T \tag{2.19}$$

式中　$\dot{I}_a$、$\dot{I}_b$、$\dot{I}_c$——系统输出的三相电流；
　　　$\dot{I}_{aph}$、$\dot{I}_{bph}$、$\dot{I}_{cph}$——平衡补偿装置提供的三相电流；
　　　$\dot{I}_f$——牵引负荷电流。

式（2.19）说明，平衡补偿装置输出电流大小和波形将会影响系统的输出电流。所以，

第 2 章　同相牵引供电系统概况

对于不对称的牵引负荷，调节平衡补偿装置输出电流，可以消除或减弱系统不平衡程度或改善系统电能质量。

（1）无平衡补偿时：

无平衡补偿时，相当于 $\dot{I}_{aph} = \dot{I}_{bph} = \dot{I}_{cph} = 0$，根据对称分量法，可知

$$[\dot{I}_a \quad \dot{I}_b \quad \dot{I}_c]^T = [0 \quad \dot{I}_f \quad -\dot{I}_f]^T$$
$$= [\dot{I}_a^+ \quad \dot{I}_b^+ \quad \dot{I}_c^+]^T + [\dot{I}_a^- \quad \dot{I}_b^- \quad \dot{I}_c^-]^T$$
$$= [\dot{I}_{ap}^+ \quad \dot{I}_{bp}^+ \quad \dot{I}_{cp}^+]^T + [\dot{I}_{aq}^+ \quad \dot{I}_{bq}^+ \quad \dot{I}_{cq}^+]^T + [\dot{I}_a^- \quad \dot{I}_b^- \quad \dot{I}_c^-]^T \quad (2.20)$$

式中　$\dot{I}_{ap}^+$、$\dot{I}_{bp}^+$、$\dot{I}_{cp}^+$——三相正序有功电流；

$\dot{I}_{aq}^+$、$\dot{I}_{bq}^+$、$\dot{I}_{cq}^+$——三相正序无功电流；

$\dot{I}_a^-$、$\dot{I}_b^-$、$\dot{I}_c^-$——牵引负荷造成的系统三相负序电流。

式（2.20）说明：同相供电系统牵引侧仅一个端口有牵引负荷，如果不采取平衡补偿措施，三相系统将严重不平衡。此时，系统不仅要提供牵引负荷所需的有功电流，还必须提供牵引负荷所需的无功电流以及由牵引负荷引起的负序电流，这会加大系统的损耗、降低系统运行效率、增大设备的容量。

（2）仅补偿负序时：

仅补偿负序也就是负序电流由平衡补偿装置提供，这时

$$[\dot{I}_{aph} \quad \dot{I}_{bph} \quad \dot{I}_{cph}]^T = [\dot{I}_a^- \quad \dot{I}_b^- \quad \dot{I}_c^-]^T \quad (2.21)$$

将式（2.21）代入式（2.19）并根据式（2.20）可得

$$[\dot{I}_a \quad \dot{I}_b \quad \dot{I}_c]^T = [\dot{I}_a^+ \quad \dot{I}_b^+ \quad \dot{I}_c^+]^T \quad (2.22)$$

式（2.22）说明：当平衡补偿装置的输出电流等于牵引负荷产生的负序电流时，系统只输出正序电流，这时三相电流 $\dot{I}_a$、$\dot{I}_b$、$\dot{I}_c$ 完全对称。根据变压器原次边三相电流对应关系，当二次侧三相电流 $\dot{I}_a$、$\dot{I}_b$、$\dot{I}_c$ 完全对称时，一次侧三相电流 $\dot{I}_A$、$\dot{I}_B$、$\dot{I}_C$ 也必定完全对称。

（3）同时补偿无功和负序时：

无功电流和负序电流由平衡补偿装置提供，这时

$$[\dot{I}_{aph} \quad \dot{I}_{bph} \quad \dot{I}_{cph}]^T = [\dot{I}_{aq}^+ \quad \dot{I}_{bq}^+ \quad \dot{I}_{cq}^+]^T + [\dot{I}_a^- \quad \dot{I}_b^- \quad \dot{I}_c^-]^T \quad (2.23)$$

将式（2.23）代入式（2.19）并根据式（2.20）可得

$$[\dot{I}_a \quad \dot{I}_b \quad \dot{I}_c]^T = [\dot{I}_{ap}^+ \quad \dot{I}_{bp}^+ \quad \dot{I}_{cp}^+]^T \quad (2.24)$$

式（2.23）、式（2.24）说明：当平衡补偿装置提供的补偿电流等于牵引负荷产生的负序电流与无功电流之和时，系统只输出正序有功电流。这时变压器原、次边三相电流完全对称，且系统输出的功率正好等于牵引负荷所需要的有功功率。

关于变流器的结构与控制方法参见第 6 章。

2.3.3 一体式单三相变换与补偿原理

由于一体式的供电和补偿的功能是不可分割的,它是由主变压器和交直交变流器共同构成的一个整体同时完成供电兼补偿的功能,因此一体式工作原理与嵌入式和独立式有所不同。

以 Y,d11 接为例,一体式三相单相变换补偿原理如图 2.17 所示。110 kV 或 220 kV 三相交流电经三相主变压器(图 2.17 中①)降压后通过整流变为直流,直流再逆变为单相交流电,馈送给牵引负荷,实现三相到单相的变换。整流和逆变功能是由交直交变流器完成的,其中交直交变流器一次侧为三相变流器(图 2.17 中②),工作在整流状态;二次侧为单相变流器(图 2.17 中③),工作在逆变状态。图 2.17 中④为匹配变压器。

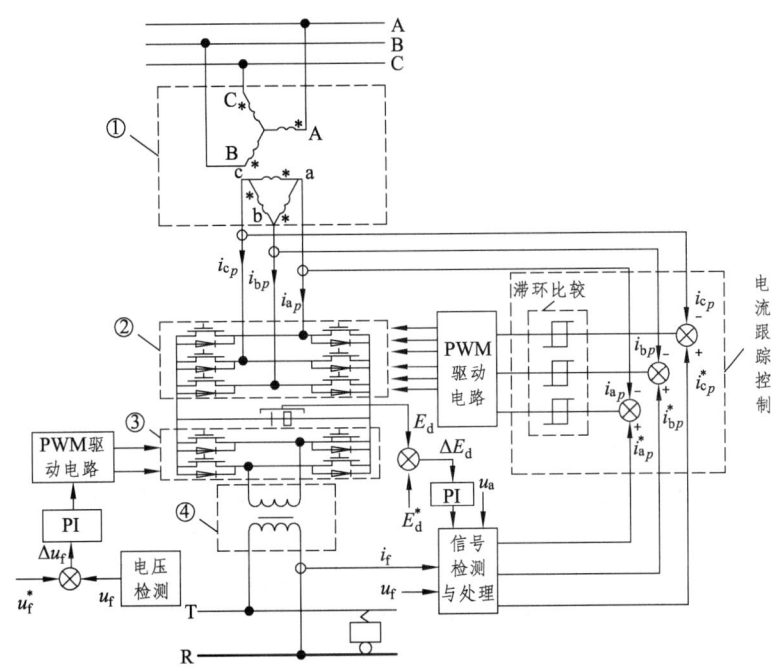

图 2.17 一体式同相供电三单相变换原理

根据功率守恒原理,交直交变流器的输入功率 P_s 等于牵引负荷消耗的有功功率 P_f,即

$$P_f = \frac{1}{T}\int_0^T u_f i_f \mathrm{d}t = \frac{1}{T}\int_0^T (u_a i_{ap} + u_b i_{bp} + u_c i_{cp})\mathrm{d}t = P_s \tag{2.25}$$

理想状态下,系统三相电压电流完全对称,电流只有有功分量,可以通过对变流器的合理控制来达到或接近这一理想状态。交直交三相输入电流表达式为

$$\begin{cases} i_{ap}^*(t) = G u_a(t) \\ i_{bp}^*(t) = G u_b(t) \\ i_{cp}^*(t) = G u_c(t) \end{cases} \tag{2.26}$$

式中,$i_{ap}^*(t)$、$i_{bp}^*(t)$、$i_{cp}^*(t)$ 为主变压器次边三相期望电流,也是交直交变流器的三相期望输入电流;$u_a(t)$、$u_b(t)$、$u_c(t)$ 分别为主变压器次边三相等效星形电压瞬时值;G 为比例常数,

根据功率平衡，将式（2.25）中的 i_{ap}、i_{bp}、i_{cp} 换为 i_{ap}^*、i_{bp}^*、i_{cp}^* 等式成立，再利用式（2.26）可求得，$G = P_f /(3U^2)$，U 为主变压器次边三相等效星形相电压有效值。

式（2.26）表明，三相期望电流与三相电压同相位，系统仅输出有功功率，且系统输出的功率正好等于牵引负荷所消耗的有功功率。

1．PWM 整流器组成及原理

交直交变流器的整流部分主电路有不可控、半控和全控三种类型。当今最常用的是不可控的三相全桥二极管整流电路和全控型三相 PWM 整流器。半控型的整流器会对电网产生谐波污染且功率因数不高，变换的效率低，现在较少采用。二极管整流器的特点是成本低，管子损耗小、功率因数较高，但直流侧电压不可调，对系统有一定的谐波污染，无法实现电能回馈。PWM 整流器可以大幅度减小谐波和提高功率因数；可以四象限运行，实现双向能量传输；可以自动调节直流侧电压或使其保持稳定，改善装置的性能；通过引入适当的控制策略，可以大大减小直流侧电容的容量，提高装置运行的可靠性。

整流器控制方式有间接电流控制和直接电流控制两种。间接电流控制没有引入电流反馈，响应速度慢、动态效果差、受系统参数影响大，在实际中较少采用；直接电流控制引入了电流反馈，响应速度快、动态效果好、不受系统参数变化的影响，应用非常广泛。图 2.17 采用了最常用的电流滞环比较直接电流控制，它由信号检测电路、滞环电流比较电路（电流跟踪控制）和 PWM 驱动电路三部分组成。控制系统为双闭环控制系统，其中外环为直流电压控制环，内环为交流电流控制环。

整流器输入电流控制主要由内环完成。通过信号检测与处理电路对牵引网电压、牵引负荷电流及主变压器次边三相电压进行检测与运算处理，得到三相期望电流参考值；检测得到的三相期望电流与系统实际三相电流进行比较，其差值经滞环比较器送往 PWM 驱动电路，产生 PWM 脉冲信号；PWM 脉冲信号控制三相整流器主电路将三相交流电变为直流电。当实际三相电流瞬时值小于三相期望电流瞬时值，且二者误差超过给定值时，就会通过滞环比较和 PWM 驱动电路驱动整流器主电路使系统三相电流增大；而当实际三相电流瞬时值大于三相期望电流瞬时值，且二者误差超过给定值时，就会通过滞环比较和 PWM 驱动电路驱动整流器主电路使系统三相电流减小。如此，通过控制可以使实际三相电流与三相期望电流之间的误差限定在给定值之内。由于整流器的三相输入电流参考值是通过对牵引侧电流、电压检测与运算得到，然后馈送到整流器侧，所以称其为前馈直接电流控制。

为了保证直流侧电压稳定，提高逆变性能，在整流器的控制系统中引入了直流电压反馈外环控制。当直流侧电压 E_d 小于给定值 E_d^* 时，二者的差值 ΔE_d 大于零，经 PI 调节器控制三相期望电流的幅值增大，从而加大系统向整流器输入的功率，使电容器充电，电压升高；而当直流侧电压大于给定值 E_d^* 时，二者的差值 ΔE_d 小于零，经 PI 调节器控制三相期望电流的幅值减小，从而减小系统向整流器输入的功率，使电容器放电，电压降低；通过加大或减小系统向直流电容充电功率，达到稳定直流电压的目的。

整流器直流侧电容电压 E_d 的波动幅度与整流器输入输出功率的变化是同步的。如果整流器输入功率大于输出功率，则电容充电，电压升高；而当整流器输出功率大于输入功率时，则电容放电，电压降低；当输入与输出功率完全相同时，忽略器件的损耗，则电容电压保持

2.3 同相牵引供电系统平衡补偿的基本原理

不变。所以，可以通过电容电压偏离给定值的误差大小，来控制 PI 调节器得到三相输入电流参考值。据此可以构建出双闭环控制框图，如图 2.18 所示。其原理是：直流电压给定值 E_d^* 和实际直流电压相比较，其差值经比例积分调节器 PI 运算后输出作为三相交流电流参考模值 I_m。I_m 分别乘以与三相电压 u_{abc} 同相位的单位正弦信号，得到整流器三相输入交流电流参考值 i_{abc}^*。i_{abc}^* 与反馈的实际三相输入电流 i_{abc} 相比较，二者差值 Δi_{abc} 作用于滞环比较器，控制整流器主电路开关状态，使整流器实际输入电流跟踪参考值。

直流反馈直接电流控制与前馈直接电流控制相比，前者不需要复杂的检测电路，但响应速度慢、动态效果差；而后者需要对牵引负荷电流、电压检测与运算才能得到参考值，检测电路相对复杂，但由于采用了前馈控制，所以响应速度快，动态效果好。

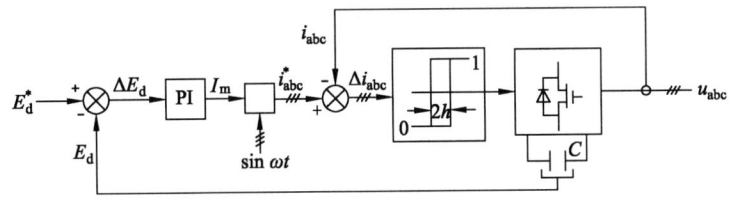

图 2.18 直流反馈直接电流比较滞环控制

2. 逆变器组成及原理

交直交的逆变部分由电压检测电路、比较电路、PI 调节器、PWM 驱动电路和单相逆变器主电路五部分组成，其作用是将直流电变为牵引负荷需要的单相交流电。逆变的原理是将给定的牵引网参考电压 u_f^* 与实际牵引网电压 u_f 进行比较，二者的差值 Δu_f 经 PI 调节器放大后送往 PWM 驱动电路，产生一系列 PWM 脉冲，驱动逆变器主电路输出电压逼近给定的牵引网电压。当牵引网电压小于给定的电压时，其误差 $\Delta u_f > 0$，通过控制将使逆变器输出电压增大；当牵引网电压大于给定的电压时，其误差 $\Delta u_f < 0$，通过控制将使逆变器输出电压减小。所以，通过控制能够使单相逆变器输出电压逼近给定的电压。调节给定电压的大小，就可以调节输出电压的大小；调节给定电压的频率和相位，就可以调节输出电压的频率和相位。

牵引负荷的无功功率只在逆变器和直流电容一侧进行能量交换，所以牵引主变压器、整流器等只承担牵引负荷的有功功率。

关于 PWM 整流器和 PWM 逆变器的工作原理，可参见本书第 6 章。

2.3.4 独立式平衡补偿原理

图 2.19 为独立双边式平衡补偿原理图，其中牵引主变压器为单相变压器，如图 2.19 中①所示，它主要承担供电的任务。平衡补偿装置由连接 110 kV 侧的平衡补偿变压器、交直交变流器和连接 27.5 kV 的单相匹配变压器构成，主要承担平衡补偿的任务，同时兼有供电功能。平衡补偿变压器为 YN,d11 接三相变压器，如图 2.19 中②所示，通常要求它与单相牵引主变压器相匹配，形成"Scott 效应"，通过控制使单相牵引主变压器和平衡补偿装置各承担一半负荷，从而使各自的容量减半，并通过"Scott 效应"消除负序。牵引主变压器换为三相变压器，平衡补偿变压器换为单相变压器，效果一样。所以接线形式有两种：一种是牵引主

变压器为单相而补偿变压器为三相；另一种是牵引主变压器为三相而补偿变压器为单相，两种接线形式原理和功能完全相同。交直交变流器由整流器（图 2.19 中③）和逆变器（图 2.19 中④）组成，现代常用的整流器有单相全桥不可控二极管整流器和单相全桥 PWM 整流器两种类型。与一体式相同，二极管整流器成本低、管耗小，功率因数较高，但无法实现电能回馈，会给电网造成谐波污染。而 PWM 整流器通过适当的控制可以大幅度减小谐波和提高功率因数；可以实现双向功率传输；可以通过直流稳压自动调节器使直流侧电压稳定，改善装置的性能；通过引入适当的控制策略，减小直流侧电容的容量，提高装置运行的可靠性。逆变器一般采用单相全桥 PWM 逆变器。关于 PWM 整流器和 PWM 逆变器的工作原理，可参见本书第 6 章，以下仅做简要介绍。

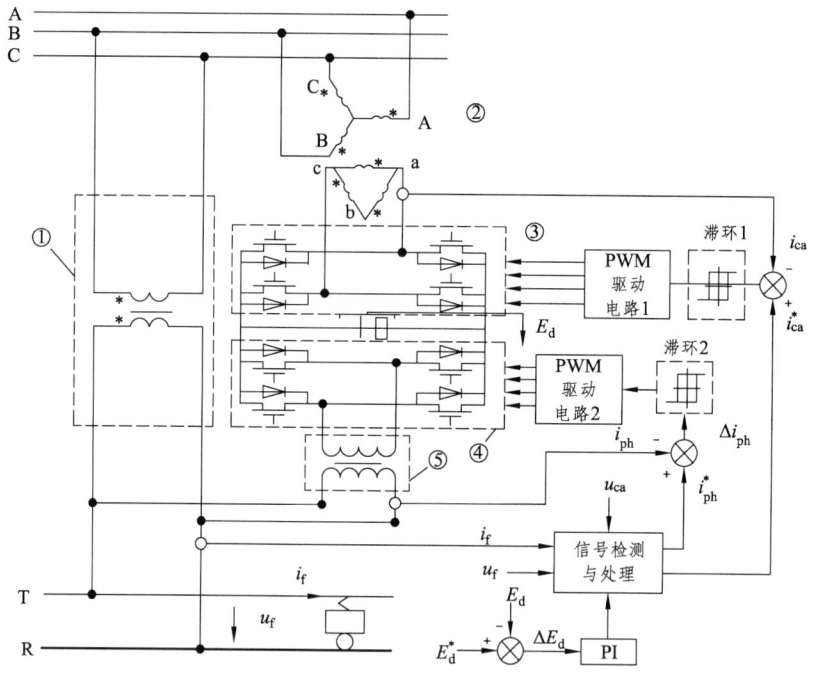

图 2.19 独立式结构平衡补偿原理

1. Scott 效应与补偿策略

图 2.19 中牵引变压器接系统 BC 相间，对应的负荷接线角为 $\psi_{BC} = 90°$；而三相平衡补偿变压器的 ac 端口接负载，ac 端口与系统 A 相电压同相，对应的负荷接线角为 $\psi_A = 0°$。如果牵引变压器和平衡补偿系统各承担一半牵引负荷，即 $\frac{1}{2}S_f$，那么，根据式（1.109），系统总负序电流为

$$\dot{I}_\Sigma^- = \dot{I}_A^- + \dot{I}_{BC}^-$$

$$= \underbrace{\frac{1}{U_A}\frac{S_f}{2}e^{-j\varphi_f}}_{1} + \underbrace{\frac{1}{U_A}\frac{S_f}{2}e^{-j(180°+\varphi_f)}}_{2}$$

$$= 0 \tag{2.27}$$

式中，第 1 项为一半牵引负荷电流经平衡补偿系统后在系统侧产生的负序电流，对应 i_A^-；第 2 项为一半牵引负荷电流经过单相牵引变压器后在系统侧产生的负序电流，对应 i_BC^-。二者大小相等、相位相反，所以总负序电流为零。这就是由单相变压器和三相变压器共同构成的"Scott 效应"作用的结果，这也是独立式结构要求平衡补偿变压器与牵引主变压器必须匹配的原因。按照"Scott 效应"，可以仅考虑负序的补偿，也可对负序和无功同时补偿。

1）仅补偿负序

前面讨论的是牵引主变压器与平衡补偿系统各承担一半总负荷容量，这样可以完全补偿负序。当牵引负荷存在无功功率时，牵引主变压器和平衡补偿系统各需承担一半无功功率。由于无功功率的存在增大了设备容量，并降低了系统的功率因数。所以，这种补偿策略主要用于无功功率很小的情况，如交直交电力机车负荷无功功率基本为零，适合采用这种补偿策略。

2）负序和无功同时补偿

当牵引负荷的功率因数较低时，如交直电力机车，负荷的功率因数接近 $\cos\varphi_\text{f}=0.8$，那么仅补偿负序时，牵引主变压器和平衡补偿系统的所有设备容量会因为无功功率存在而增大约 $1/\cos\varphi_\text{f}=1.25$ 倍。为了降低设备容量、提高系统功率因数，希望牵引负荷的无功功率由逆变器全部补偿，考虑无功功率只在交直交的直流侧与 27.5 kV 的交流侧交换，所以逆变器和匹配变压器的实际承担的负荷容量为一半负荷有功功率和全部的负荷无功功率，即

$$\sqrt{\sin^2\varphi+\left(\frac{1}{2}\cos\varphi\right)^2}S_\text{f}\approx 0.72 S_\text{f}$$

而整流器、平衡补偿变压器只承担一半有功功率，但平衡补偿变压器只用一个端口，容量利用率为 50%，其实际容量应按照承担全部负荷有功功率选择，所以牵引主变压器、平衡补偿变压器、整流器、逆变器、27.5 kV 匹配变压器实际容量应按照 $\frac{1}{2}P_\text{f}$、P_f、$\frac{1}{2}P_\text{f}$、$0.72 S_\text{f}$ 和 $0.72 S_\text{f}$ 进行选择。

2．平衡补偿原理

平衡补偿功能主要是通过对交直交变流器控制实现的。交直交变流器工作原理与一体式相似，只是控制目标略有差异。交直交变流器的整流器将单相交流电变为直流电，再由逆变器变为牵引负荷需要的交流电。

1）逆变原理

逆变功能由单相逆变器完成，它由 PWM 单相逆变器主电路和由信号检测处理、滞环电流比较、PWM 驱动构成的控制电路组成。通过信号检测与处理电路得到牵引负荷电流及其有功、无功分量，进而可得到单相逆变器的期望输出电流 i_ph^*（关于电流检测内容可参见第 5 章）。期望输出电流与实际输出电流进行比较，其差值经滞环比较器比较后送向 PWM 驱动电路。PWM 驱动电路产生一系列控制脉冲，驱动单相逆变器主电路使其输出电流接近期望值。当逆变器期望输出电流与实际输出电流的差值 Δi_ph 大于零并超过滞环比较器的上边界，即 $\Delta i_\text{ph}>h$ 时，则会驱动主电路增大输出电流；而当差值 Δi_ph 小于零并超过滞环比较器的下边界即 $\Delta i_\text{ph}<-h$ 时，则会驱动主电路减小输出电流，最终使实际输出电流逼近期望输出电流。

逆变器的期望输出电流与控制目标有关。假设牵引负荷电流为

$$i_\mathrm{f}(t) = i_p(t) + i_q(t) \quad (2.28)$$

式中，$i_p(t)$、$i_q(t)$ 分别为牵引负荷电流的有功分量和无功分量。

如果仅补偿负序，供电和补偿各承担一半负荷，则逆变器的期望电流为 $i_\mathrm{ph}^* = \frac{1}{2} i_\mathrm{f}(t)$；如果完全补偿无功和负序时，主变压器只承担一半有功功率，则逆变器的期望电流为 $i_\mathrm{ph}^* = \frac{1}{2} i_p(t) + i_q(t)$。前者不需要分离有功和无功电流分量，检测算法简单且无延时；后者需要分离出有功和无功电流分量，检测算法复杂，且算法存在延时。

2) 整流原理

整流功能由 PWM 单相整流器完成，采用了前馈直接电流控制，它由主电路、信号检测与处理电路、电流跟踪控制电路和 PWM 驱动电路组成。通过信号检测与处理电路得到系统向整流器输入的期望电流 i_ca^*，整流器的期望输入电流与实际输入电流的差值 Δi_ca 经滞环比较器和 PWM 驱动电路产生一系列脉冲，控制整流器主电路开关，使输入整流器的电流逼近期望电流。当差值 Δi_ca 大于零并超过滞环比较器的上边界，调整整流器使其输入电流增大；当差值 Δi_ca 小于零并超过滞环比较器的下边界，调整整流器使其输入电流减小，从而使输入电流逼近期望电流。

控制目标同样有两种选择：一种是只补偿负序电流时，只要单相变压器和补偿装置各承担一半负荷总容量即可，这种情况多用于牵引负荷无功功率较小或可以忽略无功功率的影响的场合，尤其交直交电力机车一般情况下功率因数接近于1，不需要考虑无功补偿；另一种是单相主变压器和补偿装置各承担一半负荷有功功率，所有牵引负荷的无功功率都有补偿装置承担。为满足"Scott效应"，当仅补偿负序电流时，则参考电流满足 $\dot{U}_\mathrm{ca} \hat{I}_\mathrm{ca}^* = \frac{1}{2} \dot{U}_\mathrm{f} \hat{I}_\mathrm{f}$；而无功和负序全部补偿时，则参考电流满足 $U_\mathrm{ca} I_\mathrm{ca}^* = \frac{1}{2} P_\mathrm{f}$，且 $\dot{I}_\mathrm{ca}^*$ 与 $\dot{U}_\mathrm{ca}$ 同相位。

同样，为了使直流侧电压稳定，减小波动，引入了直流电压反馈调节电路。电压反馈调节电路主要包括电压比较和 PI 调节器。其原理与一体式相同，当直流电压偏离给定值，通过比较得到偏差值 ΔE_d，根据偏差值，通过 PI 调节器控制期望电流 i_ph^* 的幅值增大或减小。当 $\Delta E_\mathrm{d} > 0$，则使 i_ph^* 的幅值增大，从而加大系统向整流器输入的功率，使电容电压升高；当 $\Delta E_\mathrm{d} < 0$，则使 i_ph^* 的幅值减小，从而减小系统向整流器输入的功率，使电容电压降低。

2.4 同相牵引供电系统关键技术与理论

由 2.2 节平衡补偿的基本原理可知无源对称补偿具有简单、经济、可靠、易实现等优点，其缺点是：采用常规变压器无法使补偿装置产生的负序电流与牵引负荷产生的负序电流反向共线，从而导致补偿装置容量的浪费；采用特殊接线方式的变压器理论上能够达到最佳补偿

的要求，但由于条件要求苛刻，实际难以达到理想的效果，尤其是需要动态实时连续调整补偿电抗器和电容器的容量以及绕组匝数，增加了技术难度。相比之下，有源平衡补偿不仅能达到三相平衡供电的目的，而且能动态补偿谐波和无功，是今后同相供电技术发展的方向。以下章节主要讨论有源平衡补偿同相牵引供电系统关键技术，包括同相牵引供电系统合理结构、同相牵引供电系统的最优模型和最小设备容量条件、快速准确的期望补偿电流检测技术和期望补偿电流生成技术。

1. 同相 AT 牵引供电系统合理结构

通信干扰是交流电气化铁道"五大问题"之一。BT 供电方式尽管有较好的通信防护效果，但由于牵引网需串联接入大量的吸流变压器，将使牵引网阻抗增大，电压损失和电能损失增加；沿线变电所之间距离短，系统成本高；沿线接触网有多个断口，当列车通过断口时，受电弓与接触线间产生很强的电弧，烧损接触线和电力机车受电弓，特别是在高速列车和大负荷电流条件下，这种损害更为严重。相比之下，AT 供电方式具有很多优势：通信防护效果好；牵引网阻抗小，供电距离长，变电所数量少；无须在 AT 处实行电分段，适合高速、重载列车运行。AT 供电方式综合经济技术性能优越，在国内外已有广泛应用，所以研究这种供电方式下同相牵引供电系统具有重要意义。

AT 供电方式缺点是变电所结线复杂、工作变压器数量多、投资和维护费用高，如以 YN,d11 接线为例，牵引变电所需要两台工作变压器（或一台三绕组变压器）牵引侧接成十字交叉接线，加之需要自耦变压器站等设施，接线远比 BT 式复杂。如何克服 AT 供电方式这些缺点，充分发挥其优势，是构建新型同相牵引供电系统需要研究的内容。如果将牵引变压器、平衡补偿装置、AT 供电方式牵引网有机结合、合理匹配，构造新型同相牵引供电系统，使其一方面能够完全滤除谐波和无功，并平衡三相，实现各供电区段同相供电；另一方面充分发挥 AT 供电方式通信防护效果好，综合经济技术性能优越的特点，设法降低变电所结线复杂程度，减少工作变压器数量，克服 AT 供电方式存在的不足，那么这种供电系统必将比其他供电系统更优越。

同相牵引供电系统中，一体式和独立式结构与牵引网的供电方式没多大关系，如 BT 式（直供）方式变为 AT 供电方式，最多是 27.5 kV 匹配变压器增加一中间抽头而已，其他构成部分不需要有任何改变。但是，嵌入式同相牵引供电系统与牵引主变压器接线方式、牵引网供电方式和平衡补偿装置结构都有很大关系。尤其牵引主变压器接线方式、牵引网供电方式和平衡补偿装置三者的匹配关系，对系统结构和性能影响很大。所以，同相 AT 牵引供电系统合理结构主要针对嵌入式类型进行讨论。

2. 同相牵引供电系统的最优补偿模型

我们可以以系统不对称程度、功率因数高低为评价指标建立补偿模型，还可以以系统电压电流波形畸变程度、谐波含量、负载理想程度为评价指标来建立补偿模型。不同模型、不同补偿目标，会产生不同的补偿效果；不同补偿模型，期望补偿电流检测方法也不同，变流器的控制方法也不同，达到补偿目标时的设备容量也不同。尤其是在非当地牵引负荷引起的系统谐波和系统不对称时，不同模型的补偿效果差异很大。

3．同相牵引供电系统的最小设备容量

补偿装置的设备容量除了与补偿模型有关外，还与补偿策略、补偿装置的结构，以及补偿装置与系统匹配程度有关。牵引主变压器接线形式可以有多种选择，不同接线形式变压器容量利用率也不同。为了提高设备容量的利用率，需要研究变压器接线方式、补偿模型、补偿目标、补偿策略和补偿装置的结构及其与系统的匹配程度。

4．快速精确的期望补偿电流检测技术

补偿电流获取方法不同于单相或三相系统的谐波、无功和负序电流检测，获取方法有其特殊性。快速、准确地得到补偿电流参考值，是实现同相供电的关键技术之一，对于负荷波动大变化剧烈场合更是如此。检测方法的好坏主要体现在两个方面：一是快速性，也就是从检测信号输入开始到得到被检测量所需要的时间，为了确保平衡补偿的效果，时间越短越好，否则检测结果相对于实际信号在时间上过于滞后，而导致无法实时补偿，从而影响补偿效果；二是检测的准确度，也就是检测结果与被检测对象中实际量值的接近程度。

5．期望补偿电流生成

同相牵引供电系统，必须解决系统不对称问题，这需要平衡补偿系统根据检测得到的期望补偿电流参考值，控制变流器使其实际输出补偿电流逼近期望补偿电流。这会涉及变流器的结构、原理及其控制技术。牵引供电系统的特点是电压高、容量大，电压在 25～220 kV，变电所容量可高达 10 000～100 000 kVA，如果完全补偿单相牵引负荷造成的负序容量，补偿装置容量很大。根据当前电力电子器件的发展水平，单个变流器还无法满足牵引供电系统高电压大容量的要求，所以还需要研究高电压、大容量变流器实现技术。

2.5 本章小结

本章讨论了同相牵引供电系统的基本构成、基本类型和工作原理。

（1）同相牵引供电系统主要是由三相/单相牵引变电所组成，三相/单相牵引变电所一般由牵引主变压器，平衡补偿装置和牵引网构成。

（2）同相牵引供电系统有多种类型，按照供电与补偿关系可分为：独立式（并联式）、一体式（串联式）和嵌入式（混合式）三种。独立式的平衡补偿装置与牵引主变压器是并联连接，当平衡补偿装置故障时，不影响正常供电，供电的可靠性高；供电与补偿共需三台变压器，变压器数量多，结线复杂，造价较高；同时三相变压器将长期工作在不对称状态，容量利用率低。一体式的交直交变流器和牵引主变压器串联接入系统，共同完成供电与补偿的任务，所以，交直交变流器故障，将终止供电，供电的可靠性受交直交变流器的影响很大；同时所需设备都是满容量的，造价高；其优点是可以全线贯通供电，降低了供电线路损耗，提高了运行的经济性。嵌入式（混合式）的平衡补偿装置是嵌入在牵引变压器与牵引网之间，

平衡补偿装置故障同样不影响正常供电，供电的可靠性与独立式相当，供电和补偿共需两台变压器，接线相对简单，造价较低。

（3）分析了采用无源对称补偿技术实现同相供电的原理与方法，指出这种同相供电方案简单、使用、可靠且经济，但若采用常规接线变压器时，补偿负序电流与负荷产生的负序电流不能反向共线，从而使设备容量无法达到最小；不能动态连续补偿谐波、无功和负序，难以达到理想的补偿效果。

（4）分析讨论了有源平衡补偿的基本原理，基于有源滤波器的同相牵引供电系统，可以实现由单相到三相的平衡变换，并能动态补偿谐波和无功，是较理想的方案。

（5）同相牵引供电系统涉及的关键技术与理论，主要有：同相 AT 牵引供电系统合理结构；同相牵引供电系统的最优补偿模型；同相牵引供电系统的最小设备容量；快速精确的期望补偿电流检测技术；期望补偿电流生成，变流器的控制和大容量变流器的实现技术。

第 3 章　同相 AT 牵引供电系统

3.1　同相 AT 牵引供电系统的构成及特点

3.1.1　同相 AT 牵引供电系统的构成

同相 AT 牵引供电系统由 AT 牵引网和同相 AT 牵引变电所组成，如图 3.1 所示。其中，SS1～SS3 为同相 AT 牵引变电所，主要由牵引主变压器和平衡补偿装置（图中用 PP 表示）构成，其作用是：① 变压；② 平衡变换；③ 补偿负载无功和谐波。变压的任务由牵引变压器完成，而消除负序、滤除谐波和补偿无功的任务由平衡补偿装置完成。平衡补偿装置的变流器有三相三桥臂变流器、三相四桥臂变流器和两"背对背"单相变流器三种结构类型，在实际中，为了降低投资、提高补偿性能指标，一般根据牵引变电所类型和补偿要求，来综合确定变流器的结构类型。AT 牵引供电系统常用的牵引变压器类型有单相变压器、V,v 接线变压器、YN,d11 接线变压器、平衡变压器（包括阻抗匹配平衡变压器、Scott 变压器、三相变四相变压器）等多种。根据不同类型的变压器可以构成不同类型的同相 AT 牵引变电所。

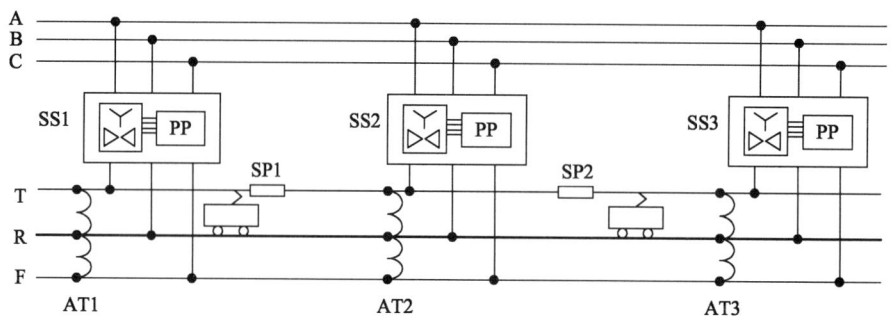

图 3.1　同相 AT 牵引供电系统

V,v 接线有 V,v、V,y 和 V,x 三种接线类型，因此也就有三种接线类型的同相 AT 牵引变电所，可参见 3.2.2 节。

YN,d 接线牵引变电所，牵引变压器通常为两台三相双绕组变压器或一台三相三绕组变压器，为了向 AT 系统供电，两台变压器或三绕组变压器需要十字交叉连接如图 1.8 所示。可以在此基础上直接加平衡补偿装置，来实现同相供电平衡补偿的目标。也可以节省一台三相双绕组变压器，即只用一台双绕组变压器加平衡补偿装置，同样也能实现同相供电平衡补偿的目标，可参见 3.2.3 节。

关于平衡变压器接线可参见 3.2.4 节。

对于单相接线牵引变电所，为了实现同相供电平衡补偿的要求，需要增设一台补偿变压器。通常要求补偿变压器的输出电压应与平衡补偿装置电压相匹配，使补偿变压器兼有匹配变压器的功能，因为这样可以省去平衡补偿装置的匹配变压器，从而节约投资。补偿变压器可以是三相接线，也可以是单相接线。因此，可以分别构成以下三种类型的同相 AT 牵引变电所。

1．单-三相接线同相 AT 牵引变电所

补偿变压器为三相接线，由单相牵引主变压器加三相补偿变压器构成的接线形式称为单-三相接线，连接方式如图 2.4 所示，有独立双边式和独立单边式两种，比较而言独立双边式较有优势。补偿变压器一般采用 YN,d11 接线，通常要求补偿变压器提供的补偿端口电压应与单相牵引主变压器负荷端口电压相位相差 90°，因为这样才能使单相牵引变压器与三相补偿变压器正好形成"Scott 效应"，从而有利于消除系统负序。

2．单-单 T 接线同相 AT 牵引变电所

补偿变压器为单相变压器，并且单相主变压器与单相补偿变压器原边接成"T"形，也就是将主变压器次边绕组中间抽头接补偿变压器次边绕组一端，形成"Scott 连接"，使二者共同构成一个等效的"Scott 变压器"，其中单相主变压器相当于 Scott 变压器 M 座，而单相补偿变压器相当于 Scott 变压器的 T 座，其接线及原理都与 Scott 接线同相 AT 牵引变电所相同，可参见 3.2.4 节图 3.10，这里不再赘述。

3．单-单 V 接线同相 AT 牵引变电所

补偿变压器为单相变压器，与单-单 T 接线不同的是单相牵引主变压器与单相补偿变压器接成 V,v 接线。其接线及原理与 V,v 接线同相 AT 牵引变电所相同，可参见 3.2.2 节。

由于各变电所采用了相同的结构，与牵引网和电力系统的连接方式也相同，所以如果牵引侧各区段电压大小和相位一致，那么牵引侧各供电区段可取消分相绝缘器实现同相供电。考虑供电灵活性和可靠性等原因可设分段断路器，如图 3.1 中 SP1 和 SP2 所示。

平衡变换、滤除谐波和补偿无功的原理与变流器滤除谐波、补偿无功的原理是一样的，通过实时检测负载中的谐波、无功电流和三相不平衡电流，生成包括谐波、无功和不平衡电流的补偿电流参考量，根据补偿电流参考量控制变流器输出补偿电流，以补偿负载的谐波、无功并实现三相平衡。

3.1.2　同相 AT 牵引供电系统的特点

同相 AT 牵引供电系统与 BT 式同相牵引供电系统的主要区别是牵引网结构不同，并由此决定了二者在牵引变电所和系统结构及经济技术性能上有较大差异。

我们知道，BT 供电方式尽管有较好的通信防护效果，但由于牵引网需串联接入大量的吸流变压器，使牵引网阻抗增大，电压损失和电能损失增加；沿线变电所之间距离短，系统成本高；沿线接触网有多个断口，当列车通过断口时，受电弓与接触线间产生很强的电弧，

烧损接触线和电力机车受电弓，特别是在高速列车和大负荷电流条件下，这种损害更为严重。而带防护线的直供方式，有一定的通信防护效果，可以避免因采用吸流变压器而导致牵引网阻抗大、断口多等缺点，但其通信防护效果较差，只能用于对通信防护要求不高的场合。相比之下，AT 供电方式具有很多优势：通信防护效果好；牵引网阻抗小，供电距离长，变电所数量少；无须在 AT 处实行电分段，适合高速、重载列车运行。AT 供电方式综合经济技术性能优越，在国内外已有广泛应用，所以构建 AT 供电方式同相供电系统具有重要意义。

AT 供电方式也存在一些突出的缺点：变电所结线复杂，工作变压器数量多，投资和维护费用高，如以 YN,d11 接线为例，牵引变电所需要两台双绕组变压器（或一台三绕组变压器）牵引侧接成十字交叉接线，加之需要自耦变压器站等设施，接线远比 BT 式复杂。如何克服 AT 供电方式这些缺点，充分发挥其优势，这是构建 AT 式同相牵引供电系统必须解决的问题。

尽管同相供电的基本原理是相同的，但由于 AT 供电方式的特殊性，就必须考虑与之匹配的同相供电系统结构，否则难以达到最佳平衡补偿的效果和经济技术指标。首先采用不同接线方式的牵引变压器，以及采用不同结构的变流器同相牵引供电系统的技术性能和经济指标会有一定差异的，特别是牵引变压器接线方式、变流器结构类型和 AT 方式牵引网三者之间的匹配程度对系统经济技术综合指标影响最为关键。此外，与 YN,d11 接线阻抗匹配接线、Scott 接线相比基于 V,v 接线、三相四相变压器接线，构建 BT 方式同相供电系统，在经济技术性能上没有任何优势，但是由于 AT 供电方式的特殊性，与 V,v 接线、三相四相变压器接线相结合，构成的同相牵引供电系统有其独特之处。

总之，如果将变流器、牵引变压器、AT 供电方式有机结合，构造新型牵引供电系统，使其一方面能够完全滤除谐波和无功，并平衡三相，实现各供电区段同相供电；另一方面充分发挥 AT 供电方式通信防护效果好，综合经济技术性能优越的特点，设法降低变电所结线复杂程度，减少工作变压器数量，克服 AT 供电方式存在的不足，那么这种供电系统比 BT 供电方式下的同相供电系统更优越。

3.2 同相 AT 牵引变电所构建方案

同相牵引变电所的结构主要与主变压器的接线方式有关，同时也与平衡补偿装置的结构以及变压器、平衡补偿装置和 AT 牵引网三者的连接方式有关。从所采用的变压器接线方式可分为：基于纯单相接线的同相 AT 牵引变电所、基于 V,v 接线的同相 AT 牵引变电所、基于 YN,d11 接线的同相 AT 牵引变电所和基于平衡变压器接线（如阻抗匹配平衡变压器、Scott 变压器，三相变四相变压器等）的同相 AT 牵引变电所[55]。平衡补偿装置接入系统的方式有独立式（并联式）、一体式（串联式）和嵌入式（混联式），不同的接入方式，同相供电系统的性能有很大差异。由于嵌入式同相供电系统在技术性能、可靠性和经济性等方面都具有一定的优势，很有代表性，尤其对既有线路改造时采用嵌入式结构比较科学合理，为此以下主要讨论嵌入式同相 AT 牵引变电所的结构与特点。

3.2.1 基于同相 BT 牵引变电所构建的问题

AT 式与 BT 式同相供电系统主要区别是牵引变电所与牵引网的结构。单从牵引变电所的输入与输出来看，二者的区别仅是 BT 式有一个输出端口，输出电压为 27.5 kV；而 AT 式有两个输出端口，每一个端口电压都是 27.5 kV，且相别相同。所以参照 BT 式同相供电系统很容易构造出 AT 式同相供电系统。例如可以采用多级变压、两同相 BT 级联、增大主变变压比等方式来构建同相 AT 牵引变电所。前两种不改变同相 BT 牵引变电所内部结构，而后一种则需要对同相 BT 牵引变电所内部进行调整，属于另一种构建方案，在后边章节介绍。

同相 AT 牵引变电所多级变压式接线，如图 3.2 所示，它是在原同相 BT 牵引变电所接线的基础上增设一级单相变压器而成。图中 B1 为单相变压器，变比为 27.5 kV/55 kV，55 kV 侧带中抽头并与牵引网相连；图中①所指的实框内，为同相 BT 牵引变电所；图中②所指的虚框内部分为同相 AT 牵引变电所，它是在同相 BT 牵引变电所基础上加设一级单相变压器 B1 构成。可见同相 AT 牵引变电所的结构除多一单相变压器外，其余的都与同相 BT 牵引变电所完全相同。变流器的结构与控制方法，谐波、无功、负序电流的检测方法以及同相供电补偿电流的生成方法等也都与现有同相 BT 牵引变电所相同。该方案存在的严重缺点是每个变电所需增加一台单相变压器，单相变压器的容量须按额定牵引负荷容量设计，平衡变换装置（PP）和主变压器不会因为增设单相压器而降低设备容量；平衡变换装置故障不影响正常供电

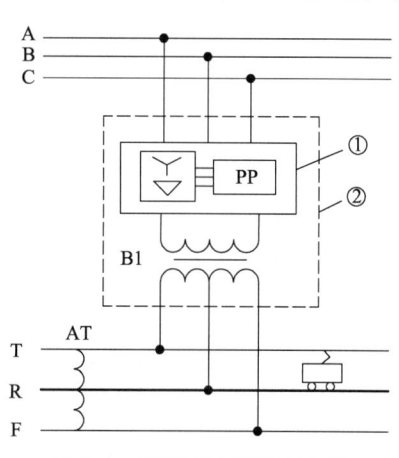

图 3.2　同相 AT 牵引变电所多级变压式接线

和牵引网的通信防护能力，但主变压器和增设的单相变压器故障时都将中断正常供电。

两同相 BT 级联而成的同相 AT 牵引变电所相当于将两个接线和结构完全相同的同相 BT 牵引变电所合二为一，其中，原两个牵引变电所的一次系统接入相别次序相同，二次侧输出端口串联连接，公共端子接钢轨，其余两个端子分别接 AT 牵引网的接触线 T 和负馈线 F，接线方式如图 3.3（a）所示，其中①为 BT 式同相牵引变电所，②为 AT 式同相牵引变电所。以 YN,d11 接线同相 AT 牵引变电所为例，两台 110 kV/27.5 kV 的 YN,d11 接线变压器，恰好形成十字交叉接线，如图 3.3（b）所示。

该方案的优点是：

（1）平衡变换装置可以由三桥臂变流器构成，平衡变换装置的结构和控制方法相对简单，容易实现。

（2）当平衡补偿装置故障时，不影响正常供电，且仍保持了原来的通信防护效果。

该方案的缺点是：

（1）每个变电所需要两台工作变压器（或一台三绕组变压器）接成十字交叉接线，变压器数量多、接线复杂、成本高。

（2）每个变电所需要两台平衡补偿装置，尽管两台平衡补偿装置可以相对独立控制，但二者相互影响，所以三相平衡的效果不够理想。

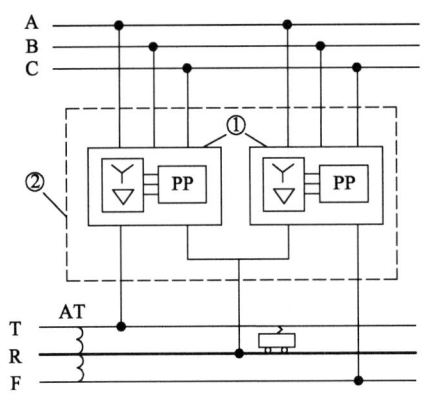 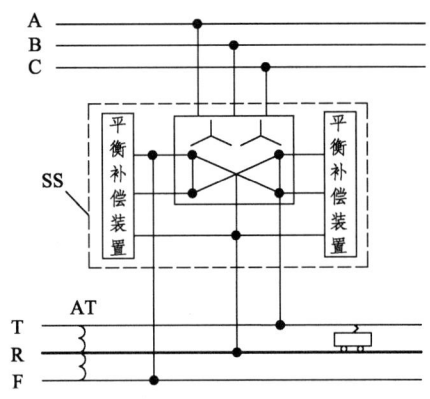

（a）两 BT 变电所并联接线方式　　　　（b）YN,d11 接线十字交叉级联方式

图 3.3　同相 AT 牵引变电所两同相 BT 级联式接线

（3）尽管系统所用变压器和平衡补偿装置的数量是 BT 方式的两倍，但供电的可靠性并不会因此而增加。因为如果某一变压器故障，AT 牵引网正常供电就都将受到影响。

这两种变电所结构所需要的变压器和平衡变换装置数量多、成本高、接线复杂，且可靠性不高，故同相 AT 牵引供电系统一般不采用这种构建方案。

3.2.2 "V" 接线

1. "V" 接线牵引变电所的特点

V,v 接线是牵引变电所主要接线方式之一，国内外电气化铁道有不少变电所采用了这种接线方式。对于 AT 供电方式牵引供电系统，采用 V,v（包括 V,x、V,y）接线方式具有一定的优势，这主要是因为 V,v 接线牵引变电所具有以下特点[1]：

（1）牵引变压器容量利用率高，满负荷时可达 100%；而 Y,d11 接线牵引变电所变压器利用率低，在满负荷时利用率仅有 75.6%。

（2）变电所投资少，这主要是因为 V,v 接线变压器造价低决定的。尤其是对于 AT 供电方式的牵引供电系统，变电所投资少这一特点更为突出，如采用三相 YN,d11 双绕组十字交叉接线或平衡变十字交叉接线，至少需要两台工作变压器；而采用三相 V,v 接线（两台单相变压器器身安装于同一油箱内组成）只需要一台工作变压器；采用三相三绕组 YN,d11,d1 十字交叉接线或斯科特接线变压器，变压器的造价远高于 V,v 接线变压器。

（3）变电所接线简单，检修维护方便，尤其是采用三相 V,v 接线，不但保持了单相 V,v 接线主要优点，而且克服了单相 V,v 接线的缺点。

正因为 V,v 接线这些优点，我国高铁和客运专线采用了这种接线方式。V,v 接线的主要缺点是对三相系统不平衡的影响程度大，这使其广泛应用受到了限制。表 3.1 示出了系统电流不对称度与牵引变电所的接线方式、供电臂负荷状况之间的关系，其中，K_I = 负序电流/正序电流，为电流不对称系数；n 表示供电臂负荷状况，当 $n = 1$ 时表示两供电臂负荷大小相等，$n = 0$ 时仅一个供电臂有负荷。从表中可以看出，当两个臂负荷完全相同时，采用平衡变换的变压器可以实现三相完全平衡，而采用 V,v 接线时，电流不对称程度仍很严重。

表 3.1 电流不对称度与接线方式、负荷状况的关系

接线方式		单相接线	V,v 接线	Y,d11 接线	平衡变接线
K_I	$n=1$	100	50	50	0
	$n=0$	100	100	100	100

因此，如果能够消除 V,v 接线引起的系统不平衡，则基于 V,v 接线实现同相供电系统方案具有一定的应用前景。

2．"V"接线同相牵引变电所[56]

1）V,y 接线方案

V,y 接线是 V,v 接线的特殊形式。在 V,v 接线基础上，一个次边绕组中点引出即可构成 V,y 接线。V,y 接线的两个次边绕组：一个带中抽头，另一个可带也可不带中抽头。有中点抽头的次边绕组接牵引网母线，向牵引负荷供电，该绕组的一个端子接接触线 T 母线，中抽头接钢轨 R，与另一次边绕组相连的公共端子接负馈线 F 母线；另一个变压器次边绕组端口与平衡补偿装置相连。牵引变电所接线方式如图 3.4 所示，其中，ab 端口接负载，称为负载端口，bc 端口接平衡补偿装置，称为补偿端口。

由于 V,y 接线特殊性，可以将 V,y 接线变压器视为一个整体，就像 V,v 接线一样，可以由一台三相 V,v 变压器构成；也可以由两个单相变压器构成。如果 V,y 接线变压器视为一个整体，即由一台三相 V,v 变压器构成，这时平衡补偿装置是嵌入在补偿端口与负荷端口之间，所以属于嵌入式类型结构；而如果 V,y 接线是由两个独立的单相变压器连接而成，可以把其中接负荷的一个单相变压器视为主变压器，另一个视为补偿变压器，补偿与供电关系上是相互独立的，所以这属于独立双边式结构类型。从原理与结构上讲与前述单-单 V 接线完全相同，由于补偿变压器仅用于补偿，那么补偿端口电压可根据平衡补偿装置需要确定，补偿端口电压可以与补偿装置变流器直接匹配，这样可以省去一级匹配变压器。

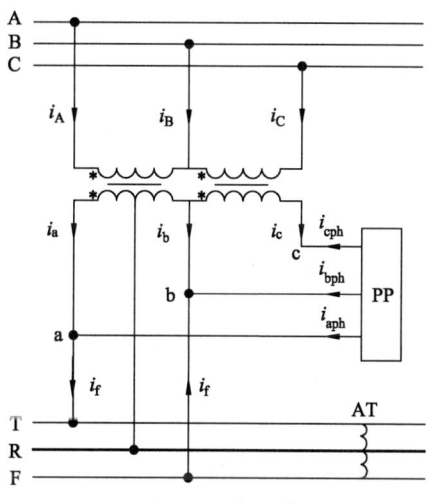

图 3.4 V,y 接线同相 AT 牵引变电所

该方案的特点是：

（1）变压器造价低，工作变压器数量少。系统投资比三相 YN,d11 十字交叉接线方式少，且便于维护。

（2）平衡补偿装置的变流器可根据补偿要求选用三相三桥臂变流器；通过对平衡补偿装置适当控制，能够实现三相平衡变换，并能动态补偿谐波和无功；补偿电流检测方法以及平衡补偿装置的控制方法相对简单。

（3）当平衡补偿装置故障时，系统将变成单相接线，无法补偿谐波和无功，但供电仍能继续运行，通信防护效果不变。

（4）若 V,y 接线采用两台单相变压器构成，那么补偿变压器故障时，仍能保证供电，并仍具备原有的通信防护效果，所以供电可靠性较高。但由于此时变电所变为纯单相接线形式，所以系统的平衡条件被打破。补偿变压器端口电压可以直接与平衡补偿装置变流器电压匹配，从而省去一级匹配变压器。

2）V,x 接线方案

V,x 接线是当前 AT 供电方式最常用的一种，也是 V,v 接线的特殊形式，变压器原边仍采用 V 接，两次边绕组中点引出并相连，形成 x 接，如图 3.5 所示。V,x 接线同相 AT 牵引变电所与 V,y 接线同相 AT 牵引变电所，除变压器次边绕组连接方式不同外，在供电性能上也略有差异：由于 V,x 接线两端口都有中抽头，所以若 V,x 接线采用两个单相变压器结构时，两变压器可以方便地进行互换运行，当任何一个变压器故障时，都能保证系统正常供电和牵引网的通信防护能力，供电可靠性高。但是如此一来，补偿端口电压必须与负荷端口电压保持一致，有可能造成补偿端口电压与平衡补偿装置变流器电压不匹配，就需要增加匹配变压器，从而增加了成本。平衡补偿装置的变流器可以采用三桥臂结构。

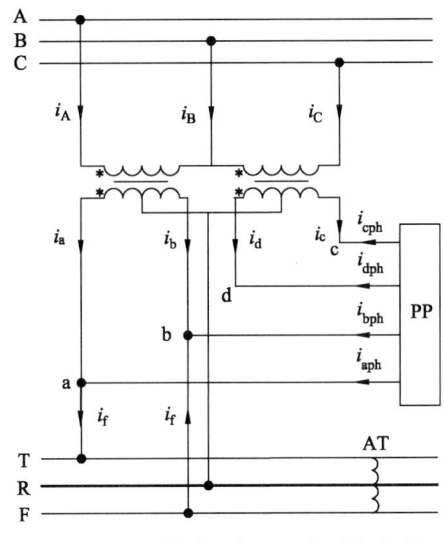

图 3.5 V,x 接线同相 AT 牵引变电所

3）V,v 接线方案

V,v 接线的两个次边绕组电压是 27.5 kV，两个次边绕组的公共端子接钢轨，另外两个端子分别接接触线和平衡补偿装置。平衡补偿装置有一端子接负馈线，如图 3.6 所示。与 V,y 或 V,x 接线相同，通过对平衡补偿装置控制，能够实现三相平衡变换，并能动态补偿谐波和无功。这种接线方式同样具有变压器造价低、投资少的特点，除此之外还有：

（1）平衡补偿装置需采用三相四桥臂变流器实现；平衡补偿装置的控制方法相对较复杂。

（2）当平衡补偿装置故障时，仍能继续供电，但三相严重不平衡，同时无法补偿谐波和无功，由于无法对负馈线供电，故不再有 AT 方式的通信防护效果。

（3）V,v 接线可以由三相 V,v 接线变压器构成，也可以由两个单相变压器构成。如果采用两台单相变压器结构，则一台故障，就变成纯单相直供方式，此时牵引网将失去通信防护能力，系统也将失去平衡补偿能力。

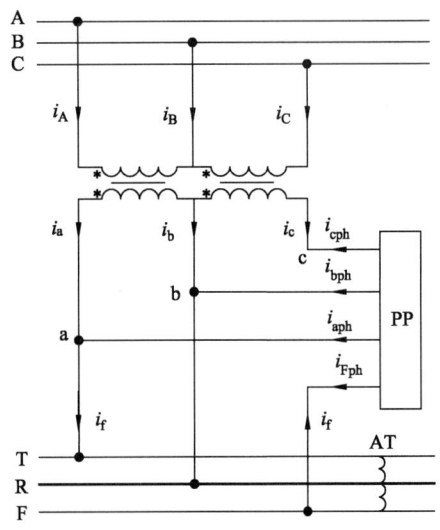

图 3.6 V,v 接线同相 AT 牵引变电所

综上所述，由于 AT 方式 V,v 接线同相供电方案，

平衡补偿装置的结构和控制方法相对较复杂，且平衡补偿装置故障后将失去通信防护能力。因此对于 AT 方式不宜采用这种供电方案。V,y 接线与 V,x 接线同相 AT 牵引供电系统，都能满足供电与补偿的可靠性和技术性能要求。综合比较，V,y 接线更经济也更灵活。

所有"V"接线的负荷端口电压与补偿端口电压相位相差总是 120°，所以"V"接线属于 120° 接线类型。

3.2.3 "Y"接线

"Y"线的同相 AT 牵引供电系统是指由 YN,d11 接线、阻抗匹配接线等原边绕组为"Y"接线的变压器构成的同相 AT 牵引供电系统[57,58]。前述的基于"V"接线的同相 AT 牵引供电系统，具有结构简单、造价低、运行维护方便等特点。但是这种接线原边无法提供中性接地点，当电力系统对接地有严格要求时，则不能采用这种接线方式。而原边绕组为"Y"接的变压器，能够提供中性接地点，可以克服无中性接地点带来的问题。构成"Y"接线的变压器可以是 YN,d11 接变压器和阻抗匹配平衡变压器，也可以是新型三相变四相平衡变压器。YN,d11 接变压器和阻抗匹配平衡变压器是我国电气化铁道最常用的接线方式，因此研究这种接线方式的同相 AT 牵引供电系统具有重要意义。新型三相变四相平衡变压器不但具有平衡变压器的优点，而且原次边中性点都能方便接地，将其应用于同相 AT 牵引供电系统，能够充分发挥其优势，所以也非常值得研究。由于新型三相变四相平衡变压器结构特殊，故在另一节介绍。基于 YN,d11 接线变压器构成的同相 AT 牵引供电系统与基于阻抗匹配平衡变压器构成的同相 AT 牵引供电系统，二者结构原理基本相同。下面以 YN,d11 接线变压器为例，说明"Y"接线同相 AT 牵引供电系统结构及其特点。

1. 十字交叉接线

十字交叉接线是在原十字交叉接线的基础上，加平衡补偿装置实现，如图 3.7 所示，它由两台变比为 110 kV/27.5 kV 的双绕组 YN,d11 接线变压器（也可由一台三绕组 YN,d11,d1 接线变压器）构成，次边十字交叉接线。十字交叉接线形成的一组 55 kV 两端子 a、b 分别接接触线 T 和负馈线 F 母线，而另一组 55 kV 两端子 c、d 分别通过平衡补偿装置接于同一接触线 T 和负馈线 F 母线，十字交叉点即中点接钢轨。从原理上讲，平衡补偿装置的变流器可以由两个"背对背"的单相变流器构成，也可以由三相三桥臂变流器构成，还可以由三相四桥臂变流器构成，需根据技术经济性能选定。各变电所接线方式完全相同，都能输出相同相位的电压，不再换相连接，取消了分相绝缘器，实现了各供电区段同相供电。

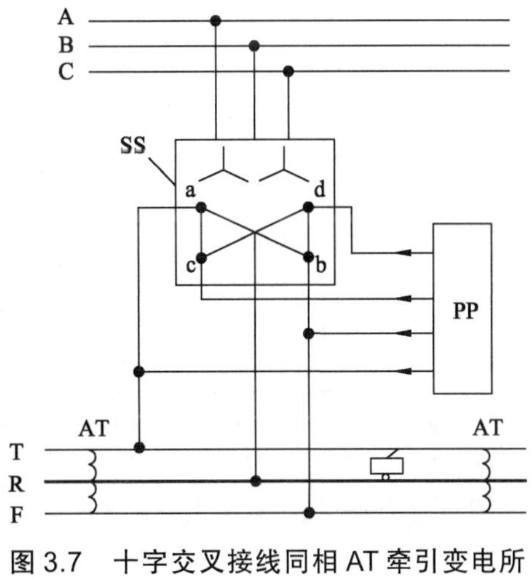

图 3.7 十字交叉接线同相 AT 牵引变电所

该方案的优点是：

（1）当平衡补偿装置故障时，不影响正常供电，且仍保持了原来的通信防护效果。

（2）每个变电所仅需要一台平衡补偿装置，比两 BT 级联式同相 AT 牵引变电所结构简单、易控制。

该方案缺点是每个变电所需要两台工作变压器（或一台三绕组变压器），变压器数量多、接线复杂、成本高。尽管采用了两台变压器（或一台三绕组变压器），当任何一台变压器故障时，系统正常运行状态被打破，所以供电的可靠性不会因为变压器数量多而提高。

十字交叉接线如果是采用 YN,d11 接线实现，则负荷端口（对应图 3.7 中 ab 端口）与补偿端口（对应图 3.7 中 cd 端口）电压相位差为 120°，属于 120° 接线类型；而如果采用阻抗匹配变压器，则两个端口接线角正好相差 90°，属于 90° 接线类型。

2．单台变压器式接线

对于 AT 供电方式牵引变电所，若采用 YN,d11 接线变压器构成时，通常需要两台三相双绕组变压器或一台三相三绕组变压器，接成十字交叉接线。若能采用一台三相双绕组变压器构成，势必会降低变电所复杂程度，减少成本，方便维护。结合平衡补偿装置，可以采用一台变压器构建同相 AT 牵引供电系统。由单台 YN,d11 变压器构建的同相 AT 牵引供电系统主要有两种：一种是采用一台 110 kV/55 kV 的 YN,d11 接变压器构成，简称单台 YN,d11-55 接线；另一种是采用一台 110 kV/27.5 kV 的 YN,d11 接变压器构成，简称单台 YN,d11-275 接线。

1）单台 55 kV 同相 AT 牵引变电所

单台 55 kV 同相 AT 牵引变电所由一台变比为 110 kV/55 kV 的双绕组 YN,d11 接线变压器和一台平衡补偿装置构成，如图 3.8（a）所示。

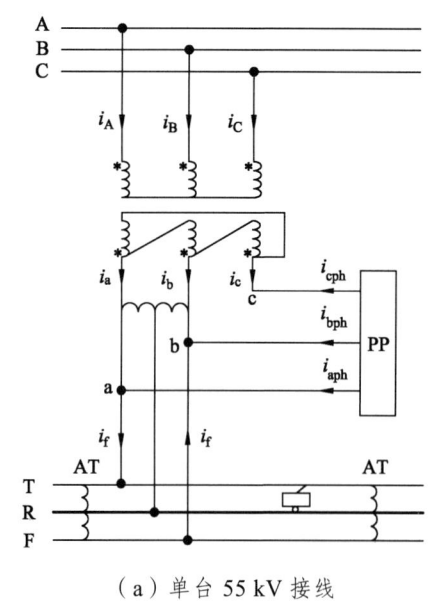 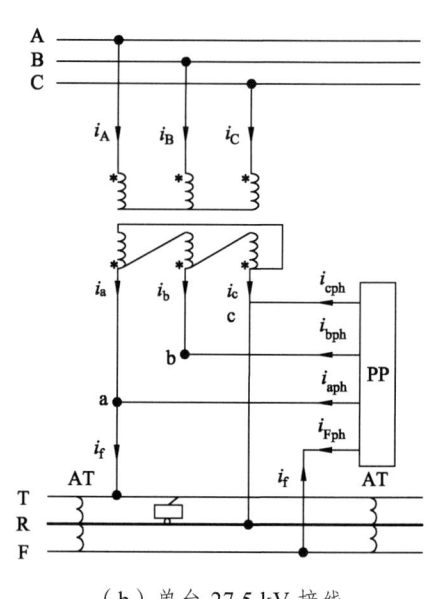

（a）单台 55 kV 接线　　　　　　　（b）单台 27.5 kV 接线

图 3.8　单台变压器式同相 AT 牵引变电所

这种供电方案的特点是：

（1）变电所仅需一台（工作）变压器和一台平衡补偿装置，与十字交叉接线相比，接线简单，投资少，维护方便。

（2）平衡补偿装置可由三相三桥臂变流器构成。

（3）需要一台自耦变压器，以便引出中抽头接钢轨。

（4）变压器需要特制，因为在我国没有 110 kV/55 kV 的 YN,d11 接线变压器。

（5）当平衡补偿装置故障时，不影响正常供电，但系统将失去平衡补偿能力。

2）单台 27.5 kV 同相 AT 牵引变电所

单台 27.5 kV 同相 AT 牵引变电所由一台变比为 110 kV/27.5 kV 的双绕组 YN,d11 接线变压器和一台平衡补偿装置构成，如图 3.8（b）所示。同样，通过对平衡补偿装置适当控制，能够使各变电所输出同相位的电压，取消分相绝缘器，实现同相供电，并能达到三相完全平衡，同时滤除谐波和无功。

该方案的特点是：

（1）每个变电所仅需要一台（双绕组）工作变压器和一台平衡补偿装置，接线简单，投资少，维护方便。

（2）当平衡补偿装置故障时，系统变为无通信防护能力的简单直供方式，但仍能继续供电。

（3）因为只需要一台平衡补偿装置，同时由于变流器的四个桥臂协调控制、共同作用，可以减小开关频率，达到很好的平衡与补偿效果。

（4）不需要自耦变压器，也不需要特制变压器，这一点优于单台-55 接线。

该方案的主要缺点是：

（1）平衡补偿装置主要由四桥臂变流器构成，其控制方法相对较复杂，平衡补偿装置桥臂电流不均衡，导致实际需要的变流器容量增大，成本增高。

（2）当平衡补偿装置故障时，虽能保证供电，但牵引网失去了通信防护能力。

综上所述，采用单台变压器式同相供电系统，可节省变压器，接线简单，与两台变压器式相比优势较突出。YN,d11-275 接线还具有省自耦变压器、工作可靠、平衡补偿效果好等优点。

单台 YN,d11-55 接线负荷端口［对应图 3.8（a）ab 端口］与补偿端口［对应图 3.8（a）bc 端口］电压相位差为 120°，属于 120° 接线类型。而单台 YN,d11-275 接线两个端口电压相位也有 120° 之差，但变流器的结构与 120° 和 90° 接线不同，且各端口在补偿与供电的功能上相互交织，情况较特殊，因此把它归为特殊接线类型。

3.2.4 平衡变压器接线

1. 常规接线

基于三相变四相变压器的同相 AT 牵引变电所原理接线[59]，如图 3.9 所示，它与原系统接线（见图 1.16）方式的不同点是：b、d 两相不再接另一供电臂，而是直接接平衡补偿装置（PP），再通过平衡补偿装置接 a、c 相。

第3章 同相 AT 牵引供电系统

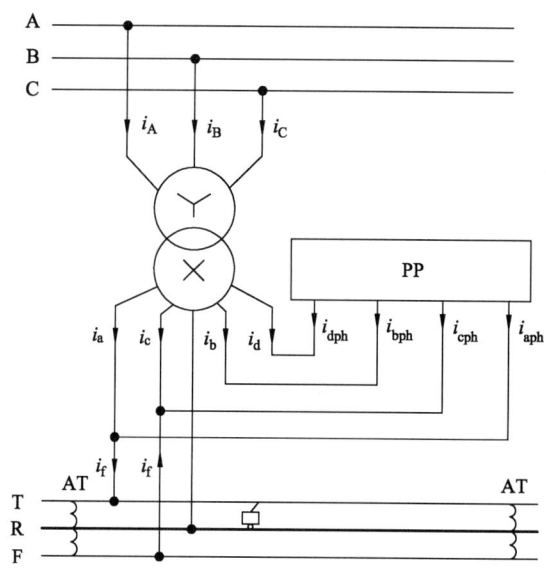

图 3.9 三相变四相 AT 牵引变电所

基于 Scott 变压器的同相 AT 牵引变电所原理接线[60]，如图 3.10 所示。与基于三相变四相变压器的同相 AT 牵引变电所接线相同，M 座端口直接接牵引网，T 座接平衡补偿装置，再由平衡补偿装置与 M 座端口相连。

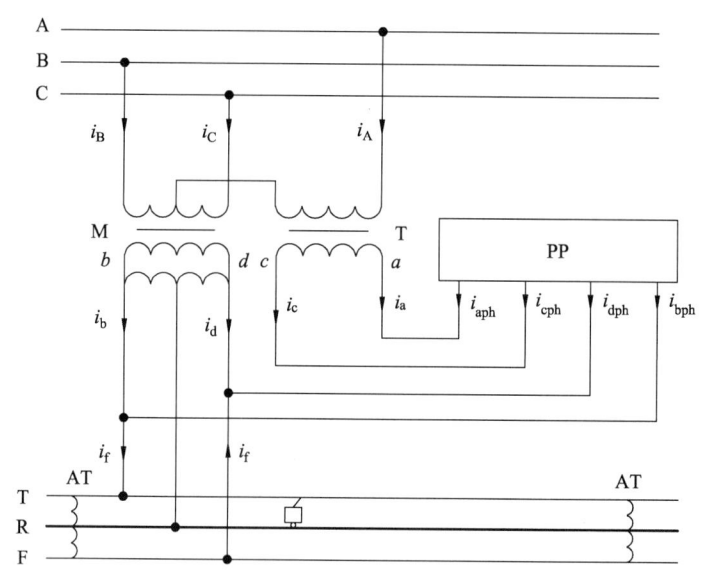

图 3.10 Scott 接线同相 AT 牵引变电所

基于三相变四相变压器的同相 AT 牵引供电系统与基于 Scott 变压器的同相 AT 牵引供电系统，两者的共同点是：都能够达到同相供电的目的，并能完全消除系统三相不平衡，同时滤除谐波和补偿无功；在结构上也基本相同，平衡补偿装置变流器部分可采用两"背对背"的单相变流器结构。它们的不同点主要是：

（1）三相变四相变压器原边中性点可以方便接地，而 Scott 变压器原边无中性接地点，因此基于 Scott 变压器构成的同相 AT 牵引供电系统，仅使用于系统不要求有中性点接地的场合。

（2）三相变四相变压器次边自带中抽头，所以由该变压器构成的同相 AT 供电系统，变压器的两个输出端口不需要接自耦变压器；而 Scott 变压器次边两绕组皆无中点抽头，因此，变压器输出端口处必须安装一台带中抽头的自耦变压器（考虑同相供电实际需要，补偿端口处可省一台自耦变）。故采用三相变四相变压器构成的同相 AT 供电系统，可以节省自耦变压器。

从以上两点来看，与 Scott 变压器同相 AT 牵引供电系统相比，三相变四相变压器同相 AT 牵引供电系统技术优势是明显的。

2．Scott-275 接线

图 3.10 所示的 Scott 变压器变比一般为 110 kV/55 kV，次边电压为 55 kV。与 YN,d11 接线相似，如果 Scott 变压器变比为 110 kV/27.5 kV，则可以构成 Scott-275 接线同相牵引变电所，如图 3.11 所示，图中平衡补偿装置 PP 相当于交直交变流器。

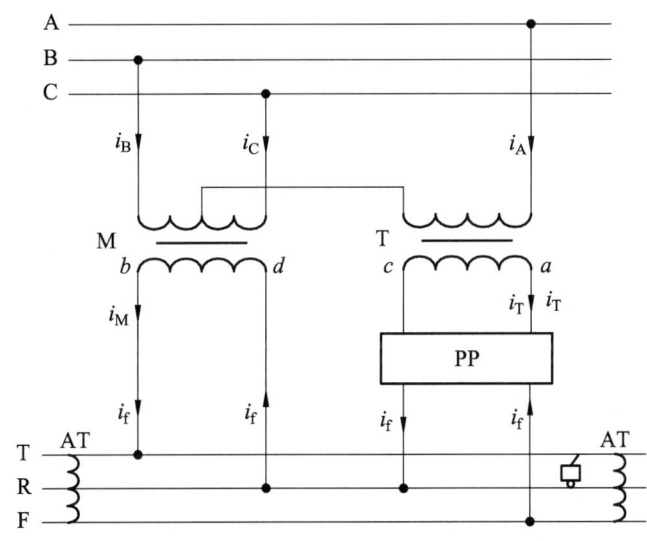

图 3.11 Scott-275 接线同相 AT 牵引变电

我们知道，当 Scott 变压器次边两电流 $\dot{I}_M$ 与 $\dot{I}_T$ 大小相等、相位相差 90° 时，原边三相电流完全对称。因此，通过控制平衡补偿装置即交直交变流器，让 Scott 变压器的 M 座和 T 座各承担一半负荷，使 Scott 变压器次边两电流大小相等、相位互差 90°，从而实现三相平衡。同时，由于 M 座和 T 座两边电流相等，使流过馈线（T）和回流线（F）中的电流大小相等、方向相反，保证了 AT 牵引网的通信防护功能。

这种接线优点是不需要安装带中间轴头的自耦变压器。当平衡补偿系统（如图 3.11 中 PP）发生故障时，尽管不影响负荷的正常供电，但 AT 牵引网的通信防护能力消失。

M 座和 T 座也可以由两台单相变压器实现，其功能与实际效果理论上与 Scott 变压器相同。

3. 不等边 Scott 接线

从原理上讲，Scott 变压器可以看作由两个相对独立的单相变压器构成，因此可以根据需要构成不等边 Scott 变压器。当前由于平衡补偿装置的变流器还不能承受过高电压，所以平衡补偿装置需要通过匹配变压器与牵引系统相连，而匹配变压器价格昂贵。若采用不等边 Scott 变压器，并使 T 座变压器补偿端口电压直接匹配平衡补偿装置变流器的电压，就可以减少一级匹配变压器，降低成本。当然，用两台单相变压器也能达到同样的效果[41]。

随着电力电子器件技术和水平的发展，MMC 模块化技术不断完善，完全有可能出现能够直接承受牵引系统高电压和大容量的变流器，由此构成的平衡补偿装置不再需要匹配变压器，也就没有必要采用不等边 Scott 变压器了。

3.3 平衡补偿装置

3.3.1 平衡补偿装置的基本结构

平衡补偿装置必须与同相牵引供电系统接线方式相匹配，因此平衡补偿装置的结构与同相牵引供电系统的接线方式有关，不同的接线方式所提供的接线端口电压相位不同，则平衡补偿装置的结构不同。根据连接负荷端口（称为负荷端口）和未连接负荷的端口（称为非负荷端口）的电压的相位差，可分为两端口接线角相差 90°、两端口接线角相差 120° 和单台 YN,d11-275 接线三种基本结构。

1. 两端口接线角相差 90° 的系统

由 Scott 变压器、阻抗匹配平衡变压器、三相变四相平衡变压器等构成的同相供电系统，两端口接线角之差为 90°，一般采用由两个单相变流器构成的平衡补偿装置，如图 3.12 所示[50]，它是由两单相变流器公用一套直流电源"背对背"连接而成，由于同相供电不需要平衡补偿装置输出有功功率，所以变流器的直流电源电压是由电容提供，由于电容容量相对较大，所以通常可认为其直流电压相对恒定。图中，①和⑤为匹配变压器，可根据需要设置或取消；②和④为滤波电感，主要用于增加变流器输出电流的光滑程度，限制输出电流脉动的幅度，滤除基于开关频率的特征谐波；③为交直交单相变流器主电路（简称为 ADA），它是由两个全桥单相变流器背对背连接而成。若将图 3.12 中的 a、c 与 b、d 端子对应接图 3.9 三相变四相变压器接线的 a、c 与 b、d 相，或对应接图 3.10 Scott 接线的 M 座端口和 T 座端口，或对应接阻抗匹配变压器接线的 α 相端口和 β 相端口，或按照图 3.11 接线，a、c 端子对应接 a、c 相，b、d 端子分别接钢轨和负馈线（回流线），则可以完全实现平衡变换与补偿的目的。

分析可知，在完全补偿时，其中一个单相变流器只承担 1/2 的负载有功功率，另一个单相变流器承担的功率为 1/2 的负载有功功率、全部负载无功功率和谐波功率三者之总和，这相当于 1/2 的负载有功功率从 bd 端口（非负荷端口）流进，从 ac 端口（负荷端口）流出。每一个单相变流器的两个桥臂电流总是均衡的。

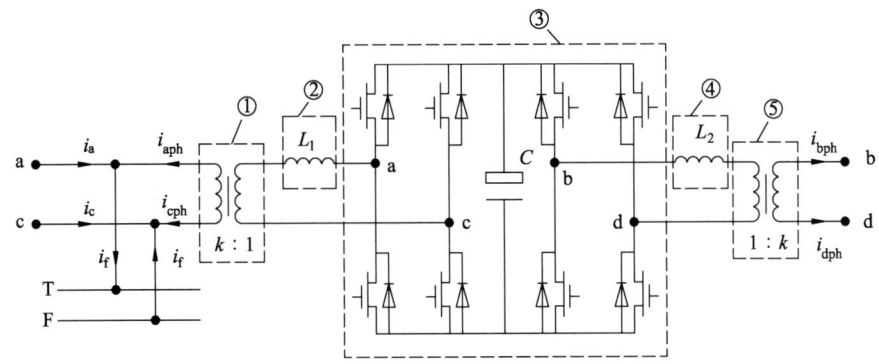

图 3.12 两单相变流器结构

对于两端口接线角之差为 90°的系统若采用三相三桥臂变流器结构时，则三桥臂电流不均衡，相当于两个单相变流器控制方式不变，但共用一个桥臂，构成三桥臂，根据 90°接线系统的两端口电流关系，可知共用桥臂电流和容量相应增加 $\sqrt{2}$ 倍，而变流器总容量将减小约 15%。

2．两端口接线角相差 120°的系统

由 YN,d11 接线变压器、"V"形接线变压器等构成的同相供电系统，两端口接线角之差为 120°，当仅补偿负序时，三相电流对称，所以可采用三桥臂变流器结构。由于这种系统中的 V,x 接线次边有四个端子，而 YN,d11 接线、V,v 接线和 V,y 接线次边有三个端子，所以平衡补偿装置也应有两种接入方式：一种通过两个单相变压器接入系统，可用于 V,x 接线系统，如图 3.13（a）所示；另一种通过 Y,y 变压器接入系统，主要用于 YN,d11、V,y 接线系统，如图 3.13（b）所示。图 3.13（a）和图 3.13（b）中，①为匹配变压器，同样可根据需要设置或取消；②为滤波电感；③为三相半桥变流器主电路（简称为 THBI）。图 3.13（a）和（b）分别按图 3.5 和图 3.8（a）接线，即图中端子标号对应接入相应的相别，并分别按 2.3 节所述的平衡补偿原理，控制平衡补偿装置的输出电流，则可以实现同相供电平衡补偿目标。

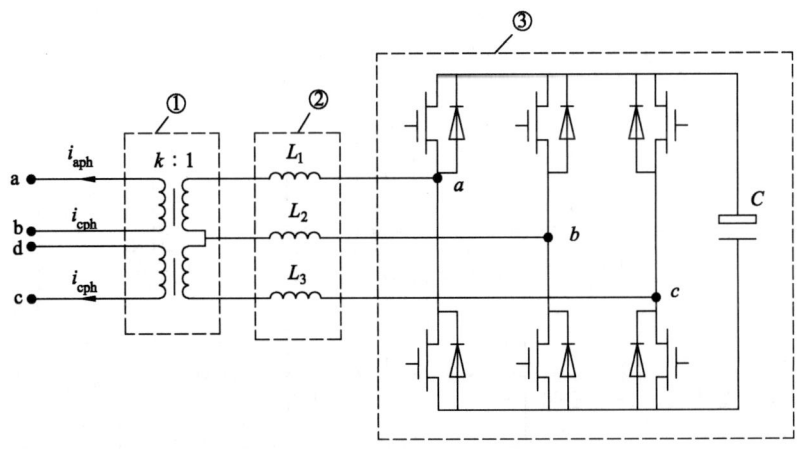

（a）三桥四端子结构

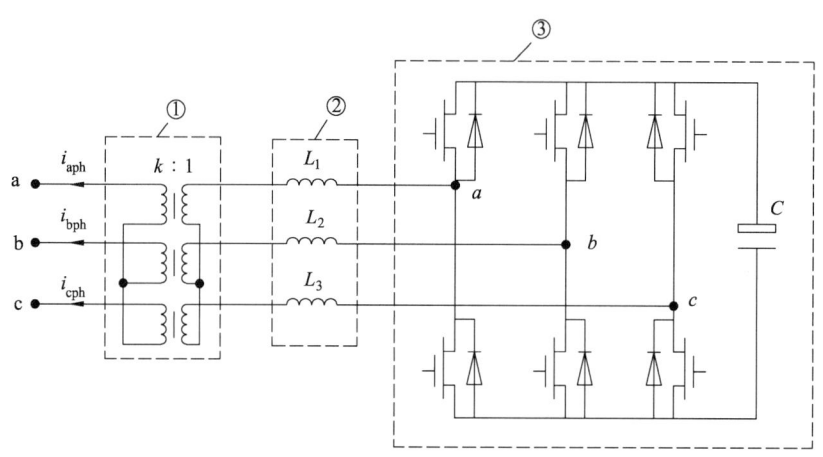

(b)三桥三端子结构

图 3.13 三桥臂结构平衡补偿装置

当系统没有无功和谐波电流时,或者说是平衡补偿装置仅补偿负序时,如式(2.21)所示,平衡补偿装置的三相桥臂电流是均衡的;而当系统中存在无功和谐波电流时,三相桥臂电流不均衡。

两端口接线角之差为 120°的系统若采用两单相变流器结构,也能达到平衡变换和补偿的目的,并可以使单相变流器的桥臂电流相对均衡,但是平衡补偿装置变流器需要增加一个桥臂,仅补偿负序时,平衡补偿装置的总容量相应增加约 15%。

3．单台 YN,d11-275 接线系统

对于单台 YN,d11-275 接线系统,由于其结构过于特殊,若采用两单相变流器结构或三相三桥臂结构,则无法实现三相平衡变换与补偿。根据平衡补偿的目标,要达到平衡变换与补偿的目的可以采用四桥臂变流器结构,如图 3.14 所示,其中,①为匹配变压器,可根据变流器的要求设置和取消;②、④为滤波电感;③为四桥变流器(简称为 FHBI)。图中标有 a、b、c 和 F 端子分别接入图 3.8(b)单台 YN,d11-275 接线的 a、b、c 相和负馈线 F。按照 2.3 节所述的平衡补偿原理,控制平衡补偿装置的输出电流,即可完全实现最优补偿的目的。

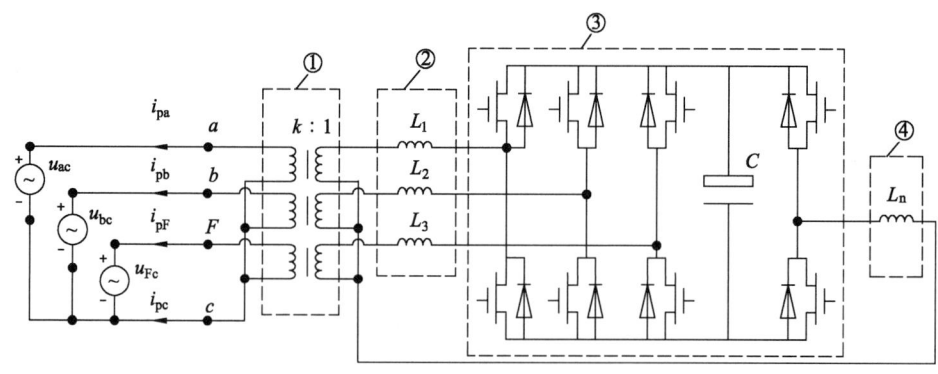

图 3.14 四桥臂结构平衡补偿装置

3.3.2 大容量平衡补偿装置

电气化铁道同相牵引供电系统补偿容量大、电压高，补偿容量的大小主要由变电所容量、负载容量和补偿目标决定，如果完全补偿时，补偿容量高达几十兆伏安。所以电气化铁道同相牵引供电系统需要采用大容量的平衡补偿装置，而平衡补偿装置的容量主要取决于变流器的容量和耐压水平。目前开关器件尤其是全控型开关器件的容量有限，而且容量越大器件的工作频率越低，因而单一的变流器很难满足电气化铁道同相牵引供电系统对变流器大容量的需求。开关器件直接串联或并联是变流器最直接而有效的一种扩容方式，但是，由于开关管在性能和参数方面总有差异，并联或串联的各开关器件之间几乎必然存在静态和动态均压均流问题，需要增设均压均流电路，从而导致系统复杂化、损耗增加、效率下降。当前高电压大容量变流器一般是通过多重化和多电平技术实现[61-63]。多重化和多电平技术不但可以增大变流器的容量，而且可以降低电压应力 du/dt 和输出电压中的谐波，提高补偿性能，能使开关器件工作在低压低频状态、减小电磁干扰、降低开关损耗。

1．变流器并联多重化

当一台变流器的容量不够时，可通过并联来增加变流器的容量。多个变流器的并联可通过两种方式实现：一是各基本单元变流器经变压器后再并联；二是各基本单元变流器串电抗器后再并联。为了简化电路、降低成本，一般都采用串联电抗器并联方式。N 个基本单元通过电抗器并联多重化的结构如图 3.15 所示。图中的各基本单元采用 PWM 变流器模块，一般是两电平或三电平单相全桥变流器。各单元 PWM 模块的直流电压相同，并采用同一个正弦调制波进行调制，而三角载波初相角依次相移（单极性调制）$2\pi/N$，也就是第一个单元三角载波的初相角为 $0°$，第 2 个、第 3 个……第 N 个单元的初相角依次为 $(2-1)2\pi/N$、$(3-1)2\pi/N$、…、$(N-1)2\pi/N$。这样一来，各个模块输出的基波电压相同，并可使系统对单个 PWM 模块容量及开关频率要求大大降低，可以消除部分谐波。并联的个数 N 与补偿容量有关，N 越大则并联后输出容量也越大。从波形质量来讲，并联个数 N 不受限制，因为每一个基本单元都是 PWM 变流器，经调制后各单元输出电压波形，与目标电压接近，如果能够对多个 PWM 变流器进行合理控制，就可以使并联后输出电压波形质量进一步得到改善。

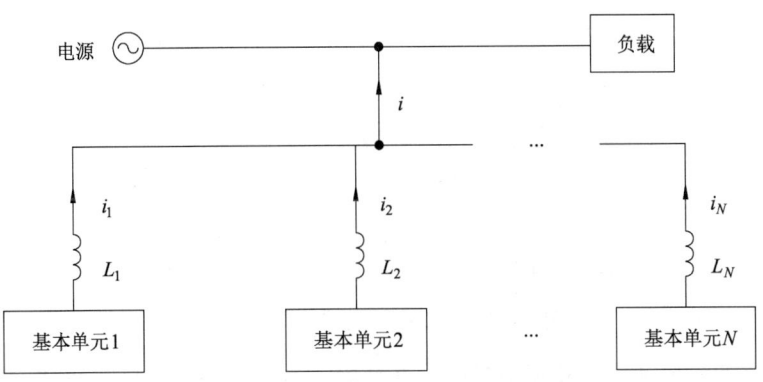

图 3.15　并联多重化大容量变流器

第 3 章 同相 AT 牵引供电系统

图 3.16 为 N 个交直交变流器（ADA）并联构成的大容量变流器，可用于两相 90° 接线平衡补偿系统。补偿负序时功率将从非负荷端口流向负荷端口，同时穿越交直交变流器。所以，两个单相全桥变流器总是以直流侧电容为界，成对出现在电容的两侧，并且背对背的两个变流器必须按照交直交变流器模式同步控制，同时投入或退出。

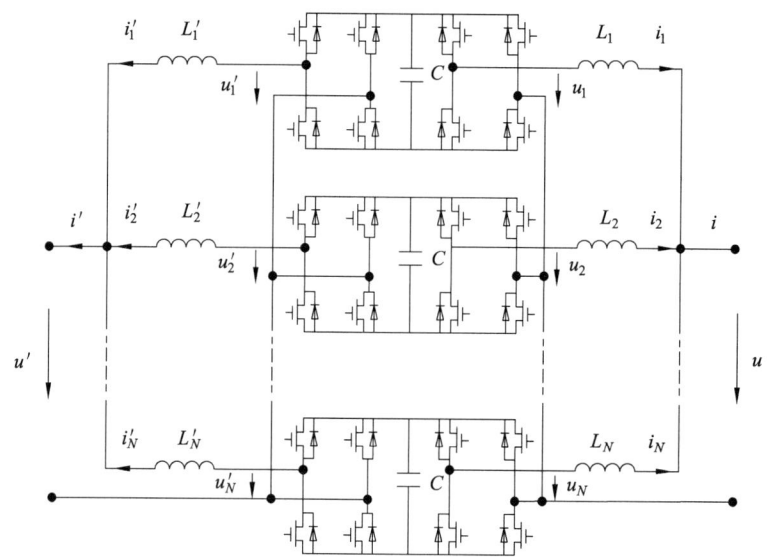

图 3.16　多个 ADA 并联大容量变流器

图 3.17 是 N 个三相半桥变流器（THBI）并联而成的大容量变流器，可用于三相 120° 接线平衡补偿系统。

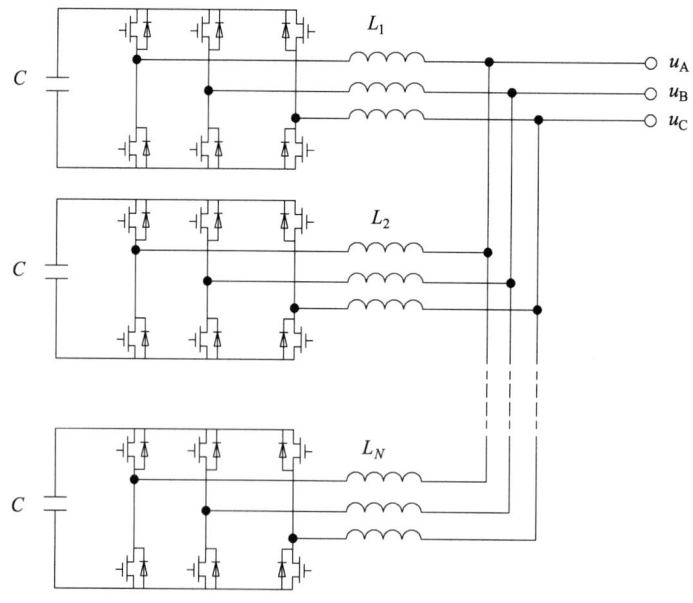

图 3.17　THBI 并联大容量变流器

并联多重化的主要缺点是变流器之间存在环流，有变压器的并联多重化，即便是变压器空载时一样也存在环流。各单元串入电感的主要作用就是抑制环流，调整电感大小可以控制环流大小。串入电感还可以减小输出电压纹波。环流的形成也与控制策略有关，改善控制策略可以减小环流。

2．变流器串联多重化

多个变流器串联的方式有两种：一种是通过输出变压器串联连接，通常把这种连接方式称为串联多重化；另一种是变流器直接串联，一般是由多个单相全桥变流器直接串联，为了与变压器串联方式相区别，称为多电平变流器级联。多个变流器串联不仅可以提高输出电压、增大变流器容量，还可以改善输出电压波形。

图 3.18 是 N 个变流器串联多重化原理框图。各基本单元多采用单相全桥变流器，图中 T_1、T_2、$\cdots$、T_N 为单相变压器。如果 u_1、u_2、$\cdots$、u_N 分别代表各基本单元经变压器后的输出电压，那么串联后总输出电压 $u = \sum_{i=1}^{N} u_i$。假定各单元输出基波电压相同，且基波幅值为 U_m，那么总输出电压基波幅值最高可达 NU_m。所以在直流电压和开关管承受电压不变的前提下，增加串联变流器个数，可以提高输出电压，增大输出容量；反之，在同样输出电压幅值的前提下，串联变流器个数越多，开关管所承受的电压越小。

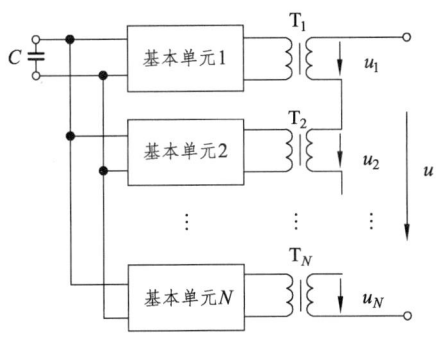

图 3.18 串联多重化扩容原理框图

基本单元可以是方波变流器也可以是 PWM 变流器。利用方波逆变器构成的串联多重化，输出电压的波形质量以及逼近目标电压的程度，受串联单元的个数 N 影响很大。当串联的方波逆变器基本单元个数较少时，输出电压波形质量变差，无法逼近目标电压。为此，实际中都是将多重化技术与 PWM 调制技术相结合来增加变流器的容量和改善输出电压波形的质量。由于每个 PWM 变流器通过调制，输出电压波形可以逼近目标波形，所以以 PWM 变流器模块为基本单元可以更加灵活方便地组合，不受串联单元个数限制。为保证输出效率和波形质量，要求每个 PWM 变流器输出基波电压应同相位，并同时通过合理控制尽可能削弱谐波。这可以通过控制载波移相来实现，也就是各变流器基本单元用相同的正弦调制波，而各单元载波三角波初相角依次相差 $2\pi/N$，第 i 个单元载波三角波初相角应为 $2\pi(i-1)/N$。

并联结构容易出现环流，而串联结构不存在环流，因此，串联扩容的方式在实际中应用很广泛。在同相牵引供电系统中，由于补偿容量很大，采用变压器串联方式会大大增加系统的成本，所以人们越来越倾向于采用多电平级联模式。

3. 多电平技术

多电平是相对于两电平而言的，通过多个开关管的组合和对开关管通断的控制，在直流电压不变的情况下，使变流器可以输出多个电平。这一方面由于输出电平数增加，输出波形阶梯增多，可更加逼近期望的输出波形，再加以 PWM 精确控制，可以极大地提高输出电压波形质量；另一方面在同样输出电压条件下，降低了每一个开关管所承受的最高电压，反之，在开关管所承受的最大电压不变的前提下，可以提高输出电压，增大输出容量。

多电平逆变器可以通过钳位式多电平技术和级联式多电平技术实现，如图 3.19 所示。

钳位式多电平逆变器是将若干直流电压源直接串联通过开关切换输出多个电平的交流电压，如图 3.19（a）所示，其中 $E_1 \sim E_N$ 代表一个直流电源分为 N 个电压等级；虚框部分是逆变器等效模型，相当于一个多路开关，实际是由功率开关器件网络构成的，不同的开关状态代表接到不同的节点，在开关的作用下逆变器输出多种电压等级。输出多电平的原理非常简单，当开关 S 分别合于 V_0、V_1、V_2、$\cdots$、V_N 时，逆变器输出电压分别为 $u = 0$、$u = E_1$、$u = E_1 + E_2$、$\cdots$、$u = E_1 + E_2 + \cdots + E_N$。

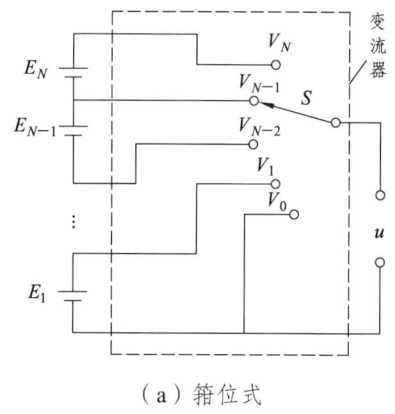 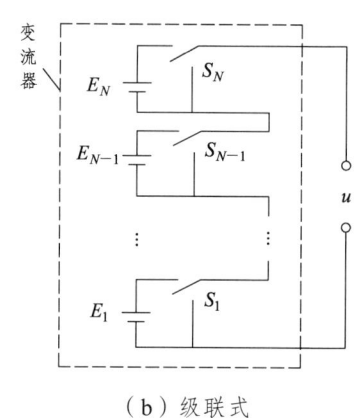

（a）箝位式　　　　　　　　　　　　　　（b）级联式

图 3.19　级联式多电平逆变器原理电路

级联式多电平变流器则是将直流电源各自独立的 PWM 变流器输出端串联组合，一般是将多个两电平或三电平单相全桥变流器直接串联构成多电平电路。如图 3.19（b）所示，此时 $E_1 \sim E_N$ 代表 N 个独立的直流电源电压。与串联多重化相同，为了改善波形质量、提高开关输出效率，各模块采用相同的正弦调制波，而它们的三角载波的初相角依次为 $0°$、$(2-1)2\pi/N$、$(3-1)2\pi/N$、$\cdots$、$(N-1)2\pi/N$。通过级联可以增大输出电平数，改善输出电压波形；同时，在同样的开关器件耐压下，串联变流器个数越多，输出电压越高；反之，在同样的输出电压下，与单个变流器相比，各开关器件承受电压可以大大降低。

与级联式多电平电路相比，钳位式多电平电路的缺点是电路中的开关数量多，连接方式烦琐，控制复杂，因此在实际中钳位式多电平电路应用受到了一定限制。尤其是与级联式多电平变流器相比，在同相牵引供电系统中没有优势。所以同相供电平衡补偿系统较少采用钳位式多电平变流器。

图 3.20 是由多个基本单元变流器级联构成的大容量变流器，其中图 3.20（a）是以单相全桥变流器为基本单元，将 N 个单相全桥变流器级联而成大容量变流器。显然，如果一个

单相变流器的输出电压为 U，则 N 个变流器的输出电压约为 NU；同样在输出电压为 NU 时，每一个单相变流器承受的电压为 U，比采用单个变流器时所承受的电压降低了 $\frac{1}{N}$，从而大大减小了开关管所承受的电压。图 3.20（b）为由多个 ADA（是由两个单相全桥变流器背对背连接而成交直交变流器）级联而成的大容量变流器，多用于 90° 接线同相供电平衡补偿系统。

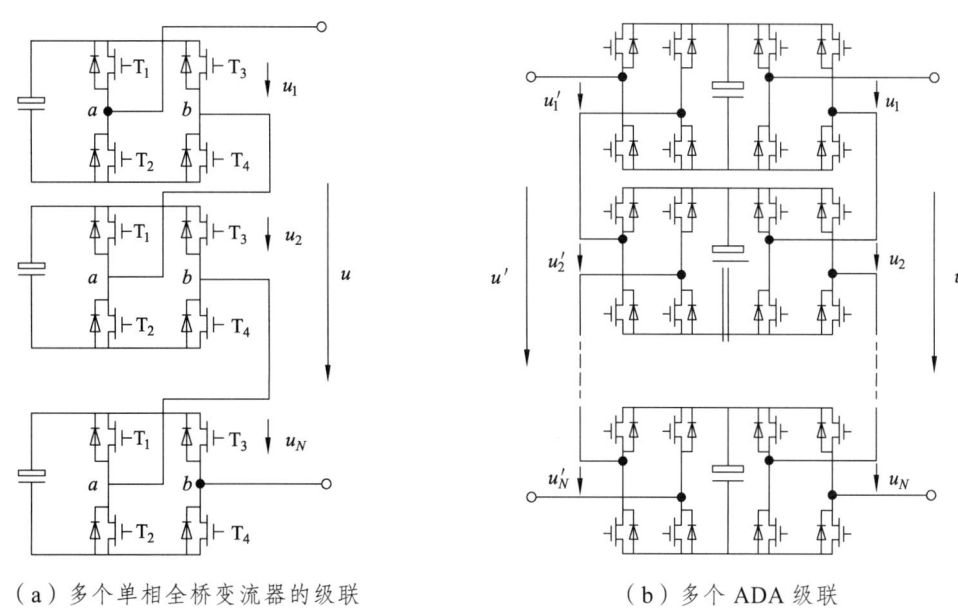

（a）多个单相全桥变流器的级联　　　　（b）多个 ADA 级联

图 3.20　多个变流器基本单元级联构成的大容量变流器

级联式多电平与串联多重化变流器的区别是不需要通过变压器串联。由于同相牵引供电平衡补偿的容量往往很大、成本很高，如果能够取消匹配变压器，无疑会大大降低成本。随着电力电子技术的不断发展，开关器件耐压水平不断提高，加之通过级联多电平技术又可以进一步增大输出容量和提高输出电压。这为实现无串联变压器和匹配变压器的平衡补偿装置创造了条件。

3.4　本章小结

本章主要研究了同相 AT 牵引供电系统，给出了不同接线方式的同相 AT 牵引变电所结构，并从供电的可靠性、经济性和实现的难易程度方面分析了不同接线方式牵引变电所的特点。

（1）给出了三种基于 "V" 形变压器的同相 AT 供电方案。V,x 接线方式是当前高速铁路常用的，也是我国客运专线采用的很有应用前景的一种接线方式。本节给出的 V,y 接线和 V,x 接线同相 AT 牵引变电所，具有结构简单、造价低、运行维护方便、工作可靠等特点。

（2）给出了三种 "Y" 接线方式的同相 AT 牵引供电方案，其中单台 55 kV 和单台 27.5 kV 同相 AT 牵引变电所，仅需要一台（双绕组）变压器和一台平衡变换装置，与原系统和其他 "Y" 接线方式同相 AT 牵引供电方案相比，节省变压器，且接线简单、投资少、维护方便。

第 3 章 同相 AT 牵引供电系统

"Y"接线可采用 YN,d11 接线变压器、阻抗匹配平衡变压器和三相变四相平衡变压器实现。单台 55 kV 同相 AT 牵引变电所要求变压器的变比为 110 kV/55 kV，需要特制变压器，也需要增加一台自耦变压器提供中抽头。单台 27.5 kV 同相 AT 牵引变电所是在常规变压器基础上与有源滤波器和 AT 供电方式牵引网特殊连接而成，不需要特制变压器，也不需要自耦变压器，优点较突出。

（3）给出了基于三相变四相平衡变压器的同相 AT 牵引供电方案，三相变四相平衡变压器原次边能方便接地，将其应用于同相 AT 牵引供电系统，可节省自耦变压器，优于 Scott 接线同相 AT 牵引供电系统。

（4）讨论了基于单相接线变压器实现同相牵引供电系统方案，单相接线变压器与 YN,d11 接变压器相互配合可构成独立双边式结构，单相和三相变压器各承担一半负荷，相当于一个 Scott 变压器，这样可以降低设备容量，但三相变压器将工作在不对称状态。

（5）讨论了同相 AT 牵引供电系统平衡变换装置的结构和大容量平衡变换装置实现方法。

第4章 同相供电系统平衡补偿的模型与优化

同相供电解决了电气化铁道"过分相"问题，同时也加重了系统不平衡的程度。因此在实施同相供电的同时，必须采取强有力的平衡补偿措施。为了降低平衡补偿装置的一次投资和运行费用，需要优化平衡补偿的目标、模型、结构、补偿方式和补偿策略及其与被补偿系统的匹配程度。

平衡补偿的目标和模型不是唯一的，当前最常用的是波形畸变最小模型[64]。它是以电压电流的波形质量能否达到标准要求而建立的数学模型，通常是以系统为观测点。还有一种模型是以负载为观测点、以负载能否达到理想状态为目标而建立的数学模型，称为最佳负载模型[64]。能够达到理想状态的负载称为理想负载。而所谓理想负载是指除了消耗必需的有功功率外不会给系统带来其他额外的负担。只有纯阻性负载只消耗有功功率，所以最佳负载模型就是指通过补偿使负载（包括补偿系统）对电源而言仅相当于一个纯阻性对称负载，这意味着电源只提供有功功率，而原负载所需要的无功功率全部由补偿装置提供。可以证明，当经过补偿使负载达到最佳负载模型时，系统的能量损失也必然最小。

4.1 最佳负载模型

牵引供电系统结构比一般单相和三相系统特殊，从牵引侧看是单相系统；从牵引变压器原边是看三相系统；从牵引变压器次边看可能是三相系统（如 YN,d11 接线），也可能是两相系统（如阻抗匹配平衡接线、Scott 接线），还可能是四相系统（如三相变四相平衡接线）。同相牵引供电系统平衡补偿问题，可分为两个等效系统进行研究：一是从牵引侧看等效的单相系统如何实现最优补偿；二是从电力系统侧或从牵引变压器次边来看等效的同相牵引供电系统如何实现最优补偿。

4.1.1 单相系统最佳负载模型

单相系统等效电路如图 4.1（a）所示，其最佳负载模型如图 4.1（b）所示。

通常电源向负载提供的能量由两部分组成：一部分被负载所消耗；另一部分负载本身并不消耗而是在负载与电源之间往复交换。定义单位时间内负载所消耗的能量为有功功率，单位时间内往复交换的能量为无功功率。往复交换的能量只会增加电源的负担和传输损耗，这部分能量越大，则传输损耗越大。根据能量损失最小原理[65,66]，可得数学表达式为

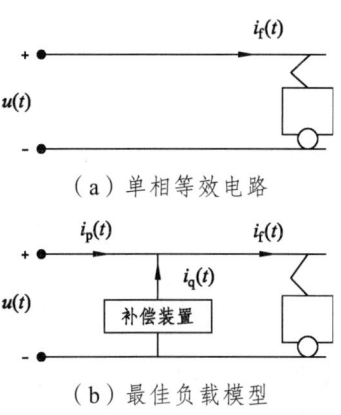

图 4.1 牵引侧最佳负载模型

第 4 章 同相供电系统平衡补偿的模型与优化

$$\min \frac{1}{T}\int_0^T i_p^2(t)\mathrm{d}t \tag{4.1}$$

$$\text{s.t.} \quad \frac{1}{T}\int_0^T u(t)i_p(t)\mathrm{d}t = \frac{1}{T}\int_0^T u_f(t)i_f(t)\mathrm{d}t = P_f \tag{4.2}$$

式中 $i_f(t)$——牵引负荷电流；

$u_f(t)$——牵引负荷端口电压，就是牵引网电压，在此 $u_f(t) = u(t)$；

$i_p(t)$——广义瞬时有功电流。

以上两式是关于平衡补偿的最优化问题。

由于电能传输损失与电流的平方成正比，所以目标函数式（4.1）代表了能量传输损失最小；约束条件式（4.2）表明负载所消耗的有功功率应该由电源全部承担，补偿装置只提供无功功率。对式（4.1）、式（4.2）最优化数学模型求解[67,68]，可令

$$\Phi(i_p(t), \lambda) = \frac{1}{T}\int_0^T i_p^2(t)\mathrm{d}t + \lambda\left(P_f - \frac{1}{T}\int_0^T u_f(t)i_p(t)\mathrm{d}t\right) \tag{4.3}$$

其中，$\Phi(i_p(t), \lambda)$ 一般称其为拉格朗日函数；λ 为拉格朗日乘数。$\Phi(i_p(t), \lambda)$ 的增量可表述为

$$\begin{aligned}\Delta\Phi(i_p(t), \lambda) &= \Phi(i_p(t) + \Delta i_p(t), \lambda) - \Phi(i_p(t), \lambda) \\ &= \frac{1}{T}\int_0^T (2i_p(t) - \lambda u_f(t))\Delta i_p(t)\mathrm{d}t + \frac{1}{T}\int_0^T \Delta i_p^2(t)\mathrm{d}t\end{aligned} \tag{4.4}$$

等式右边第一项为增量的线性部分，称为拉格朗日函数的变分；等式右边第二项为增量的高级无穷小项，显然对于任意 $\Delta i_p(t) \neq 0$ 都有 $\frac{1}{T}\int_0^T \Delta i_p^2(t)\mathrm{d}t > 0$。所以，式（4.1）的最小值必然存在，根据泛函极值及变分原理，式（4.1）最小值条件为

$$2i_p(t) - \lambda u_f(t) = 0 \tag{4.5}$$

$$i_p(t) = \frac{\lambda}{2}u_f(t) \tag{4.6}$$

将式（4.6）代入式（4.2）可得

$$\lambda = \frac{2P_f}{\frac{1}{T}\int_0^T u_f^2(t)\mathrm{d}t} = \frac{\frac{2}{T}\int_0^T u_f(t)i_f(t)\mathrm{d}t}{\frac{1}{T}\int_0^T u_f^2(t)\mathrm{d}t} \tag{4.7}$$

将式（4.7）代入式（4.6）得

$$i_p(t) = \frac{\frac{1}{T}\int_0^T u_f(t)i_f(t)\mathrm{d}t}{\frac{1}{T}\int_0^T u_f^2(t)\mathrm{d}t}u_f(t) = Gu_f(t) \tag{4.8}$$

式中 G——比例常数，$G = P_f/U^2$，P_f、U 分别为负荷的有功功率和牵引网电压有效值，即 $P_f = \frac{1}{T}\int_0^T u_f(t)i_f(t)\mathrm{d}t$，$U^2 = \frac{1}{T}\int_0^T u_f^2(t)\mathrm{d}t$。

其实，按照最佳负载模型定义很容易求出 $i_p(t)$。根据最佳负载模型的定义，通过补偿使负载对电源而言仅相当于一个纯阻性负载，所以 $i_p(t)$ 必然与 $u_f(t)$ 成正比。假设 $i_p(t) = Gu_f(t)$，将其代入式（4.2）并注意 $u(t) = u_f(t)$、$U^2 = \frac{1}{T}\int_0^T 2u_f^2(t)\mathrm{d}t$，可得 $G = P_f/U^2$，再由假设可得式（4.8）。这也说明最佳负载模型符合能量损失最小原则。

定义广义瞬时无功电流为：

$$i_q(t) = i_f(t) - i_p(t) \tag{4.9}$$

如果负载为最佳负载，即 $i_f(t) = Gu_f(t)$，则 $i_q(t) = 0$，这时负载只消耗有功功率，不需要实施无功补偿。实际中负载通常不是纯阻性的，会从电网吸收一定的无功功率。为了减小功率损失，需要增设无功补偿装置。从图 4.1（b）可以看出，当补偿装置提供的电流为广义无功电流时，电源提供的电流恰好为广义有功电流，补偿后的负载相当于一个纯阻性负载，此时传输能量损失达到了最小。

4.1.2 同相牵引供电系统最佳负载模型

同相牵引供电系统情况要复杂得多，变压器次边有三相（YN,d11 接线）、两相（Scott 接线）、四相（三相变四相接线）和单相等多种情况。但对于同相供电平衡补偿而言，总可以把它等效为三相或两相系统来处理。下面以 YN,d11 接线和 Scott 接线为例进行分析，其结论同样适用于其他接线形式。

与单相系统最佳负载模型相似，同相牵引供电系统最佳负载模型是指通过补偿使不对称的单相负载（包括补偿装置）对电源而言仅相当于一对称纯阻性负载，而对称纯阻性负载所消耗的总功率等于单相的牵引负荷所消耗的总有功功率。最佳负载模型下电源输出且仅输出牵引负荷所消耗的总有功功率。

YN,d11 接线系统，其同相供电平衡补偿模型如图 4.2 所示所示。对电源而言，图 4.2（a）中虚框部分等效于图 4.2（b）所示的虚框部分，表示补偿后单相的牵引负荷变成了三相对称的纯阻性负载。

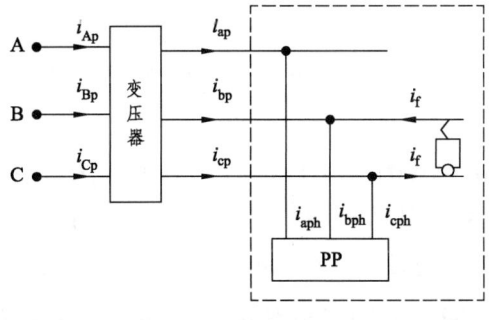
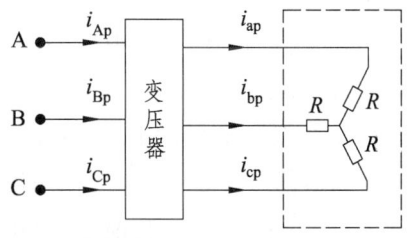

（a）平衡补偿模型　　　　　　　　　　　（b）平衡补偿等效模型

图 4.2　YN,d11 接线同相供电平衡补偿模型

Scott 接线的两相系统，平衡补偿最佳负载模型如图 4.3 所示。对电源而言，图 4.3（a）

第 4 章 同相供电系统平衡补偿的模型与优化

虚框部分等效于图 4.3（b）所示的虚框部分，表示补偿后单相的牵引负荷变成了两相对称的纯阻性负载。

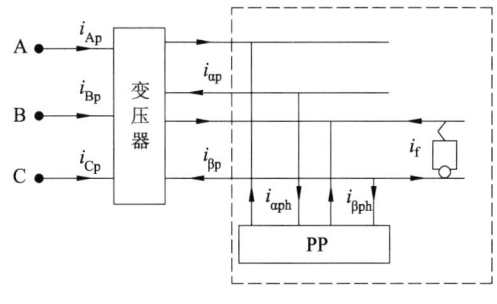
（a）平衡补偿模型

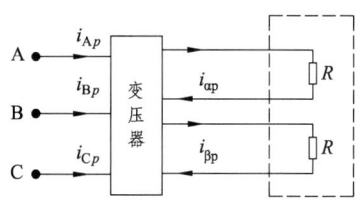
（b）平衡补偿等效模型

图 4.3 Scott 接线同相供电平衡补偿等效模型

对于三相四相接线系统，尽管牵引变压器次边为四相，但其应用于同相供电系统时，除了一次系统有中性接线点外，原理上与 Scott 接线系统相同，因此二者平衡补偿的等效模型也完全一样。

假定变压器为理想变压器，根据能量损失最小模型可得[69,70]：

$$\min \frac{1}{T}\int_0^T \boldsymbol{i}_\mathrm{p}^\mathrm{T}(\boldsymbol{t})\boldsymbol{i}_\mathrm{p}(\boldsymbol{t})\mathrm{d}t \tag{4.10}$$

$$\text{s.t.} \frac{1}{T}\int_0^T \boldsymbol{u}^\mathrm{T}(\boldsymbol{t})\boldsymbol{i}_\mathrm{p}(\boldsymbol{t})\mathrm{d}t = \frac{1}{T}\int_0^T u_\mathrm{f}(t)i_\mathrm{f}(t)\mathrm{d}t = P_\mathrm{f} \tag{4.11}$$

$$i_{\mathrm{Ap}}(t)+i_{\mathrm{Bp}}(t)+i_{\mathrm{Cp}}(t)=0 \tag{4.12}$$

$$u_\mathrm{A}(t)+u_\mathrm{B}(t)+u_\mathrm{C}(t)=0 \tag{4.13}$$

式中，$\boldsymbol{i}_\mathrm{p}(\boldsymbol{t})$、$\boldsymbol{i}(\boldsymbol{t})$、$\boldsymbol{u}(\boldsymbol{t})$ 分别为同一侧各相广义瞬时有功电流矩阵、补偿前各相瞬时电流矩阵和各相瞬时电压矩阵。通常我们关注系统一次侧或牵引变压器二次侧（牵引侧）电气量，所以，$\boldsymbol{i}_\mathrm{p}(\boldsymbol{t})$、$\boldsymbol{i}(\boldsymbol{t})$、$\boldsymbol{u}(\boldsymbol{t})$ 也对应为系统一次侧或牵引变压器二次侧（牵引侧）电气量。

若为系统一次侧时，$\boldsymbol{i}_\mathrm{p}(\boldsymbol{t})=[i_{\mathrm{Ap}}(t)\ \ i_{\mathrm{Bp}}(t)\ \ i_{\mathrm{Cp}}(t)]^\mathrm{T}$，其中，$i_{\mathrm{Ap}}(t)$、$i_{\mathrm{Bp}}(t)$、$i_{\mathrm{Cp}}(t)$ 分别为最佳负载模型下系统一次侧三相瞬时电流，也称为系统一次侧广义瞬时有功电流；$\boldsymbol{i}(\boldsymbol{t})=[i_\mathrm{A}(t)\ \ i_\mathrm{B}(t)\ \ i_\mathrm{C}(t)]^\mathrm{T}$，其中，$i_\mathrm{A}(t)$、$i_\mathrm{B}(t)$、$i_\mathrm{C}(t)$ 分别为补偿前系统一次侧三相瞬时电流；$\boldsymbol{u}(\boldsymbol{t})=[u_\mathrm{A}(t)\ \ u_\mathrm{B}(t)\ \ u_\mathrm{C}(t)]^\mathrm{T}$。

若为系统二次侧时，对于 YN,d11 接线，则 $\boldsymbol{i}_\mathrm{p}(\boldsymbol{t})=[i_{\mathrm{ap}}(t)\ \ i_{\mathrm{bp}}(t)\ \ i_{\mathrm{cp}}(t)]^\mathrm{T}$，其中，$i_{\mathrm{ap}}(t)$、$i_{\mathrm{bp}}(t)$、$i_{\mathrm{cp}}(t)$ 分别为最佳负载模型下牵引变压器二次侧三相瞬时电流；$\boldsymbol{i}(\boldsymbol{t})=[i_\mathrm{a}(t)\ \ i_\mathrm{b}(t)\ \ i_\mathrm{c}(t)]^\mathrm{T}$，其中，$i_\mathrm{a}(t)$、$i_\mathrm{b}(t)$、$i_\mathrm{c}(t)$ 分别为补偿前牵引变压器二次侧三相瞬时电流；$\boldsymbol{u}(\boldsymbol{t})=[u_\mathrm{a}(t)\ \ u_\mathrm{b}(t)\ \ u_\mathrm{c}(t)]^\mathrm{T}$。对于 Scott 接线，$\boldsymbol{i}_\mathrm{p}(\boldsymbol{t})=[i_{\alpha p}(t)\ \ i_{\beta p}(t)]^\mathrm{T}$，其中，$i_{\alpha p}(t)$、$i_{\beta p}(t)$ 分别为最佳负载模型下牵引变压器二次侧两相瞬时电流；$\boldsymbol{i}(\boldsymbol{t})=[i_\alpha(t)\ \ i_\beta(t)]^\mathrm{T}$，其中，$i_{\alpha p}(t)$、$i_{\beta p}(t)$ 分别为补偿前牵引变压器二次侧两相瞬时电流；$\boldsymbol{u}(\boldsymbol{t})=[u_\alpha(t)\ \ u_\beta(t)]^\mathrm{T}$。

目标函数式（4.10）代表能量传输损失最小；约束条件式（4.11）说明电源仍应提供且

只提供负载所消耗的全部有功功率，无功功率应有补偿装置提供。式（4.12）和式（4.13）为牵引供电系统固有的条件。

对式（4.10）和式（4.11）求解，可令

$$\Phi(i_\mathrm{p}(t),\lambda) = \frac{1}{T}\int_0^T i_\mathrm{p}^\mathrm{T}(t)i_\mathrm{p}(t)\mathrm{d}t + \lambda\left(P_\mathrm{f} - \frac{1}{T}\int_0^T u(t)i_\mathrm{p}(t)\mathrm{d}t\right) \tag{4.14}$$

$\Phi(i_\mathrm{p}(t),\lambda)$ 的增量可表述为

$$\Delta\Phi(i_\mathrm{p}(t),\lambda) = \Phi(i_\mathrm{p}(t)+\Delta i_\mathrm{p}(t),\lambda) - \Phi(i_\mathrm{p}(t),\lambda)$$

$$= \frac{1}{T}\int_0^T (2i_\mathrm{p}(t) - \lambda u(t))^\mathrm{T}\Delta i_\mathrm{p}(t)\mathrm{d}t + \frac{1}{T}\int_0^T \Delta i_\mathrm{p}^\mathrm{T}(t)\Delta i_\mathrm{p}(t)\mathrm{d}t \tag{4.15}$$

显然对于任意 $\Delta i_\mathrm{p}(t) \neq 0$ 都有 $\frac{1}{T}\int_0^T \Delta i_\mathrm{p}^\mathrm{T}(t)\Delta i_\mathrm{p}(t)\mathrm{d}t > 0$。所以，式（4.10）的最小值必然存在。根据泛函极值及变分原理，式（4.10）最小值条件为

$$2i_\mathrm{p}(t) - \lambda u(t) = 0 \tag{4.16}$$

$$i_\mathrm{p}(t) = \frac{\lambda}{2}u(t) \tag{4.17}$$

将式（4.17）代入式（4.11）可得

$$\lambda = \frac{2P_\mathrm{f}}{\frac{1}{T}\int_0^T u^\mathrm{T}(t)u(t)\mathrm{d}t} = \frac{\frac{2}{T}\int_0^T u^\mathrm{T}(t)i(t)\mathrm{d}t}{\frac{1}{T}\int_0^T u^\mathrm{T}(t)u(t)\mathrm{d}t} \tag{4.18}$$

将式（4.18）代入式（4.17）可得

$$i_\mathrm{p}(t) = \frac{\frac{1}{T}\int_0^T u^\mathrm{T}(t)i(t)\mathrm{d}t}{\frac{1}{T}\int_0^T u^\mathrm{T}(t)u(t)\mathrm{d}t}u(t) = Gu(t) \tag{4.19}$$

式中，G 为广义有功电流与电压的比例常数，当三相电压对称时，

$$G = P_\mathrm{f}/(3U_\mathrm{A}^2)$$

以上是根据功率传输损失最小原理求得的广义有功电流 $i_\mathrm{p}(t)$，也可以根据同相供电最佳负载模型的定义直接确定 $i_\mathrm{p}(t)$。根据最佳负载模型的定义，补偿后 $i_\mathrm{p}(t)$ 与 $u(t)$ 成比例，可令 $i_\mathrm{p}(t) = Gu(t)$，并代入式（4.11）求得常数 G，最后可得到式（4.19）。

定义系统的广义瞬时无功电流矩阵为

$$i_\mathrm{q}(t) = i(t) - i_\mathrm{p}(t) \tag{4.20}$$

最佳负载模型下为了达到补偿目标，平衡补偿电流 $i_\mathrm{ph}(t)$ 应等于广义瞬时无功电流，即

$$i_\mathrm{ph}(t) = i_\mathrm{q}(t) \tag{4.21}$$

从式（4.19）可以看出，广义瞬时有功电流的大小与负载的有功功率成正比，而与负载接入的端口无关。以三相系统为例，如果三相电压对称，则补偿后电源提供的三相有功电流对称；如果三相电压不对称，则补偿后电源提供的三相有功电流也不对称；如果电源电压中含有谐波，则补偿后电源提供的电流中也必然含有谐波。

4.2 波形畸变最小模型

在实际中，一般总是希望系统谐波含量、不对称程度和无功功率等达到最小，也就是无论系统电源怎样，也不管负载如何，总是希望通过补偿使系统只提供负载所需要的基波有功功率，以此为目标建立的模型称为波形畸变最小模型。这是当前牵引供电系统普遍采用的一种补偿模型。

4.2.1 单相系统波形畸变最小模型

单相系统等效电路及其波形畸变最小模型，如图 4.4 所示。其中图 4.4（a）为单相系统等效电路，图 4.4（b）为单相系统波形畸变最小模型。图中 $i_{1p}(t)$、$i_{1q}(t)$ 为基波有功电流和基波无功电流的瞬时值；$i_h(t)$ 为谐波电流瞬时值。从图 4.4 可以看出，通过补偿使系统只提供负载所需要的基波有功电流，而负载需要的无功电流、谐波电流全部由补偿装置提供。

将最佳负载模型数学表达式（4.1）、式（4.2）中的 $u(t)$ 换为其基波分量 $u_1(t)$ 可得波形畸变最小模型数学表达式，即

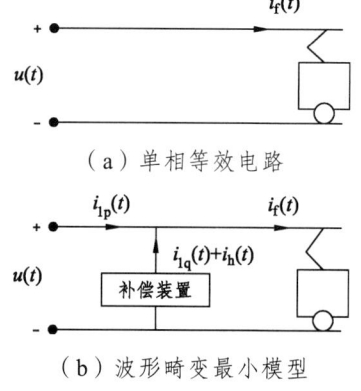

（a）单相等效电路

（b）波形畸变最小模型

图 4.4 牵引侧波形畸变最小模型

$$\min \frac{1}{T}\int_0^T i_p^2(t)\mathrm{d}t \quad (4.22)$$

$$\text{s.t.} \frac{1}{T}\int_0^T u_1(t)i_p(t)\mathrm{d}t = \frac{1}{T}\int_0^T u_f(t)i_f(t)\mathrm{d}t = P_f \quad (4.23)$$

对上两式求解可得

$$i_p(t) = \frac{\frac{1}{T}\int_0^T u_f(t)i_f(t)\mathrm{d}t}{\frac{1}{T}\int_0^T u_1^2(t)\mathrm{d}t}u_1(t) = Gu_1(t) \quad (4.24)$$

式中，G 为比例常数，$G = P_f/U_1^2$；U_1 为牵引网基波电压有效值。

由式（4.24）可知，电源提供的电流 $i_p(t)$ 只有基波有功电流，如果电源电压没有畸变，则此时 $i_p(t) = i_{1p}(t)$，广义瞬时无功电流满足式（4.9）。

4.2.2 同相牵引供电系统波形畸变最小模型

若将最佳负载模型各式中的电压瞬时值换为相应的基波正序电压瞬时值，也即式（4.10）~式（4.21）中的 $u(t)$ 换为基准侧三相电压的基波正序分量，以系统一次侧为例，令 $u(t) = u_1^+(t) = [u_{A1}^+(t) \quad u_{B1}^+(t) \quad u_{C1}^+(t)]^T$，就成了波形畸变最小模型。此时式（4.10）~式（4.21）变为

$$\min \frac{1}{T} \int_0^T \boldsymbol{i}_p^T(t) \boldsymbol{i}_p(t) dt \tag{4.25}$$

$$\text{s.t.} \quad \frac{1}{T} \int_0^T \boldsymbol{u}_1^{+T}(t) \boldsymbol{i}_p(t) dt = \frac{1}{T} \int_0^T u_f(t) i_f(t) dt = P_f \tag{4.26}$$

式（4.19）~式（4.21）变为

$$\boldsymbol{i}_p(t) = \frac{P_f}{\frac{1}{T} \int_0^T \boldsymbol{u}_1^{+T}(t) \boldsymbol{u}_1^+(t) dt} \boldsymbol{u}_1^+(t) = G \boldsymbol{u}_1^+(t) \tag{4.27}$$

$$\boldsymbol{i}_q(t) = \boldsymbol{i}(t) - \boldsymbol{i}_p(t) \tag{4.28}$$

$$\boldsymbol{i}_{ph}(t) = \boldsymbol{i}_q(t) \tag{4.29}$$

这种模型的特点是：通过补偿，让电源（电力系统）提供牵引负荷的全部有功功率；无论何种负载对电力系统基波电压而言都只相当于一个纯阻性三相对称负载；电源只输出基波正序电流，负荷的谐波和无功电流、系统不平衡电流以及系统电压作用下的谐波电流都应由补偿装置提供。

4.3 系统谐波与不对称对补偿模型的影响

比较最佳负载模型与波形畸变最小模型的数学表达式可以看出，当电源电压完全对称且不含谐波时，两种模型完全等价。但是，如果系统电压不对称或畸变并非本地负荷造成的，而是系统的电源、负荷、设备等因素造成的，两种模型补偿效果就有较大的差异。

4.3.1 系统谐波的影响

非牵引负荷造成的电压波形畸变使系统电压中含有谐波成分，把这种谐波统称为系统谐波。为了便于观察系统谐波的影响，假定系统和负载完全对称，并将负载分为纯阻性负载和感性（容性）负载两种情况进行分析。由于三相完全对称，因此可以简化为单相系统进行分析，如图 4.5 所示。

假设系统电压含有谐波，即系统电压可表示为

$$u(t) = u_1(t) + u_h(t) \tag{4.30}$$

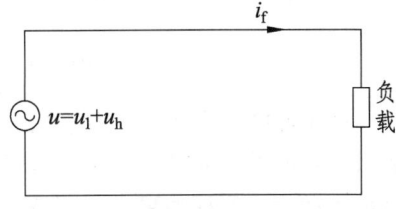

图 4.5 单相电路模型

式中，$u_1(t)$、$u_h(t)$ 分别为系统基波电压分量和谐波电压分量。

1．当负载为纯阻性负载时

令负载的电阻为 R，$u_1(t)$、$u_h(t)$ 分别作用于负载产生的功率损失为 P_1、P_h，则负载电流可表示为

$$\begin{aligned}i_f(t) &= u(t)/R = u_1(t)/R + u_h(t)/R\\&= \frac{P_1}{U_1^2}u_1(t) + \frac{P_h}{U_h^2}u_h(t)\\&= i_{1p}(t) + i_h(t)\end{aligned} \quad (4.31)$$

式中，$i_{1p}(t)$ 为与 $u_1(t)$ 对应的基波电流，是 $u_1(t)$ 作用于负载产生的电流，$i_{1p}(t) = \frac{u_1(t)}{R} = \frac{P_1}{U_1^2}u_1(t)$；$i_h(t)$ 是由于 $u_h(t)$ 作用于负载而产生的谐波电流，$i_h(t) = \frac{u_h(t)}{R} = \frac{P_h}{U_h^2}u_h(t)$

1）谐波对波形畸变最小模型的影响

根据波形畸变最小模型式（4.24），得

$$\begin{aligned}i_p(t) &= \frac{\frac{1}{T}\int_0^T u_f(t)i_f(t)\mathrm{d}t}{\frac{1}{T}\int_0^T u_1^2(t)\mathrm{d}t}u_1(t) = \frac{P_f}{U_1^2}u_1(t)\\&= \frac{P_1}{U_1^2}u_1(t) + \frac{P_h}{U_1^2}u_1(t)\\&= i_{1p}(t) + \Delta i_{1p}(t)\end{aligned} \quad (4.32)$$

式中，$\Delta i_{1p}(t) = \frac{P_h}{U_1^2}u_1(t) = k_h i_{1p}(t)$，$k_h = P_h/P_1$ 为谐波功率相对系数。

由式（4.32）可见，对于波形畸变最小模型，系统提供的电流只有基波电流分量，它由两部分组成：第一部分与负载所消耗的基波有功功率成正比，且正好等于电源作用于负载所产生的基波有功电流；第二部分大小正比于系统谐波电压作用于负载所产生的谐波有功功率，由以下分析可知，它是从系统流向补偿装置。所以，系统除了向负载提供基波有功电流外，还额外向补偿装置提供了一基波电流 $\Delta i_{1p}(t)$。

根据注意式（4.31）和式（4.32）可求得补偿电流，为

$$i_{ph}(t) = i_f(t) - i_p(t) = i_h(t) - \Delta i_{1p}(t) \quad (4.33)$$

式（4.33）说明，波形畸变最小模型的补偿电流也由两部分组成：第一部分为谐波电流，其大小正好等于系统作用于负载所产生的谐波电流，为了保证系统输出电流的波形质量，根据波形畸变最小模型要求，谐波电流必须由补偿装置提供；第二部分为基波有功电流，其大小正好等于补偿后的系统输出电流第二部分，前面有一个负号，说明是由系统流入补偿装置。

各电流大小如图 4.6（a）所示。

图 4.6（b）进一步说明系统输出电流、负载电流和补偿装置提供的电流三者之间的关系。从图中可以清楚地看出，系统输出电流一部分直接流向了负载，其大小为 $i_{1p}(t)$ 正好等于负载的基波有功电流，另一部分流向了补偿装置，其大小为 $\Delta i_{1p}(t)$；补偿装置向负载提供谐波电流，其大小为 $i_h(t)$ 正好相当于谐波电压作用于负载产生的谐波电流。

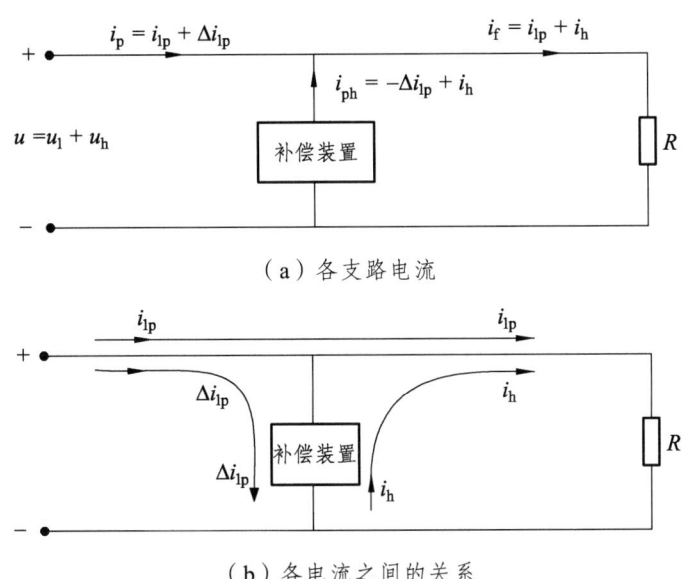

(a) 各支路电流

(b) 各电流之间的关系

图 4.6　系统谐波对波形畸变最小模型的影响

图 4.6 中有两种现象需要加以说明：一是虽然系统电压有谐波，但系统并不输出谐波电流；二是为什么系统还额外向补偿装置提供了基波有功电流 $\Delta i_{1p}(t)$。

根据波形畸变模型的要求，谐波电流必须由补偿装置提供，而补偿装置提供的谐波电流流过负载产生谐波电压 $i_h R$，正好等于系统的谐波电压 u_h，从而抑制了系统向负载输出谐波电流，保证了系统输出电流不含谐波。同时，由于谐波电流流过负载产生了功率损耗（其功率大小正好等于 P_h），但是补偿装置不可能单向输出有功功率，否则变流器直流侧电容电压将降为零，从而无法正常工作，所以在四象限变流器直流侧电容电压自动调节器的作用下，系统向补偿装置额外提供了基波功率，其大小正好等于负载所消耗的谐波有功功率，从而确保了补偿装置输入输出的功率平衡。这就是为什么系统输出电流有一部分流入补偿装置的原因，相当于一部分基波有功功率 P_h 由系统经补偿装置转换为谐波功率流入了负载。

结论：对于纯阻性负载，在能量平衡和波形畸变最小模型的双重制约下，一部分基波电流 $i_{1p}(t)$ 直接由系统流向了负载，而另一部分基波电流 $\Delta i_{1p}(t)$ 则由系统流向补偿装置，再由补偿装置转化成谐波电流 $i_h(t)$ 流向负载，流入流出补偿装置的有功功率相等。结果是系统只输出基波电流，而输出的功率等于系统电压作用于负载所产生的基波与谐波有功功率的总和。

2）谐波对最佳负载模型的影响

根据最佳负载模型式（4.8），并注意 $i_f(t) = u(t)/R$，可得

$$i_p(t) = \frac{\frac{1}{T}\int_0^T u(t)i_f(t)dt}{\frac{1}{T}\int_0^T u^2(t)dt} u(t) = \frac{u(t)}{R} \qquad (4.34)$$

式（4.34）说明，最佳负载模型下系统提供的电流既有基波电流分量也有谐波电流分量，且其波形与系统电压波形完全相同。补偿电流为

$$i_{ph}(t) = i_f(t) - i_p(t) = 0 \qquad (4.35)$$

式（4.35）说明补偿装置不提供任何电流。其电流关系如图 4.7 所示，可见这时补偿装置没有任何作用。为什么会出现这种现象呢？这是因为最佳负载模型的补偿目标是将负载变为对称纯电阻负载，而示例中的负载已经是三相对称的纯阻性的最佳负载了，所以没有必要再实施补偿了。至于负载中的谐波电流是由系统谐波造成的，并非由负载自身造成的，所以不应该补偿这部分谐波。

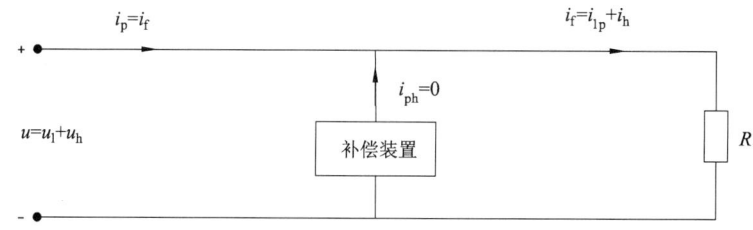

图 4.7　系统谐波对最佳负载模型的影响

2．感性（容性）负载

当负载为感性（容性）的线性负载时，根据功率守恒原理，总可以把负载视为由只消耗有功功率的纯有功网络和只交换无功功率的纯无功网络两部分组成。纯有功部分可以等效为一个电阻，而纯无功部分可以视为由纯电感、电容构成的复杂网络。为了简化，下面以图 4.8 所示单相等效电路一般形式为基础进行分析，分析结果同样适用于其他情况。

由于系统电压含有谐波，当基波电压和谐波电压分别作用于电阻和电感（电容）时，将产生基波电流和谐波电流；同时，由于负载有有功功率损耗和无功功率损耗，所以负载中的电流又可分为有功电流和无功电流。因此，负载电流的瞬时值可表达为

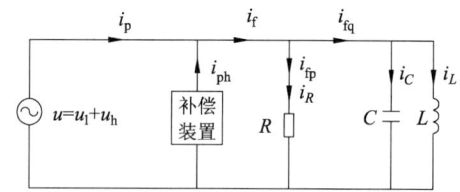

图 4.8　感性负载单相等效电路

$$\begin{aligned} i_f(t) &= i_{fp}(t) + i_{fq}(t) \\ &= i_1(t) + i_h(t) \\ &= i_{1p}(t) + i_{1q}(t) + i_h(t) \end{aligned} \qquad (4.36)$$

式中 $i_{fp}(t)$、$i_{fq}(t)$——广义有功电流和广义无功电流,对应于含有基波和谐波的电源电压分别作用于负载的电阻部分和电感(电容)部分产生的电流。

$i_1(t)$、$i_h(t)$——负载的基波有功电流和谐波电流,对应于电源的基波电压和谐波电压分别作用于负载产生的电流。

$i_{1p}(t)$、$i_{1q}(t)$——基波电压作用于负载产生的基波有功电流和基波无功电流。

$i_h(t)$——由两部分组成:谐波电压作用于纯阻性负载产生的有功电流分量 $i_{hp}(t)$ 和谐波电压作用于纯感性(纯容性)负载产生的无功电流 $i_{fq}(t)$。

1)谐波对波形畸变最小模型的影响

根据波形畸变最小模型式(4.24),可得

$$i_p(t) = \frac{\frac{1}{T}\int_0^T u_f(t)i_f(t)dt}{\frac{1}{T}\int_0^T u_1^2(t)dt} u_1(t) = \frac{P_f}{U_1^2}u_1(t) \tag{4.37}$$

根据图 4.8 容易求得基波电压作用于纯阻性负载所产生的基波电流:

$$i_{1p}(t) = \frac{u_1(t)}{R} = \frac{P_1}{U_1^2}u_1(t) \tag{4.38}$$

所以,式(4.37)可进一步写为

$$i_p(t) = \frac{P_f}{U_1^2}u_1(t) = \frac{P_1}{U_1^2}u_1(t) + \frac{P_h}{U_1^2}u_1(t) \tag{4.39}$$

式(4.39)说明,在波形畸变最小模型下,即便是有感性(容性)负载,系统输出的电流也只有基波有功分量,且系统输出电流与电源的基波电压成比例,可以将其分为两部分:一部分为 $i_{1p}(t)$,其幅值与基波有功功率成正比;另一部分为 $\Delta i_{1p}(t)$,其幅值与谐波有功功率成正比。

补偿电流为

$$i_{ph}(t) = i_f(t) - i_p(t) = i_{1q}(t) + i_h(t) - \Delta i_{1p}(t) \tag{4.40}$$

式(4.40)说明波形畸变最小模型下补偿装置输出电流由三部分组成:第一部分为基波无功电流,其大小等于系统的基波电压作用于负载所产生的基波无功电流,根据波形畸变最小模型要求,负载的无功电流必须由补偿装置提供;第二部分为谐波电流,其大小等于负载所需的谐波电流,根据波形畸变最小模型要求,负载中的谐波电流,也必须由补偿装置提供;第三部分为基波有功电流分量,其大小与谐波流过负载所消耗的有功功率成正比,前面有一负号,表示是由系统流入补偿装置。各电流大小及流向如图 4.9(a)所示。

图 4.9(b)进一步表明了各电流之间的关系。从图中可以清楚地看出:对于感性负载,在系统谐波作用下,补偿装置向负载提供了基波无功电流和谐波电流,而系统向负载提供基波有功电流,并额外向补偿装置提供了基波有功功率;系统向补偿装置输入的功率等于负载消耗的谐波有功功率。

第 4 章 同相供电系统平衡补偿的模型与优化

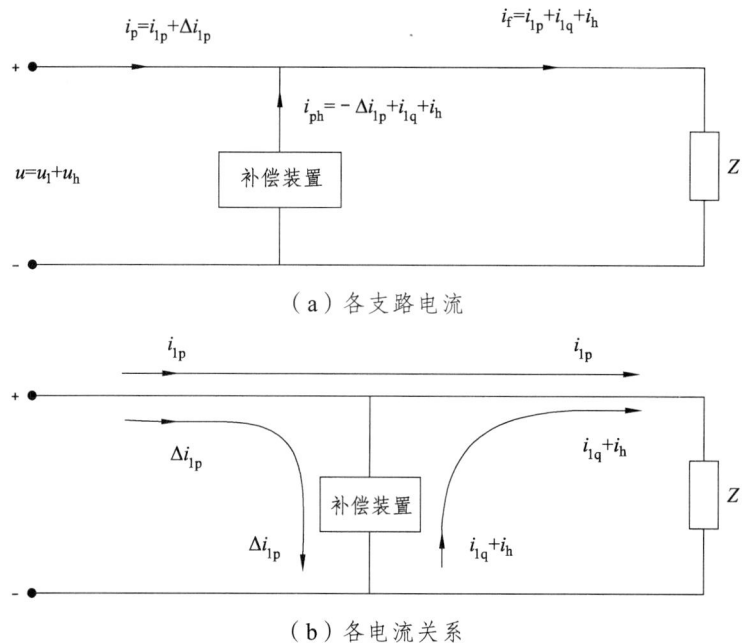

图 4.9 系统谐波对波形畸变模型的影响

2) 谐波对最佳负载模型的影响

由于系统作用于纯电感（纯电容）的无功网络不产生有功功率损耗，所以电源电压与无功电流乘积的一个周期积分应为零，即 $\int_0^T u(t) i_{\text{fq}}(t) \mathrm{d}t = 0$。所以将（4.36）代入最佳负载模型式（4.8）可得

$$i_{\text{p}}(t) = \frac{\frac{1}{T}\int_0^T u(t)(i_{\text{fp}}(t)+i_{\text{fq}}(t))\mathrm{d}t}{\frac{1}{T}\int_0^T u^2(t)\mathrm{d}t} u(t)$$

$$= \frac{\frac{1}{T}\int_0^T u(t) i_{\text{fp}}(t)\mathrm{d}t}{\frac{1}{T}\int_0^T u^2(t)\mathrm{d}t} u(t) \tag{4.41}$$

由图 4.8 知，$i_{\text{fp}}(t) = i_R(t) = \dfrac{u(t)}{R}$，将其代入（4.41）可得

$$i_{\text{p}}(t) = \frac{u(t)}{R} = \frac{u_1(t)}{R} + \frac{u_{\text{h}}(t)}{R} = i_{1\text{p}}(t) + i_{\text{hp}}(t) \tag{4.42}$$

式（4.42）说明系统提供的电流与系统电压波形相同，且等于系统电压作用于只消耗有功功率的电阻（纯有功网络）中的电流，与只交换无功功率的无功网络部分无关。系统提供的电流由基波和谐波两部分组成：一部分相当于系统基波电压作用电阻产生的电流，称其为基波有功电流；另一部分相当于系统谐波电压作用于电阻产生的电流，称其为谐波有功电流。可见，系统输出的电流中有谐波成分，而这部分谐波并没有要求补偿，这是由最佳负载模型的特性决定的。

补偿装置提供的电流为

$$i_{ph}(t) = i_f(t) - i_p(t) = i_{1q}(t) + i_{hq}(t) \tag{4.43}$$

补偿电流等于流过纯无功网络，即电感（电容）中的电流，也就是说补偿装置只提供无功电流，相当于补偿前电源作用于纯无功网络产生的电流，包括基波无功电流和谐波无功电流。

各电流关系如图 4.10 所示。图 4.10（a）为补偿模型电路，其中的电源电流等于电阻中的电流，而补偿装置提供的电流等于负载中的无功电流。图 4.10（b）为补偿后的等效电路，可见，在最佳负载模型约束下，补偿后的负载对电源而言仅相当于一个只消耗有功功率的纯电阻负载。

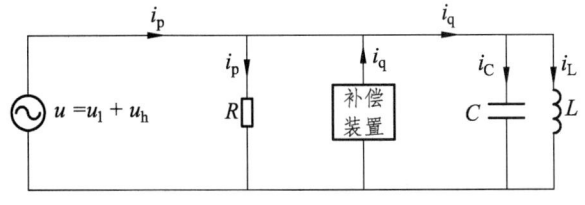 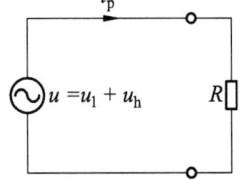

（a）最佳负载补偿模型　　　　　　　　（b）补偿后的等效电路

图 4.10　谐波对最佳负载模型的影响

由于最佳负载模型补偿目标是将负载变为纯电阻的最佳负载，因此补偿后电源输出的电流正比于电源电压，当电源电压中有谐波时系统输出电流中也必然有谐波；而波形畸变最小模型的补偿目标是电源输出电流没有畸变、不含谐波。因此，即使系统电压含有谐波，而系统输出的电流中也不含谐波，全部谐波和无功电流都有补偿装置提供。

结论：对于波形畸变最小模型，系统谐波将导致一额外的有功功率穿越补偿装置，从而使补偿装置的负担加重；系统谐波含量越大，穿越功率也越大，补偿装置的负担也越重。这如同无源补偿中的谐波"倒灌现象"——由于谐波的补偿而使补偿点的谐波阻抗减小或接近于零，从而引起各处的谐波流向补偿点。谐波"倒灌现象"会使补偿装置负担加重，严重时还会导致补偿装置发热而损坏。最佳负载模型下的补偿电流仅与负载本身有关，负载所消耗的有功功率由电源直接提供，负载所消耗的无功功率由补偿装置提供，不存在波形畸变最小模型中的功率穿越现象和谐波"倒灌现象"。

4.3.2　系统电压不对称的影响

为了便于分析，假定三相负载对称且为纯阻性负载。系统三相电压不对称，但没有零序分量（牵引供电系统通常没有零序），且不含谐波，三相系统如图 4.11 所示。三相电压可表示为

$$\boldsymbol{u}(t) = \begin{bmatrix} u_A(t) \\ u_B(t) \\ u_C(t) \end{bmatrix} = \begin{bmatrix} u_A^+(t) \\ u_B^+(t) \\ u_C^+(t) \end{bmatrix} + \begin{bmatrix} u_A^-(t) \\ u_B^-(t) \\ u_C^-(t) \end{bmatrix} = \boldsymbol{u}^+(t) + \boldsymbol{u}^-(t) \tag{4.44}$$

式中，$\boldsymbol{u}^+(t) = [u_A^+ \ u_B^+ \ u_C^+]^T$ 为三相电压的正序分量瞬时值；$\boldsymbol{u}^-(t) = [u_A^- \ u_B^- \ u_C^-]^T$ 为三相电压的负序分量瞬时值。

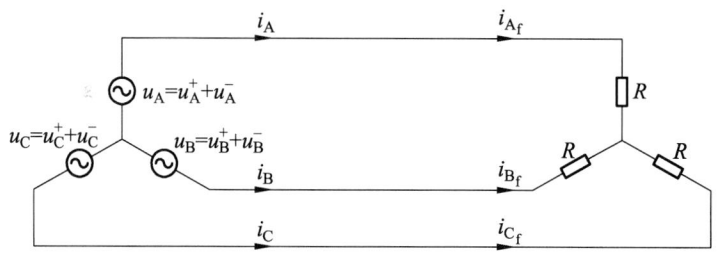

图 4.11　电压不对称的三相系统

根据图 4.11 可得

$$i_X(t) = \frac{u_X(t)}{R} = \frac{u_X^+}{R} + \frac{u_X^-(t)}{R} = i_X^+(t) + i_X^-(t) \tag{4.45}$$

式中，$X \in \{A \ B \ C\}$；$i_X(t)$、$i_X^+(t)$、$i_X^-(t)$ 分别为 X 相的电流瞬时值及其正序和负序分量；$u_X(t)$、$u_X^+(t)$、$u_X^-(t)$ 分别为 X 相的电压瞬时值及其正序和负序分量。

若令 P^+、P^- 分别为三相正序功率和负序功率，U^+ 为系统正序电压有效值，则

$$i_X^+(t) = \frac{u_X^+(t)}{R} = \frac{P^+}{3(U^+)^2} u_X^+(t) \tag{4.46}$$

1．系统电压不对称对波形畸变最小模型的影响

由于系统电压和电流都可以分解为正序和负序分量之和，而正序电压与负序电流，以及负序电压与正序电流之间不产生有用功率，所以系统输出总有功功率 P_S 为

$$\begin{aligned}
P_S &= \frac{1}{T}\int_0^T \boldsymbol{u}^T(\boldsymbol{t})\boldsymbol{i}(\boldsymbol{t})\mathrm{d}t \\
&= \frac{1}{T}\int_0^T \boldsymbol{u}^{+T}(\boldsymbol{t})\boldsymbol{i}^+(\boldsymbol{t})\mathrm{d}t + \frac{1}{T}\int_0^T \boldsymbol{u}^{-T}(\boldsymbol{t})\boldsymbol{i}^-(\boldsymbol{t})\mathrm{d}t \\
&= \frac{1}{T}\int_0^T \boldsymbol{u}^{+T}(\boldsymbol{t})\frac{\boldsymbol{u}^+(\boldsymbol{t})}{R}\mathrm{d}t + \frac{1}{T}\int_0^T \boldsymbol{u}^{-T}(\boldsymbol{t})\frac{\boldsymbol{u}^-(\boldsymbol{t})}{R}\mathrm{d}t \\
&= \frac{3U^{+2}}{R} + \frac{3U^{-2}}{R} = P^+ + P^- = P_f
\end{aligned} \tag{4.47}$$

注意式中 $\frac{1}{T}\int_0^T \boldsymbol{u}^{+T}(\boldsymbol{t})\boldsymbol{u}^+(\boldsymbol{t})\mathrm{d}t = 3(U^+)^2$，将式（4.47）代入式（4.27）得

$$\begin{aligned}
\boldsymbol{i}_p(t) &= \frac{P^+}{3(U^+)^2}\boldsymbol{u}^+(\boldsymbol{t}) + \frac{P^-}{3(U^+)^2}\boldsymbol{u}^+(\boldsymbol{t}) \\
&= (1+k_p^-)\frac{\boldsymbol{u}^+(\boldsymbol{t})}{R} = \boldsymbol{i}^+(\boldsymbol{t}) + \Delta\boldsymbol{i}^+(\boldsymbol{t})
\end{aligned} \tag{4.48}$$

式中，$\Delta i^+(t) = \dfrac{P^-}{3(U^+)^2} u^+(t) = k_p^- i^+(t)$； $k_p^- = P^-/P^+$ 为负序功率与正序功率比值。

$$i_{\text{ph}}(t) = i_f(t) - i_p(t) = -\Delta i^+(t) + i^-(t) \tag{4.49}$$

式（4.48）和式（4.49）说明，当系统电压不对称时，波形畸变最小模型下，系统只输出与正序（基波）电压同频率、同相位的正序（基波）电流，这是由波形畸变最小模型的约束条件决定的。系统输出正序电流（由于负载为纯阻性的，且没有谐波，所以正序电流就等于正序基波有功电流），一部分由系统直接流向了负载，正好等于系统正序电压作用于负载所产生的正序电流；另一部分流向了补偿装置，再经补偿装置转化为负序电流流向了负载，由于负序电流流向负载产生的电压正好等于系统的负序电压，从而抑制了系统向负载输出负序电流，保证了系统输出电流的对称性。

图 4.12（a）为系统电压不对称时波形畸变最小模型电流关系。从图中可以看出，负载中的正序电流（正序有功电流）由系统提供；而负载中的负序电流由补偿装置提供；系统输出的一部分正序电流流向了补偿装置，流向补偿装置的正序功率正好等于负序电流流过负载所产生的功率损耗。

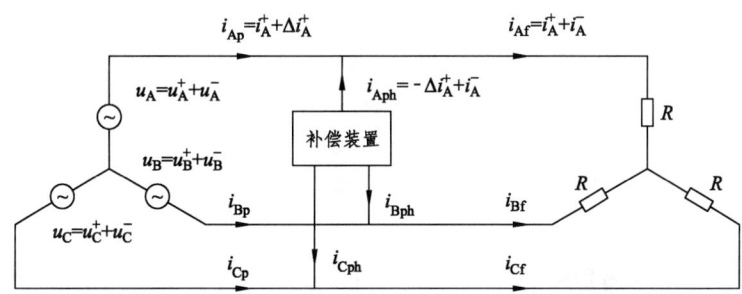

（a）系统电压不对称时波形畸变最小模型的电流关系

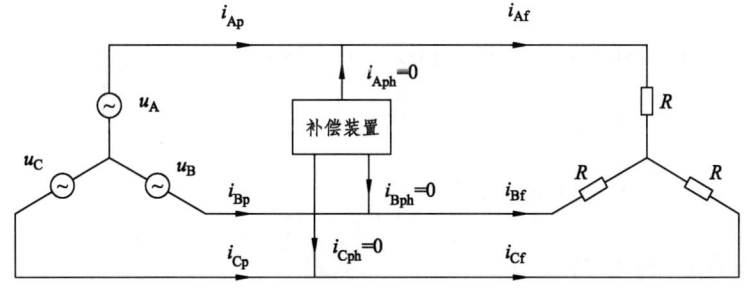

（b）系统电压不对称时最佳负载模型的电流关系

图 4.12　系统电压不对称的影响

2．系统电压不对称对最佳负载模型的影响

根据最佳负载模型式（4.8）得

$$i_{\mathrm{p}}(t)=\frac{\dfrac{1}{T}\int_{0}^{T}\boldsymbol{u}^{\mathrm{T}}(t)\boldsymbol{i}(t)\mathrm{d}t}{\dfrac{1}{T}\int_{0}^{T}\boldsymbol{u}^{\mathrm{T}}(t)\boldsymbol{u}(t)\mathrm{d}t}\boldsymbol{u}(t)=\frac{\boldsymbol{u}(t)}{R}=\boldsymbol{i}_{\mathrm{f}}(t) \qquad (4.50)$$

$$\boldsymbol{i}_{\mathrm{ph}}(t)=\boldsymbol{i}_{\mathrm{f}}(t)-\boldsymbol{i}_{\mathrm{p}}(t)=0 \qquad (4.51)$$

式（4.51）说明，当系统电压不对称，没有谐波和无功，且负载为对称纯阻性负载，这时最佳负载模型下补偿装置补偿电流为零。因为负序电流并非负载造成的，而是系统本身电压不对称造成的，负载已经是对称纯电阻的最佳负载，所以，根据最佳负载模型补偿原理，这种情况根本不需要补偿。

图 4.12（b）为系统电压不对称时最佳负载模型的电流关系。补偿装置输出电流为零，系统输出电流完全等于负载电流。

4.3.3 系统谐波和不对称非线性负载的影响

在同相牵引供电系统中，负载是非线性的且只接于系统的一个端口，三相严重不对称。由于牵引负荷是非线性的，因此在分析时需要线性化处理才能应用叠加原理。假定我们考察的时间足够短，如小于一个开关周期或更短一段时间，那么系统各参数就可以认为是一确定常数，整个系统就可以按照线性系统进行分析。这时同相牵引供电系统可以分成系统谐波、系统电压不对称、负载不对称、负载引起的谐波 4 种情况进行讨论，最终效果则是 4 种情况的叠加。由于分析方法和过程与前面相同只是比较烦琐，这里不再一一赘述。为了便于比较两种模型的补偿效果，以下分系统电压畸变和无畸变两种情况并采用仿真比较方法进行分析讨论。

以图 2.7 YN,d11 接线同相牵引供电系统为例，设牵引负荷接于 YN,d11 接线的 ac 端口，因此负载的电压为 u_{ac}。根据 YN,d11 接线特点，它正好与系统原边 A 相电压同相。所以，以 $\dot{U}_{\mathrm{A}}$ 为参考，负荷的接线角为 0°，假定牵引负荷电流为

$$\begin{aligned}i_{\mathrm{f}}(t)=&500\sin\omega t+150\sin(3\omega t-11\pi/18)+\\&100\sin(5\omega t-\pi)+50\sin(7\omega t-\pi)+\\&25\sin(11\omega t-\pi)\end{aligned} \qquad (4.52)$$

1．系统电压无畸变时

假设系统电压不含谐波，为纯正弦波形，且三相对称，如图 4.13（a）所示，图 4.13（b）为负荷电压电流波形。在同一负载下两种补偿模型仿真结果如图 4.14 所示。

图 4.14（a）、（c）、（e）分别为最佳负载模型下系统侧、牵引侧三相电流和三相补偿电流；图 4.14（b）、（d）、（f）分别为波形畸变最小模型下系统侧、牵引侧三相电流和三相补偿电流。

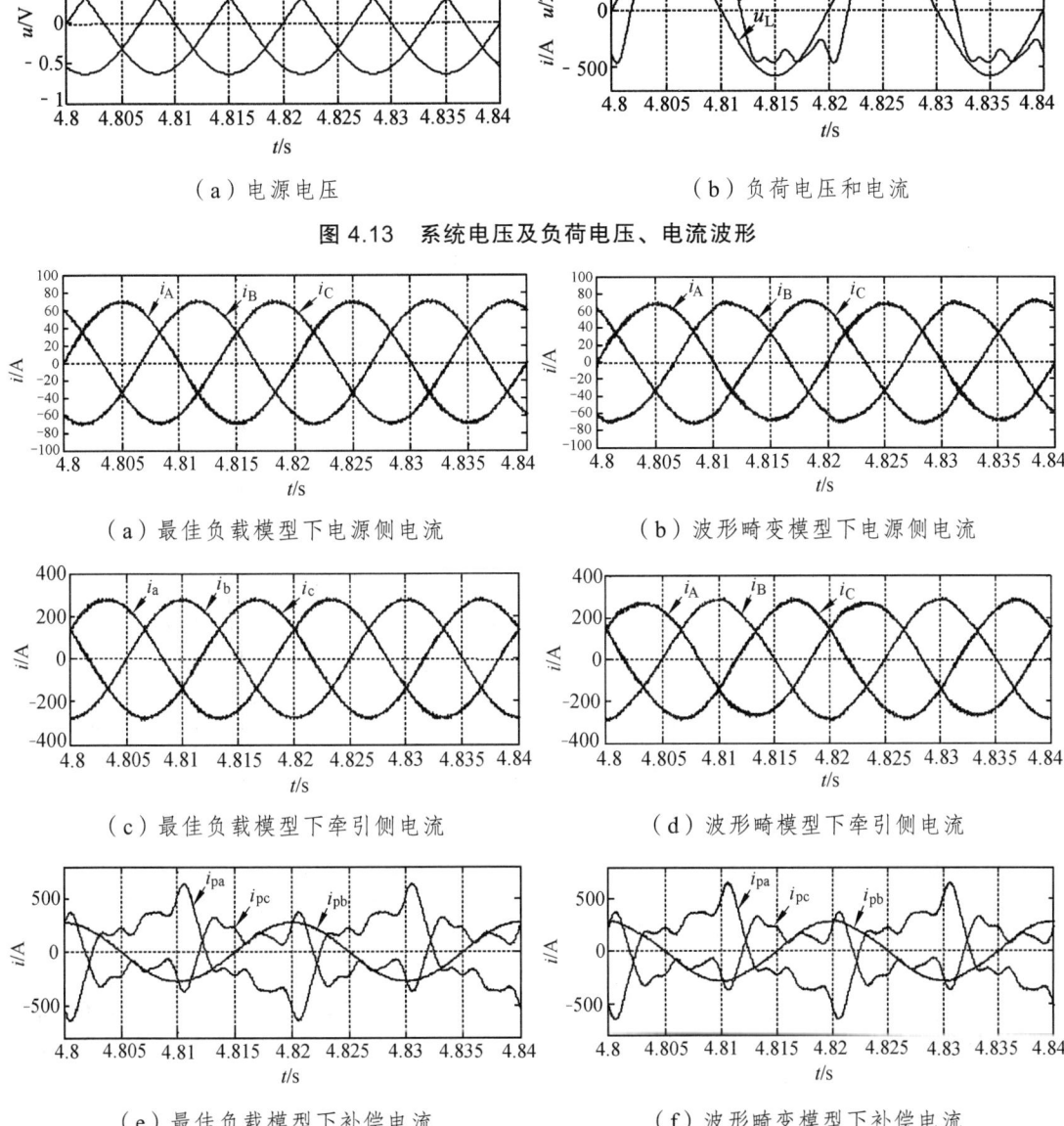

（a）电源电压　　　　　　　　　　（b）负荷电压和电流

图 4.13　系统电压及负荷电压、电流波形

（a）最佳负载模型下电源侧电流　　　（b）波形畸变模型下电源侧电流

（c）最佳负载模型下牵引侧电流　　　（d）波形畸变模型下牵引侧电流

（e）最佳负载模型下补偿电流　　　　（f）波形畸变模型下补偿电流

图 4.14　补偿电流与补偿后电源侧、牵引侧电流

由图 4.14 可知，两种补偿模型的补偿特性是一致的，两种模型补偿后三相电流仅含有幅值相同的基波有功电流。平衡补偿装置输出的补偿电流波形亦完全一样。所以两种模型下电源输出功率、电流波形、补偿装置输出电流相同。由于负载的基波电流幅值为 500 A，因此，按照功率守恒原理可算出系统三相均衡承担负荷时，变压器次边三相电流幅值应为 288 A，原边三相电流的幅值应为 72 A。仿真结果与理论值基本一致。说明当系统三相电压对称且无畸变时，两种模型完全等价。

2. 系统电压有畸变时

假设系统电压含有 5、7 次谐波,含量分别为基波的 14.1% 和 7%,电压表达式为

$$u_A(t) = \sqrt{2}U(\sin\omega t + 0.141\sin(5\omega t - 5\pi/6) +$$
$$0.070\,7\sin(7\omega t - 7\pi/6)) \tag{4.53}$$

图 4.15 为系统电压波形和负载的电压、电流波形。仿真结果如图 4.16 所示。图 4.16(a)、(c)、(e) 分别为最佳负载模型下系统侧、牵引侧三相电流和三相补偿电流;图 4.16(b)、(d)、(f) 分别为波形畸变最小模型下系统侧、牵引侧三相电流和三相补偿电流。

(a) 电源电压

(b) 负荷电压和电流

图 4.15 系统电压及负荷电压、电流波形

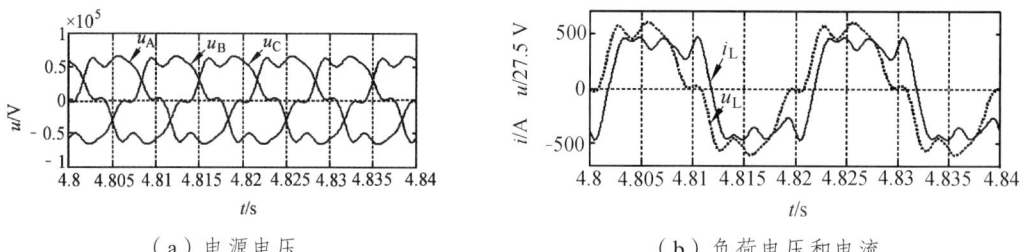

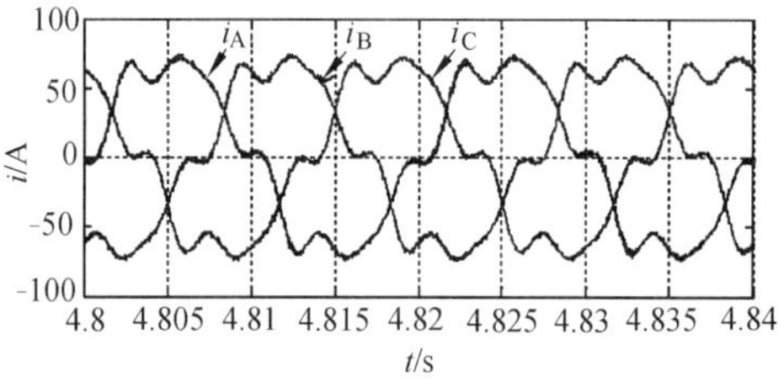

(a) 最佳负载模型电源侧电流

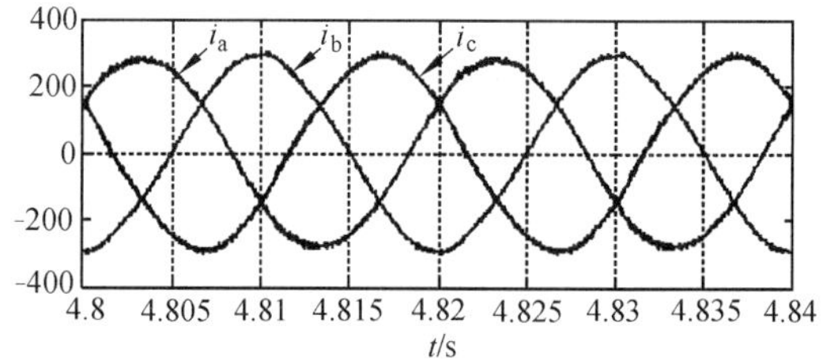

(b) 波形畸变最小模型电源侧电流

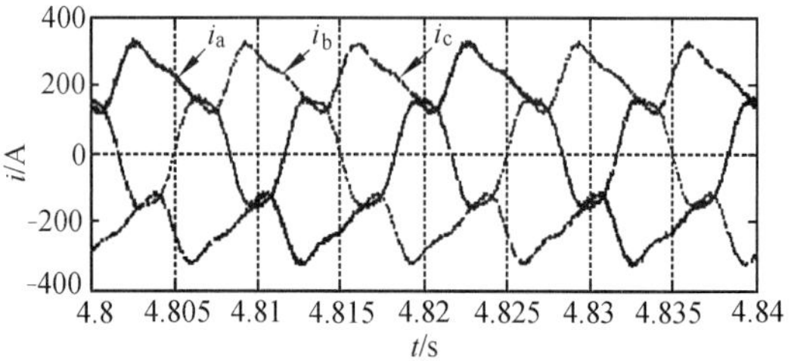

(c) 最佳负载模型牵引侧电流

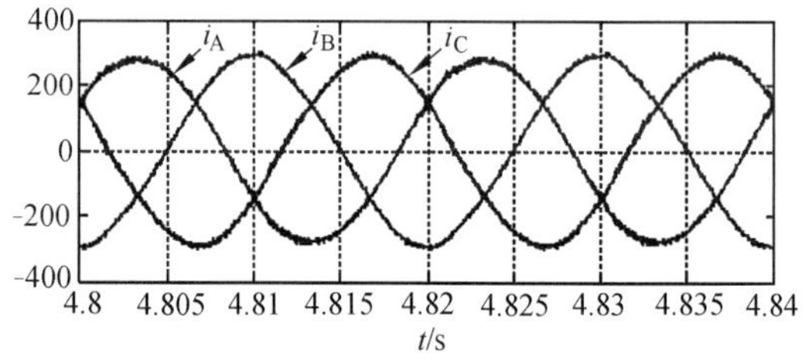

(d) 波形畸变最小模型牵引侧电流

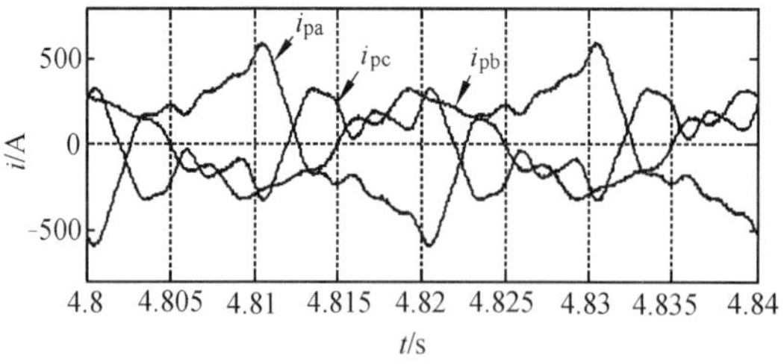

(e) 最佳负载模型综合补偿电流

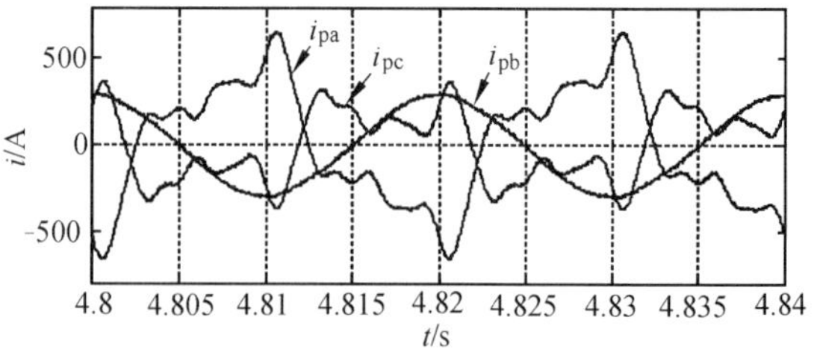

(f) 波形畸变最小模型综合补偿电流

图 4.16 补偿电流与补偿后电源侧、牵引侧电流

由图 4.16 可见，在畸变电压作用下，两种补偿模型的补偿特性明显不同。最佳负载模型补偿后三相电流对称，并含有与畸变电压同频率的谐波，对系统而言，补偿后，不对称的单相负载变成了三相对称纯阻性负载，系统将同时提供负载所需的基波有功功率和谐波有功功率。仿真结果中，系统侧三相基波电流幅值和次边的三相基波电流幅值都分别与理论值 72 A 和 288 A 接近，且补偿后系统三相电流波形与系统三相电压波形完全一致。

波形畸变最小模型补偿后的系统三相电流仅含有基波有功电流，幅值分别为 73 A、75 A、76 A，次边三相电流也仅有基波有功电流，幅值分别为 287.75 A、302.93 A、298.38 A。原、次边电流除了一相与理论值接近外，另外两相电流幅值都大于理论值。这与前面分析结论一致，说明波形畸变最小模型约束下，电源除了直接向负载提供基波有功电流外，还向补偿装置额外提供了有功功率，用以确保补偿装置输入输出功率平衡。

4.4 期望补偿电流

定义期望补偿电流为补偿前系统输出电流与达到补偿目标时的系统输出电流之差，在不至于引起混淆的前提下，可以简称为补偿电流。根据定义，补偿电流与补偿目标有关，却与补偿装置本身无关。

4.4.1 最优补偿电流

最优补偿电流是指达到最佳负载模型或波形畸变最小模型补偿目标时的期望补偿电流。

1．最佳负载模型

$$\dot{I}_{\mathrm{ph}} = \dot{I}_{\mathrm{q}} = \dot{I} - \dot{I}_{\mathrm{p}} \tag{4.54}$$

式中　$\dot{I}_{\mathrm{ph}}$——补偿电流向量矩阵；

$\dot{I}_{\mathrm{p}}$——广义有功电流向量矩阵；

$\dot{I}_{\mathrm{q}}$——广义无功电流向量矩阵；

$\dot{I}$——补偿前系统输出电流向量矩阵。

对于任意 $k \in X$，则

$$\begin{cases} \dot{I}_{k\mathrm{ph}} = \dot{I}_{k\mathrm{q}} = \dot{I}_k - \dot{I}_{k\mathrm{p}} \\ i_{k\mathrm{ph}} = i_{k\mathrm{q}} = i_k - i_{k\mathrm{p}} \end{cases} \tag{4.55}$$

式中　$\dot{I}_k$、i_k——补偿前系统 k 相输出电流向量和输出电流瞬时值；

$\dot{I}_{k\mathrm{ph}}$、$\dot{I}_{k\mathrm{q}}$、$\dot{I}_{k\mathrm{p}}$——k 相的补偿电流、广义无功电流和广义有功电流向量；

$i_{k\mathrm{ph}}$、$i_{k\mathrm{q}}$、$i_{k\mathrm{p}}$——k 相的补偿电流、广义无功电流和广义有功电流瞬时值。

根据广义无功电流定义，补偿电流就等于广义无功电流。在最佳负载模型下，补偿装置必须提供全部的广义无功电流。

2. 波形畸变最小模型

波形畸变最小模型与最佳负载模型不同，波形畸变最小模型的补偿目标是系统仅输出基波有功电流，所以

$$\dot{I}_{\mathrm{ph}} = \dot{I}_{\mathrm{q}} = \dot{I} - \dot{I}_{\mathrm{1p}} \tag{4.56}$$

式中　$\dot{I}_{\mathrm{1p}}$——波形畸变最小模型下（补偿后）系统的输出电流向量矩阵，也就是系统输出的基波有功电流向量矩阵；

$\dot{I}_{\mathrm{q}}$——广义无功电流向量矩阵，是包括谐波、无功和负序的综合电流向量矩阵；

$\dot{I}$——补偿前系统输出的电流向量矩阵。

对于任意 $k \in X$，则

$$\begin{cases} \dot{I}_{k\mathrm{ph}} = \dot{I}_{k\mathrm{q}} = \dot{I}_k - \dot{I}_{k\mathrm{1p}} \\ i_{k\mathrm{ph}} = i_{k\mathrm{q}} = i_k - i_{k\mathrm{1p}} \end{cases} \tag{4.57}$$

式中　$\dot{I}_{k\mathrm{ph}}$、$\dot{I}_{k\mathrm{q}}$、$\dot{I}_{k\mathrm{1p}}$——k 相的补偿电流、广义无功电流和基波有功电流向量；

$i_{k\mathrm{ph}}$、$i_{k\mathrm{q}}$、$i_{k\mathrm{1p}}$——k 相的补偿电流、广义无功电流和基波有功电流瞬时值。

3. 牵引侧最优补偿电流

为不失一般性，假定待求量一侧，即基准侧（在此为变压器二次侧）为 n 相系统。n 相电压完全对称，即 n 相电压大小相等相位互差 $2\pi/n$，用 $\boldsymbol{u}(t)$ 代表 n 相等效星形瞬时电压矩阵，基准侧基准电压为 $\dot{U}_{\mathrm{x}}$；负载电流只有基波电流，负载的功率因数角为 $\varphi_{\mathrm{f}} = \varphi_1$，可令负载电压和电流瞬时值为

$$\begin{cases} u_{\mathrm{f}}(t) = \sqrt{2} U_{\mathrm{f}} \sin(\omega t - \psi_{\mathrm{f}}) \\ i_{\mathrm{f}}(t) = \sqrt{2} I_{\mathrm{f}} \sin(\omega t - \psi_{\mathrm{f}} - \varphi_{\mathrm{f}}) \end{cases} \tag{4.58}$$

式中　ψ_{f}——负载端口电压滞后基准电压的相位角，称为负载接线角，且滞后为正；

φ_{f}——负载的功率因数角，则负载所消耗的有功功率 $P_{\mathrm{f}} = U_{\mathrm{f}} I_{\mathrm{f}} \cos \varphi_{\mathrm{f}}$。

根据以上假设，有

$$\frac{1}{T} \int_0^T \boldsymbol{u}^{\mathrm{T}}(\boldsymbol{t}) \boldsymbol{u}(\boldsymbol{t}) \mathrm{d}t = n U_{\mathrm{x}}^2 \tag{4.59}$$

根据式（4.19）可得基准侧广义瞬时有功电流矩阵为

$$\boldsymbol{i}_{\mathrm{p}}(\boldsymbol{t}) = \frac{1}{n} \frac{P_{\mathrm{f}}}{U_{\mathrm{x}}^2} \boldsymbol{u}(\boldsymbol{t}) \tag{4.60}$$

将 $P_{\mathrm{f}} = U_{\mathrm{f}} I_{\mathrm{f}} \cos \varphi_{\mathrm{f}}$、$K_{\mathrm{f}} = U_{\mathrm{f}} / U_{\mathrm{x}}$ 代入式（4.60）得

$$\boldsymbol{i}_{\mathrm{p}}(\boldsymbol{t}) = \frac{1}{n} K_{\mathrm{f}} I_{\mathrm{f}} \cos \varphi_{\mathrm{f}} \boldsymbol{u}_*(\boldsymbol{t}) \tag{4.61}$$

式中，$\boldsymbol{u}_*(t)$ 为基准侧的单位瞬时电压矩阵，$\boldsymbol{u}_*(t) = \boldsymbol{u}(t)/U_x$。

作为特例，若求牵引变压器二次侧三相系统的广义瞬时有功电流，基准电压为 $\dot{U}_x = \dot{U}_a$，并假设三相电压对称，则三相等效星形电压瞬时值可表示为

$$\boldsymbol{u}(t) = \begin{bmatrix} u_a(t) \\ u_b(t) \\ u_c(t) \end{bmatrix} = \begin{bmatrix} \sqrt{2}U_a \sin\omega t \\ \sqrt{2}U_b \sin(\omega t - 120°) \\ \sqrt{2}U_c \sin(\omega t + 120°) \end{bmatrix} \tag{4.62}$$

则 $\dfrac{1}{T}\displaystyle\int_0^T \boldsymbol{u}^T(t)\boldsymbol{u}(t)\mathrm{d}t = U_a^2 + U_b^2 + U_c^2 = 3U_a^2$。根据式（4.19）可得基准侧的三相广义瞬时有功电流为

$$\boldsymbol{i}_p(t) = \frac{1}{3}\frac{P_f}{U_a^2}\boldsymbol{u}(t) \tag{4.63}$$

将 $P_f = U_f I_f \cos\varphi_f$、$K_f = U_f/U_a$ 代入式（4.63）可得

$$\boldsymbol{i}_p(t) = \frac{1}{3} K_f I_f \cos\varphi_f \boldsymbol{u}_*(t) \tag{4.64}$$

对于两相系统，若以变压器次边为基准侧，以 α 相电压为基准电压，即 $\dot{U}_x = \dot{U}_\alpha$，则 $K_f = U_f/U_\alpha$，根据式（4.19）可求得变压器次边两相广义瞬时有功电流为

$$\boldsymbol{i}_p(t) = \frac{1}{2}\frac{P_f}{U_\alpha^2}\boldsymbol{u}(t) \tag{4.65}$$

$$\boldsymbol{i}_p(t) = \begin{bmatrix} i_{\alpha p}(t) \\ i_{\beta p}(t) \end{bmatrix} = \frac{1}{2} K_f I_f \cos\varphi_f \boldsymbol{u}_*(t) \tag{4.66}$$

最佳补偿电流、广义瞬时无功电流为

$$\boldsymbol{i}_{ph}(t) = \boldsymbol{i}_q(t) = \boldsymbol{i}(t) - \boldsymbol{i}_p(t) = \boldsymbol{i}(t) - \frac{1}{n} K_f I_f \cos\varphi_f \boldsymbol{u}_*(t) \tag{4.67}$$

1）V,y-55 接线

参照图 3.4 所示的接线方式，有

$$\boldsymbol{i}(t) = [i_f(t) \quad -i_f(t) \quad 0]^T \tag{4.68}$$

此时，基准侧三相电压 $\boldsymbol{u}(t)$ 为等效三相星形电压，如式（4.62）所示；基准电压 $\dot{U}_x = \dot{U}_a$，$K_f = U_f/U_a = \sqrt{3}$，代入式（4.67）可得牵引侧三相最佳补偿电流为

$$\begin{bmatrix} i_{aph}(t) \\ i_{bph}(t) \\ i_{cph}(t) \end{bmatrix} = \begin{bmatrix} i_f(t) \\ -i_f(t) \\ 0 \end{bmatrix} - \frac{1}{\sqrt{3}} I_f \cos\varphi_f \begin{bmatrix} \sqrt{2}\sin\omega t \\ \sqrt{2}\sin(\omega t - 120°) \\ \sqrt{2}\sin(\omega t + 120°) \end{bmatrix} \tag{4.69}$$

2）V,x-55 接线

接线原理如图 3.5 所示，由图可得两端口电流以及补偿电流之间的关系：

$$\begin{cases} i_a(t) = -i_b(t) \\ i_c(t) = -i_d(t) \end{cases} \text{和} \begin{cases} i_{\text{aph}}(t) = -i_{\text{bph}}(t) \\ i_{\text{cph}}(t) = -i_{\text{dph}}(t) \end{cases} \quad (4.70)$$

可以推得补偿电流 $i_{\text{aph}}(t)$、$i_{\text{cph}}(t)$ 与式（4.69）相同。

3）单台 YN,d11 接线

对于图 3.8（a）接线方式，有

$$\boldsymbol{i}(\boldsymbol{t}) = [i_f(t) \quad -i_f(t) \quad 0]^T \quad (4.71)$$

基准侧三相电压 $\boldsymbol{u}(\boldsymbol{t})$ 为等效三相星形电压，仍假定如式（4.62）所示；基准电压 $\dot{U}_x = \dot{U}_a$，$K_f = U_f/U_a = \sqrt{3}$，代入式（4.67）可得

$$\begin{bmatrix} i_{\text{aph}}(t) \\ i_{\text{bph}}(t) \\ i_{\text{cph}}(t) \end{bmatrix} = \boldsymbol{i}(\boldsymbol{t}) - \frac{1}{\sqrt{3}} I_f \cos\varphi_f \begin{bmatrix} \sqrt{2}\sin\omega t \\ \sqrt{2}\sin(\omega t - 120°) \\ \sqrt{2}\sin(\omega t + 120°) \end{bmatrix} \quad (4.72)$$

对于图 3.8（b）:

$$\boldsymbol{i}(\boldsymbol{t}) = [i_f(t) \quad 0 \quad 0]^T \quad (4.73)$$

基准电压 $\dot{U}_x = \dot{U}_a$，$k_f = U_f/U_a = 2\sqrt{3}$，代入式（4.67）可得

$$\begin{bmatrix} i_{\text{aph}}(t) \\ i_{\text{bph}}(t) \\ i_{\text{cph}}(t) \end{bmatrix} = \boldsymbol{i}(\boldsymbol{t}) - \frac{2}{\sqrt{3}} I_f \cos\varphi_f \begin{bmatrix} \sqrt{2}\sin\omega t \\ \sqrt{2}\sin(\omega t - 120°) \\ \sqrt{2}\sin(\omega t + 120°) \end{bmatrix} \quad (4.74)$$

对于 YN,d11 接线，三角侧的等效星形电压将领先于原边电压 30°。通常以原边 A 相电压为参考，这时式（4.62）变为

$$\boldsymbol{u}(\boldsymbol{t}) = \begin{bmatrix} u_a(t) \\ u_b(t) \\ u_c(t) \end{bmatrix} = \begin{bmatrix} \sqrt{2}U_a \sin(\omega t + 30°) \\ \sqrt{2}U_b \sin(\omega t - 90°) \\ \sqrt{2}U_c \sin(\omega t + 150°) \end{bmatrix} \quad (4.75)$$

由此不难写出以 A 相电压为参考牵引侧最佳补偿电流表达式，此处不再赘述。

4）单台阻抗匹配平衡变压器接线

阻抗匹配平衡变压器接线次边为两相系统，与图 3.8（a）所示的 YN,d11 接线连接方式相对应，α 相对应 ab 端口、β 相对应 bc 端口，所以 $\dot{U}_\alpha = \dot{U}_{ab} = \dot{U}_f$，$\dot{U}_\beta = \dot{U}_{bc}$，则

$$\boldsymbol{i}(\boldsymbol{t}) = [i_\alpha(t) \quad i_\beta(t)]^T = [i_f(t) \quad 0]^T \quad (4.76)$$

基准电压 $\dot{U}_j = \dot{U}_\alpha$，$K_f = U_f/U_\alpha = 1$，代入式（4.67）可得，两相系统最佳补偿电流为

$$\begin{bmatrix} i_{\alpha\mathrm{ph}}(t) \\ i_{\beta\mathrm{ph}}(t) \end{bmatrix} = \begin{bmatrix} i_\mathrm{f}(t) \\ 0 \end{bmatrix} - \frac{\sqrt{2}}{2} I_\mathrm{f} \cos\varphi_\mathrm{f} \begin{bmatrix} \sin\omega t \\ -\cos\omega t \end{bmatrix} \tag{4.77}$$

对应图 3.8（b），α 相对应 aF 端口、β 相对应 bc 端口，所以 $\dot{U}_\alpha = \dot{U}_{\mathrm{aF}} = \dot{U}_\mathrm{f}$，其余与图 3.8（a）的情况完全相同。

阻抗匹配次边两相与原边 A 相电压有 15° 和 -75° 相角差，所以，如果以变压器原边 A 相电压为参考，那么式（4.77）变为

$$\begin{bmatrix} i_{\alpha\mathrm{ph}}(t) \\ i_{\beta\mathrm{ph}}(t) \end{bmatrix} = \begin{bmatrix} i_\mathrm{f}(t) \\ 0 \end{bmatrix} - \frac{\sqrt{2}}{2} I_\mathrm{f} \cos\varphi_\mathrm{f} \begin{bmatrix} \sin(\omega t + 15°) \\ -\cos(\omega t + 15°) \end{bmatrix} \tag{4.78}$$

5）Scott 接线

接线原理如图 3.10 所示，$\dot{U}_\alpha = \dot{U}_{\mathrm{bd}} = \dot{U}_\mathrm{f}$，$\dot{U}_\beta = \dot{U}_{\mathrm{ca}}$，由图可得

$$\boldsymbol{i}(t) = [0 \quad i_\mathrm{f}(t)]^\mathrm{T} \tag{4.79}$$

基准电压 $\dot{U}_\mathrm{j} = \dot{U}_\alpha$，$K_\mathrm{f} = U_\mathrm{f}/U_\alpha = 1$，代入式（4.67）可得，两相系统最佳补偿电流为

$$\begin{bmatrix} i_{\alpha\mathrm{ph}}(t) \\ i_{\beta\mathrm{ph}}(t) \end{bmatrix} = \begin{bmatrix} i_{\mathrm{aph}}(t) \\ i_{\mathrm{bph}}(t) \end{bmatrix} = \begin{bmatrix} 0 \\ i_\mathrm{f}(t) \end{bmatrix} - \frac{\sqrt{2}}{2} I_\mathrm{f} \cos\varphi_\mathrm{f} \begin{bmatrix} \sin\omega t \\ \sin(\omega t - 90°) \end{bmatrix} \tag{4.80}$$

6）三相变四相变压器接线

接线原理如图 3.9 所示，根据三相变四相变压器的特点，可得

$$\begin{cases} i_\mathrm{a}(t) = -i_\mathrm{c}(t) \\ i_\mathrm{b}(t) = -i_\mathrm{d}(t) \end{cases} \text{和} \begin{cases} i_{\mathrm{ap}}(t) = -i_{\mathrm{cp}}(t) \\ i_{\mathrm{bp}}(t) = -i_{\mathrm{dp}}(t) \end{cases} \tag{4.81}$$

$$\boldsymbol{i}(t) = [i_\mathrm{f}(t) \quad 0]^\mathrm{T} \tag{4.82}$$

将上式和式（4.49）、式（4.50）代入式（4.59），可得

$$\begin{bmatrix} i_{\alpha\mathrm{ph}}(t) \\ i_{\beta\mathrm{ph}}(t) \end{bmatrix} \begin{bmatrix} i_{\mathrm{aph}}(t) \\ i_{\mathrm{bph}}(t) \end{bmatrix} = \begin{bmatrix} i_\mathrm{f}(t) \\ 0 \end{bmatrix} - \frac{\sqrt{2}}{2} I_\mathrm{f} \cos\varphi_\mathrm{f} \begin{bmatrix} \sin\omega t \\ \sin(\omega t - 90°) \end{bmatrix} \tag{4.83}$$

4.4.2 满意补偿电流

在实际中，并不需要完全补偿所有的无功，有时也不宜完全补偿。这是因为补偿设备的容量与指标要求是非线性关系。以功率因数为例，当功率因数提高到一定值时，功率因数随补偿设备容量的增加其提高幅度将急剧下降。所以考虑经济技术综合指标，实际需要使功率因数提高到满意值即可。同样对负序补偿也应有一定的限额，如果通过补偿使电流电压不对称程度降低到要求的标准值时，就可以认为这是满意的补偿。最优补偿要求电源只提供负载所需要的广义有功电流，补偿装置提供全部的广义无功电流，对广义无功电流的补偿没有剩余，属于全补偿。而满意补偿不要求补偿全部的广义无功电流，因此，电源电流中不仅包含广义有功电流分量而且还包含剩余的广义无功电流，属于欠补偿。

第4章 同相供电系统平衡补偿的模型与优化

在最优补偿模型中,补偿装置提供的电流等于广义无功电流,电源提供的电流等于广义有功电流。根据最佳负载模型和波形畸变最小模型不难得到满意补偿模型。

1. 满意补偿模型一

将补偿前电流 $i(t)$ 分为两个部分:广义有功分量 $i_p(t)$、广义无功分量 $i_q(t)$,则

$$i(t) = i_p(t) + i_q(t) \tag{4.84}$$

补偿后

$$i(t) = i_p(t) + (1 - K_\Sigma)i_q(t) \tag{4.85}$$

$$i_{ph}(t) = K_\Sigma i_q(t) \tag{4.86}$$

式中 K_Σ——广义无功补偿度,实际上是包括负序、无功和谐波的一个综合补偿度,其取值应根据要求确定,$K_\Sigma \in [0 \quad 1]$。

根据式(4.86),对于任意的 $k \in X$,则

$$\left. \begin{array}{l} \dot{I}_{kph} = K_\Sigma \dot{I}_{kq} \\ i_{kph} = K_\Sigma i_{kq} \end{array} \right\} \tag{4.87}$$

式中 $\dot{I}_{kph}$、$\dot{I}_{kq}$——k 相补偿电流与无功电流向量;

i_{kph}、i_{kq}——k 相补偿电流与无功电流瞬时值。

2. 满意补偿模型二

将补偿前电流 $i(t)$ 分为三个部分:正序有功分量 $i_p^+(t)$、正序无功分量 $i_q^+(t)$ 和负序分量 $i^-(t)$,则

$$i(t) = i_p^+(t) + i_q^+(t) + i^-(t) \tag{4.88}$$

补偿后

$$i(t) = i_p^+(t) + (1 - K_C)i_q^+(t) + (1 - K_N)i^-(t) \tag{4.89}$$

$$i_{ph}(t) = K_C i_q^+(t) + K_N i^-(t) \tag{4.90}$$

式中 K_C、K_N——正序无功补偿度和总负序补偿度。

根据式(4.90),对于任意的 $k \in X$,则

$$\left. \begin{array}{l} \dot{I}_{kph} = K_C \dot{I}_{kq}^+ + K_N \dot{I}_k^- \\ i_{kph} = K_C i_{kq}^+ + K_N i_k^- \end{array} \right\} \tag{4.91}$$

式中 $\dot{I}_{kq}^+$、i_{kq}^+——k 相正序无功电流向量及其瞬时值;

$\dot{I}_k^-$、i_k^-——k 相负序电流向量及其瞬时值。

假定 k 相电压滞后参考相电压 φ_k，滞后为正。只考虑一个端口有负荷的情况，根据式（1.108），将正序电流指数式展开，可得

$$\begin{aligned}\dot{I}_k^+ &= \frac{1}{n}K_f I_f e^{-j\varphi_f} e^{-j\varphi_k} \\ &= \frac{1}{n}K_f I_f \cos\varphi_f e^{-j\varphi_k} - j\frac{1}{n}K_f I_f \sin\varphi_f e^{-j\varphi_k}\end{aligned} \quad (4.92)$$

所以，k 相正序无功和负序电流分别为

$$\left.\begin{aligned}\dot{I}_{kq}^+ &= \frac{1}{n}K_f I_f \sin\varphi_f e^{-j(\varphi_k+90°)} \\ \dot{I}_k^- &= \frac{1}{n}K_f I_f e^{-j(2\psi_f+\varphi_f-\varphi_k)}\end{aligned}\right\} \quad (4.93)$$

将式（4.93）代入式（4.91），得模型二补偿电流表达式为

$$\dot{I}_{kph} = \frac{1}{n}K_f I_f (K_N e^{-j(2\psi_f+\varphi_f-\varphi_k)} + K_C \sin\varphi_f e^{-j(\varphi_k+90°)}) \quad (4.94)$$

根据余弦定理，并令

$$\delta_k = 2\psi_f + \varphi_f - 2\varphi_k \quad (4.95)$$

$$K_k = \sqrt{K_N^2 + (K_C \sin\varphi_f)^2 + 2K_N K_C \sin\varphi_f \sin\delta_k} \quad (4.96)$$

$$\gamma_k = \arccos\left(\frac{K_N \cos\delta_k}{K_k}\right) \quad (4.97)$$

可得补偿电流（向量和瞬时值）表达式为

$$\left.\begin{aligned}\dot{I}_{kph} &= \frac{1}{n}K_k K_f I_f e^{-j(\varphi_k+\gamma_k)} \\ i_{kph} &= \frac{1}{n}\sqrt{2}K_k K_f I_f \sin(\omega t - \varphi_k - \gamma_k)\end{aligned}\right\} \quad (4.98)$$

式中　φ_k——k 相电压滞后参考相电压的角度，以滞后为正。

从式（4.94）和式（4.98）看，各相补偿电流，其幅值和相位，不仅与负荷电流大小和负荷功率因数角有关，而且与负荷接入的端口有关。

3．满意补偿模型三

将补偿前电流 $i(t)$ 分为四个部分：正序基波有功分量 $i_{1p}^+(t)$、正序基波无功分量 $i_{1q}^+(t)$、基波负序分量 $i_1^-(t)$ 和谐波分量 $i_h(t)$，则

$$i(t) = i_{1p}^+(t) + i_{1q}^+(t) + i_1^-(t) + i_h(t) \quad (4.99)$$

补偿后

$$i(t) = i_{1p}^+(t) + (1-K_C)i_{1q}^+(t) + (1-K_N)i_1^-(t) + (1-K_h)i_h(t) \qquad (4.100)$$

$$i_{ph}(t) = K_C i_{1q}^+(t) + K_N i_1^-(t) + K_h i_h(t) \qquad (4.101)$$

式中 K_h、K_C、K_N——谐波、正序基波无功和基波负序补偿度。

根据式（4.101），对于任意的 $k \in X$，则

$$\left.\begin{array}{l} \dot{I}_{kph} = K_C \dot{I}_{k1q}^+ + K_N \dot{I}_{k1}^- + K_h \dot{I}_{kh} \\ i_{kph} = K_C i_{k1q}^+ + K_N i_{k1}^- + K_h i_{kh} \end{array}\right\} \qquad (4.102)$$

如果系统不含谐波，这时满意补偿模型三与满意补偿模型二完全相同。

4.5 期望补偿功率

通过补偿使系统各项指标达到补偿目标时补偿装置提供的复功率和视在功率分别称为期望补偿功率和期望补偿容量，以下简称为补偿功率和补偿容量。补偿功率和补偿容量是确定补偿装置容量的主要依据。补偿功率与要补偿的负序功率和无功功率有关，因此以下首先介绍正序功率和负序功率，然后再详细讨论补偿功率与负荷及负荷接线端口的关系。

4.5.1 正序功率与负序功率

为不失一般性，设讨论的是 n 相系统（如果你认为三相系统好理解，也可直接令 $n=3$），各相电压对称，基准侧参考电压为 $\dot{U}_x$，k 相电压 $\dot{U}_k$ 滞后基准电压 $\dot{U}_x$ 相位角为 φ_k，那么 k 相正序电流滞后于参考相正序电流相位角为 φ_k，根据负序电流逆相序的特点，知 k 相负序电流将超前于参考相负序电流相位角 φ_k，所以 k 相电压和正负序电流可表示为

$$\left.\begin{array}{l} \dot{U}_k = \dot{U}_x e^{-j\varphi_k} \\ \dot{I}_k^+ = \dot{I}_x^+ e^{-j\varphi_k} \\ \dot{I}_k^- = \dot{I}_x^- e^{j\varphi_k} \end{array}\right\} \qquad (4.103)$$

为表述方便，仍用 X 代表相别符号集合。

1．正序功率

（1）任意相的正序功率定义为该相的正序电压向量与该相的正序电流共轭向量乘积。由于系统电压完全对称，正序电压等于系统电压，因此，对任意的 $k \in X$，正序功率可表示为

$$\boldsymbol{S}_k^+ = \dot{U}_k \hat{I}_k^+ \qquad (4.104)$$

式中，$\boldsymbol{S}_k^+$ 为 k 相的正序功率。

考虑 k 相电压及正负序电流与参考相之间的关系，以及同相供电系统只有一个端口接有负荷，根据式（1.109），可得对于任意的 $k \in X$，k 相的正序功率为

$$\boldsymbol{S}_k^+ = \dot{U}_k \hat{I}_k^+ = \dot{U}_x \hat{I}_x^+ = \frac{1}{n} S_f \mathrm{e}^{\mathrm{j}\varphi_f} = \frac{1}{n} \boldsymbol{S}_f \tag{4.105}$$

式中，$S_f = U_f I_f$ 为负荷的视在功率，U_f、I_f 为负荷端口的电压和电流有效值；$\boldsymbol{S}_f = S_f \mathrm{e}^{\mathrm{j}\varphi_f}$ 为负荷的复功率。

由式（4.105）知，正序功率仅与负荷功率有关，与负荷接入的端口、负荷的接线角无关；各相正序功率相等，且恒等于负荷功率的 $1/n$，即对于任意 $k \in X$ 都有 $\boldsymbol{S}_k^+ = \boldsymbol{S}_f/n$。

（2）总正序功率 $\boldsymbol{S}^+$ 定义为各相正序功率之总和，即

$$\boldsymbol{S}^+ = \sum_k \dot{U}_k \hat{I}_k^+ \quad (k \in X) \tag{4.106}$$

将（4.105）代入式（4.106）可得

$$\boldsymbol{S}^+ = \sum_k \dot{U}_k \hat{I}_k^+ = S_f \mathrm{e}^{\mathrm{j}\varphi_f} = \boldsymbol{S}_f \tag{4.107}$$

说明总正序功率恒等于负荷的总功率。

（3）总正序视在功率 S^+ 定义为各相正序视在功率之总和，即

$$S^+ = \sum_k U_k I_k^+ \quad (k \in X) \tag{4.108}$$

根据式（4.105）和式（4.108），得

$$S^+ = \sum_k U_k I_k^+ = S_f \tag{4.109}$$

说明总正序视在功率恒等于负荷的总视在功率，即 $S^+ = S_f$。

2．负序功率

（1）任意相的负序功率定义为该相的电压向量与该相负序电流共轭向量乘积，即对于任意 $k \in X$，有

$$\boldsymbol{S}_k^- = \dot{U}_k \hat{I}_k^- \quad (k \in X) \tag{4.110}$$

式中，$\boldsymbol{S}_k^-$ 为 k 相的负序功率。

将式（4.103）代入上式，并根据式（4.109），对于只有一个端口有负荷的同相供电系统，有

$$\boldsymbol{S}_k^- = \dot{U}_k \hat{I}_k^- = \frac{1}{n} S_f \mathrm{e}^{\mathrm{j}(2\psi_f + \varphi_f - 2\varphi_k)} \tag{4.111}$$

说明：各相负序功率的模值相等且等于负荷视在功率的 $1/n$，其辐角与负荷的接线角和功率因数角有关。

当系统完全对称时总负序功率和各相负序功率都为零，所以负序功率必然是伴随不对称系统而产生的。将不对称系统变为完全对称的系统，也就意味着补偿装置提供了全部的负序功率。

（2）总负序功率 S^- 定义为各相负序功率之和，即

$$S^- = \sum_k \dot{U}_k \hat{I}_k^- \quad (k \in X) \tag{4.112}$$

将式（4.111）代入上式可得 $S^- = 0$，即总负序功率恒等于零。这是因为负序电流不产生有功功率，负序功率总是在各相之间进行交换，说明负序的存在增加了系统的负担。

（3）总负序视在功率 S^- 有两种定义：

根据分总视在功率定义，总负序视在功率为

$$S_{\Sigma 1}^- = \sum_k U_k I_k^- \quad (k \in X) \tag{4.113}$$

将式（4.111）代入上式可得

$$S_{\Sigma 1}^- = \sum_k U_k I_k^- = S_f \quad (k \in X) \tag{4.114}$$

根据集总视在功率定义，总负序视在功率为

$$S_{\Sigma 2}^- = U_\Sigma I_\Sigma^- = \sqrt{\sum_k U_k^2} \sqrt{\sum_k I_k^{-2}} \quad (k \in X) \tag{4.115}$$

可以验证，当电压对称时，分总负序视在功率等于集总负序视在功率，即 $S^- = S_{\Sigma 1}^- = S_{\Sigma 2}^-$，两种定义结果一样。以下在没有特殊指明时，通常总负序视在功率是指分总视在功率。

式（4.114）说明：总负序视在功率恒等于负荷视在功率；总负序视在功率与变压器的接线方式、负荷接入的端口无关，因此，企图通过改变负荷的接线角（包括改变变压器的接线方式、采用特殊接线形式的变压器以及改变负荷接入的端口等）来改变负序视在功率的大小是徒劳的。

【例 4.1】 YN,d11 接同相供电平衡补偿模型，如图 4.2 所示，bc 相间接负荷，负荷的功率因数为 $\cos\varphi_f = 0.809$，求负序功率。

解：以 a 相为参考，即 $\dot{U}_x = \dot{U}_a$（$\dot{U}_a$ 为等效星形 a 相电压），则负荷的接线角为 $\psi_f = 90°$，根据式（4.111），并注意此时 $n = 3$，可得

$$\left.\begin{aligned} \boldsymbol{S}_a^- &= \dot{U}_a \hat{I}_a^- = \frac{1}{3} S_f e^{j(2\psi_f + \varphi_f)} = -\frac{1}{3} \boldsymbol{S}_f \\ \boldsymbol{S}_b^- &= \dot{U}_a e^{-j120°}(\hat{I}_a^- e^{j120°}) = -\frac{1}{3} \boldsymbol{S}_f e^{j120°} \\ \boldsymbol{S}_c^- &= \dot{U}_a e^{j120°}(\hat{I}_a^- e^{-j120°}) = -\frac{1}{3} \boldsymbol{S}_f e^{-j120°} \end{aligned}\right\} \tag{4.116}$$

$$\boldsymbol{S}_b^- + \boldsymbol{S}_c^- = \frac{1}{3} \boldsymbol{S}_f \tag{4.117}$$

注意式（4.117）的右端为正，表示 b、c 两相即负荷端口 bc 相多承担了 1/3 的负荷功率；而式（4.116）中 a 相负序功率表达式的右端有一负号"–"，表示 a 相少承担了 1/3 的负荷功率。因此要想实现三相平衡就必须通过补偿装置将 1/3 的负荷功率从 a 相传向负荷的 bc 端口。

【例 4.2】 Scott 接线同相牵引供电系统如图 3.10 所示，两相电压对称，负载接于 M 座（β 相），负荷的功率因数为 $\cos\varphi_f = 0.809$，求负序功率。

解：以 α 相为参考，即 $\dot{U}_x = \dot{U}_\alpha$，所以负荷的接线角 $\psi_f = 90°$，注意 $n = 2$、$X = \{\alpha\ \ \beta\}$，则

$$\left.\begin{array}{l} \boldsymbol{S}_\alpha^- = \dot{U}_\alpha \hat{I}_\alpha^- = \dfrac{1}{2} S_f \mathrm{e}^{\mathrm{j}(2\psi_f + \varphi_f)} = -\dfrac{1}{2} \boldsymbol{S}_f \\[6pt] \boldsymbol{S}_\beta^- = \dot{U}_\beta \hat{I}_\beta^- = -\dfrac{1}{2} S_f \mathrm{e}^{\mathrm{j}(2\psi_f + \varphi_f)} = \dfrac{1}{2} \boldsymbol{S}_f \end{array}\right\} \tag{4.118}$$

$$\boldsymbol{S}_\beta^{(-)} = -\boldsymbol{S}_\alpha^{(-)} = \dfrac{1}{2} \boldsymbol{S}_f \tag{4.119}$$

注意式（4.118）右端的符号，其中 α 相负序功率表达式右端有一个"−"号，表示 α 相少承担了 1/2 的负荷（容量）功率；而 β 相负序功率表达式右端为正，说明，β 相多承担了 1/2 的负荷（容量）功率。所以要实现各相负荷平衡就必须将 1/2 的负荷（容量）功率由非负荷相（α 相）传向负荷相（β 相）。

显而易见，任意星形 n 相系统，当只有一个端口有负荷时，接于负荷端口各相（负荷相）承担了负荷所需的全部功率，而非负荷端口的各相对负荷没有任何贡献。为了实现系统平衡，就必须将 1/n 的负荷（容量）功率从每一个非负荷相传向负荷端口。

4.5.2 补偿功率与补偿容量

为便于观察，以下分为仅补偿负序和综合补偿（指负序和无功同时补偿）两种情况进行讨论。

1. 仅补偿负序时

根据补偿功率的定义，某一相的（期望）补偿功率为该相电压与该相的补偿电流共轭向量乘积。即

$$\boldsymbol{S}_{k\mathrm{ph}} = \dot{U}_k \hat{I}_{k\mathrm{ph}}^- \tag{4.120}$$

根据式（4.85），仅补偿负序时 $\dot{I}_{k\mathrm{ph}}^- = K_\mathrm{N} \dot{I}_k^-$，代入式（4.120）可得

$$\boldsymbol{S}_{k\mathrm{ph}} = K_\mathrm{N} \boldsymbol{S}_k^- \tag{4.121}$$

再将式（4.111）代入式（4.121），可得

$$\boldsymbol{S}_{k\mathrm{ph}} = \dfrac{1}{n} K_\mathrm{N} S_f \mathrm{e}^{\mathrm{j}(2\psi_f + \varphi_f - 2\varphi_k)} \tag{4.122}$$

式中，$\boldsymbol{S}_{k\mathrm{ph}}$ 为 k 相的补偿功率。

定义总补偿容量为各相补偿容量之总和，并令 $S_{\Sigma\mathrm{ph}}$ 代表总补偿容量，$S_{k\mathrm{ph}}$ 代表 k 相的补偿容量，则

$$\left.\begin{array}{l} S_{k\mathrm{ph}} = \dfrac{1}{n} K_{\mathrm{N}} S_{\mathrm{f}} \\ S_{\Sigma\mathrm{ph}} = n S_{k\mathrm{ph}} = K_{\mathrm{N}} S_{\mathrm{f}} \end{array}\right\} \quad (4.123)$$

说明仅补偿负序时，各相补偿容量和总补偿容量仅与负荷的容量和负序的补偿度有关，与负荷的接线角无关。各相补偿容量大小相等，且恒等于 $\dfrac{1}{n} K_{\mathrm{N}} S_{\mathrm{f}}$，总补偿容量恒为 $K_{\mathrm{N}} S_{\mathrm{f}}$；改变负荷的接线角只能改变补偿功率的辐角，不能改变补偿容量的大小。

由于平衡补偿装置的主要作用是实现各相功率均衡，这就决定了平衡补偿装置必须具备两个重要特性：功率传递特性和补偿功率旋转特性。

1) 功率传递特性

三相 120° 接线各相补偿功率为

$$\left.\begin{array}{l} \boldsymbol{S}_{\mathrm{aph}} = K_{\mathrm{N}} \dot{U}_{\mathrm{a}} \hat{I}_{\mathrm{a}}^{-} = \dfrac{1}{3} K_{\mathrm{N}} S_{\mathrm{f}} \mathrm{e}^{\mathrm{j}(2\psi_{\mathrm{f}} + \varphi_{\mathrm{f}})} \\ \boldsymbol{S}_{\mathrm{bph}} = K_{\mathrm{N}} \dot{U}_{\mathrm{b}} \hat{I}_{\mathrm{b}}^{-} = \dfrac{1}{3} K_{\mathrm{N}} S_{\mathrm{f}} \mathrm{e}^{\mathrm{j}(2\psi_{\mathrm{f}} + \varphi_{\mathrm{f}})} \mathrm{e}^{\mathrm{j}120°} \\ \boldsymbol{S}_{\mathrm{cph}} = K_{\mathrm{N}} \dot{U}_{\mathrm{c}} \hat{I}_{\mathrm{c}}^{-} = \dfrac{1}{3} K_{\mathrm{N}} S_{\mathrm{f}} \mathrm{e}^{\mathrm{j}(2\psi_{\mathrm{f}} + \varphi_{\mathrm{f}})} \mathrm{e}^{-\mathrm{j}120°} \end{array}\right\} \quad (4.124)$$

参照例 4.1，当负荷接在 bc 相间时，以等效星形电压 $\dot{U}_{\mathrm{a}}$ 为参考，$\psi_{\mathrm{f}} = 90°$，则

$$\left\{\begin{array}{l} \boldsymbol{S}_{\mathrm{aph}} = -\dfrac{1}{3} K_{\mathrm{N}} S_{\mathrm{f}} \mathrm{e}^{\mathrm{j}\varphi_{\mathrm{f}}} \\ \boldsymbol{S}_{\mathrm{bph}} + \boldsymbol{S}_{\mathrm{cph}} = \dfrac{1}{3} K_{\mathrm{N}} S_{\mathrm{f}} \mathrm{e}^{\mathrm{j}\varphi_{\mathrm{f}}} \end{array}\right. \quad (4.125)$$

式（4.125）两个表达式的右端一个为"–"，另一个为"+"，其中 a 相（期望）补偿功率为负，而 b、c 相的（期望）补偿功率为正，这表示要实现三相平衡，补偿装置必须从系统 a 相吸收功率，并同时向 bc 端口输出功率。相当于功率从系统 a 相经补偿装置流向 bc 端口，流入流出补偿装置的功率相等。

两相 90° 接线各相补偿功率为

$$\left.\begin{array}{l} \boldsymbol{S}_{\alpha\mathrm{ph}} = K_{\mathrm{N}} \dot{U}_{\alpha} \hat{I}_{\alpha}^{-} = \dfrac{1}{2} K_{\mathrm{N}} S_{\mathrm{f}} \mathrm{e}^{\mathrm{j}(2\psi_{\mathrm{f}} + \varphi_{\mathrm{f}})} \\ \boldsymbol{S}_{\beta\mathrm{ph}} = K_{\mathrm{N}} \dot{U}_{\beta} \hat{I}_{\beta}^{-} = -\dfrac{1}{2} K_{\mathrm{N}} S_{\mathrm{f}} \mathrm{e}^{\mathrm{j}(2\psi_{\mathrm{f}} + \varphi_{\mathrm{f}})} \end{array}\right\} \quad (4.126)$$

同样，$\boldsymbol{S}_{\alpha\mathrm{ph}} + \boldsymbol{S}_{\beta\mathrm{ph}} = 0$，参照例 4.2，当负荷接在 β 相，则

$$\boldsymbol{S}_{\beta\mathrm{ph}} = \dfrac{1}{2} K_{\mathrm{N}} S_{\mathrm{f}} \mathrm{e}^{\mathrm{j}\varphi_{\mathrm{f}}} = -\boldsymbol{S}_{\alpha\mathrm{ph}} \quad (4.127)$$

式（4.125）和式（4.127）再次说明，补偿装置补偿负序时的功率传递特性。也就是当补偿负序时，补偿装置必须从系统非负荷相吸收功率，经补偿装置又流向负荷，而且补偿装

置从系统吸收的功率等于补偿装置输出给负荷的功率,输出和吸收的总功率代数和恒为零。

补偿负序时补偿装置的功率传递特性,从平衡补偿原理来看是十分明显的,因为要实现各相完全平衡,就必须使每一相所承担的功率相等,对于各相不均衡的负荷只有通过平衡补偿装置传递功率才能实现系统各相平衡。

结论 4.1　同相牵引供电系统实现系统平衡的充要条件是补偿装置必须将 S_f/n 功率从系统每一个非负荷相传向负荷端口——称为补偿装置的功率传递特性。

2) 旋转周期特性

为了理解补偿负序时补偿功率的旋转周期特性,引入旋转矢量 $\vec{S}$,定义 $\vec{S}$ 为

$$\vec{S} = \frac{1}{n} K_N S_f e^{j(2\psi_f + \varphi_f)} = R e^{j\theta} \tag{4.128}$$

式中　R——旋转矢量 $\vec{S}$ 的模值,对应各相的补偿容量,$R = \frac{1}{n} k_N S_f$;

　　　θ——旋转矢量 $\vec{S}$ 的旋转因子,$\theta = 2\psi_f + \varphi_f$。

当改变接线角 ψ_f 或改变负荷的功率因数角 φ_f,使旋转因子 θ 增加或减小时,则旋转矢量 $\vec{S}$ 将保持模值不变逆时针或顺时针方向旋转,其轨迹是以 R 为半径的圆。

对于三相系统,令 $n=3$ 代入式 (4.128),则补偿功率 S_{aph}、S_{bph} 和 S_{cph} 可以理解为是以 R 为半径、以 θ 为旋转因子的三个旋转矢量。各相补偿功率与旋转矢量 $\vec{S}$ 有如下关系:

$$\left.\begin{array}{l} S_{aph} = \vec{S} \\ S_{bph} = \vec{S} e^{j120°} \\ S_{cph} = \vec{S} e^{-j120°} \end{array}\right\} \tag{4.129}$$

如图 4.17 所示,三个旋转矢量始终彼此相差 120°,具有旋转矢量的旋转不变性,即具有以下恒等式:

$$S_{aph} = S_{bph} e^{-j120°} = S_{cph} e^{j120°} \tag{4.130}$$

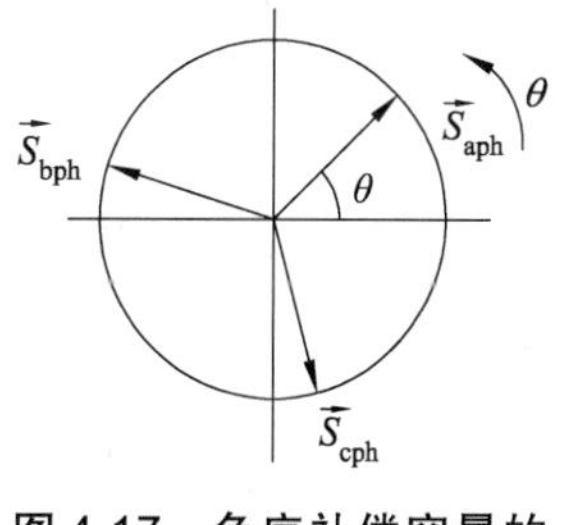

当 θ 增加 120°,则 S_{aph}、S_{bph} 和 S_{cph} 逆时针旋转 120°;当 θ 减小 120°,S_{aph}、S_{bph} 和 S_{cph} 顺时针旋转 120°;当 θ 增加或减小 360° 时,S_{aph}、S_{bph} 和 S_{cph} 逆时针或顺时针旋转 360°,重新回到原位。

对于两相 90° 接线系统,令 $n=2$ 代入式 (4.128),则补偿功率 $S_{\alpha ph}$ 和 $S_{\beta ph}$ 也是以 R 为半径、以 θ 为旋转因子的两个旋转矢量。补偿功率与旋转矢量 $\vec{S}$ 有如下关系

图 4.17　负序补偿容量的旋转特性

$$\left.\begin{array}{l} S_{\alpha ph} = \vec{S} \\ S_{\beta ph} = \vec{S} e^{j180°} \end{array}\right\} \tag{4.131}$$

当 θ 增加 90° 或减小 90°,则矢量 $S_{\alpha ph}$ 和 $S_{\beta ph}$ 将逆时针或顺时针旋转 90°;当 θ 增加 180° 或减小 180°,矢量 $S_{\alpha ph}$ 和 $S_{\beta ph}$ 将逆时针或顺时针旋转 180°。

第 4 章　同相供电系统平衡补偿的模型与优化

结论 4.2　仅补偿负序时，只要负序补偿度和负荷不变，则各相补偿功率的大小，即补偿容量就恒定不变，企图通过改变负荷的接线角或变压器的接线方式来改变补偿功率的大小则是徒劳的。改变负荷的接线角，各相补偿功率轨迹将是以 $R = \dfrac{1}{n} K_N S_f$ 为半径的圆。——称为补偿功率的旋转特性。

2．综合补偿时

为不失一般性，以满意补偿模型二为例，根据式（4.91）向量式两边取共轭，再乘以 $\dot{U}_k$，得

$$\boldsymbol{S}_{kph} = K_C \boldsymbol{S}_{kq}^+ + K_N \boldsymbol{S}_k^- = \frac{1}{n} K_k S_f \mathrm{e}^{\mathrm{j}\gamma_k} \tag{4.132}$$

式中，$\boldsymbol{S}_{kq}^+$ 为 k 相正序无功功率 $\boldsymbol{S}_{kq}^+ = \dot{U}_k \hat{I}_{kq}^+$，是正序功率的无功分量，与正序无功电流对应。

由式（4.132），可得 k 相补偿容量为

$$S_{kph} = \frac{1}{n} K_k S_f \tag{4.133}$$

总补偿容量同样有两种定义，根据分总视在功率定义总补偿容量为

$$S_{\Sigma ph1} = \sum_k S_{kph} = \frac{1}{n} S_f \sum_k K_k \tag{4.134}$$

根据集总视在功率定义总补偿容量为

$$S_{\Sigma ph2} = \frac{1}{\sqrt{n}} S_f \sqrt{\sum_k K_k^2} \tag{4.135}$$

式（4.134）的物理意义比较明确，是选择补偿装置容量的主要依据，后面在没有特殊指明情况下都是指分总补偿容量。

综合补偿时，补偿功率的特性与仅补偿负序时有所不同，以三相系统为例，根据式（4.132），则

$$\boldsymbol{S}_{kph} = \frac{1}{3} K_C \sin\varphi_f S_f \mathrm{e}^{\mathrm{j}90°} + \frac{1}{3} K_N S_f \mathrm{e}^{\mathrm{j}(2\psi_f + \varphi_f - 2\varphi_k)} \tag{4.136}$$

令

$$\left.\begin{array}{l} \boldsymbol{S}_{aph} = d + \vec{\boldsymbol{S}} \\ \boldsymbol{S}_{bph} = d + \vec{\boldsymbol{S}} \mathrm{e}^{\mathrm{j}120°} \\ \boldsymbol{S}_{cph} = d + \vec{\boldsymbol{S}} \mathrm{e}^{-\mathrm{j}120°} \end{array}\right\} \tag{4.137}$$

式中，$d = \dfrac{1}{3} K_C \sin\varphi_f S_f \mathrm{e}^{\mathrm{j}90°}$，当无功补偿度、负荷容量和功率因数角一定时，$d$ 为与负荷的接线角无关的常量；$\vec{\boldsymbol{S}}$ 为旋转矢量，如式（4.128）所示。比较式（4.129）和式（4.137）可见，综合补偿时与仅补偿负序时有所不同。与仅补偿负序时相比，综合补偿时每一相补偿功率增加了一个常量 d，但三个补偿功率矢量轨迹依然是以 $R = \dfrac{1}{n} K_N S_f$ 为半径的圆，圆轨迹整体向

上偏移了，如图 4.18 所示，其中虚线圆为仅补偿负序时旋转矢量的轨迹，实线圆为综合补偿时旋转矢量的轨迹。

从图 4.18 可以看出，各相补偿容量不在保持恒定，而是随旋转因子 θ 的改变而改变。那么，对于三相 120° 接线和两相 90° 接线，确定的负荷接于不同的端口，补偿功率和补偿容量会有什么变化呢？

对于三相 120° 线共有三个标准端口（由接线方式自然形成的固有端口称为标准端口），如 Y,d11 接变压器三角侧可以提供 ab、bc、ca 三个标准端口，各端口接线角彼此相差 120°，当负荷接于不同端口时，相当于 θ 依次增加 240°（等价于减小 120°）或减小 240°（等价于增加 120°）。

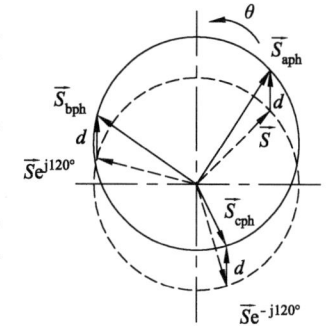

图 4.18 综合补偿时补偿容量的旋转特性

当 θ 增加 120°，S_{aph}、S_{bph} 和 S_{cph} 将逆时针旋转 120°，这时 S_{aph}、S_{bph} 和 S_{cph} 将分别与旋转前的 S_{bph}、S_{cph} 和 S_{aph} 重合。

当 θ 减小 120°，S_{aph}、S_{bph} 和 S_{cph} 将顺时针旋转 120°，这时 S_{aph}、S_{bph} 和 S_{cph} 将分别与旋转前的 S_{cph}、S_{bph} 和 S_{aph} 重合。

对于两相 90° 接线共有两个标准端口 α 相和 β 相端口，两个端口接线角相差 90°，改变负荷接线端口，相当于旋转因子 θ 增加 180° 或减小 180°，而当 θ 增加 180° 或减小 180°，则旋转矢量 $S_{\alpha\text{ph}}$ 和 $S_{\beta\text{ph}}$ 都将旋转 180°。

结论 4.3　综合补偿时，对于相同的负荷，接入不同的标准端口，只能改变补偿容量在各相上大小分布，并不能改变总补偿容量。

以下分 120° 接线和 90° 接线两种情况证明结论 4.3。

1）三相 120° 接线

以 YN,d11 接线为例，牵引负荷接三角侧一个端口，三角侧共有三个端口，各端口彼此相差 120°。所以，改变负荷接入的端口，相当于在原基础上接线角增加或减小 120°。令接线角改变后各物理量右上方加 "′"，以区别改变前各物理量。则负荷端口改变后的接线角为 $\psi_{\text{f}}' = \psi_{\text{f}} \pm 120°$，代入式（4.136）和式（4.96），可得

$$\begin{aligned}
S'_{k\text{ph}} &= \frac{1}{3}K_{\text{C}}\sin\varphi_{\text{f}}S_{\text{f}}\text{e}^{\text{j}90°} + \frac{1}{3}K_{\text{N}}S_{\text{f}}\text{e}^{\text{j}(2\psi'_{\text{f}}+\varphi_{\text{f}}-2\varphi_k)} \\
&= \frac{1}{3}K_{\text{C}}\sin\varphi_{\text{f}}S_{\text{f}}\text{e}^{\text{j}90°} + \frac{1}{3}K_{\text{N}}S_{\text{f}}\text{e}^{\text{j}(2\psi_{\text{f}}+\varphi_{\text{f}}-2(\varphi_k\mp 120°))} \\
&= \frac{1}{3}K_{\text{C}}\sin\varphi_{\text{f}}S_{\text{f}}\text{e}^{\text{j}90°} + \frac{1}{3}K_{\text{N}}S_{\text{f}}\text{e}^{\text{j}(2\psi_{\text{f}}+\varphi_{\text{f}}-2\varphi_m)} \\
&= S_{m\text{ph}}
\end{aligned}$$
（4.138）

$$\begin{aligned}
\delta'_k &= 2(\psi_{\text{f}} \pm 120°) + \varphi_{\text{f}} - 2\varphi_k = 2\psi_{\text{f}} + \varphi_{\text{f}} - 2(\varphi_k \mp 120°) \\
&= 2\psi_{\text{f}} + \varphi_{\text{f}} - 2\varphi_m = \delta_m
\end{aligned}$$
（4.139）

$$K'_k = \sqrt{K_N^2 + (K_C \sin\varphi_f)^2 + 2K_N K_C \sin\varphi_f \sin\delta'_k}$$

$$= \sqrt{K_N^2 + (K_C \sin\varphi_f)^2 + 2K_N K_C \sin\varphi_f \sin\delta_m}$$

$$= K_m \tag{4.140}$$

其中，m、$k \in X$，$\varphi_m = \varphi_k \mp 120°$，"−"表示 m 相超前 k 相 $120°$，"+"表示 m 相滞后 k 相 $120°$；S'_{kph} 表示接线角改变后的 k 相补偿功率；K'_k 表示接线角改变后的 k 相补偿系数。

将式（4.140）代入分总和集总补偿容量表达式（4.134）和式（4.135），得

$$\left. \begin{aligned} S'_{\Sigma ph1} &= \frac{1}{3} S_f \sum_k K'_k = \frac{1}{3} S_f \sum_m K_m = S_{\Sigma ph1} \\ S'_{\Sigma ph2} &= \frac{1}{\sqrt{3}} S_f \sqrt{\sum_k K'^2_k} = \frac{1}{\sqrt{3}} S_f \sqrt{\sum_m K_m^2} = S_{\Sigma ph2} \end{aligned} \right\} \tag{4.141}$$

式中，$S'_{\Sigma ph1}$、$S'_{\Sigma ph2}$ 分别为负荷接线角改变后的分总补偿容量和集总补偿容量。

式（4.138）说明接线角改变后的 k 相补偿容量和功率正好分别等于改变前 m 相的补偿容量和功率。式（4.141）说明改变接线角三相总补偿容量不变。

2）两相 $90°$ 接线

以 Scott 接线为例，两个端口相差 $90°$，以 $\dot{U}_\alpha$ 为参考。假设负荷接于 α 相（端口），则 $\psi_f = 0°$，所以

$$\left. \begin{aligned} \boldsymbol{S}_{\alpha ph} &= \frac{1}{2} K_C \sin\varphi_f S_f e^{j90°} + \frac{1}{2} K_N S_f e^{j\varphi_f} \\ \boldsymbol{S}_{\beta ph} &= \frac{1}{2} K_C \sin\varphi_f S_f e^{j90°} + \frac{1}{2} K_N S_f e^{j(\varphi_f - 180°)} \end{aligned} \right\} \tag{4.142}$$

$$\left. \begin{aligned} K_\alpha &= \sqrt{K_N^2 + (K_C \sin\varphi_f)^2 + 2K_N K_C \sin\varphi_f \sin\varphi_f} \\ K_\beta &= \sqrt{K_N^2 + (K_C \sin\varphi_f)^2 - 2K_N K_C \sin\varphi_f \sin\varphi_f} \end{aligned} \right\} \tag{4.143}$$

当负荷接于 β 相（端口）时，$\psi'_f = 90°$，则

$$\left. \begin{aligned} \boldsymbol{S}'_{\alpha ph} &= \frac{1}{2} K_C \sin\varphi_f S_f e^{j90°} + \frac{1}{2} K_N S_f e^{j(\varphi_f + 180°)} = \boldsymbol{S}_{\beta ph} \\ \boldsymbol{S}'_{\beta ph} &= \frac{1}{2} K_C \sin\varphi_f S_f e^{j90°} + \frac{1}{2} K_N S_f e^{j\varphi_f} = \boldsymbol{S}_{\alpha ph} \end{aligned} \right\} \tag{4.144}$$

$$\left. \begin{aligned} K'_\alpha &= \sqrt{K_N^2 + (K_C \sin\varphi_f)^2 - 2K_N K_C \sin\varphi_f \sin\varphi_f} = K_\beta \\ K'_\beta &= \sqrt{K_N^2 + (K_C \sin\varphi_f)^2 + 2K_N K_C \sin\varphi_f \sin\varphi_f} = K_\alpha \end{aligned} \right\} \tag{4.145}$$

$$\left. \begin{aligned} S'_{\Sigma ph1} &= \frac{1}{2} S_f (K'_\alpha + K'_\beta) = \frac{1}{2} S_f (K_\alpha + K_\beta) = S_{\Sigma ph1} \\ S'_{\Sigma ph2} &= \frac{1}{\sqrt{2}} S_f \sqrt{(K'^2_\alpha + K'^2_\beta)} = \frac{1}{\sqrt{2}} S_f \sqrt{(K_\alpha^2 + K_\beta^2)} = S_{\Sigma ph2} \end{aligned} \right\} \tag{4.146}$$

式（4.146）说明两相 90°接线，负荷接于α相（端口）和接于β相（端口），两相补偿容量只是交换了相别，但总补偿容量不变。

【例 4.3】 三相 120°接线系统，参照例 4.1 条件，负荷功率因数 $\cos\varphi_f = 0.809\,0$，依次改变负荷接入的端口为 ca、bc、ab，并令 $K_N = K_C = 1$，计算各相补偿容量及三相总补偿容量。

解：根据式（4.96）、式（4.132）、式（4.134）和式（4.135），以 $\dot{U}_A$ 为参考，计算可得：
当负荷接在 bc 端口时，$\psi_f = -120°$，则

$$\begin{cases} S_a = 0.450\,0S_f \\ S_b = 0.140\,0S_f \\ S_c = 0.475\,7S_f \end{cases} \Rightarrow \begin{cases} S_{\Sigma ph1} = 1.065\,8S_f \\ S_{\Sigma ph2} = 1.160\,0S_f \end{cases}$$

当负荷接在 ab 端口时，$\psi_f = 120°$，则

$$\begin{cases} S_a = 0.140\,0S_f \\ S_b = 0.475\,7S_f \\ S_c = 0.450\,0S_f \end{cases} \Rightarrow \begin{cases} S_{\Sigma ph1} = 1.065\,8S_f \\ S_{\Sigma ph2} = 1.160\,0S_f \end{cases}$$

当负荷接在 ca 端口时，$\psi_f = 0°$，则

$$\begin{cases} S_a = 0.475\,7S_f \\ S_b = 0.450\,0S_f \\ S_c = 0.140\,0S_f \end{cases} \Rightarrow \begin{cases} S_{\Sigma ph1} = 1.065\,8S_f \\ S_{\Sigma ph2} = 1.160\,0S_f \end{cases}$$

说明改变负荷的接入的端口，各相补偿容量大小只是依次轮换，但三相总补偿容量不变。

【例 4.4】 以两相 90°接线为例，参照例 4.2 条件，负荷功率因数 $\cos\varphi_f = 0.809\,0$，依次改变负荷接入的端口，并令 $K_N = K_C = 1$，计算各相补偿容量及两相总补偿容量。

解：根据式（4.96）、式（4.132）、式（4.134）和式（4.135），以 $\dot{U}_\alpha$ 为参考，计算得：
负荷接于α相，$\psi_f = 0$，则

$$\begin{cases} S_\alpha = 0.713\,5S_f \\ S_\beta = 0.404\,5S_f \end{cases} \Rightarrow \begin{cases} S_{\Sigma ph1} = 1.118S_f \\ S_{\Sigma ph2} = 1.159\,9S_f \end{cases}$$

当负荷接于β相，$\psi_f = 90°$，则

$$\begin{cases} S_\alpha = 0.404\,5S_f \\ S_\beta = 0.713\,5S_f \end{cases} \Rightarrow \begin{cases} S_{\Sigma ph1} = 1.118S_f \\ S_{\Sigma ph2} = 1.159\,9S_f \end{cases}$$

同样说明，负荷接α相时的两相补偿容量 S_α、S_β 分别等于负荷接β相时两相补偿容量 S_β、S_α，两相总补偿容量不变。

3．最小补偿容量

根据前面分析可知，在确定的负荷和补偿目标下，有两种情况无论负荷接线角和变压器接线方式怎样变化，总补偿容量恒定不变：

第 4 章 同相供电系统平衡补偿的模型与优化

一是仅补偿负序时总补偿容量恒定不变。仅补偿负序时补偿容量仅与负序补偿度和负荷容量有关，与负荷的接线角、变压器的接线方式和负荷接入端口无关，也就是无论采用什么样的变压器，即便是负荷接线端口及接线角任意变化，总补偿容量也不会改变；

二是综合补偿时，只要负荷是接在标准端口上，则总补偿容量同样恒定不变。无论是采用三相 120° 接线变压器，还是采用两相 90° 接线平衡变压器，负荷接任何一个标准端口，总补偿容量始终不变。

因此，只有在综合补偿时，即负序和无功同时补偿时，且不受常规变压器标准接线端口限制，负荷接线角可任意选择的条件下，补偿容量才与负荷接线角有关，这时讨论最小补偿容量才有意义。

综合补偿时，由补偿容量表达式可知：确定的负荷（即负荷容量和功率因数一定），当负序补偿度 K_N 和无功补偿度 K_C 一定时，负荷的接线角就是影响补偿容量的唯一因素。由于无功的存在各相补偿容量大小不在均衡。改变负荷接线角，式（4.132）S_{kph} 的系数 K_k 和幅角 γ_k 改变，因此各相补偿功率的大小和辐角都会发生变化。

根据集总补偿容量的定义，可得[71]：

$$S_{\Sigma ph2} = \sqrt{K_N^2 + K_C^2 \sin^2 \varphi_f} S_f \quad (4.147)$$

式（4.147）说明集总补偿容量与接线角无关。但补偿装置的容量主要是根据分总补偿容量确定。根据分总补偿容量定义，针对负荷接线角 ψ_f 求总补偿容量极小值，以两相 90° 接线为例，$\delta_\alpha = 2\psi_f + \varphi_f$、$\delta_\beta = \delta_\alpha - 180°$，可得

$$S_{\Sigma ph1} = \frac{1}{2} S_f (K_\alpha + K_\beta) = \frac{1}{2} S_f \sqrt{(K_\alpha + K_\beta)^2}$$
$$= \frac{1}{2} S_f \sqrt{2a + 2\sqrt{a^2 - b^2 \sin^2 \delta_\alpha}} \quad (4.148)$$

式中，$a = K_N^2 + K_C^2 \sin^2 \varphi_f$，$b = 2K_N K_C \sin \varphi_f$；$K_\alpha$、$K_\beta$ 如式（4.143）所示。由式（4.148）可见，最大值发生在 $\sin \delta_\alpha = 0$ 时，最小值发生在 $\sin \delta_\alpha = \pm 1$ 时。

当 $\sin \delta_\alpha = 0$ 时，最大值补偿容量为

$$S_{\Sigma ph1} = \sqrt{K_N^2 + K_C^2 \sin^2 \varphi_f} S_f \quad (4.149)$$

这时，分总补偿容量与集总补偿容量相等。

当 $\sin \delta_\alpha = \pm 1$ 时，$\psi_f = n\frac{\pi}{2} + \frac{\pi}{4} - \frac{\varphi_f}{2}$（$n$ 为自然数和零），最小补偿容量为

$$S_{\Sigma ph1} = \begin{cases} K_N S_f & K_N \geqslant K_C \sin \varphi_f \\ K_C \sin \varphi_f S_f & K_N < K_C \sin \varphi_f \end{cases} \quad (4.150)$$

对于两相 90° 接线系统，假定 $S_f = 100\,\text{MkV}$，$\varphi_f = 36°$ 时，负荷接线角与补偿容量的关系，如图 4.19 所示。接线角在 $0 \sim 2\pi$ 之间变化时，最小值分别出现在（见图 4.19）$\psi_f = 27°$、$117°$、$207°$、$297°$。与负荷接于 α 相（$\psi_f = 0$）或 β 相（$\psi_f = \pi/2$）时，$S_{\Sigma ph1} = 1.118 S_f$ 相比，总补偿容量约减小 11.8%。

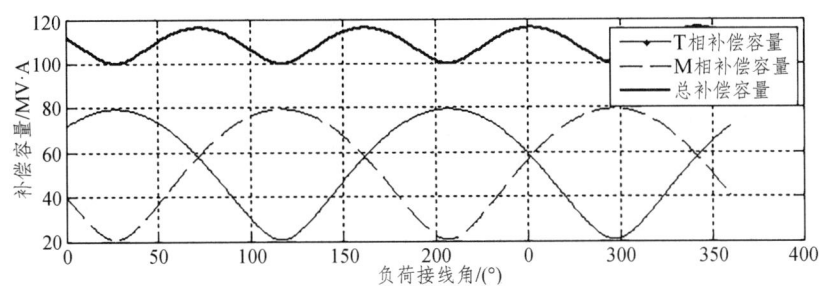

图 4.19 两相系统接线角与补偿容量的关系

对于三相 120° 接线系统，同样当 $S_f = 100\text{ MkV}$，$\varphi_f = 36°$ 时，负荷接线角与补偿容量的关系如图 4.20 所示。由图 4.20 可见，总补偿容量随负荷接线角的变化幅度较小。负荷接线角在 $0 \sim 2\pi$ 之间变化时，最小值分别出现在：$\psi_f = 57°$、$117°$、$177°$、$237°$、$297°$、$357°$。根据式（4.134）计算，最小补偿容量为 $S_{\Sigma ph1} = 1.064\,4S_f$ 与负荷接于 a（或 b、c）相上相比，总补偿容量约减小 0.14%。可见，对于三相系统，负荷端口接线角的变化对总补偿容量影响微乎其微。

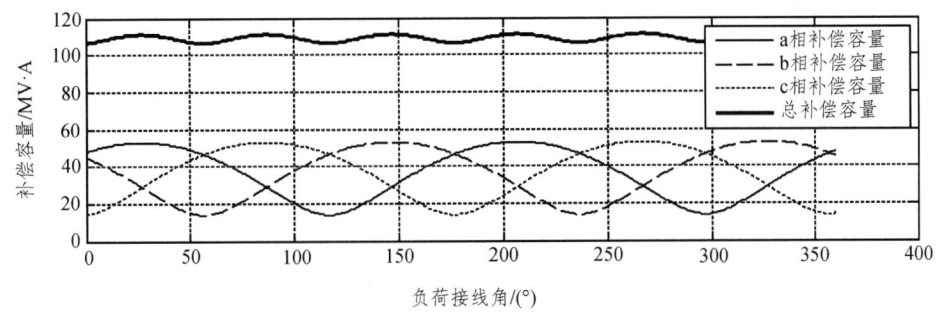

图 4.20 三相系统接线角与补偿容量的关系

结论 4.4：

（1）对于有源补偿同相牵引供电系统，仅补偿负序时，各相补偿容量大小始终相等，补偿容量仅与负荷容量有关，与负荷接入的端口、变压器的接线方式无关。所以为了降低补偿总容量，而选择不同接线方式或特殊形式变压器以及改变负荷的接线端口（改变负荷的接线角）是徒劳的。

（2）当无功和负序同时补偿，且采用三相 120° 或两相 90° 接线的一般变压器，只有有限几个标准对称端口，这时负荷接不同端口，各相补偿容量不再相等，其大小随端口的改变而依次轮换。但无论负荷接哪一个端口，总补偿容量都是一样的。

（3）当无功和负序同时补偿，且负荷接线角可以任意改变时，各相补偿容量和总补偿容量将随接线角的改变而周期性的波动，波动的幅率和频率与接线方式有关。通过分析计算和比较图 4.19、图 4.20 可知，两相 90° 接线系统总补偿容量受负荷接线角的影响相对较大，而三相 120° 接线系统总补偿容量受负荷接线角的影响较小。

（4）对于三相系统，由于总补偿容量受负荷接线角影响较小，在确定补偿装置容量时，完全可以忽略负荷接线角的影响，为了降低补偿容量而采用特殊形式的变压器以及通过各种方式改变负荷的接线角意义不大，且得不偿失。

（5）两相90°接线系统总补偿容量受负荷接线角影响相对较大，但也没必要为了降低总补偿容量而采用特殊形式的变压器。原因是：对于负荷功率因数角不断变化的场合，采用任何形式的变压器，都无法使总补偿容量达到最小；其次，即便是对于负荷功率因数角恒定的情况，采用特殊形式的变压器能够降低总补偿容量，但总补偿容量减小的效果与采用特殊形式的变压器所付出的代价相比，还是得不偿失。中国电气化铁路牵引负荷主要有两类：交-直型和交-直-交型。交-直型在正常工作状态下负荷的功率因数角约为36°，而交-直-交型负荷的功率因数角约为0°。针对这两种车型，可统一采用两相90°对称接线，并将负荷接于两相之间——也就是两相电压向量所构成的直角三角形，其斜边电压所对应的端口上（称为斜边端口）。这时接线角为45°，根据最小补偿容量发生条件，总补偿容量最小值发生在 $\psi_{\text{fmin}} = 0 \times \frac{\pi}{2} + \frac{\pi}{4} - \frac{0}{2} = \frac{\pi}{4}$。因此，如果牵引负荷是交-直-交型机车，则正常牵引状态下，总补偿容量正好达最小值；如果是交-直型牵引负荷，则正常牵引状态下，计算可知总补偿容量比最小值大7%左右。

4.6 最小设备容量

最小设备容量是指达到补偿目标时系统的主要设备和补偿装置的最小容量。由于增设补偿装置，增加了系统的成本，而补偿装置的成本与其容量成正比。所以，在达到补偿目标的前提下，尽可能降低补偿装置容量对于降低设备投资具有重要意义。

4.6.1 设备容量及容量利用率

设备容量是指设备长期运行的额定容量。如果单相设备的额定电压为 U_N、额定电流为 I_N，则其设备容量 $S_N = U_N I_N$；如果是三相设备，则设备的三相容量 $S_N = 3U_N I_N$。电容、电感器件的容量，就是电容、电感长期运行的额定电压和额定电流的乘积。所有的变压器的额定容量都在名牌上标明。

平衡补偿装置的结构复杂，为了讨论方便，按照等效原则定义其设备容量。这对于平衡补偿装置中的匹配变压器、变流器等都适用。无论多么复杂的平衡补偿装置，从补偿原理上讲，总能把它等效为可控的星形电流源或电压源。对于三相变流器可等效为三相星形电流源，如图2.16虚框所示。当平衡补偿装置达额定状态时，等效的各相电源上电压有效值与输出电流均方根值的乘积总和就是平衡补偿装置的额定输出容量 S_{Nout}。假设各相电压分别为 $\dot{U}_a$、$\dot{U}_b$、$\dot{U}_c$，平衡补偿装置的输出电流分别为 $\dot{I}_{\text{aout}}$、$\dot{I}_{\text{bout}}$、$\dot{I}_{\text{cout}}$。那么平衡补偿装置输出总容量为

$$S_{\text{out}} = U_a I_{\text{aout}} + U_b I_{\text{bout}} + U_c I_{\text{cout}} \quad (4.151)$$

平衡补偿装置的额定容量 S_N 一般大于其输出容量 S_{out}，这是因为平衡补偿装置自身有内部损耗，包括控制方式不得当以及器件自身造成的损耗。所以实际平衡补偿装置的额定容量（不考虑为了保证可靠性而增加的冗余容量）总是大于其额定输出容量。即

$$S_{\text{N}} = S_{\text{out}} + \Delta S_{\text{内}} \tag{4.152}$$

式中，$\Delta S_{\text{内}}$ 为补偿装置的内部损耗。补偿装置设备容量的输出效率 η_{out} 为设备额定输出容量与设备额定容量的比值，即

$$\eta_{\text{out}} = \frac{S_{\text{out}}}{S_{\text{N}}}\% \tag{4.153}$$

所以，平衡补偿装置内部损耗越大，其输出效率就越低。

由于补偿策略、变流器的结构和控制方式等原因，使补偿装置各相输出功率产生相互消减的现象，导致输出容量不能充分用于平衡补偿，所以补偿装置输出容量通常大于补偿容量，即

$$S_{\text{out}} = S_{\Sigma\text{ph}} + \Delta S_{\text{外}} \tag{4.154}$$

式中，$\Delta S_{\text{外}}$ 为补偿策略、变流器的结构和控制方式等原因造成的容量损失，称为外部损耗。与内部损耗不同，这部分损耗可以通过改进补偿策略、变流器的结构和控制方法而减小或消除。通常当负荷一定时补偿容量为确定值，这时输出损耗越小，则需要的输出容量越小；当输出损耗为零时输出容量达到最小。

补偿装置设备容量的利用率 η_{ph} 为补偿容量与设备额定容量的比值，即

$$\eta_{\text{ph}} = \frac{S_{\Sigma\text{ph}}}{S_{\text{N}}}\% \tag{4.155}$$

平衡补偿装置内部损耗和外部损耗越小，设备容量利用率就越高。

综合式（4.152）和式（4.154），补偿装置额定容量为

$$S_{\text{N}} = S_{\Sigma\text{ph}} + \Delta S_{\text{内}} + \Delta S_{\text{外}} \tag{4.156}$$

补偿装置额定容量由补偿容量、内部损耗和外部损耗三部分决定。

4.6.2 补偿装置最小容量

在无源对称补偿中，是用电容和电感组合实现平衡补偿的，我们可以把电容和电感视为特殊的负荷。无论是电容（电感）还是牵引负荷，在系统中所产生的负序电流的相位（或负序功率的辐角）都与其接入的端口有关。改变电容（电感）和牵引负荷接入的端口，可以调整补偿电容（电感）与牵引负荷在系统中所产生的负序电流的相位关系。当电容（电感）与牵引负荷在系统中所产生的负序电流完全反向共线时，补偿电容（电感）的容量利用率最高。因此，无源对称补偿可以通过选择不同接线方式变压器、改变负荷端口或改变补偿端口，使补偿电容（电感）与牵引负荷在系统中所产生的负序电流尽可能反向共线或接近于反向共线，从而降低补偿装置容量。但是，由于可供选择的变压器接线方式和接线端口极其有限，加之牵引负荷是动态变化的，所以实际中调整补偿电容（电感）及牵引负荷的接线端口，很难使二者在系统中产生的负序电流完全反向共线，这样必然导致补偿电容（电感）容量浪费。

第 4 章　同相供电系统平衡补偿的模型与优化

同相供电有源平衡补偿系统，补偿装置容量通常与牵引负荷接入的端口、变压器的接线方式无关；就是在特殊的情况下，补偿装置容量受负荷接线角的影响也微乎其微，在实际中可以忽略负荷接线角的影响。如前面分析，补偿装置容量由总补偿容量、内部损耗和外部损耗三部分决定。要想获得最小补偿装置容量，就必须从减小总补偿容量和内部损耗和外部损耗着手。

1．总补偿容量对补偿装置容量的影响

总（期望）补偿容量是影响补偿装置容量的主要因素，总补偿容量大小决定了补偿装置容量大小，所以减小总补偿容量对于降低装置容量至关重要。总补偿容量与补偿目标、负荷的容量、负荷的功率因数角和负荷的接线角有关。当补偿目标和负荷一定时，负荷接线角就是影响总补偿容量的唯一因素。由前面分析可知：

（1）仅补偿负序时总补偿容量恒定不变。因此，这时改变负荷接线角（包括改变变压器的接线方式、采用特殊形式的变压器和任意改变负荷的接线端口或接线角），并不能改变总补偿容量和减小补偿装置容量。

（2）对于三相 120° 接线和两相 90° 接线，无论负荷接于哪一个标准端口上，总补偿容量都恒定不变。所以改变负荷接入的标准端口不能改变总补偿容量和减小补偿装置的设备容量。

（3）只有负序和无功同时补偿时，改变负荷接线角才能改变总补偿容量。但是，即便如此，负荷接线角的改变对总补偿容量影响不大。首先对于三相 120° 接线，最小补偿容量相对于负荷接于标准端口上，最多减小 0.14%。其次，对于两相 90° 接线并且负荷接于斜边电压端口上时，若是交直交牵引负荷，则总补偿容量正好等于最小补偿容量；若是交直牵引负荷，总补偿容量也仅比最小补偿容量约大 7%。

结论 4.5　通常总补偿容量与负荷接线角无关，只有当负序和无功同时补偿且任意改变负荷接线角时，才会使总补偿容量产生微小波动。当负荷接于三相 120° 接线任意标准端口上或两相 90° 接线的斜边电压端口上，总补偿容量最小或接近最小。因此，为了获得最小设备容量，而采用特殊形式变压器或改变负荷接线角是没有意义也得不偿失。

2．减小内部损耗

由前面分析可知，当负荷和补偿目标一定时，总补偿容量是恒定的，即便是在特殊情况下总补偿容量受各种因素影响也是很小的。所以，为了获得最小设备容量最关键的是降低补偿装置的内外部损耗。补偿装置的内部损耗，主要有：① 变流器的控制方式等原因造成的内部环流损耗；② 功率流经匹配变压器、变流器开关等产生的损耗，包括匹配变压器的铁心损耗和铜耗、变流器开关功率管的损耗，统称为器件损耗。器件损耗也与变流器的控制方式有一定关系，如开关管开关频率大小也会影响开关管自身的损耗，除此之外基本上由器件本身决定，多半不可控制。因此，降低内部损耗主要是指降低内部环流损耗。环流损耗主要有并联功率模块之间的环流损耗和多重化变流器之间零序环流损耗。

1）并联功率模块环流损耗

为扩大变流器的容量，时常采用多个功率模块并联技术。由于每一个功率模块都必须有独立的驱动电路，各自的驱动信号都存在不同程度的延迟，各功率模块开关状态转换时间也

存在差异，从而使各功率模块不可能按理想时间点进行开关转换，出现差模电压，导致并联功率模块之间形成环流，引起不必要的损耗，增加设备容量。

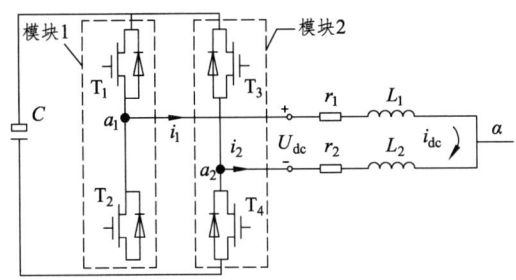

图 4.21　并联功率模块之间的环流

在两相 90°接线同相牵引供电系统中常用两个单相变流器组成"背靠背"平衡变换器。为了增加平衡变换器的容量需要功率模块并联运行。图 4.21 是有两个功率模块并联组成的单相变流器的半个桥臂。理想时 T_1 与 T_3、T_2 与 T_4 开关状态完全同步，这时两功率模块输出电压完全相同，不存在电压差和环流，即 $U_{dc}=0$，$i_{dc}=0$。但由于两功率模块驱动脉冲存在不同延迟，同时两功率模块开关动作延迟时间也有不同，导致 T_1 与 T_3、T_2 与 T_4 开关状态不同步，两功率模块输出电压存在压差，$U_{dc} \neq 0$，出现了环流 i_{dc}。环流的大小与压差 U_{dc}、输出电路的电阻和电感有关。由图 4.21 可得

$$U_{dc} = (r_1+r_2)i_{dc} + (L_1+L_2)\frac{di_{dc}}{dt} \tag{4.157}$$

$$i_{dc} = \frac{U_{dc}}{r}(1-e^{-\frac{t}{\tau}}) \approx \frac{U_{dc}}{L}\Delta t \tag{4.158}$$

式中，$r=r_1+r_2$、$L=L_1+L_2$，分别为回路的等效电阻和电感；$\tau = L/r$ 为环流回路的时间常数；Δt 为差模电压 U_{dc} 持续作用时间。

根据式（4.158）可知，通过增加回路电感，减小差模电压和差模电压持续作用时间，等措施都可以有效减小环流及环流损耗。

2）控制方式缺陷引起的多重化零序环流损耗

同相供电中，往往需要大容量、高电压的平衡补偿装置变流器，而开关管自身耐压和容量都无法直接满足要求。多重化技术是增大补偿装置容量的一种有效措施，一般有并联和串联两种形式。YN,d11 接线同相供电采用多重化并联和串联变流器的原理电路分别如图 4.22 和图 4.23 所示。当前对变流器的控制普遍采用空间矢量脉宽调制技术，空间矢量脉宽调制大量使用了零矢量 111 和 000，由此也导致了环流形成。

如图 4.22 和图 4.23 中，假如 1 号变流器正以零矢量 111 进行调制，三桥臂上管处于导通状态；而此时 2 号变流器正以零矢量 000 进行调制，三桥臂下管处于导通状态，则两个变流器间就会形成零序环流 i_0。此外，对于图 4.22，假如 1 号变流器正以零矢量 000 进行调制，三桥臂下管处于导通状态；而此时 2 号变流器正以零矢量 111 进行调制，三桥臂上管处于导通状态，则两个变流器间就会形成反向的零序环流 i_0。

第 4 章 同相供电系统平衡补偿的模型与优化

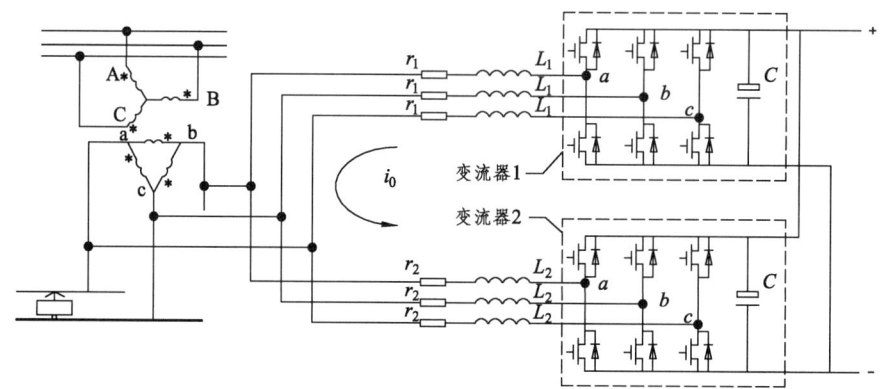

图 4.22 YN,d11 接同相供电并联多重化平衡补偿

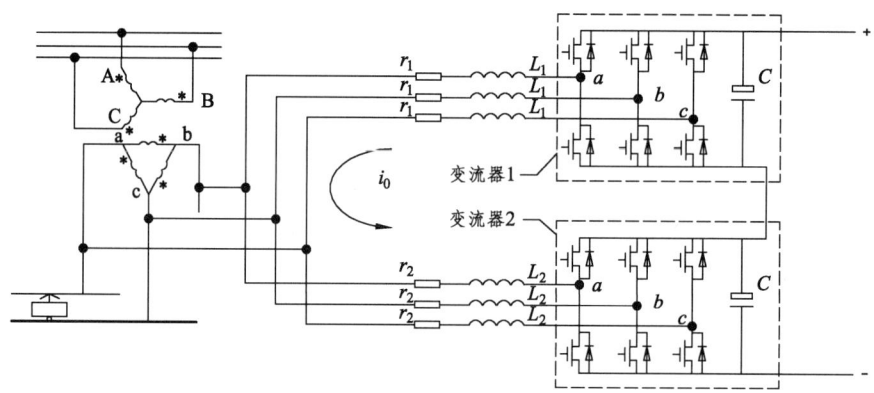

图 4.23 YN,d11 接同相供电串联多重化平衡补偿

消除多重化零序环流的方法不外乎是阻断环流通路、改变控制策略和增加回路电感等。

结论 4.6 补偿装置最小容量的必要条件之一是内部损耗最小。

3．补偿策略的选择

在同相供电中，对单相牵引负荷造成的负序和无功功率的补偿，可以采取三种不同的补偿策略：

一是仅补偿负序。当负荷本身的功率因数较高或者对功率因数要求不高场合时，仅补偿负序就能满足指标要求。因为补偿负序的同时也间接补偿了部分无功，所以在降低负序影响同时也间接改善了功率因数。对指标要求不高时，只补偿负序可以使各项指标达到要求。

二是负序无功同步补偿。负序和无功由一套补偿装置完成补偿，并可通过算法分别控制负序和无功的补偿程度。即使对指标要求非常苛刻，也都能通过补偿使指标达到理想的要求。

三是负序和无功分开独立补偿（相当于先补偿无功再补偿负序）。在负荷端口上加独立的无功补偿装置，由无功补偿装置补偿无功，再由负序补偿装置对负序实施补偿。

为了达到同样的补偿目标，三种补偿方式需要的补偿装置容量及设备容量的利用率却不同。

以两相 90° 接线系统为例，负荷接 β 相，$K_N = K_C = 1$，$\cos\varphi_f = 0.8090$，参见例 4.4，那么三种补偿方式的总补偿容量分别如下：

对于方案一仅补偿负序时，补偿容量为 $S_{\Sigma ph} = S_f$。

对于方案二负序无功同步补偿时，补偿容量 $S_{\Sigma ph} = \frac{1}{n} S_f \sum_k K_k = S_f \sim 1.07 S_f$，若采用对称的 Scott 接线，负荷接于"斜边"电压端口上，对于交-直-交型牵引负荷 $S_{\Sigma ph} = S_f$，对于交-直型牵引负荷 $S_{\Sigma ph} \approx 1.07 S_f$。

对于方案三负序无功分开独立补偿时，完全补偿无功时补偿容量为 Q_f，再完全补偿负序时补偿容量为 P_f，所以总补偿容量为 $S_{\Sigma ph} = P_f + Q_f = S_f(\cos\varphi_f + \sin\varphi_f) = 1.397 S_f$。

同步补偿与仅补偿负序相比补偿容量增加了 0~7%。

同步补偿比分开独立补偿的补偿容量小 25% 左右。通常同步补偿总比分开补偿时的补偿容量小。因为牵引负荷一般都是感性的，满足 $\cos\varphi_f \geq 0$，$\sin\varphi_f \geq 0$，当 $K_N = K_C = 1$ 时，对于两相系统有下式成立：

$$\frac{1}{2} S_f \sum_2 K_k = \frac{1}{2} S_f \left(\sqrt{1 + 3\sin^2\varphi_f} + \sqrt{1 - \sin^2\varphi_f} \right)$$

$$\leq \frac{1}{2} S_f \left(\sqrt{(\cos\varphi_f + 2\sin\varphi_f)^2} + \cos\varphi_f \right)$$

$$\leq S_f (\cos\varphi_f + \sin\varphi_f) \tag{4.159}$$

式（4.159）说明在同样的补偿目标前提下，分开补偿时的补偿容量大于同步补偿时的补偿容量。因此，为了减小补偿装置容量，应该采取仅补偿负序或负序无功同步补偿的策略，不宜采用分开补偿无功和负序的策略。

结论 4.7 补偿装置最小容量必要条件之二是仅补偿负序或负序和无功同步补偿。

4．选择最优控制策略

完全补偿时当补偿装置的输出电流等于期望补偿电流时，系统只输出有功功率，输出电流只有有功电流分量。此时，广义无功电流——负荷引起的负序电流和无功电流，被补偿装置全部补偿了。说明此时补偿装置在系统中产生的电流必然与广义无功电流反向共线相互抵消。有源补偿同相牵引供电系统平衡补偿装置一般采用四象限变流器，在理想状态下补偿装置输出电流的大小和相位可以完全可控，任意可调。但实际中，由于开关功率管并非理想，对变流器的控制方法也并不是完美无缺，或补偿策略不合理，补偿装置的输出总与理想目标有一定误差。误差之一就是补偿装置的输出电流与期望补偿电流大小和方向不一致。如此一来，引起损耗，必然会导致设备容量的浪费。

以 YN,d11 接线同相供电系统为例，假如牵引变压器三角侧三个端口分别接三个独立的变流器模块，如果三个模块产生的（电流）功率与各相期望补偿（电流）功率不一致，会引起三个变流器模块之间不必要的功率流动，而导致变流器容量浪费。极端的情况是按照无源对称补偿原理对三个独立模块进行控制，使三个端口独立变流器模块有的充当电容，有的充当电感，对系统负序和无功实施补偿。这种控制策略下的补偿效果就如同采用电容和电感构成的无源对称补偿一样，见图 2.9 的 YN,d11 接同相供电对称补偿系统。仍假设负荷接 1 号端口，补偿装置（在这里就是三个变流器模块）接 2、3、4 号端口，负荷功率因数角 $\varphi_l = 36°$，

第 4 章　同相供电系统平衡补偿的模型与优化

若要消除不平衡,完全补偿负序,那么补偿装置与负荷在系统 A 相上所产生的负序功率之和必须满足:

$$\sum_{m=1}^{4} S_m = 0 \tag{4.160}$$

其中,$S_m = \frac{1}{3} S_m e^{j(2\psi_m + \varphi_m)}$ ($m = 1, 2, 3, 4$) 为 m 端口在 A 相上产生的负序功率。所以

$$\sum_{m=2}^{4} S_m e^{j(2\psi_m + \varphi_m)} = -S_1 e^{j(2\psi_1 + \varphi_1)} \tag{4.161}$$

由于变流器充当电容(电感),所以 $\varphi_m = -90°$($m = 2、3、4$),以 $\dot{U}_A$ 为参考,则各接线角分别为

$$\begin{cases} \psi_2 = 0° \\ \psi_1 = 0° \\ \psi_3 = 120° \\ \psi_4 = -120° \end{cases} \Rightarrow \begin{cases} 2\psi_1 + \varphi_1 = 36° \\ 2\psi_2 + \varphi_2 = -90° \\ 2\psi_3 + \varphi_3 = 150° \\ 2\psi_4 + \varphi_4 = 30° \end{cases} \tag{4.162}$$

那么各端口功率向量关系如图 4.24 所示,其中,S_1 为负荷端口负序功率向量,简称负荷负序功率向量;S_2、S_3 和 S_4 分别为补偿端口负序功率向量。可见补偿端口的负序功率都不与负荷负序功率反向共线。将 S_2、S_3 和 S_4 分别沿与 S_1 平行和垂直方向分解,与 S_1 平行的量分别记为 $S_{2=}$、$S_{3=}$ 和 $S_{4=}$;与 S_1 垂直的量分别记为 $S_{2\perp}$、$S_{3\perp}$ 和 $S_{4\perp}$。那么

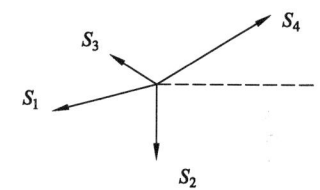

图 4.24　功率向量

$$\left.\begin{array}{l} S_{2=} + S_{3=} + S_{4=} = -S_1 \\ S_{2\perp} + S_{3\perp} + S_{4\perp} = 0 \end{array}\right\} \tag{4.163}$$

式(4.163)说明,$S_{2\perp}$、$S_{3\perp}$ 和 $S_{4\perp}$ 垂直分量对负序和无功的补偿没有任何贡献,只是在各补偿端口之间流动,造成了补偿设备容量的浪费。以下分两种情况进行讨论。

1)当仅补偿负序时

仅补偿负序时相当于 $K_N = 1$,$K_C = 0$,按照无源对称补偿策略实施补偿,根据式(4.161)两边实虚部相等,也可参照式(2.7)计算可得

$$\begin{cases} S_2 = 0.391\ 9 S_1 \\ S_3 = 0.271\ 2 S_1 \\ S_4 = -0.663\ 0 S_1 \end{cases} \Rightarrow S_N = \sum_{m=2}^{4} |S_m| = 1.326\ 1 S_1 \tag{4.164}$$

式中,负号表示是感性,S_N 为补偿装置设备的总容量。

若补偿端口的负序功率与负荷负序功率反向共线时,每一相视在补偿功率等于该相的负荷负序视在功率,根据式(4.123)可得

$$S_2 = S_3 = S_4 = \frac{1}{3}S_1 \Rightarrow S_N = S_{\Sigma ph} = S_1 \qquad (4.165)$$

二者相较，前者补偿装置有将近 33% 的容量浪费。

2）当负序和无功同时补偿时

当负序和无功同时补偿时，$K_N = 1$，$K_C = 1$，按照无源对称补偿策略实施补偿时，根据式（2.7）计算可得

$$\begin{cases} S_2 = 0.597\ 8S_1 \\ S_3 = 0.467\ 1S_1 \\ S_4 = -0.467\ 1S_1 \end{cases} \Rightarrow S_N = \sum_{m=2}^{4} |S_m| = 1.532\ 0S_1 \qquad (4.166)$$

若各相补偿端口产生的功率与各相广义无功功率反向共线时，根据式（4.133）可得

$$\begin{cases} S_2 = 0.475\ 7S_1 \\ S_3 = 0.450\ 0S_1 \\ S_4 = 0.140\ 0S_1 \end{cases} \Rightarrow S_N = S_{\Sigma ph} = \sum_{m=2}^{4} S_m = 1.065\ 7S_1 \qquad (4.167)$$

二者相较，前者补偿装置有近 44% 容量的浪费。

结论 4.8 补偿装置最小容量的必要条件之三是补偿装置输出的（电流）功率应等于各相期望补偿（电流）功率，即完全补偿时平衡补偿最小设备容量的必要条件为

$$\begin{cases} \boldsymbol{S}_{k\text{out}} = \boldsymbol{S}_{k\text{ph}} \\ \dot{I}_{k\text{out}} = \dot{I}_{k\text{ph}} \end{cases} (k \in X) \qquad (4.168)$$

式（4.168）中，$\boldsymbol{S}_{k\text{out}}$ 为 k 相平衡补偿装置输出功率；$\dot{I}_{k\text{out}}$ 为 k 相平衡补偿装置输出电流。

5．补偿装置的结构应与系统合理匹配

1）三相 120° 接线

对于 120° 接线（YN,d11 接线、V/V 接线各相之间依次相差 120°，都属于 120° 接线）平衡补偿装置的变流器可以有两种选择：一种是采用三相三桥臂变流器；另一种是采用两个单相变流器背靠背连接，其原理相当于两个单相的交直交变流器。由于单相变流器结构简单、控制方便，被广泛采用。图 4.25 和图 4.26 分别是采用三相三桥臂变流器和两个单相"背靠背"变流器的 YN,d11 接线同相供电原理结构。这两种都能很好地实现补偿的目标，从技术上讲，无论是补偿无功、谐波，还是补偿负序都是完备的。下面从最小设备容量角度讨论哪一种更合理。

为讨论方便，仅补偿负序，不考虑无功和谐波的补偿。假设图 4.25 和图 4.26 的匹配变压器的变比都是 1∶1，二者负荷相同。图 4.25 和图 4.26 各相补偿容量以及总补偿容量，如式（4.123）所示。

忽略各种损耗，补偿装置的总容量应为装置的各相电压有效值和各相电流均方根值乘积

之和，再乘以负序补偿度。对于图 4.25 情况，补偿装置的总容量为

$$S_\mathrm{N} = K_\mathrm{N} \sum_k U_k I_k^- = K_\mathrm{N} S_\mathrm{f} \tag{4.169}$$

对于图 4.26，在同样的负序补偿条件下，由于两个单相变流器相互独立，一个变流器上的电压为 U_bc、流过的电流为 I_b^-；另一个其上的电压为 U_ac、流过的电流为 I_a^-。忽略其他损耗，补偿装置的总容量则为

$$S_\mathrm{N} = K_\mathrm{N}(U_\mathrm{bc} I_\mathrm{b}^- + U_\mathrm{ac} I_\mathrm{a}^-) = \frac{2}{\sqrt{3}} K_\mathrm{N} S_\mathrm{f} \tag{4.170}$$

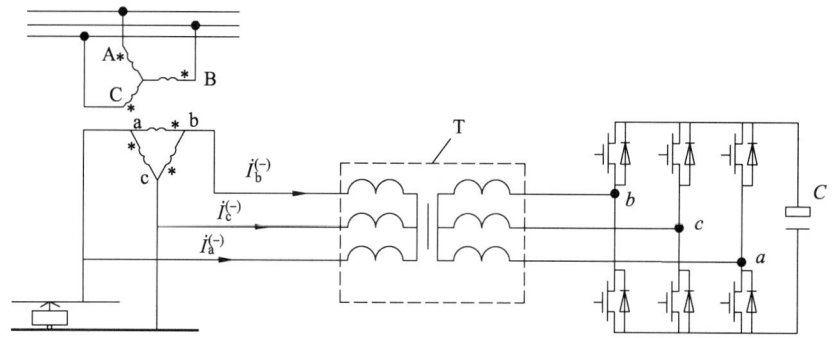

图 4.25　YN,d11 接同相供电三相变流器结构

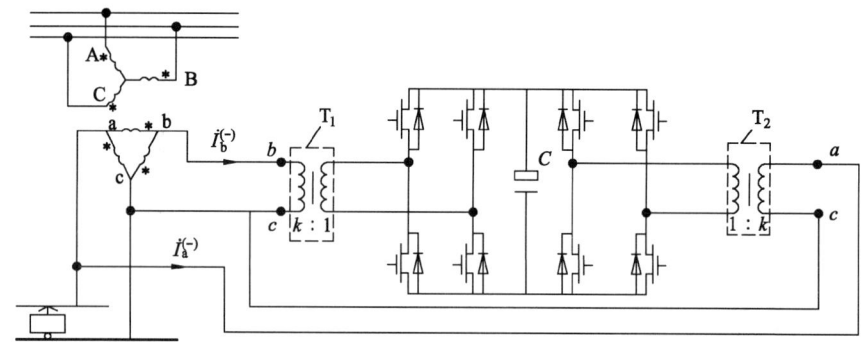

图 4.26　YN,d11 接同相供电两单相"背靠背"变流器结构

所以三相 120° 接线采用三相三桥臂变流器比采用两个单相"背靠背"变流器，节约设备容量约为 15.5%。

2）两相 90° 接线

假定仅补偿负序，对于两相 90° 接线若采用两单相交直交变流器，如图 4.27 所示。忽略其他损耗，补偿装置的总容量为

$$\begin{aligned} S_\mathrm{N} &= K_\mathrm{N}(U_\mathrm{ab} I_\alpha^- + U_\mathrm{cd} I_\beta^-) \\ &= K_\mathrm{N}(U_\alpha I_\alpha^- + U_\beta I_\beta^-) \\ &= K_\mathrm{N} S_\mathrm{f} \end{aligned} \tag{4.171}$$

假如图 4.27 中两单相变流器中间两个桥臂合并为一个桥臂，就变成了如图 4.28 所示的三相三桥臂变流器结构。如果负荷不变，装置上的桥臂间电压仍为 $U_{ab}=U_\alpha$、$U_{bc}=U_\beta$，流入变流器 a 相桥臂和 c 相桥臂的电流仍为 $\dot{I}_a=\dot{I}_\alpha^{(-)}$、$\dot{I}_c=-\dot{I}_\beta^{(-)}$，流入中间桥臂即 b 相桥臂的电流为 $\dot{I}_b=-\dot{I}_c-\dot{I}_a=\sqrt{2}\dot{I}_\beta^{(-)}e^{j45°}$，其大小为边缘相桥臂电流的 $\sqrt{2}$ 倍。

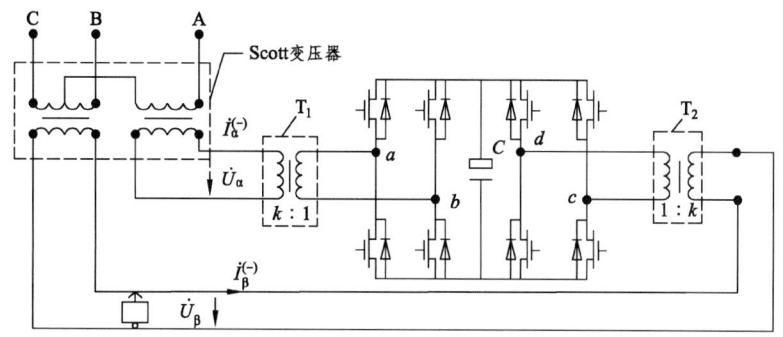

图 4.27 两相 90° 接线采用两单相"背靠背"变流器结构

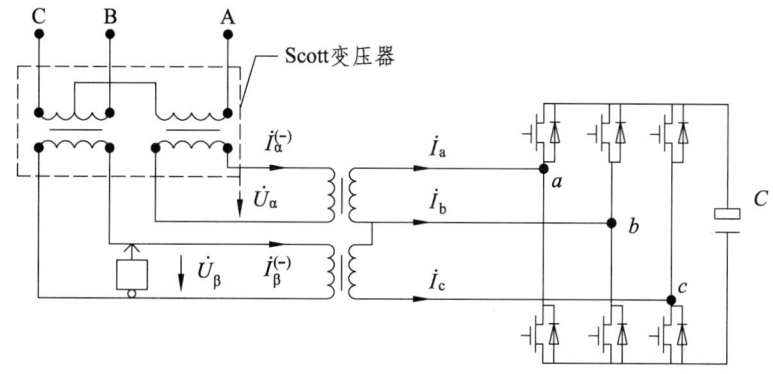

图 4.28 两相 90° 接线采用三相变流器结构

若仅补偿负序时，图 4.27 中变流器的四个桥臂电流均衡，总容量为 $K_N S_f$，相当于每一个桥臂承担了 $\dfrac{K_N S_f}{4}$，所以其设备总容量为 $K_N S_f$；而对于图 4.28 中变流器边缘两个桥臂承担容量依然是 $\dfrac{K_N S_f}{4}$，而中间桥臂承担了 $\dfrac{\sqrt{2}K_N S_f}{4}$，所以其设备总容量为 $\dfrac{(2+\sqrt{2})K_N S_f}{4}=0.85K_N S_f$，设备容量减小了 14.6%。说明两相 90° 接线，采用三相三桥臂变流器比采用两单相交直交变流器节省容量。但如此一来，变流器的三个桥臂也就工作在非均衡状态之下。

6. 同相供电变压器容量利用率

对于单相的牵引负荷，不同接线牵引变电所变压器容量利用率是不同的，其中单相变压器、V,v 接线变压器容量的利用率高，而 YN,d11 接线变压器，当只有一臂有负荷时，重负荷绕组达到额定负荷时，另两个轻负荷绕组仅为额定负荷的二分之一，就是在两臂同时有负荷时，最大容量利用率不超过 75.6%，所以变压器容量无法得到充分利用，但是经过平衡补偿后，情况完全不同。

以嵌入式完全补偿负序和无功为例，这时要求系统仅提供负荷所需的有功功率，当三相对称时，三相变压器（包括 YN,d11 接以及平衡变压器）所承担的负荷容量等于系统提供的容量。若 S_b 表示变压器的额定容量，S_S 表示系统的输出容量，P_f 表示负荷消耗的有功功率，则

$$S_b = S_S = P_f \tag{4.172}$$

假设负荷的功率因数为 $\cos\varphi_f = 0.8$，那么负荷的视在功率 $S_f = 1.25P_f$，所以，相对于负荷功率，变压器容量利用率为 125%。阻抗匹配变压器、Scott 变压器、三相四相变压器等变压器都与 YN,d11 接情况相同，在完全补偿下，相对于负荷功率，变压器容量利用率都为 125%。那么在完全补偿条件下，V,v 接线变压器又怎样呢？

以图 3.6 V,v 接线为例，变压器的额定视在容量为

$$S_b = I_{ab}I_a + U_{cb}I_c \tag{4.173}$$

由于系统仅承担负荷的有功功率，即 $S_S = P_f$（P_f 为负荷的有功功率）。这时各相电流完全对称，即大小相等，且只有有功分量，相位互差 120°。由于 $I_a = I_b = I_c$，所以对"V"形接线而言，变压器与系统容量关系应为

$$S_b = U_{ab}I_a + U_{cb}I_c = 2U_{ab}I_a = 2\sqrt{3}U_aI_a$$

$$= \frac{2}{\sqrt{3}}3U_aI_a = \frac{2}{\sqrt{3}}P_f = \frac{2}{\sqrt{3}}S_S \tag{4.174}$$

式（4.174）说明，"V"形接线变压器的容量高于系统输出容量，约为系统容量的 1.155 倍。所以不对称负载下，单相或"V"形变压器利用率最高，但通过补偿使系统仅承担了负荷有功功率，单相不对称负载变为了纯阻性对称负载，这时也使单相或"V"形变压器容量利用率大大低于三相 YN,d11 接线变压器、阻抗匹配变压器、Scott 变压器、三相四相变压器等对称变压器，这是"V"形接线存在的问题。在完全补偿下，"V"形变压器容量相对于负荷功率约为 115.5%。

所以，从容量利用率角度考虑，在不对称情况下，单相或"V"形变压器有优势。但是经过平衡补偿或未经平衡补偿时，只要系统和负荷完全对称平衡，则采用对称变压器更有优势。

4.7　本章小结

本章分析研究了同相供电系统平衡补偿的模型，建立了两种最优补偿模型和三种满意补偿模型，并给出了各种模型的补偿电流，讨论了不同接线方式时各种容量关系，主要有：

（1）建立了以最佳负载为目标的同相牵引供电系统平衡补偿最优模型，该模型的特点是：不论三相系统电压对称与否，对于三相系统来说，通过补偿总是将不对称的单相负载变成三相对称的纯阻性负载，三相纯阻性负载所消耗的功率与单相负载所消耗的有功功率相同；给出了该模型下的广义有功电流、广义无功电流计算式。

（2）建立了以波形畸变最小为目标的同相供电系统平衡补偿最优模型，该模型的特点

是：通过补偿使电源提供的电流只有基波有功电流分量，谐波和无功电流由补偿装置提供；给出了该模型下的广义有功电流和广义无功电流计算式。广义有功电流就等于基波有功电流分量。

（3）建立了三种满意补偿模型。

模型一，将负荷引起的三相电流分为两个部分：广义有功分量和广义无功分量。实际补偿电流等于广义无功补偿度乘以广义无功电流。

模型二，将负荷引起的三相电流分为三个部分：正序有功分量、正序无功分量和负序分量。实际补偿电流等于正序无功电流乘以无功补偿度加负序电流乘以负序补偿度。

模型三，将负荷引起的三相电流分为四个部分：正序基波有功分量、正序基波无功分量、负序基波分量和谐波分量。实际的补偿电流等于正序基波无功电流、负序基波电流和谐波电流分别乘以相应的补偿度。

（4）分析并给出了最优模型和满意补偿模型的补偿电流表达式。

（5）分析讨论了补偿容量、系统提供的容量、变压器及平衡变换装置容量与补偿端口、补偿方式和补偿度之间的关系，给出了设备容量最小化的方法。对于有源补偿系统，仅补偿负序时补偿容量与变压器的接线方式无关；当负序和无功同时补偿时补偿容量受负荷接线角的影响不大，因此为了减小设备容量没有必要采用特殊形式的变压器。

第 5 章　期望补偿电流检测

5.1　同相供电对电流检测的要求

为了达到平衡补偿的目的，需要同相供电系统的平衡补偿装置提供与待补偿的广义无功电流大小相等的补偿电流（期望补偿电流），以消除牵引负荷中的谐波、无功和系统中的负序电流。所以生成补偿电流的关键是如何从负荷电流中提取出需要补偿的电流参考量，包括正序无功电流、负序电流和谐波电流。从负荷电流中提取出需要补偿的电流参考量的过程称为期望补偿电流的检测。期望补偿电流的检测是基于有源补偿同相供电系统的关键技术之一，期望补偿电流检测方法的优劣将直接影响同相供电系统对谐波与无功的补偿效果和三相系统的平衡效果。

期望补偿电流的检测方法有多种，不同检测方法其性能也不同。正确评价检测方法的性能，合理选择优越的检测方法，对于实现同相供电的技术要求具有重要意义。检测方法的性能主要体现在两个方面：一是快速性，也就是检测方法从信号输入开始到得到被检测量所需要的时间；二是准确度，也就是检测得到的量值与被检测对象中实际量值的接近程度。检测方法快速性可以用数据窗、动态跟踪特性和运算量三个指标来度量；检测方法的准确度可以用相对误差来度量。

（1）数据窗——检测方法从检测对象中得到被检测量所需要的被检测信号的数据样品时间长度，一般以工频周期为单位。数据窗长短与检测方法所基于的检测理论有关，如基于传统的功率定义的检测方法，由于传统的功率定义为 $P = \frac{1}{T}\int_0^T u(t)i(t)\mathrm{d}t$，计算出功率需要电压 $u(t)$ 和电流 $i(t)$ 一个周波的数据，故数据窗为一个周期，也就是 20 ms；但是若基于瞬时无功功率定义的检测方法，则只需要电压 $u(t)$ 和电流 $i(t)$ 一个时刻的数据，故数据窗长度理论上为零。

（2）动态跟踪特性——检测得到的量快速跟踪检测对象中被检测量突变的能力，可用延时时间来度量。延时时间是指从被检测量由一个量值跃变为另一个新量值时刻开始，到检测方法得到这个新量值所需要的时间。显然检测方法的数据窗越长，则延时越长，其动态跟踪性能越差。所以当前的检测方法很多是基于瞬时无功功率理论实现，其原因就是为了减小数据窗长度，提高检测方法的动态跟踪性能。当前的检测方法一般需要滤波器，由于滤波器存在延时，所以基于瞬时无功功率的检测方法延时长短与动态跟踪性能主要取决于滤波器本身。

（3）准确度——可用检测得到的量值与被检测对象中实际量值之间的相对误差来表示，相对误差越大准确度越低。

（4）运算量——检测方法得到结果所需要的计算量，计算量越大对硬件的要求也越高，耗时也越长。

对检测方法各项性能指标的要求,与检测方法应用场合、实现方法和技术水平有关。不同的应用场合其要求也不同,如对于实时性要求不高场合,则检测方法的准确度高低是主要的,速度特性是次要的;对于实时性要求很高的场合,如同相牵引供电系统的电流检测,除了满足同相供电对检测的准确度要求之外,检测方法的实时性却更加重要。实现方法不同对检测方法的指标要求也不同,如检测方法采用递归算法实现,那么算法必须收敛。对检测方法指标的要求还与硬件发展水平有关,由于当前计算机芯片技术的不断发展,计算机运算能力越来越强,因此运算量一般容易满足要求。所以在满足准确度要求的前提下,数据窗大小和实时跟踪特性便成了检测方法的重要指标。对检测方法性能指标的要求也是辩证的,如单从计算准确度角度看,数据窗越长,所用数据越多,计算结果越准确、越可靠;但这仅对平稳变化的信号是正确的,对于变化剧烈或突变的信号,如电气化铁道牵引负荷,数据窗越长,则检测结果越不准确,结论恰恰相反。

总之,同相供电系统对补偿电流检测的要求如下:
(1)必须满足准确度的要求,这是前提。
(2)由于牵引负荷剧烈变化特性决定了同相供电系统必须采用数据窗小、实时跟踪特性好、延时时间短的检测方法,否则难以得到准确的检测结果和很好的平衡补偿效果。

5.2 谐波与无功电流实时检测

5.2.1 常规检测方法及其存在的问题

传统的谐波检测方法主要有:陷波滤波器法、傅里叶分析法、Fryze 传统功率检测法等。

陷波滤波器法——用陷波滤波器将基波电流分量滤除得到谐波电流分量。该方法的优点是算法结构简单;缺点是难设计、误差大、对电网频率波动和电路元件参数十分敏感,理想的陷波滤波器在工程上不易实现。

傅里叶分析法——将检测到的一个周期的信号用 Fourier 分析进行分解得到各次谐波的幅值和相位,从而也得到了各次谐波的表达式。其缺点是需要一个周期的采样数据,当系统谐波含量发生突变时,必须经过一个周期才能得到变化后的谐波量,所以有一个周期的延时,数据窗过长不适宜动态检测;需要对误差信号进行重构,运算较为复杂,运算有一定的延时,实时性较差。

根据 Fryze 传统功率定义也可构造检测方法。但这种方法积分一个周期才能得出检测结果。20 世纪 80 年代以来,Czarnecki 等人对非正弦情况下的电流进行了新的分解。但据此构造的检测方法,仍然需积分一个周期才能得出检测结果,同样存在实时性不好的缺点。

近年来谐波检测发展出多种新方法[72],如基于鉴相原理的瞬时检测法[73]、基于自适应对消原理的自适应检测法[74]、基于神经网络的自适应检测法[75,76]和基于小波变换的谐波电流检测法[77]等。相对而言,基于瞬时无功功率的检测方法[21,78-84]比较成熟,并已在工程设计中广泛采用。瞬时无功功率理论是由赤木泰文于 1983 年提出[85],经学者不断完善后,被广泛应用于电流的实时检测中[86,87]。

第 5 章 期望补偿电流检测

1．基于瞬时无功功率的三相 p-q 检测法

p-q 检测原理框图如图 5.1 所示。图中 C_{32} 为三相两相变换矩阵，C_{pq} 为 PQ 变换矩阵，且

$$C_{32} = C_{23}^{T} = \sqrt{\frac{2}{3}} \begin{bmatrix} 1 & -1/2 & -1/2 \\ 0 & \sqrt{3}/2 & -\sqrt{3}/2 \end{bmatrix} \tag{5.1}$$

$$C_{pq} = \begin{bmatrix} u_{\alpha} & u_{\beta} \\ u_{\beta} & -u_{\alpha} \end{bmatrix} \tag{5.2}$$

根据图 5.1 可得

$$\begin{bmatrix} p \\ q \end{bmatrix} = \begin{bmatrix} u_{\alpha} & u_{\beta} \\ u_{\beta} & -u_{\alpha} \end{bmatrix} \begin{bmatrix} i_{\alpha} \\ i_{\beta} \end{bmatrix} = C_{pq} \begin{bmatrix} i_{\alpha} \\ i_{\beta} \end{bmatrix} = C_{pq} C_{32} \begin{bmatrix} i_{a} \\ i_{b} \\ i_{c} \end{bmatrix} \tag{5.3}$$

$$\begin{bmatrix} i_{a1} \\ i_{b1} \\ i_{c1} \end{bmatrix} = C_{23} \begin{bmatrix} i_{\alpha 1} \\ i_{\beta 1} \end{bmatrix} = C_{23} C_{pq}^{-1} \begin{bmatrix} \overline{p} \\ \overline{q} \end{bmatrix} = \frac{1}{u^2} C_{23} C_{pq} \begin{bmatrix} \overline{p} \\ \overline{q} \end{bmatrix} \tag{5.4}$$

式中，$C_{pq}^{-1} = \frac{1}{u^2} C_{pq} = \frac{1}{u_{\alpha}^2 + u_{\beta}^2} C_{pq}$；$u_{\alpha}$、$u_{\beta}$、$i_{\alpha}$、$i_{\beta}$ 分别为 $\alpha\beta$ 坐标系两相瞬时电压与电流。

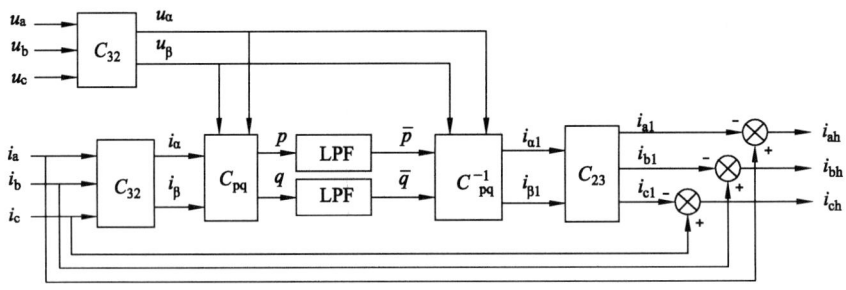

图 5.1 p-q 检测原理框图

该方法的原理是：根据式（5.3）算出 p、q，经低通滤波器（LPF）得 $\overline{p}$、$\overline{q}$。当系统电压无畸变时，$\overline{p}$ 为基波有功电流与电压作用所产生的基波有功功率，$\overline{q}$ 为基波无功电流与电压作用所产生的基波无功功率。于是，由 $\overline{p}$、$\overline{q}$ 根据式（5.4）即可计算出 i_{a1}、i_{b1}、i_{c1}，这恰好为被检测电流 i_a、i_b、i_c 的基波分量。将 i_{a1}、i_{b1}、i_{c1} 与 i_a、i_b、i_c 相减，可得出 i_a、i_b、i_c 的谐波电流分量 i_{ah}、i_{bh}、i_{ch}。若断开图 5.1 中计算 q 的通道，相当于式（5.4）中 $q=0$。此时由 $\overline{p}$ 可计算出被检测电流 i_a、i_b、i_c 的基波有功分量 i_{a1p}、i_{b1p}、i_{c1p}。

若系统的电压和电流分别为

$$\begin{bmatrix} u_a \\ u_b \\ u_c \end{bmatrix} = \begin{bmatrix} \sqrt{2} E_1 \sin \omega t \\ \sqrt{2} E_1 \sin(\omega t - 2\pi/3) \\ \sqrt{2} E_1 \sin(\omega t + 2\pi/3) \end{bmatrix} \tag{5.5}$$

$$\begin{bmatrix} i_a \\ i_b \\ i_c \end{bmatrix} = \begin{bmatrix} \sum_{n=1}^{\infty} \sqrt{2} I_n \sin(n\omega t - \varphi_n) \\ \sum_{n=1}^{\infty} \sqrt{2} I_n \sin[n(\omega t - 2\pi/3) - \varphi_n] \\ \sum_{n=1}^{\infty} \sqrt{2} I_n \sin[n(\omega t + 2\pi/3) - \varphi_n] \end{bmatrix} \quad (5.6)$$

式中 E_1——相电压有效值；

ω——电源的角频率；

I_n、φ_n——n 次谐波电流分量的有效值和初相角。

经三相两相变换后，得

$$\begin{bmatrix} u_\alpha \\ u_\beta \end{bmatrix} = \pmb{C}_{32} \begin{bmatrix} u_a \\ u_b \\ u_c \end{bmatrix} = \sqrt{3} E_1 \begin{bmatrix} \sin \omega t \\ -\cos \omega t \end{bmatrix} \quad (5.7)$$

$$\begin{bmatrix} i_\alpha \\ i_\beta \end{bmatrix} = \sqrt{\frac{2}{3}} \begin{bmatrix} 1 & -1/2 & -1/2 \\ 0 & \sqrt{3}/2 & -\sqrt{3}/2 \end{bmatrix} \begin{bmatrix} i_a \\ i_b \\ i_c \end{bmatrix}$$

$$= \begin{bmatrix} \sum_{n=1}^{\infty} \left(\frac{2}{\sqrt{3}} \left(1 - \cos n\frac{2\pi}{3}\right) \right) I_n \sin(n\omega t - \varphi_n) \\ \sum_{n=1}^{\infty} \left(-2 \sin n\frac{2\pi}{3} \right) I_n \cos(n\omega t - \varphi_n) \end{bmatrix} \quad (5.8)$$

令 $k = 0, 1, 2, \cdots$，则

$n = 3k$ 时，$1 - \cos n\frac{2\pi}{3} = 0$，$\sin n\frac{2\pi}{3} = 0$；

$n = 3k+1$ 时，$1 - \cos n\frac{2\pi}{3} = \frac{3}{2}$，$\sin n\frac{2\pi}{3} = \frac{\sqrt{3}}{2}$；

$n = 3k+2$ 时，$1 - \cos n\frac{2\pi}{3} = \frac{3}{2}$，$\sin n\frac{2\pi}{3} = -\frac{\sqrt{3}}{2}$。

当 $n = 3k$ 时，式（5.8）右边为零；当 $n \neq 3k$ 时，式（5.8）可简化为

$$\begin{bmatrix} i_\alpha \\ i_\beta \end{bmatrix} = \sqrt{3} \begin{bmatrix} \sum_{n=1}^{\infty} I_n \sin(n\omega t - \varphi_n) \\ \sum_{n=1}^{\infty} \mp I_n \cos(n\omega t - \varphi_n) \end{bmatrix} \quad (5.9)$$

式中，$n = 3k+1$ 时取上符号"$-$"，$n = 3k+2$ 时取下符号"$+$"。

根据式（5.3），可得

$$\begin{bmatrix} p \\ q \end{bmatrix} = \sqrt{3} E_1 \begin{bmatrix} \sin \omega t & -\cos \omega t \\ -\cos \omega t & -\sin \omega t \end{bmatrix} \begin{bmatrix} i_\alpha \\ i_\beta \end{bmatrix}$$

$$= 3E_1 \begin{bmatrix} \sum_{n=1}^{\infty} \pm I_n \cos\left((1\mp n)\omega t \pm \varphi_n\right) \\ \sum_{n=1}^{\infty} \pm I_n \sin\left((1\mp n)\omega t \pm \varphi_n\right) \end{bmatrix} \tag{5.10}$$

式中，$n=3k+1$ 时取上符号，$n=3k+2$ 时取下符号。把上式分成直流量和交流量两部分，得

$$\begin{bmatrix} p \\ q \end{bmatrix} = \begin{bmatrix} 3E_1 I_1 \cos\varphi_1 \\ 3E_1 I_1 \sin\varphi_1 \end{bmatrix} + \begin{bmatrix} \tilde{p}_n \\ \tilde{q}_n \end{bmatrix} \tag{5.11}$$

式中，$\tilde{p}_n$、$\tilde{q}_n$ 分别为 p、q 的交流量，经低通滤波器 LPF，得

$$\begin{bmatrix} \bar{p} \\ \bar{q} \end{bmatrix} = \begin{bmatrix} 3E_1 I_1 \cos\varphi_1 \\ 3E_1 I_1 \sin\varphi_1 \end{bmatrix} \tag{5.12}$$

式（5.12）说明 $\bar{p}$、$\bar{q}$ 正好为系统三相基波有功功率和无功功率。根据式（5.7）可写出 $\boldsymbol{C}_{pq}$ 表达式，进一步可得，$\boldsymbol{C}_{pq}^{-1} = \dfrac{1}{\sqrt{3}E_1}\begin{bmatrix} \sin\omega t & -\cos\omega t \\ -\cos\omega t & -\sin\omega t \end{bmatrix}$，所以

$$\begin{bmatrix} i_{\alpha 1} \\ i_{\beta 1} \end{bmatrix} = \boldsymbol{C}_{pq}^{-1} \begin{bmatrix} \bar{p} \\ \bar{q} \end{bmatrix} = \begin{bmatrix} \sqrt{3} I_1 \sin(\omega t - \varphi_1) \\ -\sqrt{3} I_1 \cos(\omega t - \varphi_1) \end{bmatrix} \tag{5.13}$$

将式（5.13）代入式（5.4），得

$$\begin{bmatrix} i_{a1} \\ i_{b1} \\ i_{c1} \end{bmatrix} = \boldsymbol{C}_{23} \begin{bmatrix} i_{\alpha 1} \\ i_{\beta 1} \end{bmatrix} = \begin{bmatrix} \sqrt{2} I_1 \sin(\omega t - \varphi_1) \\ \sqrt{2} I_1 \sin(\omega t - 2\pi/3 - \varphi_1) \\ \sqrt{2} I_1 \sin(\omega t + 2\pi/3 - \varphi_1) \end{bmatrix} \tag{5.14}$$

可见，当系统三相电压对称不含谐波时，运用 $p\text{-}q$ 检测方法可以迅速、准确地检测出电流中的基波分量，进一步可计算出谐波分量。克服了传统方法中时延长、精度低、无法单独提取谐波分量和无功分量等缺点。

当系统电压波形畸变时，由于 u_α、u_β 均含有谐波，并且 $\bar{p}$、$\bar{q}$ 不仅是基波电流与基波电压相作用的结果，而且还包含其他同次谐波的电流和电压相作用的结果，因此 i_{a1}、i_{b1}、i_{c1} 中也将含有谐波，从而影响谐波电流检测的精度，电压波形畸变越严重，检测结果的精度越低。

如果断开图 5.1 中 $\bar{q}$ 的通道，相当于 $\bar{q}=0$，则式（5.13）和式（5.14）分别变为

$$\begin{bmatrix} i_{\alpha 1} \\ i_{\beta 1} \end{bmatrix} = \boldsymbol{C}_{pq}^{-1} \begin{bmatrix} \bar{p} \\ 0 \end{bmatrix} = \begin{bmatrix} \sqrt{3} I_1 \sin\omega t \cos\varphi_1 \\ -\sqrt{3} I_1 \cos\omega t \cos\varphi_1 \end{bmatrix} \tag{5.15}$$

$$\begin{bmatrix} i_{a1} \\ i_{b1} \\ i_{c1} \end{bmatrix} = \boldsymbol{C}_{23} \begin{bmatrix} i_{\alpha 1} \\ i_{\beta 1} \end{bmatrix} = \sqrt{2} I_1 \cos\varphi_1 \begin{bmatrix} \sin\omega t \\ \sin(\omega t - 2\pi/3) \\ \sin(\omega t + 2\pi/3) \end{bmatrix} \tag{5.16}$$

这时 i_{a1}、i_{b1}、i_{c1} 正好分别为三相基波有功电流分量，图 5.1 中输出分别为三相谐波电流与无功电流之和。

2. 基于瞬时无功功率的三相 i_p-i_q 检测法和 d-q 检测法

i_p-i_q 检测法是把满足 $i_a+i_b+i_c=0$ 的三相电流 i_a、i_b、i_c 经过不含零序分量的 Park 变换得到 i_p、i_q，再经过低通滤波器（LPF）滤波得 i_p、i_q 的直流量 $\bar{i}_p$、$\bar{i}_q$，其中 $\bar{i}_p$、$\bar{i}_q$ 由基波正序分量 i_{a1}、i_{b1}、i_{c1} 产生，由 $\bar{i}_p$、$\bar{i}_q$ 即可计算出 i_{a1}、i_{b1}、i_{c1}，进而计算出电流负序分量和谐波分量。其检测原理如图 5.2 所示，图中用到了与 a 相电网电压 u_a 同相位的正弦信号 $\sin\omega t$ 和对应的余弦信号 $-\cos\omega t$，它们由一个锁相环（PLL）和一个正、余弦信号发生电路得到。

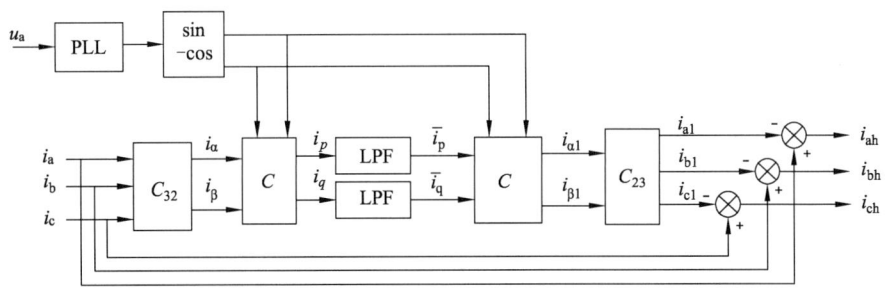

图 5.2　i_p-i_q 检测原理框图

图 5.2 中 C 为

$$C = \begin{bmatrix} \sin\omega t & -\cos\omega t \\ -\cos\omega t & -\sin\omega t \end{bmatrix} \tag{5.17}$$

仍假定电流如式（5.6）所示，根据图 5.2 可得

$$\begin{bmatrix} i_p \\ i_q \end{bmatrix} = CC_{32} \begin{bmatrix} i_a \\ i_b \\ i_c \end{bmatrix} = \sqrt{3} \begin{bmatrix} \sum_{n=1}^{\infty} I_n \cos((1\mp n)\omega t \pm \varphi_n) \\ \sum_{n=1}^{\infty} \pm I_n \sin((1-n)\omega t + \varphi_n) \end{bmatrix} \tag{5.18}$$

经 LPF 滤波后，得

$$[\bar{i}_p \quad \bar{i}_q]^T = \sqrt{3}[I_1\cos\varphi_1 \quad I_1\sin\varphi_1]^T \tag{5.19}$$

$$\begin{bmatrix} i_{a1} \\ i_{b1} \\ i_{c1} \end{bmatrix} = C_{23}C\begin{bmatrix} \bar{i}_p \\ \bar{i}_q \end{bmatrix} = \sqrt{2}I_1 \begin{bmatrix} \sin(\omega t - \varphi_1) \\ \sin(\omega t - \varphi_1 - 120°) \\ \sin(\omega t - \varphi_1 + 120°) \end{bmatrix} \tag{5.20}$$

进一步可以验证图 5.2 的输出就是要求的谐波电流。

该方法与 p-q 检测法相比由于没有直接使用系统电压信息，只是借助于构造的正弦和余弦函数，以实现与三相基波电流的合成矢量同步的旋转坐标系下的 Park 变换。因此，在通常情况下检测结果的精度不受系统电压波形畸变与否的影响，克服了 p-q 检测法受系统电压波形影响的不足。但要求由正弦和余弦函数合成的综合矢量应与三相基波正序电压的合成矢量同步且同相位，否则基波正序无功分量的检测精度将因相位差的存在而受到影响。

d-q 检测法的原理与 i_p-i_q 检测法基本相同。根据对称分量法含有任意次谐波的不对称的电压或电流，可以分解为含有相应次数的正序、负序和零序分量。任意三相畸变的不对称电流的 Park 变换都可表示成各次谐波序分量的 Park 变换之和的形式，其中 Park 变换将第 n 次分量变换成 dq 坐标系中第 $n-1$ 次分量；将第 n 次负序分量变换成 dq 坐标系中第 $n+1$ 次分量；只有基波正序分量在 dq 坐标系中为直流量，用 LPF 即可将其分离，再通过 Park 反变换即可获得基波正序有功分量和无功分量，与负载电流相减可得谐波电流分量。

3．基于瞬时无功功率的单相电路谐波与无功电流检测方法

这种检测方法是根据单相电路的电压、电流构造成一个对称的三相系统，再应用前述的基于瞬时无功功率的检测方法实施检测。检测框图如图 5.3 所示[88]。

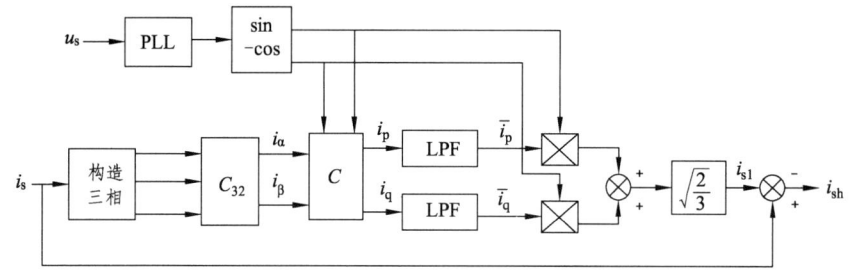

图 5.3　单相电路瞬时无功功率检测法

由单相构造三相的方法有多种，若设单相电路的电压 u_s 和电流 i_s 分别为

$$\left.\begin{aligned} u_s &= \sqrt{2}E\sin\omega t \\ i_s &= \sqrt{2}\sum_{n=1}^{\infty} I_n \sin(n\omega t - \varphi_n) \end{aligned}\right\} \quad (5.21)$$

可令 $u_a = u_s$，$i_a = i_s$，将 u_s 分别延时 $T/3$ 和 $2T/3$（T 为电压的周期），相当于 u_s 的电压向量，分别逆时针旋转 $120°$ 和 $240°$，可得 u_b 和 u_c。同样将 i_s 分别延时 $T/3$ 和 $2T/3$ 可得 i_b 和 i_c。那么构造出来的三相电压和三相电流分别为

$$\begin{bmatrix} u_a \\ u_b \\ u_c \end{bmatrix} = \begin{bmatrix} \sqrt{2}E_1 \sin\omega t \\ \sqrt{2}E_1 \sin(\omega t - 2\pi/3) \\ \sqrt{2}E_1 \sin(\omega t + 2\pi/3) \end{bmatrix} \quad (5.22)$$

$$\begin{bmatrix} i_a \\ i_b \\ i_c \end{bmatrix} = \begin{bmatrix} \sum_{n=1}^{\infty}\sqrt{2}I_n\sin(n\omega t - \varphi_n) \\ \sum_{n=1}^{\infty}\sqrt{2}I_n\sin(n(\omega t - 2\pi/3) - \varphi_n) \\ \sum_{n=1}^{\infty}\sqrt{2}I_n\sin(n(\omega t + 2\pi/3) - \varphi_n) \end{bmatrix} \quad (5.23)$$

观察式（5.22）和式（5.23）可见，由单相电压和电流构造出的三相电压和电流与式（5.5）和式（5.6）完全相同。所以当用图 5.3 检测单相电路谐波与无功电流时，图中 $\bar{i}_p$、$\bar{i}_q$ 应与图 5.2 的相同，满足式（5.19），所以

$$i_{s1} = \sqrt{\frac{2}{3}}(\bar{i}_p \sin\omega t - \bar{i}_q \cos\omega t) = \sqrt{2} I_1 \sin(\omega t - \varphi_1) \tag{5.24}$$

由此可见，i_{s1} 正好等于系统电流 i_s 的基波电流分量。所以图 5.3 输出 i_{sh} 就是被检测对象的谐波电流。同样为检测谐波与无功电流须断开 $\bar{i}_q$ 的计算通道，这就证明了基于构造三相方法能够检测出单相电路的谐波与无功电流。

这种方法的缺点是[89]：

（1）由单相构造三相需要 $2T/3$ 的延时，影响了检测方法的实时性。为了减小延时可以采用其他的构造方法，如令 $u_a = u_s$，$i_a = i_s$，将 u_s 延时 $T/6$（相当于向量逆时针旋转 $60°$）并反相得 i_c，而 $i_b = -i_a - i_c$，这样构造三相的延时可以缩短 $T/2$，约 10 ms。可以证明，这种构造方法也能够得出检测结果，但由于构造三相所需的理想的相位延时电角度为 $\pi/3$，实际中很难精确做到。当延时相位与理想相位之间误差较大时，构造的三相电流就变成了三相不对称电流，这对算法的检测精度有很大的影响。

（2）构造三相环节需要众多的乘法器，算法复杂，计算误差大，调整困难，对元件参数敏感。

（3）需要锁相环（PLL）。

关于单相电路谐波与无功电流检测方法，可参阅文献[90] ~ [99]。

5.2.2 改进的谐波与无功电流检测方法

1．单相电路有功电流分离检测法[91]

不失一般性，任设单相电网电压、电流如式（5.21）所示。电网电流可进一步写成：

$$i_s(t) = \sqrt{2} I_1 \cos\varphi_1 \sin\omega t - \sqrt{2} I_1 \sin\varphi_1 \cos\omega t + \sqrt{2}\sum_{n=1}^{\infty} I_n \sin(n\omega t - \varphi_n) \tag{5.25}$$

将上式两边分别乘 $\sqrt{2}\sin\omega t$ 和 $\sqrt{2}\cos\omega t$，得

$$\begin{cases} i_p(t) = \sqrt{2} i_s(t) \sin\omega t = I_1 \cos\varphi_1 + \sum \tilde{i}_{pn} \\ i_q(t) = \sqrt{2} i_s(t) \cos\omega t = -I_1 \sin\varphi_1 + \sum \tilde{i}_{qn} \end{cases} \tag{5.26}$$

式中　$\sum \tilde{i}_{pn}$ ——式（5.25）右边乘 $\sqrt{2}\sin\omega t$ 后产生的各次交流量之和；

$\sum \tilde{i}_{qn}$ ——式（5.25）右边乘 $\sqrt{2}\cos\omega t$ 后产生的各次交流量之和。

式（5.26）等式右端除 $I_1\cos\varphi_1$ 和 $I_1\sin\varphi_1$ 为直流量外其余都为交流量，所以分别用截止频率低于交流量中最低频率的低通滤波器滤波后并分别乘 $\sqrt{2}\sin\omega t$ 和 $\sqrt{2}\cos\omega t$，可得电网电流基波有功电流分量和基波无功电流分量。检测原理框图如图 5.4 所示。

如果仅检测谐波电流，可以不用锁相环电路，只需要一个与电压同频率的正弦信号发生电路。假定信号发生电路输出的正余弦信号与实际电压的相位差为任意值 θ，即

$$\begin{cases} x = \sqrt{2}\cos(\omega t + \theta) \\ y = \sqrt{2}\sin(\omega t + \theta) \end{cases} \quad (\theta \text{ 为任意值}) \tag{5.27}$$

第 5 章 期望补偿电流检测

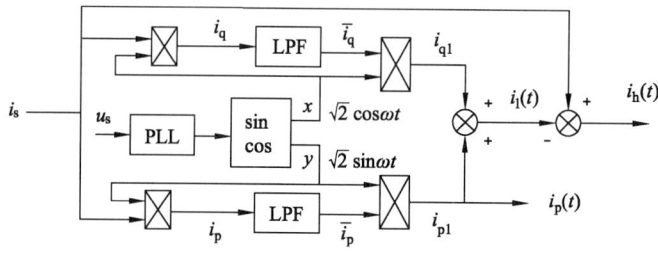

图 5.4 单相电路有功电流分离检测法

那么

$$\left.\begin{array}{l}i_p(t) = i_s(t) \times y = I_1 \cos(\varphi_1 + \theta) + \sum \tilde{i}_{pn} \\ i_q(t) = i_s(t) \times x = -I_1 \sin(\varphi_1 + \theta) + \sum \tilde{i}_{qn}\end{array}\right\} \quad (5.28)$$

所以图 5.4 中滤波器及其乘法器的输出，分别为

$$\left.\begin{array}{l}\overline{i}_p = I_1 \cos(\varphi_1 + \theta) \\ \overline{i}_q = -I_1 \sin(\varphi_1 + \theta)\end{array}\right\} \quad (5.29)$$

$$\left.\begin{array}{l}i_{p1} = \overline{i}_p \times y = \sqrt{2} I_1 \cos(\varphi_1 + \theta) \sin(\omega t + \theta) \\ i_{q1} = \overline{i}_q \times x = -\sqrt{2} I_1 \sin(\varphi_1 + \theta) \cos(\omega t + \theta)\end{array}\right\} \quad (5.30)$$

那么图 5.4 中的 $i_1(t)$ 为

$$i_1(t) = i_{p1}(t) + i_{q1}(t) = \sqrt{2} I_1 \sin(\omega t - \varphi_1) \quad (5.31)$$

可见，$i_1(t)$ 正好等于系统电流 $i_s(t)$ 的基波分量，那么最终输出 $i_h(t)$ 即为系统电流 $i_s(t)$ 的谐波分量。

该检测方法的优点是不需要构造三相环节，电路简单，检测谐波可以不用锁相环，但检测有功和无功电流仍需要锁相环。检测电路的延时主要取决于滤波器的延时，而滤波器的延时与电网电流中的谐波有关。通常电气化铁道负荷电流只有奇次谐波，所以可以用 10 ms 延时的滤波器滤除式（5.28）中的交流量。

2．等效虚拟三相检测方法[100]

当前在有源电力滤波器中，应用最多的是基于瞬时无功功率理论的谐波与无功电流检测算法，这种算法具有动态响应速度快、检测精度高的特点，因此在工程设计中得到了广泛应用，但应用于单相电路时，存在很多问题有待进一步研究解决。文献[88]提出的基于瞬时无功功率理论的单相电路谐波与无功电流检测方法，存在构造三相的延时环节，需要众多的乘法器，算法复杂，计算误差大，调整困难，对电路的元件参数敏感，用于单相电路谐波检测时，其效果不理想[89]。文献[89]在三相 i_p-i_q 检测方法的基础上，提出了基于瞬时无功功率的虚拟三相法，它仍需要构造延时环节，降低了算法的实时性，同时构造延时的准确性对算法的检测效果影响较大，而构造三相时所需的理想的相位延时为 $\pi/3$，实际中很难精确实现，当延时相位与理想相位之间误差较大时，构造出的三相电流就变成了三相不对称电流（任意两相间的相位差不等于$2\pi/3$），这必然会降低算法的检测精度。

可见构造延时环节是影响检测方法实时性和检测精度的关键因素。如果能够去掉不必要的构造延时环节，那么对于改善算法的性能具有重要意义。

1）等效虚拟三相检测方法的基本原理

前述基于瞬时无功功率理论的单相电路谐波与无功电流检测方法，由单相构造的三相系统满足对称性，而对称三相系统的各相电压（电流）相位互差120°，因此必须通过延时形成各相之间的相位差，这需要构造延时环节。为了去掉构造延时环节，必须打破构建对称三相电路的思路。

如果一个单相系统与一个三相系统对于负载（被测对象）是等效的，那么这两个系统向负载供出的电压和电流必然相同，对这个等效的三相系统实施谐波与无功电流检测，可以得到单相系统谐波与无功电流。

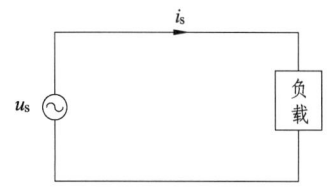

图 5.5 单相系统

为不失一般性，设单相系统电压、电流为

$$\left.\begin{array}{l}u_s(t)=\sum_n\sqrt{2}U_n\sin n\omega t \\ i_s=\sqrt{2}\sum_{n=1}^{\infty}I_n\sin(n\omega t-\varphi_n)\end{array}\right\} \quad (5.32)$$

对应的单相系统如图 5.5 所示。按照等效原理可以虚拟出与图 5.5 等效的三相系统，如图 5.6 所示。其中虚线部分是虚设的。其中图 5.6（a）为虚拟三相四线系统，图 5.6（b）为虚拟三相三线系统。注意虚拟三相系统，都是根据等效原理虚构的，没有任何构造环节和延时环节，虚拟系统的电压和电流都可以直接用单相系统电压和电流表示。可以证明，将虚拟系统的电压和电流加于图 5.2 所示的三相 i_p-i_q 检测电路时，或加于去掉三相构造环节的图 5.3 所示的单相电路瞬时无功功率检测电路时，电路输出就是被测单相系统谐波（或无功）电流。

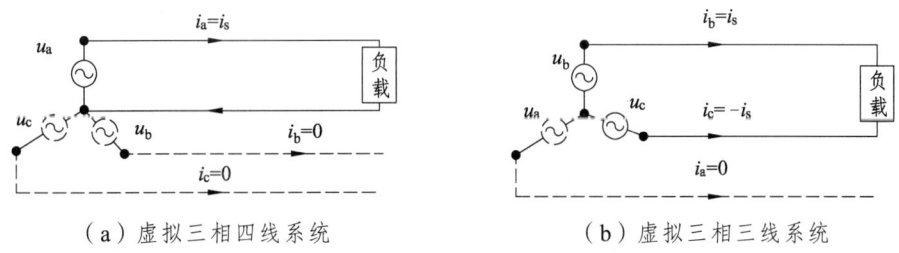

（a）虚拟三相四线系统 　　　　　　（b）虚拟三相三线系统

图 5.6 虚拟三相系统

由图 5.6（a）所示的虚拟三相系统，可得如下电压、电流关系：

$$\left.\begin{array}{l}[u_a \quad u_b \quad u_c]^T = [u_s \quad 0 \quad 0]^T \\ [i_a \quad i_b \quad i_c]^T = K[i_s \quad 0 \quad 0]^T\end{array}\right\} \quad (5.33)$$

式中，K 为检测修正系数，在此取 $K=3$。将图 5.6（a）中的 u_a 和 i_a、i_b、i_c 分别作为图 5.2 的输入。则由图 5.2 可得

$$[i_p \quad i_q]^T = \boldsymbol{CC}_{32}[i_a \quad i_b \quad i_c]^T \tag{5.34}$$

将式（5.33）和式（5.32）代入上式得

$$\begin{bmatrix} i_p \\ i_q \end{bmatrix} = \sqrt{3} \begin{bmatrix} I_1 \cos\varphi_1 + \sum_{n=1} \tilde{i}_{pn} \\ I_1 \sin\varphi_1 + \sum_{n=1} \tilde{i}_{qn} \end{bmatrix} \tag{5.35}$$

式中，$\tilde{i}_{pn}$、$\tilde{i}_{qn}$ 分别为 i_p、i_q 中的第 n 次交流分量。

式（5.35）中除直流量外，其他项都为交流量，经低通滤波器滤波后得

$$[\bar{i}_p \quad \bar{i}_q]^T = \sqrt{3} I_1 [\cos\varphi_1 \quad \sin\varphi_1]^T \tag{5.36}$$

式（5.36）与式（5.19）完全相同，所以其后的输出也与 i_p-i_q 检测法完全相同。即

$$\begin{bmatrix} i_{\alpha 1} \\ i_{\beta 1} \end{bmatrix} = \boldsymbol{C} \begin{bmatrix} \bar{i}_p \\ \bar{i}_q \end{bmatrix} = \begin{bmatrix} \sin\omega t & -\cos\omega t \\ -\cos\omega t & -\sin\omega t \end{bmatrix} \begin{bmatrix} \bar{i}_p \\ \bar{i}_q \end{bmatrix}$$

$$= \sqrt{3} I_1 \begin{bmatrix} \sin(\omega t - \varphi_1) \\ -\cos(\omega t - \varphi_1) \end{bmatrix} \tag{5.37}$$

$$\begin{bmatrix} i_{a1} \\ i_{b1} \\ i_{c1} \end{bmatrix} = \boldsymbol{C}_{23} \begin{bmatrix} i_{\alpha 1} \\ i_{\beta 1} \end{bmatrix} = \sqrt{2} I_1 \begin{bmatrix} \sin(\omega t - \varphi_1) \\ \sin(\omega t - \varphi_1 - 120°) \\ \sin(\omega t - \varphi_1 + 120°) \end{bmatrix} \tag{5.38}$$

所以图 5.2 的输出 $i_{ah} = i_s - i_{a1}$。由于 i_{a1} 为 i_s 的基波电流，所以图 5.2 的输出 i_{ah} 就是被测单相电路的谐波电流。

由图 5.6（b）所示的虚拟三相系统，可得如下电压、电流关系：

$$\begin{cases} [u_a \quad u_{bc}]^T = [X \quad u_s]^T \\ [i_a \quad i_b \quad i_c]^T = K[0 \quad i_s \quad -i_s]^T \end{cases} \tag{5.39}$$

根据电路等效原理，式中 X 可取任意值，但为了检测需要，取 $X = u_{bc} = u_s$，取 $K = 1$。再由图 5.2 可得

$$\begin{bmatrix} i_p \\ i_q \end{bmatrix} = \begin{bmatrix} I_1 \sin\varphi_1 + \sum_{n=1} \tilde{i}_{pn} \\ -I_1 \cos\varphi_1 + \sum_{n=1} \tilde{i}_{qn} \end{bmatrix} \tag{5.40}$$

$$[\bar{i}_p \quad \bar{i}_q]^T = I_1 [\sin\varphi_1 \quad -\cos\varphi_1]^T \tag{5.41}$$

$$[i_{\alpha 1} \quad i_{\beta 1}]^T = I_1 \left[\cos(\omega t - \varphi_1) \quad \sin(\omega t - \varphi_1) \right]^T \tag{5.42}$$

$$\begin{bmatrix} i_{a1} \\ i_{b1} \\ i_{c1} \end{bmatrix} = \sqrt{\frac{2}{3}} I_1 \begin{bmatrix} \cos(\omega t - \varphi_1) \\ \cos(\omega t - 2\pi/3 - \varphi_1) \\ \cos(\omega t + 2\pi/3 - \varphi_1) \end{bmatrix} \tag{5.43}$$

可见，图 5.2 电路输出 $i_{\beta1}$ 与被测单相系统的基波电流仅相差 $\sqrt{2}$ 倍数，所以 $i_s - \sqrt{2}i_{\beta1}$ 就是被测单相系统谐波电流。如果将 $i_{\alpha1}$ 与 $i_{\beta1}$ 输出调换位置，则输出 i_{ah} 扩大 $\sqrt{3}$ 倍就是单相系统谐波电流。

在以上虚拟三相的基础上，如果断开图 5.2 电路的 $\overline{i}_q$ 或 $\overline{i}_p$ 通路，则可以检测单相系统基波有功、基波无功电流以及谐波与基波无功的和电流。

根据等效原理，同样也可以将单相系统虚拟为两相系统进行电流检测。图 5.7 就是将单相系统等效虚拟为两相系统。由图 5.7 所示的虚拟两相系统，可得如下电压、电流关系：

$$\left.\begin{array}{l}[u_\alpha \quad u_\beta]^T = [u_s \quad 0]^T \\ [i_\alpha \quad i_\beta]^T = K[i_s \quad 0]^T\end{array}\right\} \quad (5.44)$$

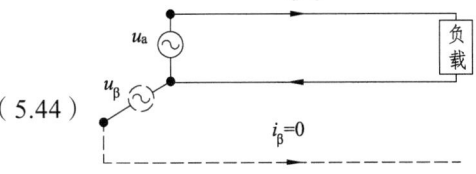

图 5.7　虚拟两相系统

取 $K=2$，将电压加于图 5.2 所示的电路 u_a，将两相电流 i_α、i_β 直接加于图 5.2 所示的电路对应的 i_α、i_β 输入端，相当于图 5.2 两边去掉 $\alpha\beta$ 坐标变换环节，直接简化为如图 5.8 所示检测电路。

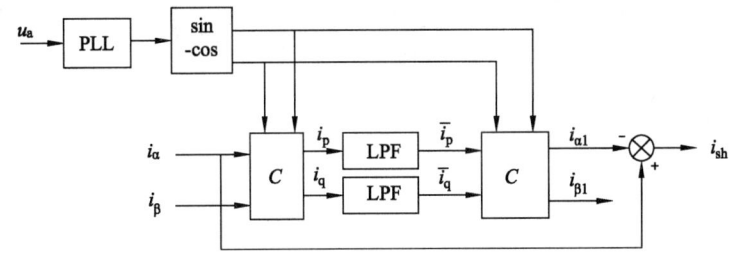

图 5.8　两相虚拟系统检测电路

根据图 5.8 可知，以下关系式成立：

$$\begin{bmatrix}i_p \\ i_q\end{bmatrix} = \sqrt{2}\begin{bmatrix}I_1\cos\varphi_1 + \sum_{n=1}\tilde{i}_{pn} \\ I_1\sin\varphi_1 + \sum_{n=1}\tilde{i}_{qn}\end{bmatrix} \quad (5.45)$$

$$[\overline{i}_p \quad \overline{i}_q]^T = \sqrt{2}I_1[\cos\varphi_1 \quad \sin\varphi_1]^T \quad (5.46)$$

$$[i_{\alpha1} \quad i_{\beta1}]^T = \sqrt{2}I_1[\sin(\omega t - \varphi_1) \quad \cos(\omega t - \varphi_1)]^T \quad (5.47)$$

所以 $i_{ah} = i_s - i_{a1}$ 就是被测单相系统谐波电流。

可以证明，当只检测谐波电流时，不需要锁相环电路，只需通过信号发生器产生与电网电压同频率的正余弦信号即可，正余弦信号的相位不影响检测结果。

2）仿真分析

为了验证等效虚拟三相检测方法的正确性，以下基于 matlab/simulink 对三种虚拟检测方法分别进行了仿真,其中虚拟三相四线检测方法的仿真结果如图 5.9 和图 5.10 所示(其他方法的仿真结果与本方法相同,故以下略)。图 5.9 是谐波与基波电流检测的仿真结果。其中图 5.9(a)是实际电网的电压与电流波形,为了使仿真符合实际情况和便于比较,假定电网电流波形是由基波和 3、5、7、9、11、13 次谐波分量组合而成,且谐波的幅值与次数成反比,谐波的相位为任意值。则电网电流可表示为

$$i_s = \sum_{n=1}^{7} \frac{20}{2n-1} \sin[(2n-1)\omega t - \varphi_{2n-1}] \tag{5.48}$$

图 5.9(b)为基波电流的检测结果与其实际波形,细实线为检测结果,黑实线为实际波形,从二者的波形来看检测结果与实际波形完全重合;图 5.9(c)为谐波电流检测结果与实际波形,虚线为检测波形,实线为实际波形,二者波形完全重合。说明等效虚拟检测方法是正确的。

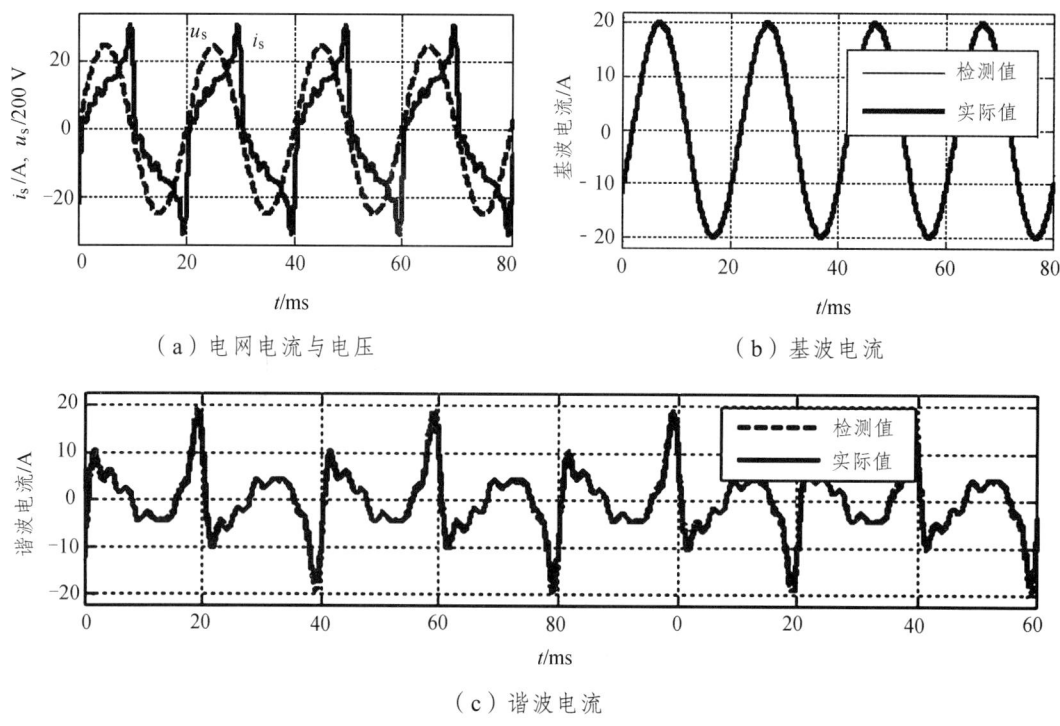

图 5.9 检测结果与实际波形

图 5.10 是对检测方法的动态响应性能的仿真结果,假定电网电流为 180° 方波,它与电源电压的相位差为 36°。为便于观察假设在 20~30 ms 之间,i_s 的幅值由 8 A 线性增加到 20 A,u_s、i_s 的波形如图 5.10(a)所示。图 5.10(b)、(c)、(d)分别为检测电路低通滤波器的输出、基波电流检测结果和谐波电流检测结果。可见无论从检测电路低通滤波器输出来看,还是从基波电流和谐波电流检测结果来看,都是在 30 ms 左右开始变化到 40 ms 结束并稳定。由此可见检测方法的动态响应性能较好。

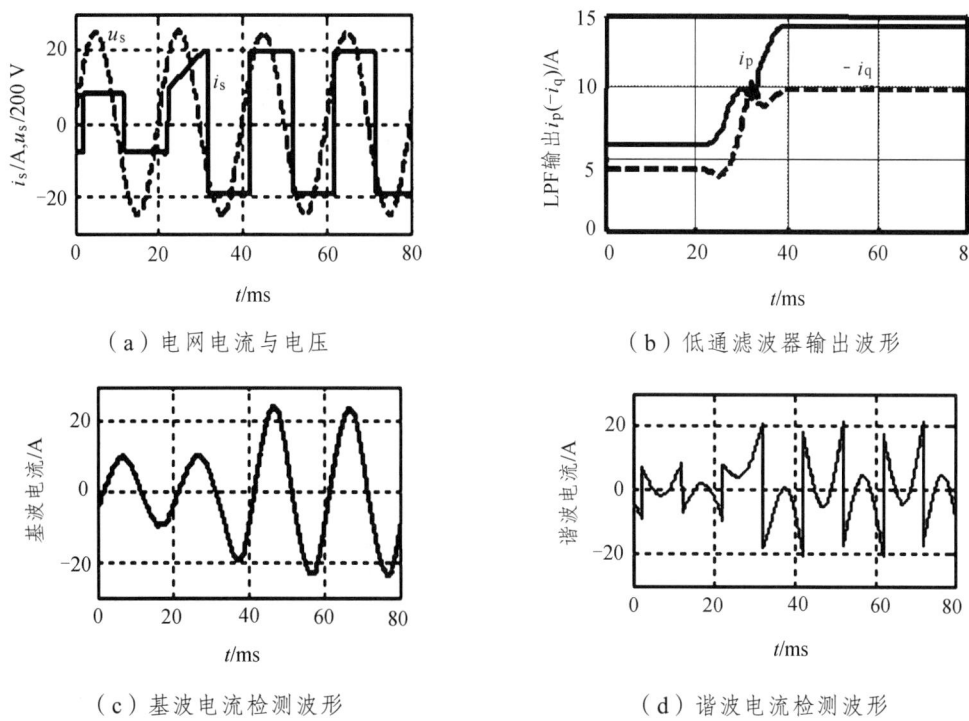

图 5.10 动态响应性能仿真结果

3）检测方法的特点

如前所述，基于瞬时无功功率理论的检测方法由于需要由单相构造三相的延时环节，因此引起了不必要的延时，降低了算法的实时性，同时也增加了检测电路的复杂性；理想延时在实际中很难精确实现，影响了检测精度。而等效虚拟三相检测方法不需要任何构造环节，因此消除了因构造环节带来的不良影响。与有功电流分离检测法相似，该检测方法的延时时间与滤波器有关，而滤波器的延时取决于要滤除的交流量的最低频率。对于电气化铁道采用 10 ms 延时的滤波器能够满足检测的精度和快速性的要求。

从功能和检测电路构成上看，基于有功电流分离的检测方法是等效虚拟三相检测方法的一种特例。以等效虚拟两相检测方法为例，根据 $i_\beta = 0$，经简化可得图 5.4 所示的检测电路，所以基于有功电流分离检测方法是无延时虚拟检测方法的特例。

单相和三相两种系统的谐波与无功电流检测方法有很多，它们既有联系又有区别。二者的区别决定了两系统的检测电路各不相同。等效虚拟三相方法，却可以使二者统一，至少可以将应用于三相系统的同一种检测电路，不用任何修改就能应用于单相系统，使单相和三相系统谐波与无功电流检测电路统一并标准化，有利于开发和推广应用，方便维护和调试。

这种检测方法的缺点是检测有功和无功电流时仍需要锁相环电路。

3．基于 Fryze 功率定义的检测方法[101]

与基于瞬时无功功率理论的检测算法相对应，也可以基于 Fryze 功率定义来构造谐波与无功电流检测算法。过去也有根据 Fryze 传统功率定义来构造检测方法方面的研究，但由此构造的检测方法需要很长的延时才能得出检测结果,存在实时性不好的缺点。

根据 Fryze 功率定义,瞬时有功电流为总电流的一个分量,其波形与电压完全一致,且一个周期内有功电流所消耗的平均功率和总电流消耗的平均功率相等;瞬时无功电流等于总电流与瞬时有功电流之差。由此根据图 5.5 单相系统可写出以下各式:

$$i_p(t) = Gu_s(t) \tag{5.49}$$

$$P = \frac{1}{T}\int_0^T u_s(t)i_s(t)\mathrm{d}t = \frac{1}{T}\int_0^T u_s(t)i_p(t)\mathrm{d}t \tag{5.50}$$

$$i_q(t) = i_s(t) - i_p(t) \tag{5.51}$$

式中 $i_p(t)$、$i_q(t)$——$i_s(t)$ 的瞬时有功电流和瞬时无功电流;

P、G——平均有功功率和比例实常数,若 U 为电压的有效值,则 $G = P/U^2$。

由以上各式可知,只要得到平均功率 P 和电压有效值的平方 U^2,就可计算出 G,再由式(5.49)和式(5.51)可求得电流的瞬时有功分量和无功分量。所以,基于 Fryze 功率定义实现无功电流检测的关键是求取 P 和 U^2 两个量。下面分三种情况进行分析。

(1)当电压和电流中都含有谐波时。

仍设被检测的电压、电流如式(5.32)所示,则

$$\begin{aligned} u_s^2(t) &= 2\sum_{n,m}U_nU_m\sin\omega t\sin m\omega t \\ &= U^2 - \sum_{n,m}U_nU_m\cos(n+m)\omega t + \sum_{n\neq m}U_nU_m\cos(n-m)\omega t \end{aligned} \tag{5.52}$$

$$U^2 = \sum_n U_n^2 \tag{5.53}$$

式中,$\sum_{n,m}$ 表示对下标 n 和 m 从 1 到 ∞ 的所有整数求和,以下同。

式(5.52)中除 U^2 为直流量外,其他项都为交流量。所以,可用截止频率低于交流量中最低频率的低通滤波器对 $u_s^2(t)$ 进行滤波,就能得到 U^2。

同理,电流瞬时值与电压瞬时值的乘积 p 为

$$\begin{aligned} p &= u_s(t)i_s(t) \\ &= 2\sum_{n,m}U_nI_m\sin n\omega t\sin(n\omega t - \varphi_m) \\ &= P - \sum_{n,m}U_nI_m\cos((n+m)\omega t - \varphi_m) + \sum_{n\neq m}U_nI_m\cos((n-m)\omega t + \varphi_m) \end{aligned} \tag{5.54}$$

$$P = \sum_{n=1}^{\infty}U_nI_n\cos\varphi_n \tag{5.55}$$

同样式(5.54)中除 P 为直流量外,其他项也都是交流量。所以,可用截止频率低于交流量中最低频率的低通滤波器对 p 进行滤波,就能得到 P。

求得 P 和 U^2 后,就可按照 Fryze 的功率定义计算出无功电流。根据以上原理可构造出如

图 5.11 所示的单相电路瞬时无功电流的实时检测原理框图。若定义，$I_{np} = I_n \cos\varphi_n = GU_n^2$，则不难验证图 5.11 所示输出 $i_p(t)$、$i_q(t)$ 分别为（推导过程略）：

显然瞬时有功电流 $i_p(t)$ 为谐波有功与基波有功电流之总和，它永远与瞬时电压成比例，波形完全相同，可称其为广义有功电流；瞬时无功电流 $i_q(t)$ 为谐波无功与基波无功电流之总和，可称其为广义无功电流。所以图 5.11 输出 $i_q(t)$ 可作为补偿无功时的参考量。

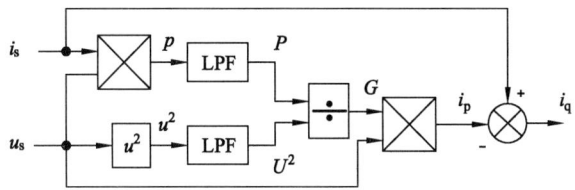

图 5.11 无功电流的实时检测

$$i_p(t) = \sum_n \sqrt{2} I_n \cos\varphi_n \sin n\omega t \qquad (5.56)$$

$$i_q(t) = \sum_n \sqrt{2} I_n \sin\varphi_n \sin n\omega t \qquad (5.57)$$

检测广义无功电流时，不需要与被检测电压同相位的单位正弦信号，因此也就不需要锁相环电路及正弦信号发生电路。这是这种检测方法的优点。

值得注意的是图 5.11 中存在除法运算单元，但不影响检测。因为在正常运行状态下 U^2 不为零，同时也不影响实现，尤其利用数字方式不难实现除法运算。

（2）当电压不含谐波，为 $u_s(t) = \sqrt{2} U_1 \cos\omega t$ 时：

电流仍如式（5.32）所示，此时相当于

$$U_n = \begin{cases} 0 & \text{当 } n \neq 1 \text{ 时} \\ U_1 & \text{当 } n = 1 \text{ 时} \end{cases} \qquad (5.58)$$

由式（5.53）和式（5.55）可得

$$\begin{cases} U^2 = U_1^2 \\ P = U_1 I_1 \cos\varphi_1 \end{cases} \qquad (5.59)$$

将式（5.59）代入式（5.49）可得

$$\begin{aligned} i_p(t) &= Gu_s(t) = P/U_1^2 u_s(t) \\ &= \sqrt{2} I_1 \cos\varphi_1 \sin\omega t \end{aligned} \qquad (5.60)$$

显然瞬时有功电流 $i_p(t)$ 正是被检测电流的基波有功分量，并与瞬时电压成比例，与电压的波形相同，那么 $i_q(t)$ 便是谐波与基波无功电流之和。所以输出 $i_q(t)$ 可作为同时抑制谐波和补偿无功时的参考量。

（3）当电压为 $\sqrt{2}$ 倍的单位正弦（余弦）信号时：

当 $u_s(t) = \sqrt{2} \sin(\omega t + \theta)$，电流仍如式（5.32），根据式（5.53）和式（5.55）可得 $U^2 = 1$，

$P = I_1\cos(\varphi_1+\theta)$,图 5.11 输出 $i_p(t)$ 为

$$i_p(t) = Gu_s(t) = P/U_1^2 u_s(t)$$
$$= \sqrt{2}I_1\cos(\varphi_1+\theta)\sin(\omega t+\theta) \tag{5.61}$$

当 $u_s(t) = \sqrt{2}\cos(\omega t+\theta)$,电流仍如式(5.32)时,根据式(5.53)和式(5.55)可得 $U_1^2=1$,$P=-I_1\sin(\varphi_1+\theta)$,图 5.11 输出 $i_p(t)$ 为

$$i_p(t) = Gu_s(t) = \frac{P}{U_1^2}u_s(t)$$
$$= -\sqrt{2}I_1\sin(\varphi_1+\theta)\cos(\omega t+\theta) \tag{5.62}$$

式(5.61)和式(5.62)相加,得 $i_1(t)=\sqrt{2}I_1\sin(\omega t-\varphi_1)$,$i_1(t)$ 恰好为被检测电流中的基波电流分量,用 $i_s(t)$ 减去 $i_1(t)$ 可得谐波电流。说明当 $u_s(t)$ 为与实际电压同频率的正弦(余弦)信号时,图 5.11 检测电路稍加修改可用于检测谐波电流。由于初相角 θ 是任意的,检测所得谐波电流与 θ 无关,所以与实际电压同频率的正弦(余弦)信号可由正弦信号发生电路获得,因此检测谐波电流时不需要锁相环电路。

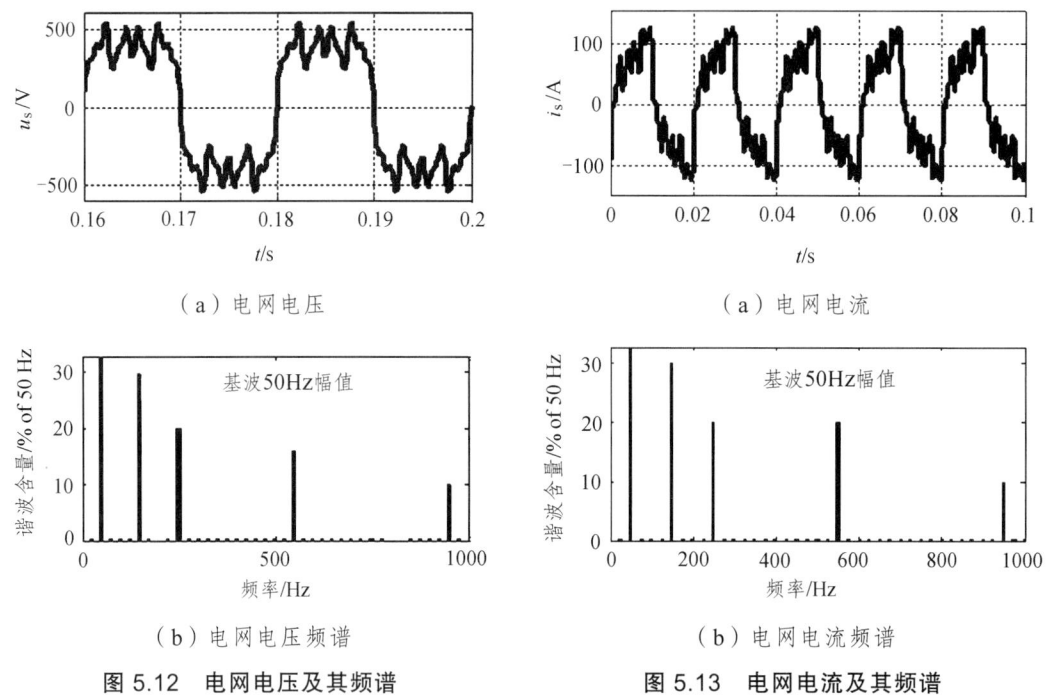

(a)电网电压　　　　　　　　　　(a)电网电流

(b)电网电压频谱　　　　　　　　(b)电网电流频谱

图 5.12　电网电压及其频谱　　　　图 5.13　电网电流及其频谱

图 5.12～图 5.15 分别为电网电压和电网电流的波形及其频谱。图 5.12(a)、(b)是电网的电压波形及其频谱,图 5.13(a)、(b)是电网电流波形及其频谱。电压与电流各次谐波含量如表 5.1、表 5.2 所示。

表 5.1　被测（电网）电压、电流各次谐波含量

谐波次数	1	3	5	11	19
u_s /%	100	30	20	16	10
i_s /%	100	30	20	20	10

注：实际电压、电流基波有效值分别为 500 V、100 A。

表 5.2　电流各次谐波有效值检测结果与实际值对照

谐波次数	1	3	5	11	19
电流实际值/A	100	30	20	20	10
电流检测值/A	101.28	29.59	19.97	20	10

图 5.14（a）～图 5.14（e）分别是广义无功电流、广义有功电流、基波有功电流、谐波+基波无功电流、谐波电流的仿真结果，其中实线为实际波形，虚线为检测波形。由图可见由于检测误差很小检测波形与实际波形基本重合。各次谐波检测结果与其实际值如表 5.2 所示。由表 5.2 也可看出，检测结果中各次谐波量值与实际值非常接近。这说明本节提出的检测方法能够准确检测出谐波电流以及其他各量。

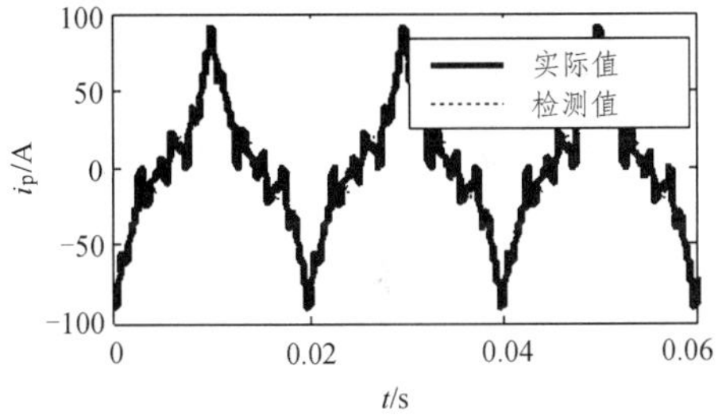

（a）广义无功电流

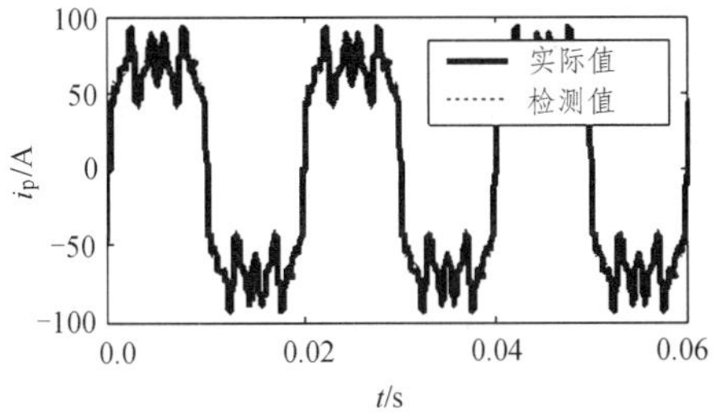

（b）广义有功电流

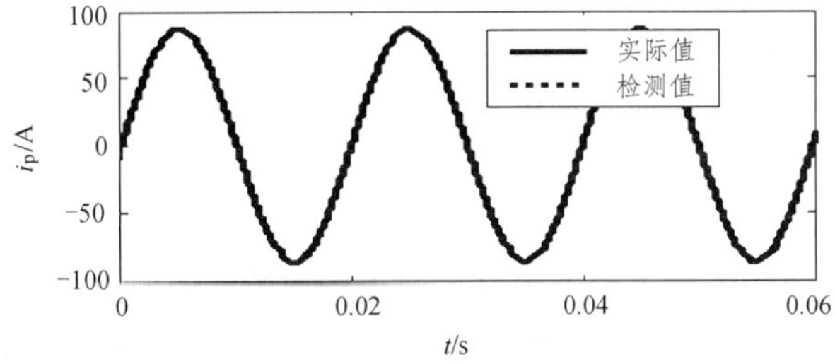

（c）基波有功电流

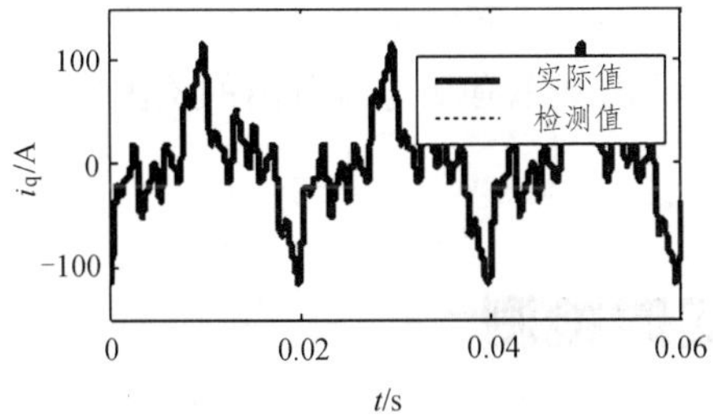

（d）谐波+基波无功电流

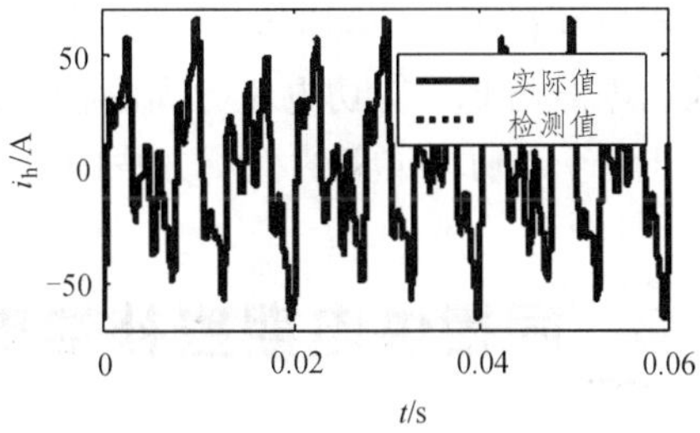

（e）谐波电流

图 5.14　谐波与无功电流检测结果

图 5.15 是对检测方法动态响应性能的仿真结果。假定电网电流为 180° 方波，它与电源电压的相位差为 36°。为便于观察假设在 20～30 ms 之间，i_s 的幅值由 100 A 线性增加到 200 A，i_s 的波形如图 5.15（a）所示。图 5.15（b）、（c）、（d）分别为检测电路低通滤波器的输出、基波电流检测结果和谐波电流检测结果。可见无论从检测电路低通滤波器输出来看，还是从基波电流和谐波电流检测结果来看，大约在 30 ms 时开始变化，到 40 ms 结束并稳定。检测方法约有 10 ms 延时（这一延时是由滤波器引起的，考虑实际情况，应滤除的最低谐波次数为二次，若采用在一个最低次谐波周期内求平均值的数字滤波方法，可在 1/2 电源周期，即 10ms 后得到稳定准确的输出），可见检测方法的动态响应性能较好。

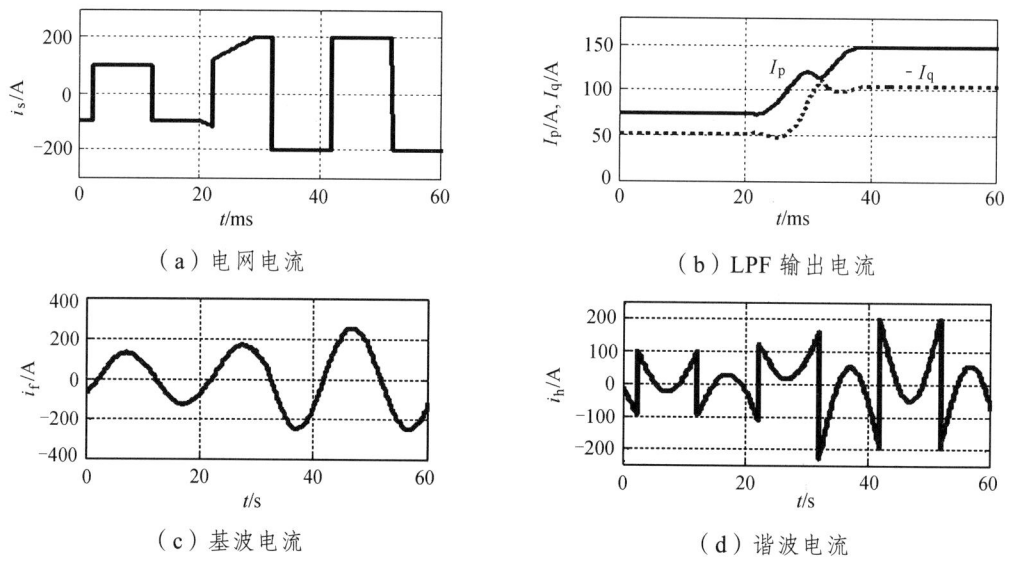

图 5.15 动态响应性能仿真

基于 Fryze 功率定义的检测方法特点是：

（1）当电压无畸变时，检测基波有功、无功电流时，不需要锁相环电路；无论电压有无畸变，检测广义有功、广义无功和谐波电流时，也不需要锁相环电路。从这一点上讲，基于 Fryze 功率定义的检测方法优于其他检测方法。

（2）与基于瞬时无功功率的单相电路谐波与无功电流检测方法相比，基于 Fryze 功率定义的检测方法不需要由单相构造三相的构造环节，很好地解决了由于构造环节引起的问题。

（3）若通过正弦信号发生电路得到与电压同频率同相位的单位正弦（余弦）信号，由分析可以看出同样可以检测谐波、无功电流，此时由于 $U^2=1$，所以电路可以进一步简化。简化的检测电路与基于有功电流分离的检测方法相同，所以基于有功电流分离的检测方法可以看作基于 Fryze 功率定义的检测方法的一种特例。

5.3 同相供电期望补偿电流的实时检测

与上一节讨论的单相和三相系统谐波与无功电流检测方法相比，同相供电期望补偿电流的检测方法有其特殊性：

（1）同相牵引供电系统被检测的对象是单相系统，只有一个端口有负荷，三相严重不平衡，属于不对称系统。

（2）同相牵引供电系统补偿对象是三相系统，补偿的目的主要是实现三相平衡，并补偿谐波与无功。期望补偿电流中不仅包括谐波电流、无功电流，而且包括负序电流。

（3）由于同相牵引供电系统的结构的多样性和实际补偿的需要，要求提供三相、两相、单相或多相的期望补偿电流，再考虑最佳补偿和补偿容量的要求，谐波、无功和负序必须按照一定的补偿方案和补偿度进行补偿。因此，期望补偿电流检测需要采取与常规的谐波与无功电流不同的检测方法。

基于最优补偿模型和满意补偿模型的多种检测方法，可以很好地适应电气铁道同相牵引供电系统特殊性、复杂性、精确度和快速性要求。

5.3.1 基于最佳负载模型的检测方法

由式（4.19）可知，确定最佳负载模型的补偿电流的关键是计算 G，直接计算 G 需要积分一个周期，数据窗过长，实时性不好。在这里采用恒定量分离法来求取 G，再根据式（5.19）可计算出广义有功电流，如图 5.16 所示。

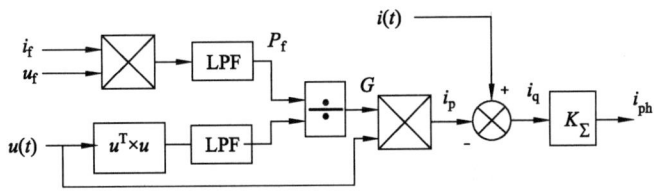

图 5.16 基于最佳负载模型的检测法

根据前述 Fryze 检测方法知，$i_f(t)$ 与 $u_f(t)$ 的乘积中含有直流量和交流量两部分，用截止频率低于交流量最低频率的低通滤波器，可得到负载有功功率 P_f。同样 $u^T(t)u(t)$ 中也有直流量和交流量两部分组成，低通滤波器输出恰好是其一个周期积分值。由此可以推得，图中 i_p 就是牵引侧广义有功电流，而 i_{ph} 就是期望补偿电流。

以图 3.8（a）单台变压器式同相 AT 牵引供电系统为例，假如三相等效星形电压为

$$u(t) = \begin{bmatrix} u_a(t) \\ u_b(t) \\ u_c(t) \end{bmatrix} = \begin{bmatrix} \sqrt{2}U\sin\omega t \\ \sqrt{2}U\sin(\omega t - 2\pi/3) \\ \sqrt{2}U\sin(\omega t + 2\pi/3) \end{bmatrix} \quad (5.63)$$

负载接于 ab 相间，所以负载端口电压为

$$u_f(t) = \sqrt{2}U_f\sin(\omega t - \psi_f) \quad (5.64)$$

式中，ψ_f 为负载的接线角，在此 $\psi_f = -30°$，$U_f = \sqrt{3}U$ 为牵引网电压。假设负载电流中有谐波，为

$$i_f(t) = \sum_{n=1}^{\infty} \sqrt{2} I_{fn} \sin(n\omega t - \psi_f - \varphi_{fn}) \tag{5.65}$$

式中，I_{fn}、φ_{fn} 分别为 n 次谐波电流的有效值和初相角，其中，$n=1$ 时代表基波的量值。根据图 3.8（a）可写出

$$\boldsymbol{i(t)} = [i_f(t) \quad -i_f(t) \quad 0]^T \tag{5.66}$$

将 $\boldsymbol{u(t)}$、$\boldsymbol{i(t)}$、$u_f(t)$、$i_f(t)$ 作用于图 5.16 对应输入端口，则

$$i_f \times u_f = P_f + \tilde{p} \tag{5.67}$$

式中，$P_f = U_f I_{f_1} \cos\varphi_{f_1}$ 为恒定直流量，等于负载的有功功率；$\tilde{p}$ 为交流量。经滤波后可得 P_f。

$$\boldsymbol{u}^T \boldsymbol{u} = u_f \times u_f = U_f^2 \tag{5.68}$$

所以图 5.16 中 $\boldsymbol{i_p}(t) = G\boldsymbol{u}(t)$。根据定义 $\boldsymbol{i_q}(t)$、$\boldsymbol{i_{ph}}(t)$ 应分别是广义无功电流和期望补偿电流。从式（5.68）还可以看出，当三相电压完全对称时，$\boldsymbol{u}^T\boldsymbol{u}$ 中只有直流量，所以图 5.16 中 $\boldsymbol{u}^T\boldsymbol{u}$ 通道并不需要 LPF 低通滤波器。

当系统三相电压不对称（或者三相电压幅值不等或相位并非依次相差 120°），式（5.63）变为

$$\begin{bmatrix} u_a(t) \\ u_b(t) \\ u_c(t) \end{bmatrix} = \begin{bmatrix} \sqrt{2} U_a \sin(\omega t + \varphi_a) \\ \sqrt{2} U_b \sin(\omega t + \varphi_b) \\ \sqrt{2} U_c \sin(\omega t + \varphi_c) \end{bmatrix} \tag{5.69}$$

则

$$\boldsymbol{u}^T\boldsymbol{u} = U_a^2 + U_b^2 + U_c^2 - 2\sum_x U_x \cos 2(\omega t + \varphi_x)$$

$$= \underbrace{\sum_x U_x^2}_{(1)} - \underbrace{2\sum_x U_x \cos 2(\omega t + \varphi_x)}_{(2)} \tag{5.70}$$

式中，$x \in \{a \quad b \quad c\}$；其中第（1）项为直流量，第（2）项为交流量。所以图 5.16 中 $\boldsymbol{u}^T\boldsymbol{u}$ 通道必须有 LPF 低通滤波器。经低通滤波器后就只剩直流量。所以

$$\boldsymbol{i_p}(t) = \frac{P_f}{\sum_x U_x^2} \boldsymbol{u}(t) \tag{5.71}$$

式（5.71）说明，当三相电压不对称时，按照图 5.16 原理进行检测，则输出 $\boldsymbol{i_p}(t)$ 的波形完全与三相电压的波形相同，其大小与三相电压成比例。所以，$\boldsymbol{i_p}(t)$ 正是最佳负载模型下的广义有功电流，那么 $\boldsymbol{i_q}(t)$ 就是广义无功电流。如果完全补偿广义无功电流 $\boldsymbol{i_q}(t)$，则系统输出功率为

$$P_s = \frac{1}{T}\int_0^T \boldsymbol{u}^T(t)\boldsymbol{i_p}(t)dt = \frac{P_f}{\sum_x U_x^2} \frac{1}{T}\int_0^T \boldsymbol{u}^T(t)\boldsymbol{u}(t)dt = P_f \tag{5.72}$$

即系统的输出功率正好等于负载的有功功率，这完全符合最佳负载模型的要求。

这种检测方法的特点是：

（1）无论电压是否对称和有无畸变都能得到准确的检测结果，检测结果总与最佳负载模型相符；该检测方法可用于检测最优补偿电流，此时 $K_\Sigma = 1$，也可用于检测满意补偿电流，此时 $K_\Sigma \in (0,1]$。

（2）该检测方法不需要锁相环电路，不受电压波动的影响，因此即使被测电压发生剧烈变化，也能准确得出检测结果。

（3）当牵引侧三相（或两相）端口电压对称时（或在实际中忽略电压不对称），以上检测电路可做进一步简化，此时 $\boldsymbol{u}^\mathrm{T} \times \boldsymbol{u} = u_\mathrm{f} \times u_\mathrm{f}$，因此可以减少运算量并简化电路，同时 $u^\mathrm{T} u$ 通道可省去滤波环节。

（4）由于采用了滤波器，故系统仍有一定的延时[102]，延时长短与负荷所含谐波次数有关。对于电气化铁道一般仅有奇次谐波，若采用数字滤波器最长延时为 10 ms。采用重采样技术可以进一步缩短延时[103]。

5.3.2 基于波形畸变最小模型的检测方法

1．有功电流分离检测法

图 5.17 为基于有功电流分离检测法的最优补偿电流检测电路。假设负载端口电压和电流波形为

$$\begin{cases} u_\mathrm{f} = \sqrt{2} E \sin(\omega t - \psi_\mathrm{f}) \\ i_\mathrm{f} = \sqrt{2} \sum_{n=1}^{\infty} I_n \sin(n\omega t - \psi_\mathrm{f} - \varphi_n) \end{cases} \quad (5.73)$$

式中，ψ_f 为负载的接线角。图中 $\boldsymbol{C}_\mathrm{f}$ 为旋转因子矩阵，与负载端口接线角有关。$\boldsymbol{C}_\mathrm{f}$、$\boldsymbol{C}_{23}^m$ 分别为

$$\boldsymbol{C}_\mathrm{f} = \begin{bmatrix} \cos\psi_\mathrm{f} & -\sin\psi_\mathrm{f} \\ -\sin\psi_\mathrm{f} & -\cos\psi_\mathrm{f} \end{bmatrix} \quad (5.74)$$

$$\boldsymbol{C}_{23}^m = \frac{2}{\sqrt{3}} \begin{bmatrix} 1 & -1/2 & -1/2 \\ 0 & \sqrt{3}/2 & -\sqrt{3}/2 \end{bmatrix}^\mathrm{T} \quad (5.75)$$

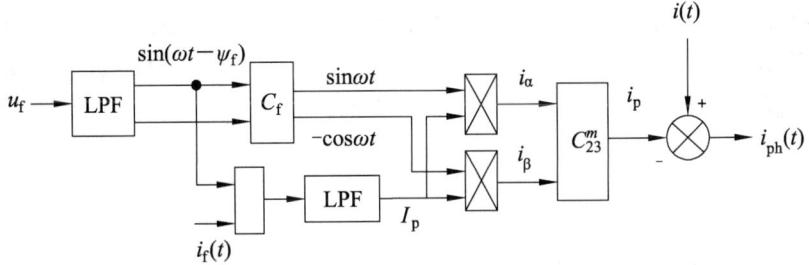

图 5.17 最优补偿电流有功分离检测法

第 5 章 期望补偿电流检测

如果同相供电接线方式一定，如以图 3.8（a）单台变压器同相 AT 供电类型为例，等效星形电压 $\dot{U}_\mathrm{a}$ 为参考，那么负荷的接线角 $\psi_\mathrm{f} = -30°$ 为确定值，这时 C_f 为确定的常数矩阵。

$i_\mathrm{f}(t)$ 与 $\sin(\omega t - \psi_\mathrm{f})$ 乘积可得

$$i_\mathrm{f}(t)\sin(\omega t - \psi_\mathrm{f}) = \frac{\sqrt{2}}{2} I_1 \cos\varphi_1 + \sum \tilde{i}_{\mathrm{p}n} \qquad (5.76)$$

式（5.76）中，$\sum \tilde{i}_{\mathrm{p}n}$ 为交流量，经低通滤波器滤波后可得到直流量 $\frac{\sqrt{2}}{2} I_1 \cos\varphi_1$，所以图中各量依次为

$$\boldsymbol{i}_{\alpha\beta} = \boldsymbol{C}_\mathrm{f}[i_\mathrm{f} \quad i_m]^\mathrm{T} = \frac{\sqrt{2}}{2} I_1 \cos\varphi_1 [\sin\omega t \quad -\cos\omega t]^\mathrm{T} \qquad (5.77)$$

$$\boldsymbol{i}_\mathrm{p} = \boldsymbol{C}_{23}^m \boldsymbol{i}_{\alpha\beta} = \frac{1}{\sqrt{3}} I_1 \cos\varphi_1 \begin{bmatrix} \sqrt{2}\sin\omega t \\ \sqrt{2}\sin(\omega t - 120°) \\ \sqrt{2}\sin(\omega t + 120°) \end{bmatrix} \qquad (5.78)$$

$$\boldsymbol{i}_\mathrm{ph}(t) = \boldsymbol{i}(t) - \boldsymbol{i}_\mathrm{p}(t)$$

$$= \boldsymbol{i}(t) - \frac{1}{\sqrt{3}} I_1 \cos\varphi_1 \begin{bmatrix} \sqrt{2}\sin\omega t \\ \sqrt{2}\sin(\omega t - 120°) \\ \sqrt{2}\sin(\omega t + 120°) \end{bmatrix} \qquad (5.79)$$

将式（5.79）与式（4.72）相比，可知 $\boldsymbol{i}_\mathrm{ph}(t)$ 就是牵引侧最优补偿下期望补偿电流。

上述检测原理对任何一种接线方式的同相牵引供电系统都使用。

这种检测方法运算量与负载接线角有关，如果选择参考电压或接线角，使 $\psi_\mathrm{f} = 0$，C_f 为单位矩阵，这时又可以减小运算量。这种检测方法的缺点是需要锁相环电路，且只能检测最优补偿电流。

对于图 5.17 若去掉 $\boldsymbol{C}_{23}^m$ 方框，就可以用于两相系统检测。

2．等效虚拟三相法

基于瞬时无功功率理论检测单相电路谐波与无功电流时，需要构造三相，存在构造延时，而等效虚拟三相方法解决了这一问题。该方法同样能用于同相供电系统补偿电流检测。

以图 3.8（a）单台变压器同相 AT 供电类型为例，根据等效虚拟三相四线原理，如 5.2.2 节所示。假定负载端口电压和电流如式（5.32）所示，即 $u_\mathrm{f}(t) = u_\mathrm{s}(t)$，$i_\mathrm{f}(t) = i_\mathrm{s}(t)$，令 $u_\mathrm{a}(t) = u_\mathrm{f}(t)$、$i_\mathrm{a}(t) = 3i_\mathrm{f}(t)$、$i_\mathrm{b}(t) = i_\mathrm{c}(t) = 0$，并作用于图 5.2，此时图 5.2 中 $\bar{i}_\mathrm{p}$、$\bar{i}_\mathrm{q}$ 如式（5.36）所示。若断开 $\bar{i}_\mathrm{q}$ 通道则

$$\begin{bmatrix} i_\mathrm{af}(t) \\ i_\mathrm{bf}(t) \\ i_\mathrm{cf}(t) \end{bmatrix} = I_1 \cos\varphi_1 \begin{bmatrix} \sqrt{2}\sin\omega t \\ \sqrt{2}\sin(\omega t - 2\pi/3) \\ \sqrt{2}\sin(\omega t + 2\pi/3) \end{bmatrix} \qquad (5.80)$$

式（5.80）中 $i_{af}(t)$、$i_{cf}(t)$、$i_{bf}(t)$ 恰好就是三相正序有功电流，所以图 5.2 检测电路输出 $i_{ah}(t)$、$i_{ch}(t)$、$i_{bh}(t)$ 就是变压器三角侧绕组期望补偿电流。由星三角关系可求得三角侧三相线期望补偿电流。等效虚拟的方法有多种，根据不同的等效虚拟方法，可以构造多种最优补偿电流检测电路。

这种检测方法的特点是：

（1）期望补偿电流检测电路与单相系统、三相系统谐波与无功电流检测电路完全相同，这时可实现单相、三相和同相供电系统谐波、无功和期望补偿电流检测的统一，给实际应用带来方便。

（2）由于采用了等效虚拟方法，省去了三相构造环节，避免了构造三相带来的问题。

（3）与有功分离检测方法相比电路复杂。

（4）需要锁相环电路，并只能检测最优补偿电流。

3．考虑补偿度的检测方法

以上两种检测方法仅使用于最优补偿电流的检测，如果要检测满意补偿电流，则需要分别检测出正序基波有功电流、正序基波无功电流、基波负序电流和谐波电流[104,106]。根据式（4.101）可画出满意模型期望补偿电流生成框图，如图 5.18 所示。首先由负载端口电压和电流检测出基波有功和无功电流，由此计算出谐波电流、负序电流、正序无功电流，再乘以补偿度就得到期望补偿电流。

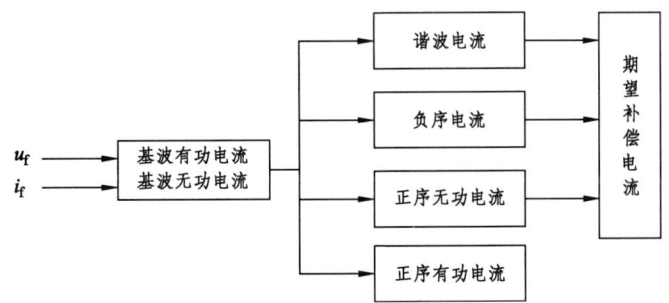

图 5.18 满意模型期望补偿电流生成框图

根据上述原理可构造出如图 5.19 所示的补偿电流检测电路。图中 C_f、C_{23} 分别为

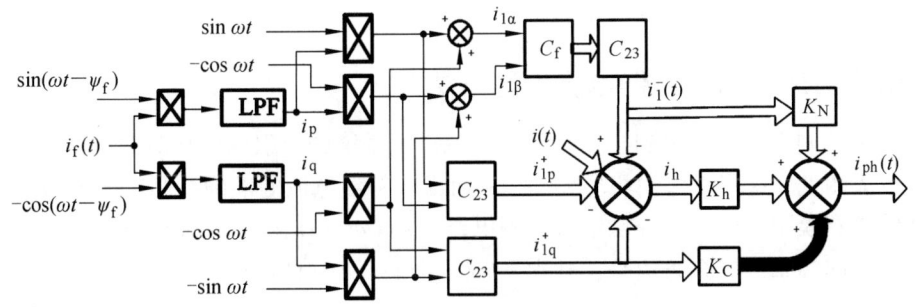

图 5.19 满意模型期望补偿电流检测

$$C_{23} = \frac{1}{3} K_f \begin{bmatrix} 0 & -1/2 & -1/2 \\ 1 & \sqrt{3}/2 & -\sqrt{3}/2 \end{bmatrix}^T \tag{5.81}$$

$$C_f = \begin{bmatrix} \cos 2\psi_f & \sin 2\psi_f \\ \sin 2\psi_f & -\cos 2\psi_f \end{bmatrix} \tag{5.82}$$

当接线方式确定后负载接线角 ψ_f 为常数，所以 C_f 为常数矩阵。图 5.19 中 $\sin(\omega t - \psi_f)$、$\cos(\omega t - \psi_f)$ 是由负载端口电压 $u_f(t)$ 经锁相环电路得到。由 $\sin(\omega t - \psi_f)$、$\cos(\omega t - \psi_f)$ 还可以得到基准电压同频率同相位的正余弦信号 $\sin \omega t$、$\cos \omega t$。

$i_f(t)$ 与 $\sin(\omega t - \psi_f)$、$\cos(\omega t - \psi_f)$ 的乘积中有直流量和交流量两部分，经 2 倍增益的低通滤波器滤波后可得到直流量 $i_p = \sqrt{2} I_1 \cos \varphi_1$ 和 $i_q = \sqrt{2} I_1 \sin \varphi_1$。根据图 5.19 可得

$$\begin{bmatrix} i_{1\alpha} \\ i_{1\beta} \end{bmatrix} = \begin{bmatrix} \sin \omega t & -\cos \omega t \\ -\cos \omega t & -\sin \omega t \end{bmatrix} \begin{bmatrix} i_p \\ i_q \end{bmatrix} = \sqrt{2} I_1 \begin{bmatrix} \sin(\omega t - \varphi_1) \\ -\cos(\omega t - \varphi_1) \end{bmatrix} \tag{5.83}$$

$$i_1^-(t) = C_{23} C_f \begin{bmatrix} i_{1\alpha} \\ i_{1\beta} \end{bmatrix} = \frac{1}{3} K_f \sqrt{2} I_1 \begin{bmatrix} \sin(\omega t - 2\psi_f - \varphi_1) \\ \sin(\omega t - 2\psi_f - \varphi_1 + 2\pi/3) \\ \sin(\omega t - 2\psi_f - \varphi_1 - 2\pi/3) \end{bmatrix} \tag{5.84}$$

$$i_{1p}^+(t) = C_{23} \sqrt{2} I_1 \cos \varphi_1 [\sin \omega t \quad -\cos \omega t]^T$$

$$= \frac{1}{3} K_f \sqrt{2} I_1 \cos \varphi_1 \begin{bmatrix} \sin \omega t \\ \sin(\omega t - 2\pi/3) \\ \sin(\omega t + 2\pi/3) \end{bmatrix} \tag{5.85}$$

$$i_{1q}^+(t) = C_{23} \sqrt{2} I_1 \sin \varphi_1 [-\cos \omega t \quad -\sin \omega t]^T$$

$$= -\frac{1}{3} K_f \sqrt{2} I_1 \sin \varphi_1 \begin{bmatrix} \cos \omega t \\ \cos(\omega t - 2\pi/3) \\ \cos(\omega t + 2\pi/3) \end{bmatrix} \tag{5.86}$$

由以上分析可知，检测电路输出 $i_{ph}(t)$ 为满意补偿时的期望补偿电流。

这种检测原理的运算量也与负载接线角有关，如果选择参考电压或接线角，使 $\psi_f = 0$，C_f 为单位矩阵，就可以大大减小运算量。

4．无锁相环的满意补偿电流检测方法

以上三种检测方法，都用到了锁相环，牵引供电系统的牵引网电压时常会因为负荷的原因而发生较大畸变，这将引起锁相环失锁，从而影响补偿电流的准确检测。图 5.20 是没有使用锁相环的满意模型时的期望补偿电流检测电路。$\sin(\omega t + \theta)$、$\cos(\omega t + \theta)$ 是由正弦发生电路产生的与电压同频率的正余弦信号，其中 θ 为任意角；图中 C、C_f^+、C_f^- 为

$$C = \begin{bmatrix} \sin(\omega t + \theta) & \cos(\omega t + \theta) \\ -\cos(\omega t + \theta) & \sin(\omega t + \theta) \end{bmatrix} \tag{5.87}$$

5.3 同相供电期望补偿电流的实时检测

$$\boldsymbol{C}_f^+ = \begin{bmatrix} \cos\psi_f & -\sin\psi_f \\ \sin\psi_f & \cos\psi_f \end{bmatrix} \quad (5.88)$$

$$\boldsymbol{C}_f^- = \begin{bmatrix} \cos\psi_f & \sin\psi_f \\ \sin\psi_f & -\cos\psi_f \end{bmatrix} \quad (5.89)$$

式中，$\boldsymbol{C}_f^+$、$\boldsymbol{C}_f^-$ 分别称为正向和逆向旋转因子矩阵，当接线方式确定后负载接线角 ψ_f 为常数，所以 $\boldsymbol{C}_f^+$、$\boldsymbol{C}_f^-$ 为常数矩阵。$i_f(t)$ 与 $\sin(\omega t+\theta)$、$\cos(\omega t+\theta)$ 的乘积中有直流量和交流量两部分，经 2 倍增益的低通滤波器滤波后可得到直流量：

$$\begin{cases} \bar{i}_p = \sqrt{2}I_1\cos(\psi_f+\varphi_1+\theta) \\ \bar{i}_q = -\sqrt{2}I_1\sin(\psi_f+\varphi_1+\theta) \end{cases} \quad (5.90)$$

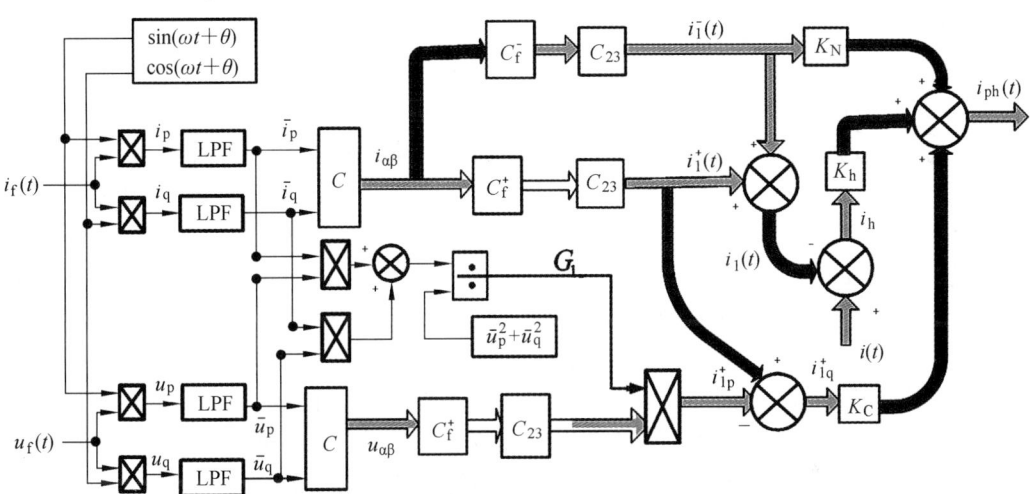

图 5.20 无锁相环的满意补偿电流检测方法

同样 $u_f(t)$ 与 $\sin(\omega t+\theta)$、$\cos(\omega t+\theta)$ 乘积后，经 2 倍增益的低通滤波器滤波后可得到直流量

$$\left.\begin{aligned}\bar{u}_p &= \sqrt{2}U_1\cos(\psi_f+\theta) \\ \bar{u}_q &= -\sqrt{2}U_1\sin(\psi_f+\theta)\end{aligned}\right\} \quad (5.91)$$

$$\left.\begin{aligned}\boldsymbol{i}_{\alpha\beta} &= \boldsymbol{C}[\bar{i}_p \quad \bar{i}_q]^T = \sqrt{2}I_1\begin{bmatrix}\sin(\omega t-\psi_f-\varphi_1)\\-\cos(\omega t-\psi_f-\varphi_1)\end{bmatrix} \\ \boldsymbol{u}_{\alpha\beta} &= \boldsymbol{C}[\bar{u}_p \quad \bar{u}_q]^T = \sqrt{2}U_1\begin{bmatrix}\sin(\omega t-\psi_f)\\-\cos(\omega t-\psi_f)\end{bmatrix}\end{aligned}\right\} \quad (5.92)$$

$$\left.\begin{aligned}\boldsymbol{i}_1^-(t) &= \boldsymbol{C}_{23}\boldsymbol{C}_f^-\boldsymbol{i}_{\alpha\beta} \\ \boldsymbol{i}_1^+(t) &= \boldsymbol{C}_{23}\boldsymbol{C}_f^+\boldsymbol{i}_{\alpha\beta} \\ \boldsymbol{i}_{1p}^+(t) &= G_1\boldsymbol{C}_{23}\boldsymbol{C}_f^+\boldsymbol{u}_{\alpha\beta}\end{aligned}\right\} \quad (5.93)$$

注意：图中 $G_1 = (\overline{u}_p \overline{i}_p + \overline{u}_q \overline{i}_q)/(\overline{u}_p^2 + \overline{u}_q^2) = P_1/U_1^2$。将 C_{23}、C_f^+ 和 C_f^- 代入式（5.93），可以验证 $i_1^-(t)$、$i_1^+(t)$ 和 $i_{1p}^+(t)$ 分别为同相供电系统牵引侧基波负序、基波正序和基波正序有功电流分量，所以图中输出 $i_{ph}(t)$ 为满意补偿电流。

按照以上方法同样可以构造无锁相环的最优补偿电流检测方法，此处不再赘述。

与前面情况相同，这种检测原理的运算量与负载接线角有关，如果选择参考电压或接线角，使 $\psi_f = 0$，C_f 为单位矩阵，就可以大大减小运算量。

5.4 本章小结

本章在分析谐波与无功电流检测方法的基础上，提出了单相系统和可用于各种不同接线方式的同相牵引供电系统谐波、无功及补偿电流的检测新方法，主要有：

（1）单相电路谐波与无功电流的等效虚拟三相法。该方法很好地解决了基于瞬时无功功率理论检测单相电路谐波与无功电流所存在的问题，例如，由于需要构造三相而引起了不必要的延时，降低了算法的实时性，同时也增加了检测电路的复杂性，以及理想延时在实际中很难精确实现，影响了检测精度等问题。该方法的缺点是检测电路复杂并需要锁相环电路；优点是能够实现三相与单相以及同相牵引供电系统补偿电流检测的统一化。

（2）基于 Fryze 功率定义检测单相电路谐波与无功电流的新方法，该方法不需要锁相环电路，且无论电压有无畸变都能准确检测出广义有功电流，检测结果总是与最佳负载模型一致。

（3）基于最佳负载模型的补偿电流检测方法，该方法是在 Fryze 功率定义检测方法的基础上，以最佳负载为目标提出的一种检测方法。该方法可用于检测最优补偿电流和满意补偿电流，其特点是无论电压是否对称和有无畸变都能得到准确的检测结果，不受电压波动的影响，不需要锁相环电路。

（4）基于波形畸变最小模型的四种检测方法：有功电流分离检测法、等效虚拟三相检测法、满意补偿电流检测法和无锁相环检测法。前两种检测电路较简单，可用于检测最优补偿电流；后两种主要用于检测满意补偿电流，检测电路较复杂，当检测电路补偿度都为 1 时，也可用于检测最优补偿电流。其中后一种检测方法无锁相环，不受电压波动影响。

第6章 期望补偿电流生成

6.1 平衡补偿电流的生成原理

平衡补偿装置以检测得到的期望补偿电流信号为参考，在控制电路的作用下产生一系列 PWM 脉冲，通过 PWM 脉冲控制变流器各开关管按照要求导通或关断，使变流器输出满足期望要求的电流或功率。逆变器有电压型和电流型，理想的电压型逆变器的输出电压不受负载的影响，输出电流随负载而变化；电流型逆变器正好相反，输出电流与负载无关，输出电压随负载而变化。同相牵引供电系统中一般采用电压型逆变器。平衡补偿的关键就是通过控制逆变器的输出电压，在系统和负载共同作用下，使其输出期望的补偿电流和功率。

6.1.1 补偿电流的控制

以三相 120° 接线同相牵引供电系统图 3.8（a）为例，根据等效原理，将系统简化等效，假设系统三相等效电压为 e_a、e_b、e_c，各相等效电感为 L、R；平衡补偿装置输出电压为 u_{aph}、u_{bph}、u_{cph}，输出电流为 i_{aph}、i_{bph}、i_{cph}，则三相平衡补偿等效电路如图 6.1（a）所示。

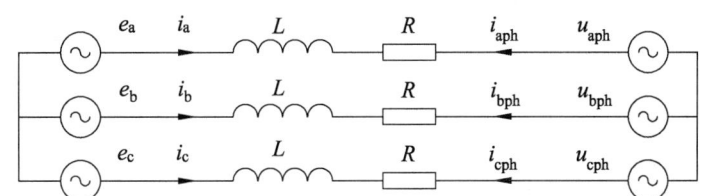

（a）三相系统平衡补偿等效电路

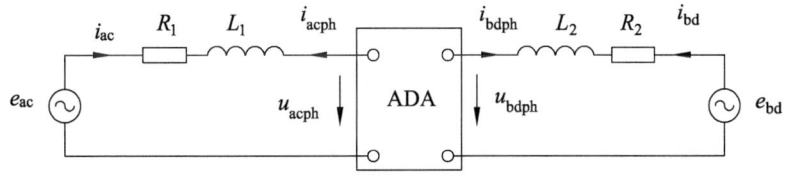

（b）两相系统平衡补偿等效电路

图 6.1 平衡补偿等效电路

同样，以两相 90° 接线同相牵引供电系统图 3.10 为例，假设两相系统的等效电压分别为 e_{ac}、e_{bd}；各相等效电感分别为 L_1、L_2；各相等效电阻分别为 R_1、R_2；平衡补偿装置两相输出电压分别为 u_{acph}、u_{bdph}，输出电流分别为 i_{acph}、i_{bdph}，则两相平衡补偿等效电路如图 6.1（b）所示，其中 ADA 代表交直交变流器。

假定补偿后三相或两相系统是对称的，这时还可以进一步简化成单相电路。通用的单相等效电路如图 6.2 所示。其中，L、R 分别代表系统的等效电感和电阻，e 代表系统等效电压，u_{ph}、i_{ph} 代表变流器的输出电压和输出电流。由图 6.2 可得

$$u_{ph} - e = L\frac{di_{ph}}{dt} + Ri_{ph} \quad (6.1)$$

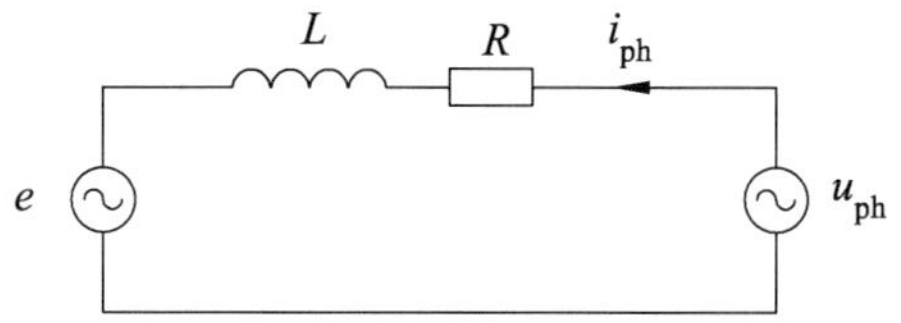

图 6.2 单相平衡补偿等效电路

由式（6.1）可以看出，平衡补偿装置的输出电流 i_{ph} 与系统电压 e、装置的输出电压 u_{ph}、系统等效电感 L、系统等效电阻 R 有关。任一时刻，当系统电压和参数一定时，电压 u_{ph} 的大小、相位和频率就决定了电流 i_{ph} 的大小、相位和频率；改变 u_{ph} 的大小、相位和频率就可以改变电流 i_{ph} 的大小、相位和频率。这种通过控制变流器的输出电压来控制其输出电流的控制方式称为间接电流控制。

间接电流控制技术不适用于电气化铁道同相供电平衡补偿系统，原因是电气化铁道牵引负荷不断移动且动态激烈变化，实时准确获得系统参数难度很大，尤其是由于电气化铁道接触网的特点，系统参数具有分布特征，因此式（6.1）的数学模型本身就有很大的误差；其次，即使按照系统分布参数特征建立数学模型，也只是理论上可行，实际上无法做到准确有效，并会因此增加实时准确估算的难度；加之这种间接电流控制技术对系统参数变化特别敏感，导致间接电流控制技术不能满足电气化铁道同相供电平衡补偿的实际需要。

与间接电流控制相对应，根据变流器的输出电流与期望补偿电流的误差值来产生一系列驱动脉冲，控制变流器功率开关导通与关断，使其输出电流与期望补偿电流的误差（绝对）值减小或将误差值限制在允许范围以内，这种控制技术称为直接电流控制。当前广泛应用的直接电流控制技术有固定开关频率 PWM 电流控制、滞环 PWM 电流控制等。与间接电流控制技术相比较，直接电流控制具有响应速度快、对系统参数不敏感、很强的健壮性等特点，适用于同相供电平衡补偿系统。

6.1.2 传输功率的控制

通过控制变流器的输出电压，可以得到期望的补偿电流，自然也就可以得到期望的补偿功率。平衡补偿装置的主要作用是补偿无功和负序。以下从补偿无功和负序角度来分析变流器的功率传输作用，分析中忽略了等效电阻 R，因为 R 很小，忽略后不影响分析结论。

1．补偿无功功率时

无功功率有容性无功功率和感性无功功率，平衡补偿装置要实现补偿无功功率的功能就需要其输出容性无功功率和感性无功功率。假定只有基波分量，则式（6.1）变为

$$\dot{U}_{ph} - \dot{E} = j\omega L\dot{I}_{ph} \quad (6.2)$$

令 $\dot{U}_L = j\omega L\dot{I}_{ph}$，以系统等效电压 $\dot{E}$ 为参考。当控制变流器的输出电压向量 $\dot{U}_{ph}$ 分别落在圆轨迹的 B 点和 D 点时，可以有效补偿系统的无功功率，如图 6.3 所示。

当变流器的输出电压向量 $\dot{U}_{ph}$ 落在 B 点时，各电压向量关系如图 6.3（a）所示。系统电压

$\dot{E}$ 与变流器的输出电压 $\dot{U}_{ph}$ 平行同向，变流器输出电压 $\dot{U}_{ph}$ 的幅值小于系统电压 $\dot{E}$ 的幅值，变流器输出电流 $\dot{I}_{ph}$ 超前于系统电压向量 $\dot{E}$ 90°，这时变流器向系统输出了纯容性无功功率（等价于吸收纯感性无功功率）。

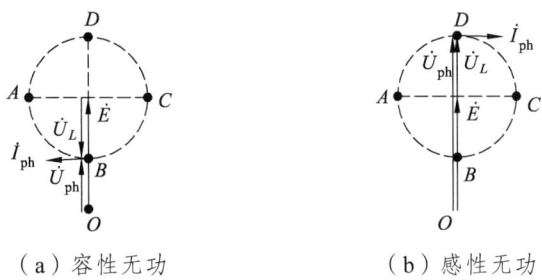

（a）容性无功　　　　　　　　（b）感性无功

图 6.3　补偿无功时向量关系

当变流器的输出电压向量 $\dot{U}_{ph}$ 落在 D 点时，各电压向量关系如图 6.3（b）所示。系统电压 $\dot{E}$ 与变流器的输出电压 $\dot{U}_{ph}$ 平行同向，变流器输出电压 $\dot{U}_{ph}$ 的幅值大于系统电压 $\dot{E}$ 的幅值，变流输出电流 $\dot{I}_{ph}$ 滞后于系统电压向量 $\dot{E}$ 90°，这时变流器向系统输出了纯感性无功功率（等价于吸收纯容性无功功率）。

可见，当控制变流器的输出电压与系统电压平行同向，且其幅值小于系统电压的幅值时，变流器将向系统输出容性无功功率；当控制变流器的输出电压与系统电压平行同向，且其幅值大于系统电压的幅值时，变流器将向系统输出感性无功功率。

无论是向系统输出感性无功功率还是容性无功功率，一个周波内流进流出变流器的平均功率恒等于零，说明仅补偿无功功率时，变流器只与系统交换能量，而不会向系统传输有功功率。

2．补偿负序时

根据前面分析，当补偿负序时变流器的主要作用是传递有功功率，变流器将有功功率从非负荷端口传向负荷端口。从端口来看，变流器要么是向系统输出有功功率，要么是从系统吸收有功功率。控制变流器的输出电压 $\dot{U}_{ph}$，使其落在圆轨迹的 A 点或 C 点时，可以使变流器输出或吸收有功功率，如图 6.4 所示。

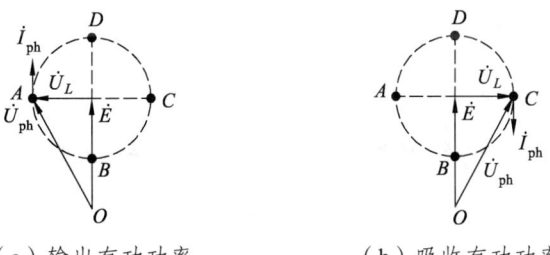

（a）输出有功功率　　　　　　　（b）吸收有功功率

图 6.4　补偿负序时向量关系

当变流器的输出电压向量 $\dot{U}_{ph}$ 落在图 6.4（a）所示的 A 点时，变流器的输出电压 $\dot{U}_{ph}$ 超前于系统电压 $\dot{E}$，变流器的输出电流 $\dot{I}_{ph}$ 与系统电压 $\dot{E}$ 平行同向，这时变流器向系统输出了有功功率。

当变流器输出电压向量 $\dot{U}_{ph}$ 落在图 6.4（c）所示的 C 点时，变流器的输出电压 $\dot{U}_{ph}$ 将滞后于系统电压 $\dot{E}$，变流器的输出电流 $\dot{I}_{ph}$ 与系统电压 $\dot{E}$ 平行反向，这时变流器从系统吸收有功功率。

说明当变流器的输出电压超前于系统电压时，有功功率由变流器流向系统；当变流器的输出电压滞后于系统电压时，有功功率由系统流向变流器，所以控制变流器的输出电压相位就可以控制有功功率的流向。

当变流器向系统输出有功功率时，能量（功率）将从变流器的直流侧流向系统的交流侧，通常把能量（功率）从直流侧传向交流侧的工作状态称为逆变。而当变流器从系统吸收有功功率时，能量（功率）将从系统的交流侧流向变流器的直流侧，通常把能量（功率）从交流侧流向直流侧的工作状态称为整流。所以变流器输出有功功率时工作在逆变状态，吸收有功功率时工作在整流状态。由于同相牵引供电系统补偿负序时，功率必然是从变流器的一个端口流入又从另一个端口流出，因此平衡补偿装置变流器必须同时具备整流和逆变双重功能。

以两相 90° 接线图 3.10 为例，补偿负序时功率将从 bd 端口流进而又从 ac 端口流出，所以接 ac 端口的单相变流器工作在逆变状态，能量从变流器流向系统；而接 bd 端口的单相变流器工作在整流状态，能量是从系统流向变流器。通过两个单相变流器将有功功率从系统的非负荷相 bd 端口传递到了系统的负荷相 ac 端口，从而补偿了负序，实现了系统平衡。

3．综合补偿时

负序和无功同时补偿时，变流器将随其输出电压 $\dot{U}_{ph}$ 向量变化而分为四种工作状态，如图 6.5 所示。

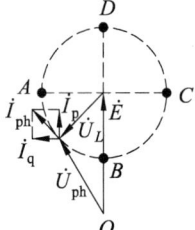
（a）输出有功功率和容性无功

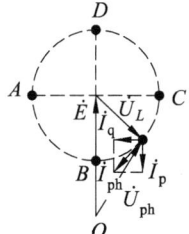
（b）吸收有功功率和感性无功

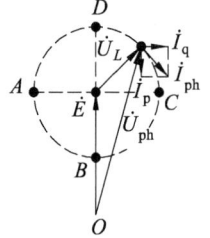
（c）吸收有功功率和容性无功

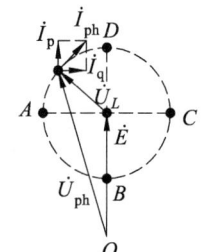
（d）输出有功功率和感性无功

图 6.5　综合补偿时向量关系

当控制变流器的输出电压，使其向量 $\dot{U}_{ph}$ 落在 $\overset{\frown}{AB}$ 弧线区域时，如图 6.5（a）所示，变流器输出电压向量 $\dot{U}_{ph}$ 超前于向量 $\dot{E}$，输出电流 $\dot{I}_{ph}$ 向量也超前于系统电压向量 $\dot{E}$，可将 $\dot{I}_{ph}$ 分解为与 $\dot{E}$ 平行同向的有功分量 $\dot{I}_p$ 和超前 $\dot{E}$ 90°的无功分量 $\dot{I}_q$。可见，变流器向系统输出有功功率和容性无功，能量从变流器直流侧流向系统交流侧，变流器工作在逆变状态。

当控制变流器的输出电压，使其向量 $\dot{U}_{ph}$ 落在 $\overset{\frown}{BC}$ 弧线区域时，如图 6.5（b）所示，变流器输出电压向量 $\dot{U}_{ph}$ 滞后于向量 $\dot{E}$，而变流器输出电流 $\dot{I}_{ph}$ 向量超前于系统电压向量 $\dot{E}$。可将 $\dot{I}_{ph}$ 分解为与 $\dot{E}$ 平行反向的有功分量 $\dot{I}_p$ 和超前 $\dot{E}$ 90°的无功分量 $\dot{I}_q$。可见，变流器从系统吸收有功功率和感性无功，能量从系统交流侧流向变流器直流侧，变流器工作在整流状态。

当控制变流器的输出电压，使其向量 $\dot{U}_{ph}$ 落在 $\overset{\frown}{CD}$ 弧线区域时，如图 6.5（c）所示，变流器输出电压向量 $\dot{U}_{ph}$ 滞后于系统电压向量 $\dot{E}$，变流器输出电流 $\dot{I}_{ph}$ 向量也滞后于系统电压向量 $\dot{E}$，可将 $\dot{I}_{ph}$ 分解为与 $\dot{E}$ 平行反向的有功分量 $\dot{I}_p$ 和滞后 $\dot{E}$ 90°的无功分量 $\dot{I}_q$。可见，变流器从系统吸收有功功率和容性无功，能量从系统交流侧流向变流器直流侧，变流器工作在整流状态。

当控制变流器的输出电压，使其向量 $\dot{U}_{ph}$ 落在 $\overset{\frown}{DA}$ 弧线区域时，如图 6.5（d）所示，变流器的输出电压向量 $\dot{U}_{ph}$ 超前于向量 $\dot{E}$，变流器输出电流 $\dot{I}_{ph}$ 向量滞后于系统电压向量 $\dot{E}$，可将 $\dot{I}_{ph}$ 分解为与 $\dot{E}$ 平行同向的有功分量 $\dot{I}_p$ 和滞后 $\dot{E}$ 90°的无功分量 $\dot{I}_q$。可见，变流器输出有功功率和感性无功，能量从变流器直流侧流向系统交流侧，变流器工作在逆变状态

总之，控制变流器的输出电压就可以控制有功功率的流向和大小，并可以补偿容性或感性无功功率。

6.2 期望补偿电压的生成原理

期望补偿电流的波形与补偿的目标有关，如果仅抑制谐波，那么期望补偿电流就是由一系列谐波构成的，这时就需要变流器产生多种频率成分的谐波；如果仅补偿基波负序，那么期望补偿电流就是交变的纯正弦波，这时就需要控制或调整变流器的输出，使其谐波含量减小，尽可能接近正弦波。控制变流器的输出电压是得到期望补偿电流的关键，那么变流器是如何输出期望的电压呢？本节讨论方波电压的生成原理，下一节讨论正弦波及任意波形电压的生成原理。

6.2.1 方波电压的生成

方波电压可以由逆变器生成，常用的方波逆变器有单相方波半桥逆变器、单相全桥方波逆变器和三相半桥方波逆变器[62]。其他结构逆变器都可由这三种基本逆变器扩展而成。

1. 由单相半桥逆变器生成方波电压

单相半桥方波逆变器的原理电路如图 6.6 所示，它由两个功率开关管 T_1、T_2 构成的一个桥臂和一个带中点的直流电源组成。图中 u_f 为负载电压，也就是逆变器的输出电压；i_f 为流过负载的电流；u_{T1}、u_{T2} 分别为 T_1、T_2 功率开关管的驱动电压。当驱动电压 u_{T1}、u_{T2} 为正时，T_1、T_2 导通；当驱动电压 u_{T1}、u_{T2} 为零时，T_1、T_2 截止。

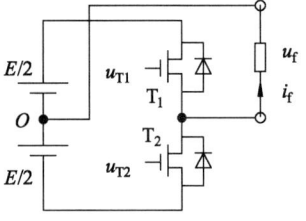

图 6.6 原理电路

假设 T_1、T_2 永远是一个导通另一个就截止，功率开关管开通或关断没有延迟和过渡时间，相当于理想开关。那么：

当 T_1 导通、T_2 关断时，输出电压 $u_f = u_{ao} = E/2$；

当 T_1 关断、T_2 导通时，输出电压 $u_f = u_{ao} = -E/2$。

因此，在驱动电压 u_{T1}、u_{T2} 作用下单相半桥方波逆变器的电压电流波形如图 6.7 所示，其中，图 6.7（a）、（b）分别为 T_1 和 T_2 的驱动电压波形；图 6.7（c）为逆变器输出电压 u_f 的波形，也即负载电压波形；图 6.7（d）、（e）、（f）分别为电阻、电感和阻感负载时的负载电流波形。

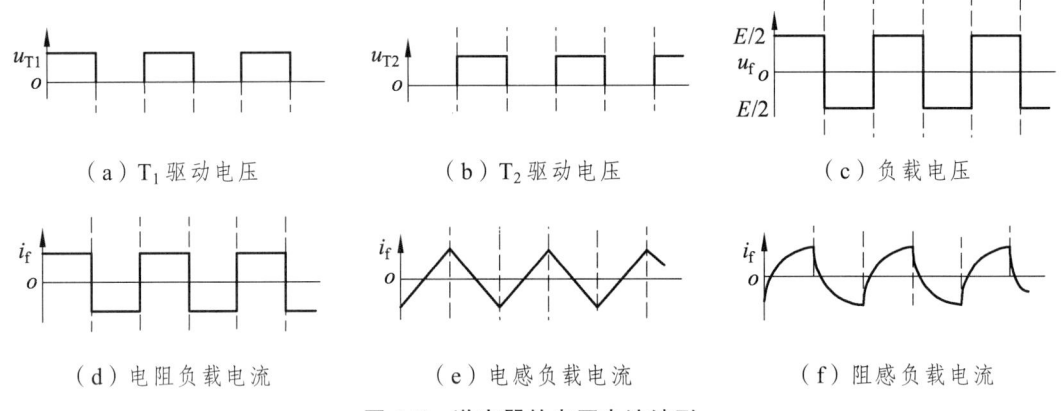

图 6.7 逆变器的电压电流波形

综上所述，控制开关管 T_1、T_2 的驱动脉冲电压 u_{T1}、u_{T2}，就可以得到方波输出电压。假设功率开关管 T_1、T_2 导通和开断的时间都为半个周期 $T/2$（T 为基波信号的周期），那么输出电压可用傅氏级数表示，瞬时电压表达式为

$$u_f(t) = \sum_{n=1,3,5,\cdots}^{\infty} \frac{2E}{n\pi} \sin n\omega t \qquad (6.3)$$

以上讨论只限于理想开关状态，实际的功率开关管并非接到驱动信号就立即开通或关断，开通和关断并都需要一定时间。假定接到开通驱动信号开始到功率开关管完全开通所需要的时间为开通延迟时间 t_n，从接到关断驱动信号开始到功率开关管完全关断所需要的时间为关断延迟时间 t_f。当关断延时时间大于开通延时时间时，如果 T_1 正处于关断的过渡时间就立刻驱动 T_2 导通，此时会出现 T_1 还未关断时就使 T_2 开通，引起 T_1 和 T_2 同时导通的"贯穿"短路故障。在实际电路应避免这种现象的发生，一般在 T_1 关断之后和 T_2 开通之前加入一个驱动脉冲封锁时间 Δt，封锁时间 $\Delta t > t_f - t_n$，通常是把 T_1、T_2 驱动脉冲前沿减去一个封锁时间，

使功率开关管的开通驱动脉冲晚到来 Δt，从而避免"贯穿"短路故障发生。

图 6.8 为实际常用的电压型单相半桥方波逆变器电路。与图 6.6 原理电路的不同之处是采用了两个直流滤波电容串联分压，在这里 $C_1 = C_2$，当 C_1 和 C_2 足够大时，可以认为其上电压基本保持恒定不变，即每个分压电容上的电压都为 $E/2$。

由第 4 章分析可知，同相牵引供电系统平衡补偿装置并不输出有功功率，或者说是在一个周期内输入输出有功功率代数和恒等于零。所以逆变器直流侧电源可用电容替代，当电容容量足够大时，可认为电容上的电压恒定不变。

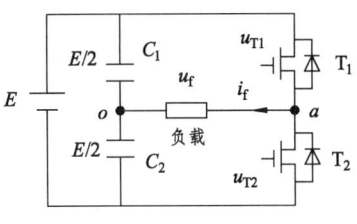

图 6.8 实际半桥逆变器

2．由单相全桥方波逆变器生成方波电压

单相全桥方波逆变电路及输出电压波形如图 6.9 所示。其中，图 6.9（a）为原理电路，电容 C 为分压电容；u_{T1}（u_{T4}）、u_{T2}（u_{T3}）、分别为开关管 T_1（T_4）和 T_2（T_3）的驱动电压，其波形如图 6.9（b）、（c）所示；图 6.9（d）为逆变器的输出电压（负载电压）；图 6.9（e）为电流流通回路。

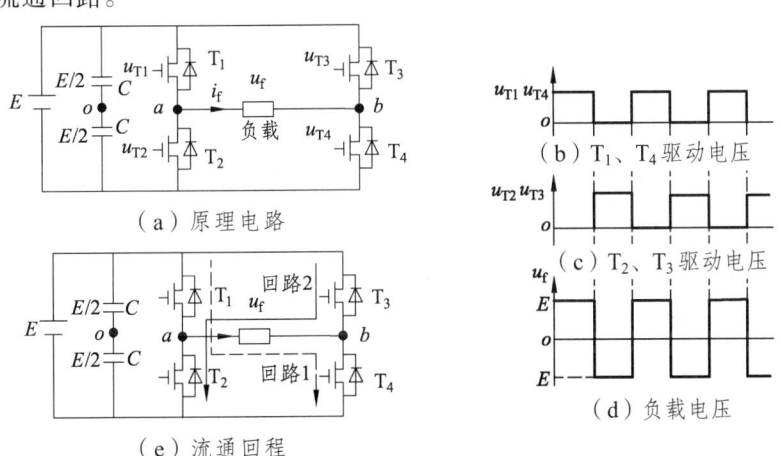

图 6.9 单相全桥逆变电路及输出电压波形

假定分压电容上的电压恒定不变为 $E/2$（实际电容上电压随充放电而周期波动，当电容足够大，则波动较小，可视为恒定值），开关管可以随时关断和开通不存在延时时间，且 T_1、T_4 开通（关断）时，T_2、T_3 关断（开通）。那么：

当 T_1、T_4 开通、T_2、T_3 关断时，电流回路如图 6.9（e）回路 1（虚线）所示，输出电压 $u_f = u_{ab} = E$；当 T_1、T_4 关断、T_2、T_3 开通时，电流回路如图 6.9（e）回路 2（实线）所示，输出电压 $u_f = u_{ab} = -E$。

所以逆变器的输出电压波形如图 6.9（d）所示，由于在一个周期内每个开关管导通和关断时间正好为 180°，一个周期内输出电压 $u_f = u_{ab} = E$ 和 $u_f = u_{ab} = -E$ 各为 180°，所以称为 180°固定方波电压。用傅氏级数分解，则输出电压可表示为

$$u_f(t) = \sum_{n=1,3,5,\cdots}^{\infty} \frac{4E}{n\pi} \sin n\omega t \tag{6.4}$$

可见，在直流电源电压不变时，全桥逆变器输出电压比半桥增加 2 倍；当负载也不变时，全桥逆变器输出功率是半桥的 4 倍。

180°固定方波电压的基波幅值和谐波含量是固定的，无法满足对谐波含量要求苛刻和幅值必须可调的场合。适当调整四个开关的导通和关断时间，可以得到幅值可调、谐波含量小的输出电压。为了分析方便应用叠加原理，图 6.9（a）所示的单相全桥方波逆变器的输出电压可以视为是由 T_1、T_2 和 T_3、T_4 构成的两个单相半桥逆变器输出电压的叠加。仍假定开关管可以随时关断和开通且不存在延时时间，并假定 T_3、T_4 构成的半桥输出电压 u_{bo} 比 T_1、T_2 构成的半桥输出电压 u_{ao} 滞后 $180°+\phi$ 角，即

$$u_{ao}(t) = \sum_{n=1,3,5,\cdots}^{\infty} \frac{2E}{n\pi} \sin n\omega t \tag{6.5}$$

$$u_{bo}(t) = \sum_{n=1,3,5,\cdots}^{\infty} \frac{2E}{n\pi} \sin n(\omega t - 180° - \phi) \tag{6.6}$$

所以，输出电压 u_{ab} 为

$$u_{ab}(t) = \sum_{n=1,3,5,\cdots}^{\infty} \frac{4E}{n\pi} \cos \frac{n\phi}{2} \sin n\left(\omega t - \frac{\phi}{2}\right) \tag{6.7}$$

逆变器输出电压波形如图 6.10 所示。由于 $\theta = 180° - \phi$，因此 n 次谐波电压的幅值和式（6.7）可分别表示为

$$U_{abn} = \frac{4E}{n\pi} \cos \frac{n\phi}{2} = \frac{4E}{n\pi} \sin \frac{n\theta}{2} \tag{6.8}$$

$$u_{ab}(t) = \sum_{n=1,3,5,\cdots}^{\infty} \frac{4E}{n\pi} \sin \frac{n\theta}{2} \sin n\left(\omega t - \frac{\phi}{2}\right) \tag{6.9}$$

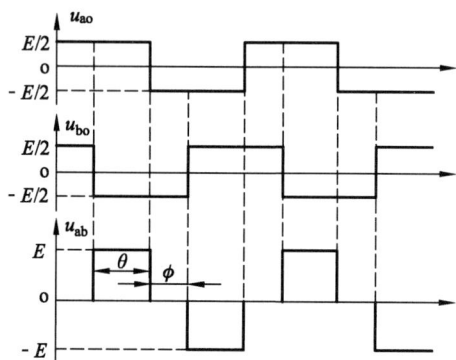

图 6.10　方波逆变器调压模式

根据式（6.7）、式（6.8）和式（6.9）可得以下结论：

（1）输出电压 u_{ab} 的幅值与 ϕ（或脉冲宽度 θ）有关，因此，调节 ϕ 角（或脉冲宽度 θ）可以调整输出电压基波和谐波的幅值。

（2）调节 ϕ 角（或脉冲宽度 θ）可消除某一次及其奇次倍谐波，只要满足 $\cos \frac{n\phi}{2} = 0$，就能消除 n 次及 n 的奇次倍谐波。

（3）调节 ϕ 角（或脉冲宽度 θ）可以提高基波电压的幅值和减小谐波电压的含量，从而改善输出电压波形的质量。

3．由三相半桥方波逆变器生成三相方波电压

三相半桥方波逆变器原理电路如图 6.11 所示。它由三个半桥逆变器组成，逆变器的输出电压相当于三个半桥逆变器输出电压的叠加。假定每个半桥上下两个开关管工作状态互补，即一个导通另一个就必然关断，导通与关断不存在延时。

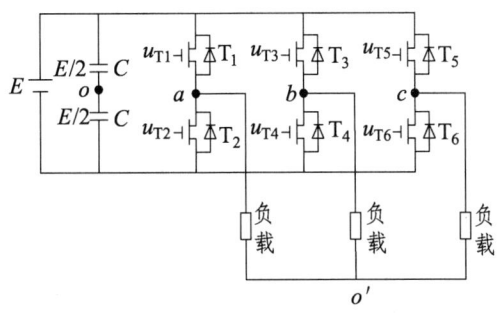

图 6.11　三相半桥方波逆变器原理电路

如此一来，由 T_1、T_2 构成的半桥其输出电压 u_{ao} 的波形如图 6.12 所示。由于 T_1、T_2 导通或关断的时间各为 $180°$，所以输出电压 u_{ao} 的波形是幅值为 $E/2$ 的 $180°$ 固定方波。

为了产生彼此互差 $120°$ 的三相输出电压，让 T_3 比 T_1 延迟 $120°$ 电角度开通（同样 T_4 比 T_2 延迟 $120°$ 电角度开通）。那么 T_3、T_4 构成的半桥其输出电压 u_{bo} 是比 u_{ao} 滞后 $120°$ 的 $180°$ 固定方波，如图 6.12 所示。

同样 T_5 比 T_3 延迟 $120°$ 电角度开通（T_6 比 T_4 延迟 $120°$ 电角度开通），那么 T_5、T_6 构成的半桥其输出电压 u_{co} 的波形将比 u_{bo} 滞后 $120°$，如图 6.12 所示。

线电压为相电压之差，即

$$\left.\begin{array}{l} u_{ab} = u_{ao} - u_{bo} \\ u_{bc} = u_{bo} - u_{co} \\ u_{ca} = u_{co} - u_{ao} \end{array}\right\} \quad (6.10)$$

根据式（6.10），可计算得 u_{ab}、u_{bc}、u_{ca}，其波形如图 6.12 所示。

假设三相负载完全对称，对 o' 列写节点电压方程整理可得

$$\dot{U}_{ao'} + \dot{U}_{bo'} + \dot{U}_{co'} = 0 \quad (6.11)$$

由于

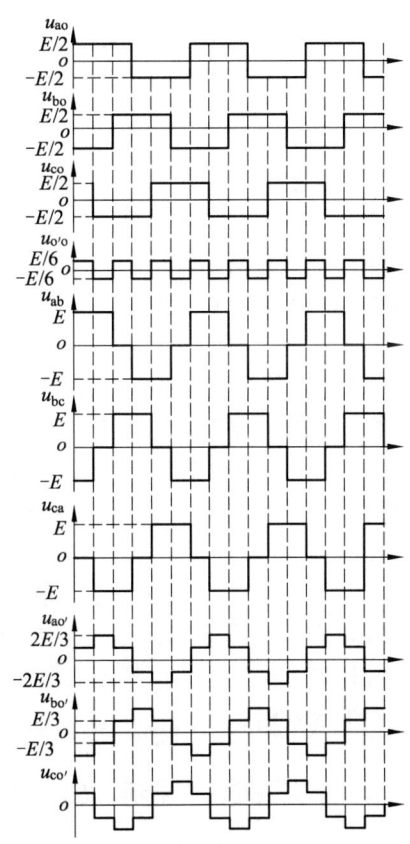

图 6.12　三相半桥电压波形

$$\left.\begin{array}{l}\dot{U}_{ao'} = \dot{U}_{ao} - \dot{U}_{o'o} \\ \dot{U}_{bo'} = \dot{U}_{bo} - \dot{U}_{o'o} \\ \dot{U}_{co'} = \dot{U}_{co} - \dot{U}_{o'o}\end{array}\right\} \quad (6.12)$$

所以

$$\dot{U}_{o'o} = \frac{1}{3}(\dot{U}_{ao} + \dot{U}_{bo} + \dot{U}_{co}) \quad (6.13)$$

根据式（6.13）可得 $u_{o'o}$ 的波形如图 6.12 所示。再根据式（6.12）可得 $u_{ao'}$、$u_{bo'}$、$u_{co'}$，其波形如图 6.12 所示。

线电压 u_{ab} 和相电压 $u_{ao'}$ 的傅里叶级数式为

$$u_{ab} = \frac{2E}{\pi}\sqrt{3}\left(\sin\omega t - \frac{1}{5}\sin 5\omega t - \frac{1}{7}\sin 7\omega t + \frac{1}{11}\sin 11\omega t + \cdots\right) \quad (6.14)$$

$$u_{ao'} = \frac{2E}{\pi}\left(\sin\omega t + \frac{1}{5}\sin 5\omega t + \frac{1}{7}\sin 7\omega t + \frac{1}{11}\sin 11\omega t + \cdots\right) \quad (6.15)$$

从式中可以看出，线电压和相电压中只有奇次谐波。由于没有 3 次谐波及其倍数次谐波的流通通路，所以输出电压中不含 3 次谐波及其倍数次谐波。

6.2.2 任意电压波形的生成

方波逆变器将直流电变成了交变的方波，实现了直流到交流的转换。但是不可调的固定方波逆变器存在两个突出的问题：① 输出的电压大小、频率、相位不可调；② 输出电压谐波次数固定，谐波含量极高，波形质量差。虽然单相全桥逆变器可以通过脉冲宽度调整输出电压的幅值和谐波含量，但调整幅度十分有限，无法满足实际需要。同相牵引供电系统期望补偿电流大小和相位都将随负载改变而动态变化，因此不可调的方波逆变器，无法满足同相供电平衡补偿的要求。PWM 脉宽调制技术和多电平技术可以有效解决这些问题。

PWM 脉宽调制技术是对逆变器开关管的导通与关断进行有规则的控制，使其输出一系列幅值相同而宽度不等的矩形脉冲序列，用这些脉冲序列去逼近一个所期望的电压或电流信号。为什么一系列矩形脉冲可以逼近任意一个信号？可以从作用效果和波形质量两个方面来理解：一是冲量相等（也即面积相等）而形状不同的两个窄信号作用于惯性系统，其效果基本相同。而任意信号与横轴围成的面积总可以等效为一系列矩形脉冲信号的面积之和。所以从作用效果上来看，任意信号可以用一系列矩形脉冲信号逼近。二是从波形的质量来看，一系列矩形脉冲信号与所逼近的信号也基本相当；若用傅里叶变换进行分析，二者的频谱，在高频段略有差异，其他频段基本相同；若将二者展开成傅氏级数，则二者基波基本相同，高次谐波含量略有不同。

1. 正弦脉宽调制（SPWM）

借用通信中调制波与载波的概念，用正弦波作为调制波，以高频三角波（或锯齿波）作为载波，比较二者的大小，以此控制输出脉冲的宽度，从而产生一系列幅值相同宽度不同的脉冲。图 6.13 为正弦脉宽调制电路。三角波的载波电压 u_c 与正弦调制波电压 u_s 进行比较，当 $u_s > u_c$ 时，比较器输出电压为高电平；而当 $u_s < u_c$ 时，比较器输出电压为低电平。输出脉冲的宽度正比于正弦调制波的函数值。图 6.14 为正弦脉宽调制波形示意图，其中图 6.14（a）黑实线为 50 Hz 正弦调制波，细实线为 550 Hz 三角载波；图 6.14（b）为 PWM 正弦

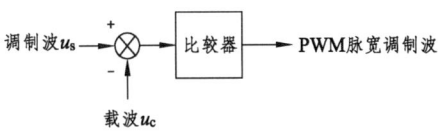

图 6.13 正弦脉宽调制电路

脉宽调制波形，各脉冲宽度不一。正弦调制波函数值越小，脉冲宽度越窄；正弦调制波函数值越大，脉冲宽度越宽。改变三角载波频率就可以改变一个周期内脉冲数。当三角载波频率增加时，一个周波的脉冲数增加，而脉冲数越多逼近调制波的效果也越好，但同时要求开关的频率越高，开关损耗也越大。

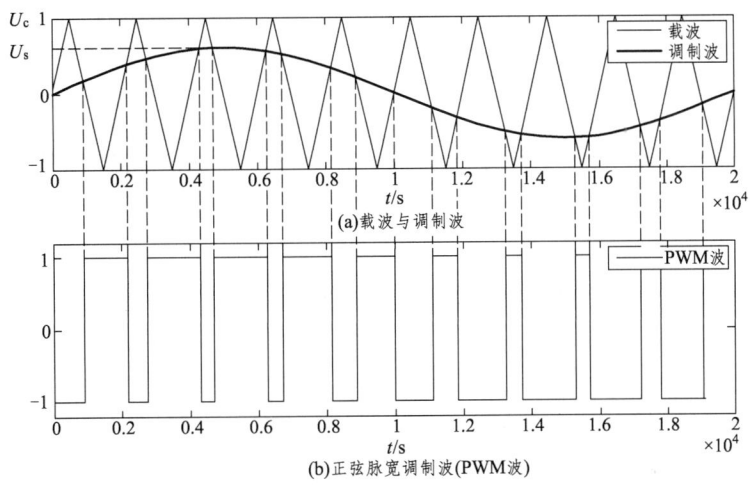

图 6.14 正弦脉宽调制波形

当三角载波的频率为 1080 Hz，调制波为 50 Hz 纯正弦波，调制度为 $M = 0.9$（$M = U_s / U_c$，其中 U_s、U_c 分别为调制波和载波的幅值）时，由正弦脉宽调制产生的 PWM 波去控制图 6.8 所示的单相半桥逆变电路，单相半桥逆变电路直流侧电压 $E = 20$ V，则输出电压波形及其频谱如图 6.15 所示。根据电压型逆变器的特点其输出电压波形在理想的情况下与调制波相同。从图 6.15 可以看出，输出波形中含有谐波，且谐波主要集中在开关频率附近，如果用滤波器滤除高次谐波，则除幅值不同外，输出电压的波形是与调制波形完全相同的纯正弦波，所以逆变器的输出电压波形可以逼近调制波波形。

图 6.14 和图 6.15 所示的三角载波、正弦调制波和 PWM 波在任何半个周期内均有正、负极性的电压交替出现，称这种调制为双极性调制。双极性调制的优点是可以有效提高直流电压的利用率，但明显增加了开关的频率和损耗，PWM 波谐波成分也有所增加，同时由于同一个桥臂上两个开关器件始终是轮流交替通断，而一般开关器件的关断时间总比开通时间长，为避免两个开关同时导通的"短路故障"，必须增加延时触发环节。

与双极性调制相对应，在半个周期内每个桥臂只有上或下一个开关器件作通断控制，另一个开关器件关断，调制波和载波均只有单一的极性，这种调制方式称为单极性调制。如图 6.16

第6章 期望补偿电流生成

所示，逆变器输出 PWM 波也是只有单一的极性，图示 PWM 波的负半周是通过倒相得到的。

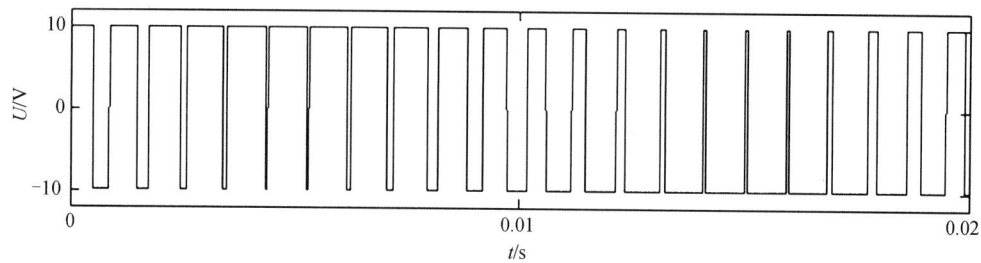

（a）输出电压波形

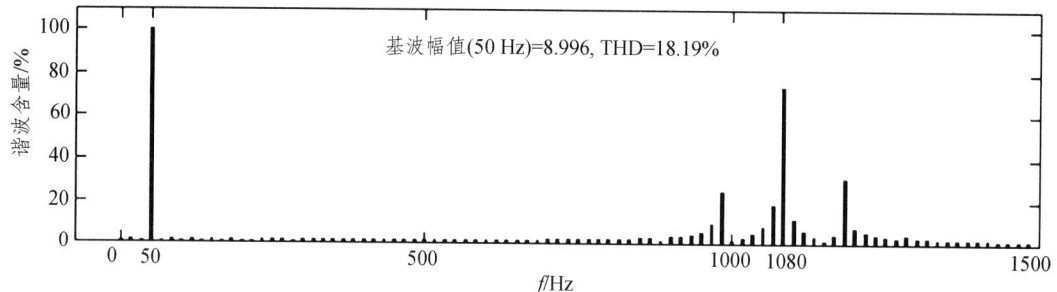

（b）输出电压的频谱

图 6.15　PWM 调制单相半桥逆变器的输出电压波形及频谱

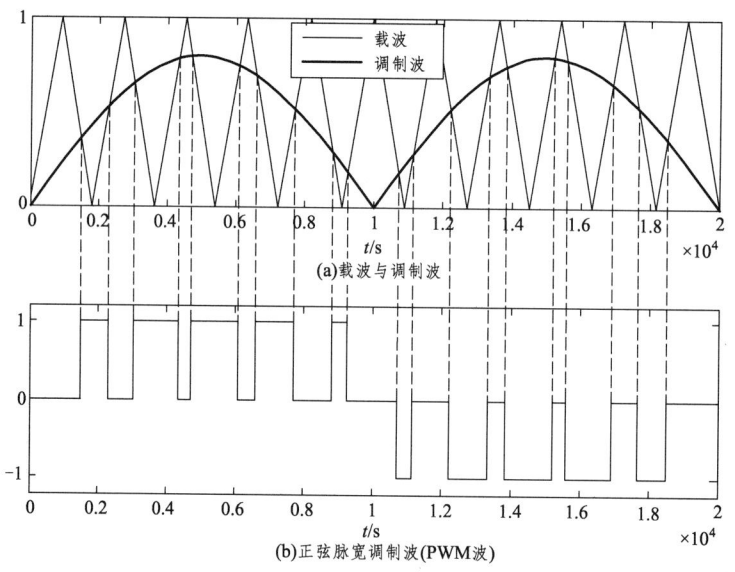

图 6.16　单极性正弦脉宽调制

单极性调制的优缺点与双极性调制正好相反，由于同一个桥臂上的一个开关器件在半个周期内开通和关断时，另一个开关器件始终是关断的，因此，可以省去延时触发环节，可避免因延时环节引起的失真，同时减小了开关频率、损耗和输出波形的谐波含量。但单极性调制会因为负载的变化，同一桥臂上两个开关器件会同时出现关断状态，这时输出电压不确定，会对电压波形产生影响。

用正弦脉宽单极性调制产生的 PWM 波去控制图 6.9 所示的单相全桥逆变器，输出电压波形如图 6.17 和图 6.18 所示。图 6.17 三角载波的频率为 1 080 Hz、调制波为 50 Hz 纯正弦波、相位为 0°、调制度为 $M=0.9$ 时的输出电压波形及其频谱。图 6.18 中三角载波的频率为 1 080 Hz、调制波为 50 Hz 纯正弦波、相位为 30°、调制度为 $M=0.8$ 时的输出电压波形及频谱。为了便于比较，两种情况输出电压基波分量分别绘于图 6.19。

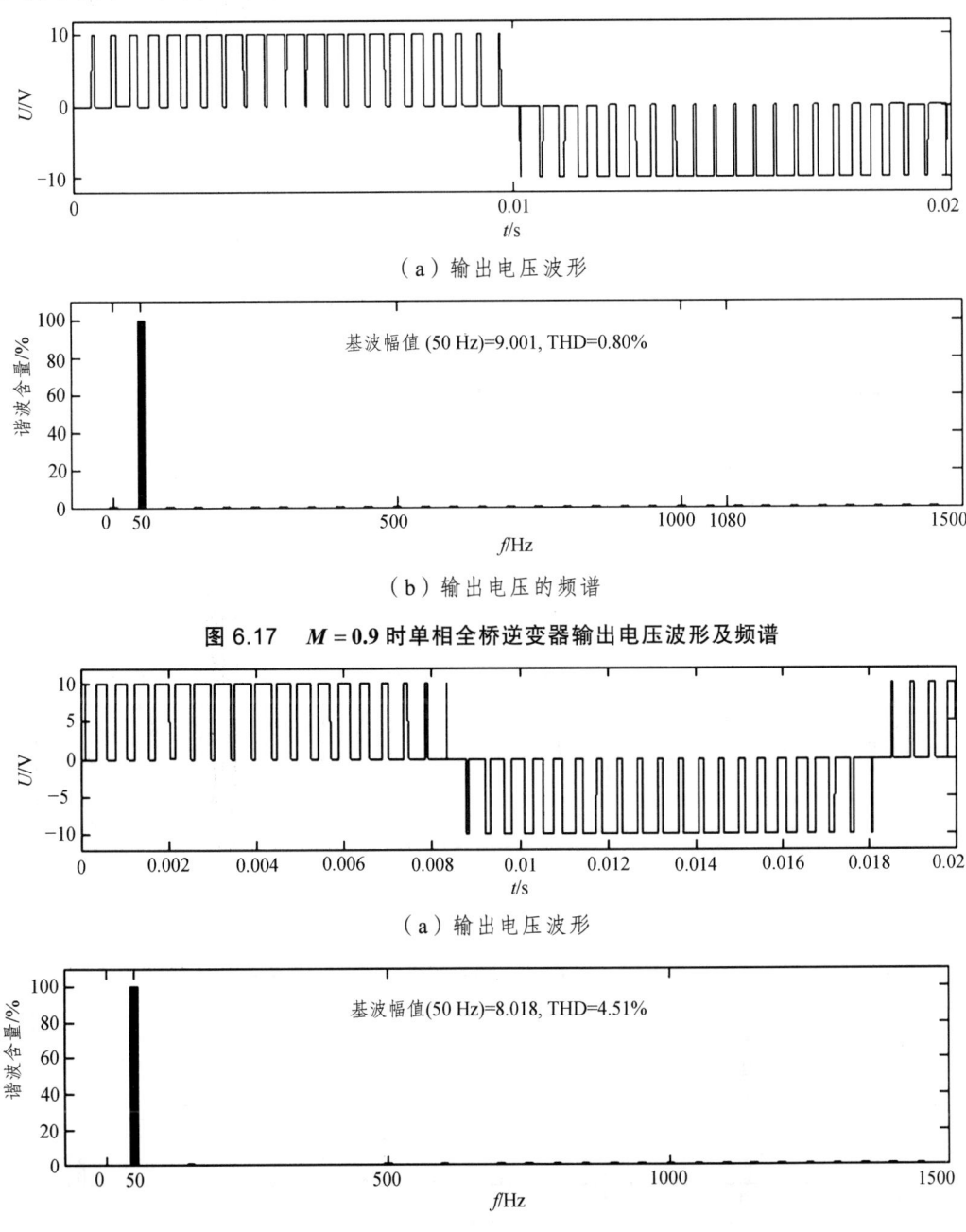

（a）输出电压波形

（b）输出电压的频谱

图 6.17　$M=0.9$ 时单相全桥逆变器输出电压波形及频谱

（a）输出电压波形

（b）输出电压的频谱

图 6.18　$M=0.8$ 时单相全桥逆变器输出电压波形及频谱

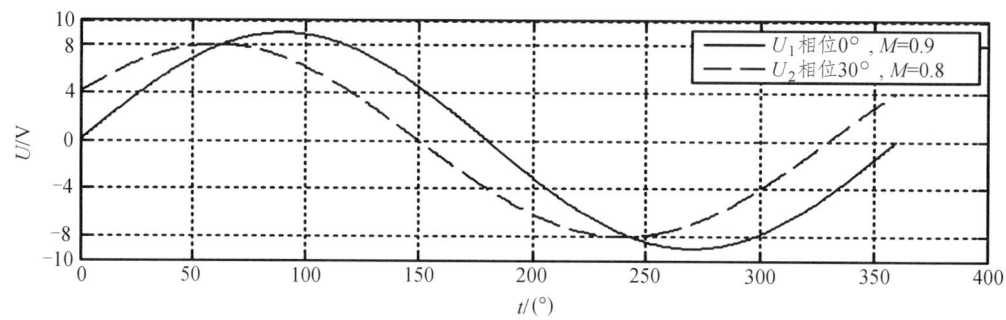

图 6.19 调制波形改变时逆变器输出基波电压波形及频谱

观察图 6.17、图 6.18 和图 6.19 可以看出：

（1）单极性调制谐波含量很小，图 6.17 和图 6.18 输出电压波形的谐波含量只有 0.8% 和 4.51%。

（2）改变调制度，也即改变调制波与载波的相对幅值，则输出电压波形幅值将成比例改变。如图 6.17 和图 6.18 所示，调制度为 $M=0.9$ 时，输出电压基波幅值为 9.001 V；而当调制度为 $M=0.8$ 时，输出电压基波的幅值为 8.018 V。

（3）改变调制波的相位，则输出电压的相位也相应改变。如图 6.19 所示，当调制波相位为 0° 时，输出电压基波的波形对应图中实线 U_1，其相位为 0°；而当调制波相位为 30° 时，输出电压基波的波形对应图中虚线 U_2，其相位为 30°。比较图 6.18（a）与图 6.17（a）输出电压波形，也可以看出输出电压相位随调制波相位的变化情况。

如果改变调制波的频率，输出电压波形该是怎样变化呢？当在其他条件不变的情况下，将调制波的频率改为 250 Hz 时，输出电压波形及其频谱如图 6.20 所示。

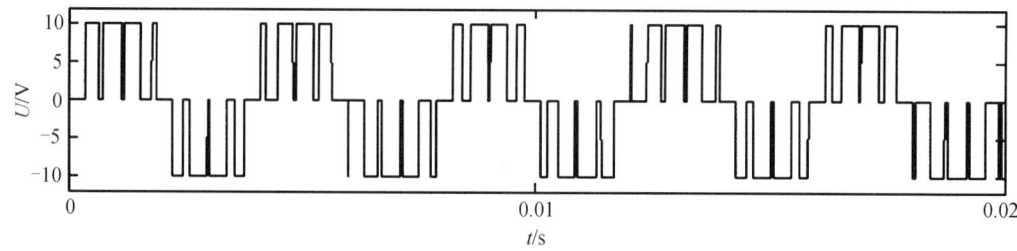

（a）输出电压波形

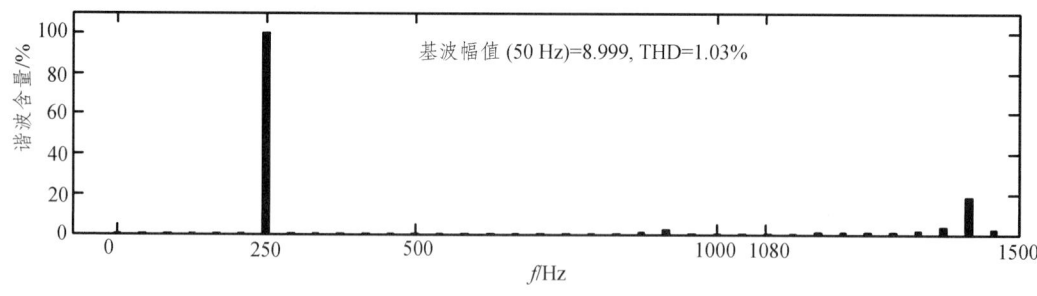

（b）输出电压的频谱

图 6.20 调制波为 250 Hz 时输出电压波形及其频谱

由图可见，输出电压波形中除 250 Hz 外其他频率成分很小几乎可以忽略。也就是说输出电压波形相当于一个 250 Hz 纯正弦波形。

综上所述，当三角载波不变的情况下，改变调制波的幅值时，输出电压基波的幅值也成比例改变；改变调制波的相位和频率时，输出电压基波的相位和频率也相应改变。当开关频率足够高时，输出电压的波形就相当于放大一定比例的调制波形。

2．同步调制与异步调制

假定载波的频率为 f_c、调制波的（基波）频率为 f_s，则二者之比 $N = f_c/f_s$ 称为载波比。不管调制波的频率如何变化，都始终保持载波比 N 不变，也就是保持载波信号的频率与调制波的频率同步变化，从而使载波比 N 为一常数，这种调制方式为同步调制；载波信号和调制波信号不保持同步关系的调制方式称为异步调制。

同步调制输出 PWM 波形稳定，正、负半周完全对称，尤其是在开关频率较低时保持输出波形的对称性，对于要求对称的系统是十分重要的。如三相对称系统，要求三相互差 120°，这时只要取载波比为 3 的整数倍，就能使三相电压完全对称。在双极性调制时为保证每相波形的正、负半波对称，载波比必须是奇数。由于左右半波对称，输出波形中不含偶次谐波。为了使每半周的输出脉冲数在任何时刻都不变，因此，输出频率较低时，相邻两脉冲之间间距必然增大，输出波形的谐波会显著增大。由于载波周期必须随调制波周期连续改变，需要频率跟踪环节，也增加了控制技术的难度。

异步调制中载波比 N 不是常数，调制波频率改变，但载波的频率始终不变，由此可以提高低频段载波比。相当于输出电压半个周期内的脉冲数随输出频率的降低而增加，降低了输出电压中的谐波。但是，由于载波比是随调制波的频率不断变化，也就无法保证输出电压波形正负半波的对称性，对于三相系统，也就无法保证载波比始终是 3 的倍数，从而难以保证三相输出波形的对称性。

为了各取所长，通常将同步调制与异步调制结合使用，在一定频率范围内，采用同步调制，保持输出波形对称性；而在频率较低时采用异步调制，使载波比分段增加，来降低低频段输出电压的谐波。这样既发挥了同步调制的优势，又吸取了异步调制的优点，这就是分段同步调制。一般是将整个变频范围划分成若干频段，在每个频段保持载波比恒定，而对不同的频段取不同的载波比。高频段可采用相对较低的载波比，而在低频段采用相对较高的载波比。

6.2.3 多电平技术

多电平技术[63]是用多个电平阶梯波来逼近期望电压波形。如图 6.21 所示，其中阶梯波电压从正的最大值到负的最大值之间有 8 个阶梯，所以称为 8 电平电压波形。各个阶梯高度可相等也可不相等。从波形质量上看，阶梯越多越能逼近正弦波形；同时在同样的输出电压下，阶梯越多对开关器件所承受的耐压要求越低。

多电平实现方式有：钳位式多电平，包括二极管钳位式多电平、飞跨电容钳位式多电平和混合钳位式多电平；级联

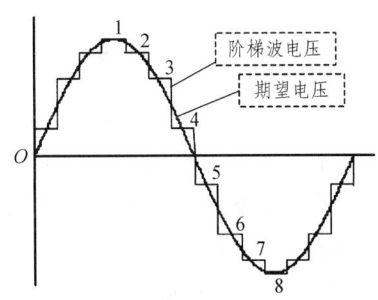

图 6.21 多电平电压波形

式多电平,包括具有独立直流电源的两电平单相全桥逆变器的级联和三电平单相全桥逆变器的级联以及三相半桥逆变器的级联;经变压器级联的多重叠加多电平。

1. 方波逆变器多重叠加多电平

多个电压型方波逆变器可以通过输出变压器串联连接,构成串联多重化的结构。

图 6.22 是由 N 个单相全桥方波逆变器基本单元构成的串联多重化结构。N 个单相全桥方波逆变器的输出电压相位依次相差 π/N、脉宽为 $\theta=180°-\phi$ 的方波,如图 6.23 所示。根据傅里叶分解每一个单相全桥式逆变器输出电压可表示为

$$u_i(t) = \sum_{n=1,3,5,\cdots}^{\infty} \frac{4E}{n\pi} K_i \sin\frac{n\theta}{2} \sin n(\omega t \pm \psi_i) \tag{6.16}$$

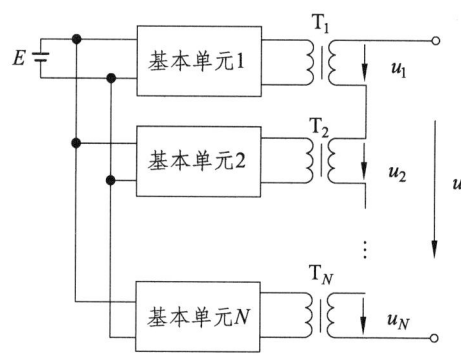

图 6.22 串联多重化结构

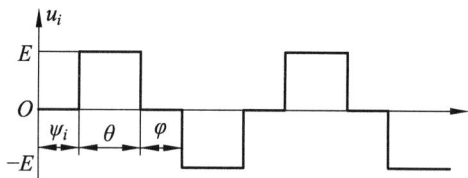

图 6.23 方波逆变器输出波形

式中,ψ_i 为第 i 个单相全桥逆变器相移角,其前"±"号根据实际是超前还是滞后进行选择,超前时取"+",滞后时取取"−";K_i 为第 i 个输出变压器 T_i 的变比。那么串联后的总输出电压为

$$u = \sum_{i=1}^{N} u_i = \sum_{i=1}^{N} \sum_{n=1,3,5,\cdots}^{\infty} \frac{4E}{n\pi} K_i \sin\frac{n\theta}{2} \sin n(\omega t \pm \psi_i) \tag{6.17}$$

为达到平衡补偿的目的,必须使合成的输出电压阶梯波 u 尽可能逼近期望电压 $u^* = f(t)$。平衡补偿时待补偿的目标电压往往含有谐波,其中的谐波一般都是奇次谐波。为逼近目标电压,合成的输出电压中各次谐波应与目标电压中的谐波对应相等。为讨论方便,假定目标电压不含谐波,$u^* = U_m \sin\omega t$,那么,由 4 个单相方波逆变器串联后的合成电压逼近目标电压 u^* 情况,如图 6.24 所示。最理想的情况是合成电压与目标电压完全相等,即 $u = u^* = U_m \sin\omega t$。等式的左右两边对应相等,所以:

当 $n \neq 1$ 时，$\sum_{i=1}^{N} K_i \sin n(\omega t \pm \psi_i) = 0$，则

$$\left.\begin{aligned}\sum_{i=1}^{N} K_i \sin n\psi_i &= 0 \\ \sum_{i=1}^{N} K_i \cos n\psi_i &= 0\end{aligned}\right\} \quad (6.18)$$

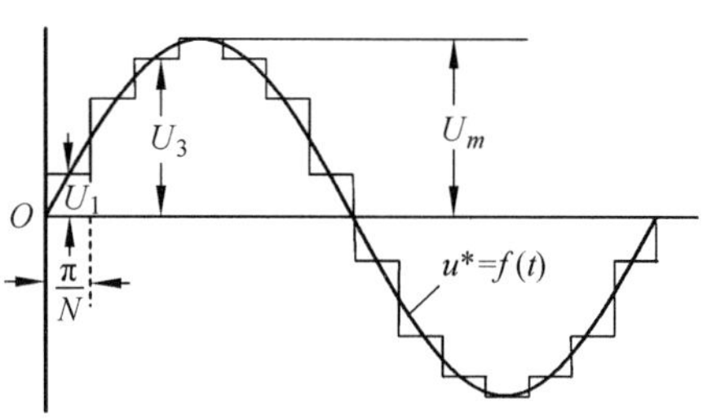

当 $n = 1$ 时，$\dfrac{4E}{\pi}\sin\dfrac{\theta}{2}\sum_{i=1}^{N} K_i \sin(\omega t \pm \psi_i) = U_m \sin\omega t$，则

图 6.24 $N = 4$ 时等宽阶梯波

$$\left.\begin{aligned}\sum_{i=1}^{N} K_i \cos\psi_i &= \dfrac{\pi U_m}{4E\sin\dfrac{\theta}{2}} \\ \sum_{i=1}^{N} K_i \sin\psi_i &= 0\end{aligned}\right\} \quad (6.19)$$

以 N 为奇数时为例，为了使式（6.18）和式（6.19）成立，可以令相移角 $\psi_1 = 0$，$\psi_2 = \pi/N$、$\psi_3 = -\pi/N$，$\psi_4 = 2\pi/N$，$\psi_5 = -2\pi/N$，…。也即，当 i 为奇数时，$\psi_i = -(i-1)\pi/2N$；当 i 为偶数时，$\psi_i = i\pi/2N$；并且 $K_{2m+1} = K_{2m}$（m 为大于 0 的整数）。这时 N 个基本单元的输出电压波形相移角以竖轴为中心左右对称布置。如此一来，式（6.18）的第一项和式（6.19）的第二项恒为零，但是式（6.18）的第二项不一定为零。这说明有限个方波逆变器串联后的合成输出电压波形不可能完全等同于纯正弦波。但是我们可以针对性地消除某次谐波。为了消除 n 次谐波，与 n 次谐波对应的式（6.18）第二项必须为零，这需要调整串联基本单元的个数 N 和匹配变压器的变比 K_i，这里不再赘述。

显然，多个方波逆变器通过变压器串联可以提高输出电压，增大输出容量，并可以改善输出电压的波形。在各个基本单元输出电压一定时，要想进一步提高输出电压和改善电压波形，必须增加串联的基本单元个数。

2．钳位式多电平

1）二极管钳位式多电平

我们先来看看两电平电路，图 6.25（a）为两电平半桥电路，当开关 T_1 导通、T_2 关断时，$u_{ao} = E/2$；而当开关 T_1 关断、T_2 导通时，$u_{ao} = -E/2$。T_1 和 T_2 只能是一个导通一个关断，输出电平最多只有两种电平，故称为两电平电路。大多数逆变器都是由两电平电路组合而成，如单相全桥逆变器是由两个图 6.25（a）所示的半桥并联而成，三相半桥结构逆变器是由三个图 6.25（a）所示的半桥并联而成。

由图 6.25（a）所示的多个半桥串联可以构成多电平电路。德国学者 Holtz 首先提出三电平电路，后由日本学者 A Nabae 对其进行了改进。三电平电路相当于由两个单相半桥串联，并加入了一对中性点钳位二极管，如图 6.25（b）所示，它由两个直流分压电容 $C_1 = C_2$、四个主开关管 $T_1 \sim T_4$、四个续流二极管和两个钳位二极管 D_1、D_2 组成。

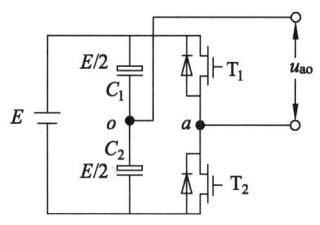 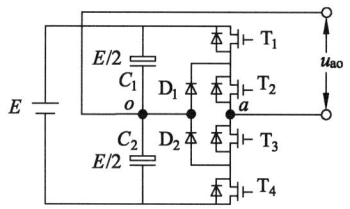

（a）两电平单相半桥逆变器　　（b）二极管钳位三电平单相半桥逆变器

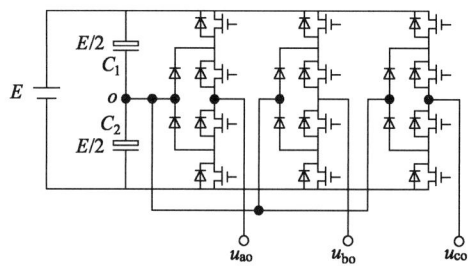

（c）二极管钳位三电平三相半桥逆变器

图 6.25　二极管钳位式多电平电路

当开关管 T_1、T_2 导通，T_3、T_4 关断，输出电压 $u_{ao} = E/2$；
当开关管 T_2、T_3 导通，T_1、T_4 关断，输出电压 $u_{ao} = 0$；
当开关管 T_3、T_4 导通，T_1、T_2 关断，输出电压 $u_{ao} = -E/2$。

输出电压共有三种电平，所以称为三电平电路。与图 6.25（a）所示的两电平电路相比优势是：

（1）输出电压电平数增多了，更能保证输出波形质量。

（2）开关管承受的最大电压减小了，三电平开关管所承受的最大电压为 $E/4$，而两电平开关管所承受的最大电压为 $E/2$。

（3）在开关管承受电压相同的条件下，三电平电路可以输出更高的电压，适合高电压、大容量系统使用。

把图 6.25（b）所示的三电平半桥结构作为基本单元进行扩充，如两个三电平半桥并联可以构成三电平单相全桥逆变器，将三个三电平半桥并联可构成三电平三相半桥逆变器。图 6.25（c）就是由三电平半桥电路并联而成，可直接用于三相 120° 接线同相牵引供电系统平衡补偿系统。直流侧通过两个相等容量的电容进行分压，其中点 O 通过钳位二极管与各桥臂相连，实现中点钳位。每一个桥臂都与图 6.25（b）完全相同，每一个桥臂都可以输出三种电平电压 $E/2$、0、$-E/2$。与两电平三桥臂逆变器相比，在开关管所承受的最大电压相同的条件下，可以使输出电压和容量提高一倍。

这种多电平电路的缺点是电路中的二极管及开关数量多，连接方式烦琐，控制复杂，因此其应用受到极大的限制。

2）飞跨电容钳位式多电平

飞跨电容钳位多电平逆变器是由法国学者 T. A. Meynard 和 H. Foch 提出的。飞跨电容钳位三电平电路如图 6.26 所示，其中图 6.26（a）为飞跨电容钳位三电平单相半桥逆变器，与

图 6.25(b)所示的二极管钳位三电平逆变器相比,用钳位电容取代了钳位二极管。通过钳位电容将功率开关管的电压钳位在单个直流分压电容的电压上,由此实现三电平输出。

当 T_1、T_2 导通,T_3、T_4 关断时,输出电压 $u_{ao} = E/2$;

当 T_1、T_2 关断,T_3、T_4 导通时,输出电压 $u_{ao} = -E/2$;

当 T_2、T_3 导通,T_1、T_4 关断时,输出电压 $u_{ao} = 0$。

将两个三电平单相半桥并联就可以构成如图 6.26(b)所示的飞跨电容钳位三电平单相全桥逆变器;将三个三电平单相半桥并联就可以构成图 6.26(c)所示的飞跨电容钳位三电平三相半桥逆变器。

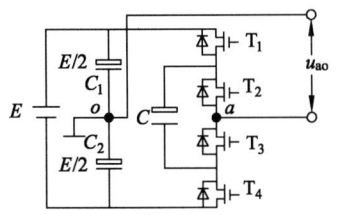 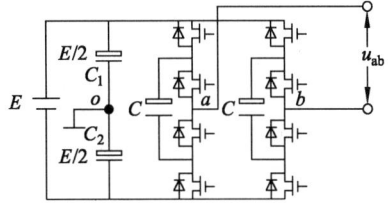

(a)飞跨电容钳位三电平单相半桥逆变器　　(b)飞跨电容钳位三电平单相全桥逆变器

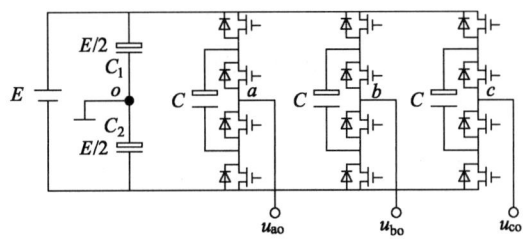

(c)飞跨电容钳位三电平三相半桥逆变器

图 6.26　飞跨电容钳位式多电平电路

飞跨电容钳位多电平电路可以避免在多电平逆变电路中使用太多的二极管,但增加了钳位电容,当电平数超过 3 个时,电容数量增加也相当可观。

3．级联式多电平

钳位式多电平是用一个高压直流电源供电,用多个直流电容串联分压,用钳位二极管和钳位电容将主开关管上的电压钳位在一个直流电容电压上,由此可以用低压开关器件也能达到输出高电压的目的。由于采用直流电容分压也就产生了直流电容均压的问题,不得不通过控制算法来解决这一问题,增加了控制的复杂程度。

经联式多电平是将多个两电平或三电平单相全桥逆变器直接串联构成多电平电路。

图 6.27 是单相全桥级联式多电平原理电路,其中图 6.27(a)是由 N 个两电平单相全桥逆变器级联而成,而图 6.27(b)是由 N 个三电平单相全桥逆变器级联而成。图 6.28 是由 N 个交直交逆变器级联而成的两相 90°接线平衡补偿系统。

在同样的开关器件耐压下,级联后的最大输出电压是单个逆变器的 N 倍,级联后的输出电压阶梯数也是单个逆变器的 N 倍。所以,级联后输出容量、输出电压及其波形质量都会大幅度提高。

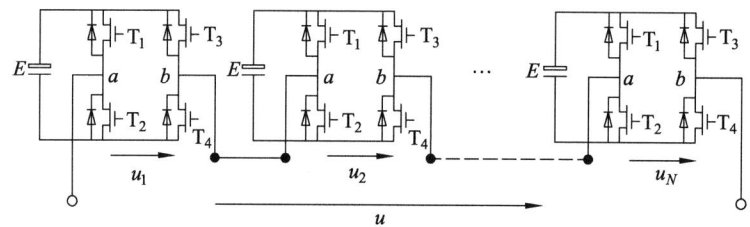

（a）两电平单相全桥级联

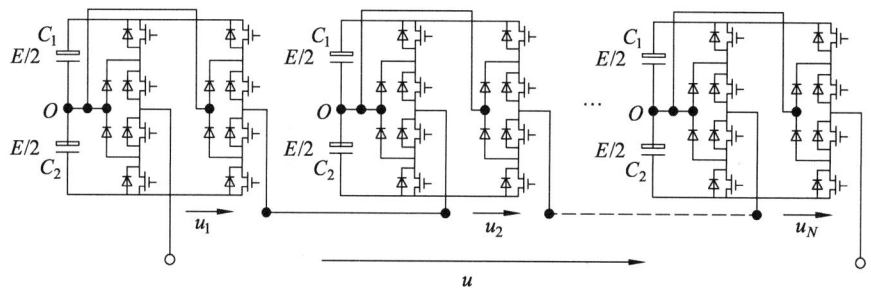

（b）三电平单相全桥级联

图 6.27　单相全桥级联式多电平

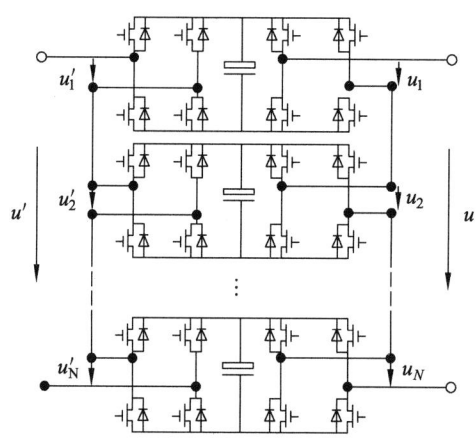

图 6.28　交直交变流器的级联

与串联多重化一样通过级联可以增大输出电平数，改善输出电压波形；在同样的开关器件耐压下，级联逆变器个数越多，输出电压越高；反之，在同样的输出电压下，各开关器件承受电压可以大大降低。同时，级联多重化不需要直流电容分压，每一个直流电容都是相互独立的，所以也不存在直流电容均压的问题。

同相牵引供电平衡补偿系统直流侧并不需要直流电源，只需要用于能量交换的支撑电容；其次根据系统电压高低和补偿容量大小，可以自由选择级联逆变器的个数。由于这两个原因级联式逆变器结构在同相牵引供电平衡补偿系统中应用非常方便，与钳位式多电平电路相比具有一定的优势。

6.3 变流器的电流控制技术

变流器的控制方法常用的有三角波调制 PWM 电流控制、滞环电流控制和空间矢量 PWM 控制等。

三角波调制 PWM 电流控制在 6.2.2 节已经介绍，它是用参考补偿电流作为调制波，三角波作为载波，通过对载波的调制得到所希望的 PWM 波，来控制变流器输出期望的补偿电流。其缺点是在不高的开关频率条件下，难以产生较理想的波形，即使开关频率较高，由于变流器固有的开关死区延时，降低了电压利用率，甚至会使波形发生畸变[107]。要想获得更为满意的效果，还需要采取一些改进措施。

滞环电流控制是将检测得到的期望补偿电流 i^* 与实际变流器的输出电流 i_{ph} 进行比较，两者的误差作为滞环比较器的输入，通过滞环比较器产生控制主电路中的开关通断的 PWM 信号，从而控制补偿电流按照期望值变化。这种控制方式简单并具有较高响应速度，滞环宽度越小控制精度越高，但开关频率也越高。当滞环宽度一定时，开关频率总是变化的[108]。要想获得固定开关频率的滞环控制，就必须动态调整滞环宽度，这就是固定开关频率的滞环控制。

空间矢量控制方法源于交流电机变频驱动，着眼于如何控制三相逆变器的功率开关动作来改变施加在电机上的端电压，使电机内部形成尽可能圆形的磁场。逆变器开关的不断适时切换就形成了这种新型 PWM 调制规律。由于磁链的轨迹靠综合的三相电压(电压空间矢量)来控制，所以这种 PWM 形成方式为电压空间矢量控制。后来这种控制方式被广泛应用于电力电子领域。其优点是在不高的开关频率下能够得到较好的控制效果，提高了直流电压的利用率[107]。

由于空间矢量 PWM 控制具有电压利用率高、动态响应快等优点，将空间矢量控制与滞环控制相结合可以得到较好的控制效果。针对常用的几种变流器，三相三桥臂变流器、三相四桥臂变流器和单相变流器，人们提出了多种控制方法。对于三相变流器主要有空间矢量控制、固定开关频率的空间矢量控制、滞环电流比较空间矢量控制和定频滞环空间矢量控制等[107~121]；对于三相四桥臂变流器主要有单周控制、定频空间矢量控制、三维空间矢量控制、滞环电流比较解耦控制等[122~140]。根据同相 AT 供电系统需要，以下主要介绍单相变流器滞环状态优化控制[56]、三相空间电压矢量控制[107,136]、三相滞环电流比较控制、滞环电流比较单臂开关控制、三相电流解耦定频滞环控制[116,114,142]和四桥臂电流比较解耦控制[122~136]等适合同相牵引供电系统的变流器的控制原理。

6.3.1 单相变流器滞环状态优化控制

1. 电压误差与电流误差

基于平衡变压器构成的同相牵引供电系统，平衡变换装置由两个背对背的单相变流器构成，如图 3.12 所示，两个变流器可以相对独立进行控制，所以从控制方法上讲，属于单相变流器控制，其等效电路如图 6.1 和图 6.2 所示，对应 ac 或 bd 相变流器，有：

第 6 章 期望补偿电流生成

$$u = L\frac{\mathrm{d}i}{\mathrm{d}t} + Ri + e \tag{6.20}$$

式中 L、R、e——系统等效电感、电阻和电源电势，其中 e 代表 e_{ac} 或 e_{bd}；

  u、i——变流器输出电压（u_{ac} 或 u_{bd}）和输出电流。

若设 u^*、i^* 为变流器输出电压、电流的期望值，则

$$u^* = L\frac{\mathrm{d}i^*}{\mathrm{d}t} + Ri^* + e \tag{6.21}$$

将式（6.21）和式（6.20）相减得

$$\Delta u = L\frac{\mathrm{d}\Delta i}{\mathrm{d}t} + R\Delta i \tag{6.22}$$

其中，$\Delta i = i^* - i$、$\Delta u = u^* - u$ 分别为电流误差和电压误差。

由式（6.22）可知，电流误差 Δi 与电压误差 Δu 有关。改变 Δu 的大小，可以使电流误差 Δi 增大或减小。通常在很短的时间内可认为 u^* 恒定不变，因此电压误差主要是受变流器的输出电压也即开关状态的影响。因此，控制开关的状态可以控制电流误差的大小。

定义二值逻辑函数

$$s_m = \begin{cases} 1 & \text{桥臂上管导通下管截止} \\ 0 & \text{桥臂上管截止下管导通} \end{cases} \tag{6.23}$$

式中，$m \in \{a \quad c\}$ 与桥臂对应，当 m 为 a 时，s_a 表示 a 桥臂的状态。单相变流器有两个桥臂，见图 3.12 两个桥臂的二值逻辑用 s_a、s_c 表示，对应共有四种状态三种输出电平，其对应关系如表 6.1 所示。

对应一组确定的开关状态，只能输出一种电平，所以，通常 $u \ne u^*$，$\Delta u = u^* - u \ne 0$，如果不调整开关状态，那么电流误差 Δi 绝对值必然会随时间而增大。为了将电流误差限制在规定的范围内，必须通过不断地调整开关状态才能实现。

表 6.1 开关状态与输出电平（注：E_{dc} 为直流侧电压）

开关状态	S_a	S_c	u	u_k
0	0	0	0	u_0
1	0	1	$-E_{dc}$	u_1
2	1	0	E_{dc}	u_2
3	1	1	0	u_3

2．滞环控制原理与状态优化

滞环电流控制的目标是将变流器的输出电流与期望电流的误差控制在允许值范围以内，通常要求

$$|\Delta i| = |i^* - i| \le h \tag{6.24}$$

式中，h 为电流误差允许最大值。根据式（6.24）可解析出以下滞环电流控制逻辑：

当 $|\Delta i| < h$ 时，说明电流误差在允许范围内，应保持变流器开关的状态不变，以减小开关频率，降低开关损耗；

当 $|\Delta i| \geq h$ 时，说明电流误差超过允许值，应调整变流器开关的状态，使电流误差绝对值减小到允许值以内。分两种情况：如果 $\Delta i \geq h$ 时，则应调整变流器的开关状态，使 Δi 减小；如果 $\Delta i \leq -h$ 时，则应调整变流器的开关状态，使 Δi 增大。

根据式（6.22），由于 R 很小，可忽略其影响，则 $\Delta u = L \mathrm{d} \Delta i / \mathrm{d} t$，所以：当 $\Delta u > 0$，Δi 随时间而增大；当 $\Delta u < 0$，Δi 随时间而减小；当 $\Delta u = 0$，Δi 保持不变。

当 $u^* < 0$，u^* 在 $[-E_{dc} \quad 0]$ 区域之内时，变流器开关可在状态"0"与状态"1"之间切换使 u 逼近 u^*。状态"0"时，$u^* - u_{ac} < 0$，Δi 随时间而减小；变流器为状态"1"时，$u^* - u_{ac} > 0$，Δi 随时间而增大。所以在状态"1"与状态"0"之间切换，可以将电流误差控制在允许范围以内。同样，在状态"1"与状态"2"之间切换，也能将电流误差控制在允许范围以内，但一次需要切换两个桥臂开关，加之状态"2"比状态"0"的电流误差变化率大，因此开关频率也会相应增高。

当 $u^* > 0$，u^* 在 $[0 \quad E_{dc}]$ 区域之内，变流器开关可在状态"0"与状态"2"之间切换使 u 逼近 u^*。状态"0"时，$u^* - u_{ac} > 0$，Δi 随时间而增大；状态"2"时，$u^* - u_{ac} < 0$，Δi 随时间而减小。所以在"状态0"与状态"2"之间切换，可以将电流误差控制在允许范围以内。同样原因，在状态"1"与状态"2"之间切换，也能将电流误差控制在允许范围以内，但会增加开关频率。

综合以上分析，可得到变流器状态优化规则，如表 6.2 所示。

对表 6.2 表 6.2 变流器状态控制规则需要做几点说明：

（1）由于状态"0"与状态"3"输出电平相等，所以在状态选择时，只要不导致开关频率增加，选择任何一个状态效果是等价的。

（2）当 $u^* = 0$ 时，状态"0"恰好使变流器输出 $u = 0 = u^*$，电流误差既不增大也不减小，如电流误差在允许范围以内，也就没有必要调整开关的状态了。但是由于误差等原因，实际上变流器输出电流仍然会偏离期望值，这就需要根据表 6.2 表 6.2 变流器状态控制规则调整变流器的开关状态。

表 6.2 变流器状态控制规则

状态调整的条件		调整后的状态			调整后输出电平	达到的效果
u^*	Δi	状态	S_a	S_c	u_{ac}	Δi
$u^* < 0$	$\Delta i \leq -h$	1	0	1	$-E_{dc}$	增大
	$\Delta i \geq h$	0	0	0	0	减小
$u^* = 0$	$\Delta i \leq -h$	1	0	1	$-E_{dc}$	增大
	$\Delta i \geq h$	2	1	0	E_{dc}	减小
$u^* > 0$	$\Delta i \leq -h$	0	0	0	0	增大
	$\Delta i \geq h$	2	1	0	E_{dc}	减小

3．双滞环状态优化控制

状态优化是基于期望电压 u^* 所落入的区域来确定下一步开关的状态。根据式（6.21），如果已知 i^* 就可以确定 u^*。但是，对于电气铁道供电系统，参数 L、R 是动态变化的，具有不确定性，需要实时估算；更重要的是式（6.21）与实际系统模型总存在一定的误差，所以，即使根据式（6.21）能够准确估算各参数，也无法准确确定期望电压 u^*，或者说是计算得到的期望电压 u^*，与实际值总会存在较大的误差，难以满足实际要求。如果期望电压 u^* 未知或不能准确确定时，又该如何优化开关的状态呢？我们可以根据电流变化率的增量来判定。

若令 Δt 为 t 与 t_0 时间差值，即 $\Delta t = t - t_0$；Δi、Δi_0 分别为 t、t_0 两个时刻的电流误差。若 Δt 足够小，则 $\mathrm{d}\Delta i / \mathrm{d}t \approx (\Delta i - \Delta i_0)/\Delta t$，并假定系统电阻 R 很小可忽略，则式（6.22）变为

$$\Delta u \approx \frac{L}{\Delta t}(\Delta i - \Delta i_0) \tag{6.25}$$

从式（6.25）可以看出，如果 $\Delta i - \Delta i_0 > 0$，则说明 $\Delta u > 0$；如果 $\Delta i - \Delta i_0 < 0$，则说明 $\Delta u < 0$。所以，如果知道了前后两个不同时刻电流误差的差值，就可以判定输出电压与期望电压的相对大小，据此可以确定开关的调整方向。根据这一原理可构造出双滞环电流比较状态优化控制框图，如图 6.29 所示。

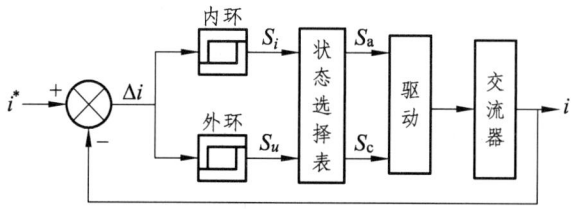

图 6.29 双滞环状态优化控制框图

图中 S_i、S_u 分别为内环和外环比较器输出状态值。内外滞环比较器输出状态值与电流误差值关系，如图 6.30 所示，粗实线为内滞环，其滞环宽度为 $2h$；细实线为外滞环，其滞环宽度为 $2h_1$，$h_1 > h$。

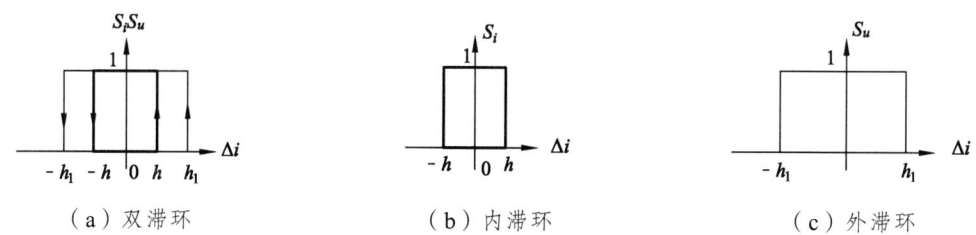

（a）双滞环　　　　　（b）内滞环　　　　　（c）外滞环

图 6.30 内外滞环比较器输入输出特性

对于内滞环，当 $\Delta i \geqslant h$ 时，$S_i = 1$；当 $\Delta i \leqslant -h$ 时，$S_i = 0$；当 $|\Delta i| < h$ 时，维持原状态。
对于外滞环，当 $\Delta i \geqslant h_1$ 时，$S_u = 1$；当 $\Delta i \leqslant -h_1$ 时，$S_u = 0$；当 $|\Delta i| < h_1$ 时，维持原状态。
状态选择表是根据 S_i、S_u 的状态来确定开关的切换状态 S_a、S_c 的值，可按以下关系式确定：

$$\left.\begin{array}{l}s_a = S_i S_u \\ s_c = \overline{S_i}\,\overline{S_u}\end{array}\right\} \qquad (6.26)$$

在各种状态下，开关状态的选择如表 6.3 所示。

表 6.3 双滞环电流比较状态选择表

S_u	S_i	s_a	s_c	选择状态
0	1	0	0	0
0	0	0	1	1
1	1	1	0	2

分析可知按照以上切换规则，通常 Δi 将被限制在内滞环范围内，也即 $-h \geqslant \Delta i \leqslant h$；只有当开关处在 "1" 态，而 $u^* > 0$，以及开关处在 "2" 态，而 $u^* < 0$ 时，Δi 才会越出内滞环边界，但 Δi 不会越出外滞环范围以外。

控制方法特点是：

（1）滞环比较器每翻转一次，调整一次开关状态，且一次只调整一个桥臂开关状态，因此开关次数少。

（2）每次调整开关状态，总试图使误差减小，电流误差不会超出滞环边界。

6.3.2 三相空间电压矢量控制原理

空间电压矢量控制策略早期由日本学者在 20 世纪 80 年代提出的，后经学者不断研究改进，控制策略具有了更完善的性能[143,107]。

1．空间电压矢量的概念

对于 120° 接线系统，如 YN,d11 接、"V" 形接线构成的同相牵引供电系统，平衡补偿装置可由三相三桥臂变流器构成，见图 3.13 所示。三相三桥臂变流器的控制技术有很多种类型，这里主要介绍空间电压矢量控制基本原理。空间电压矢量控制是由日本学者在 20 世纪 80 年代提出，最早应用于交流电机控制，后来在各个领域得到了广泛应用。空间电压矢量控制的优势是能够在较低的开关频率下，可以获得对交流电动机较好的控制。

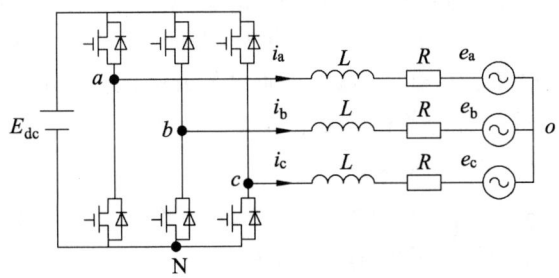

图 6.31 三桥臂变流器等效电路

根据图 6.31，可得

$$\begin{bmatrix} u_a \\ u_b \\ u_c \end{bmatrix} = L \begin{bmatrix} di_a/dt \\ di_b/dt \\ di_c/dt \end{bmatrix} + R \begin{bmatrix} i_a \\ i_b \\ i_c \end{bmatrix} + \begin{bmatrix} e_a \\ e_b \\ e_c \end{bmatrix} \tag{6.27}$$

式中，u_a、u_b、u_c 分别为相对于"o"点的变流器三相输出电压；i_a、i_b、i_c 分别为三相电流；e_a、e_b、e_c 分别为系统三相电源电压。

设 U、I、E_s 分别代表变流器输出三相电压、三相电流和三相电源电压所对应的旋转矢量，按照旋转矢量式（1.5）定义，根据式（6.27）可得

$$U = L\frac{dI}{dt} + RI + E_s \tag{6.28}$$

其中输出电压矢量定义为

$$\begin{aligned} U &= \frac{2}{3}(u_a + au_b + a^2 u_c) \\ &= \frac{2}{3}[u_{aN} + u_N + a(u_{bN} + u_N) + a^2(u_{cN} + u_N)] \\ &= \frac{2}{3}(u_{aN} + au_{bN} + a^2 u_{cN}) \end{aligned} \tag{6.29}$$

式（6.29）中，u_{aN}、u_{bN}、u_{cN} 分别为三桥臂 a、b、c 点相对于 N 点的电压，u_N 为 N 点与参考点 o 的电压。若用 S_a、S_b、S_c 分别表示 a、b、c 相桥臂二值逻辑函数，则 $u_{aN} = s_a E_{dc}$，$u_{bN} = s_b E_{dc}$，$u_{cN} = s_c E_{dc}$。

由于三相系统，$e_a + e_b + e_c = 0$，$i_a + i_b + i_c = 0$，再根据式（6.27），可得

$$u_N = \frac{1}{3}(S_a + S_b + S_c)E_{dc} \tag{6.30}$$

所以

$$\begin{bmatrix} u_a \\ u_b \\ u_c \end{bmatrix} = \begin{bmatrix} u_{aN} \\ u_{bN} \\ u_{cN} \end{bmatrix} + u_N = \frac{1}{3}\begin{bmatrix} 2s_a - s_b - s_c \\ 2s_b - s_c - s_a \\ 2s_c - s_a - s_b \end{bmatrix} E_{dc} \tag{6.31}$$

从式（6.27）、式（6.31）可以看出，每一相电流不仅与本相桥臂输出电压有关，而且还与其他两相的输出电压有关。由于三相开关共有 $2^3 = 8$ 种组合，对应有 8 个电压矢量，称其为空间电压矢量，分别记为 $U_k (k=0,\cdots,7)$。根据 8 种开关组合，由式（6.29）和式（6.31）可求得 8 个电压矢量，开关组合与各相输出电压及 8 个空间电压矢量的对应关系如表 6.4 所示。对应式（6.29）和表 6.4 可将 U_k 表示为

$$\begin{cases} U_k = \frac{2}{3} E_{dc} e^{j(k-1)\pi/3} & (k=1,\cdots,6) \\ U_{0,7} = 0 \end{cases} \tag{6.32}$$

$$U_k = \frac{2}{3}E_{dc}(s_a + s_b e^{jk2\pi/3} + s_c e^{-jk2\pi/3}) \quad (k=0,\cdots,7) \tag{6.33}$$

表 6.4 开关组合与输出电压的关系

s_a	s_b	s_c	u_{aN}	u_{bN}	u_{cN}	u_N	u_a	u_b	u_c	U_k
0	0	0	0	0	0	0	0	0	0	U_0
1	0	0	E_{dc}	0	0	$-E_{dc}/3$	$2E_{dc}/3$	$-E_{dc}/3$	$-E_{dc}/3$	U_1
1	1	0	E_{dc}	E_{dc}	0	$-2E_{dc}/3$	$E_{dc}/3$	$E_{dc}/3$	$-2E_{dc}/3$	U_2
0	1	0	0	E_{dc}	0	$-E_{dc}/3$	$-E_{dc}/3$	$2E_{dc}/3$	$-E_{dc}/3$	U_3
0	1	1	0	E_{dc}	E_{dc}	$-2E_{dc}/3$	$-2E_{dc}/3$	$E_{dc}/3$	$E_{dc}/3$	U_4
0	0	1	0	0	E_{dc}	$-E_{dc}/3$	$-E_{dc}/3$	$-E_{dc}/3$	$2E_{dc}/3$	U_5
1	0	1	E_{dc}	0	E_{dc}	$-2E_{dc}/3$	$E_{dc}/3$	$-2E_{dc}/3$	$E_{dc}/3$	U_6
1	1	1	E_{dc}	E_{dc}	E_{dc}	$-E_{dc}$	0	0	0	U_7

注：E_{dc} 为变流器直流电压。

8 个空间电压矢量在平面坐标系上的分布如图 6.32 所示，其中 U_0、U_7 与原点重合。

2. 空间电压矢量的合成

设期望电压旋转矢量和电流旋转矢量分别为 U^*、I^*，且

$$U^* = L\frac{dI^*}{dt} + RI^* + E_s \tag{6.34}$$

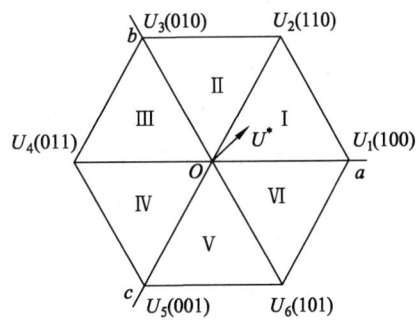

图 6.32 空间电压矢量分布

定义电流误差矢量为 $\Delta I^* = I^* - I$，电压误差矢量为 $\Delta U^* = U^* - U$，将式（6.34）与式（6.28）相减，得

$$\Delta U = L\frac{d\Delta I}{dt} + R\Delta I \tag{6.35}$$

当已知期望电压 U^* 时，可以通过控制变流器的输出电压 U，来控制电流的误差。输出电压 U 对应 8 个电压矢量 U_k（$k=0,\cdots,7$），只能通过 8 个电压矢量 U_k（$k=0,\cdots,7$）不断切换来控制误差的大小。假如期望电压 U^* 落在图 6.32 所示的 I 区域，在 U_1、U_2、$U_{0,7}$（代表 U_0 或 U_7）所包围的三角区内。根据平行四边形法则，期望电压 U^* 可由 U_1、U_2、$U_{0,7}$ 合成，令

$$T_1 U_1 + T_2 U_2 + T_3 U_{0,7} = T_s U^* \tag{6.36}$$

式中，T_s 为 PWM 开关周期；T_1、T_2、T_3 分别为 U_1、U_2、$U_{0,7}$ 矢量在一个开关周期中的持续时间；且有

$$T_1 + T_2 + T_3 = T_s \tag{6.37}$$

设 U^* 与 a 轴的夹角为 θ，并定义 a 轴为实轴，过中心点并垂直于 a 轴的直线为虚轴，则 U_1、U_2、U^* 都可表示为复数形式，即

$$\left.\begin{array}{l} U_1 = E_{dc} \\ U_2 = E_{dc}\cos 60° + jE_{dc}\sin 60° \\ U^* = |U^*|\cos\theta + j|U^*|\sin\theta \end{array}\right\} \tag{6.38}$$

式（6.36）两边的实部、虚部应分别相等，两个方程再与式（6.37）联立求解可得

$$\left.\begin{array}{l} T_1 = mT_s\sin\left(\dfrac{\pi}{3}-\theta\right) \\ T_2 = mT_s\sin\theta \\ T_{0,7} = T_s - T_1 - T_2 \end{array}\right\} \tag{6.39}$$

式中，$m = \dfrac{2}{\sqrt{3}E_{dc}}|U^*|$ 为调制系数。

对于惯性系统，只要在开关周期内满足式（6.36）和式（6.37），三个空间电压 U_1、U_2、$U_{0,7}$ 合成矢量与期望电压 U^* 矢量作用效果等价。对于任意期望电压 U^* 都可以按照式（6.36）和式（6.37），由包围 U^* 的三个空间电压矢量合成。合成时可以把空间电压矢量作用时间切割成几段，并分布在不同时段，例如，可以把 $U_{0,7}$ 均匀分布在合成矢量起点和终点上，也可以集中在中间段；还可以改变空间电压矢量 U_1、U_2、$U_{0,7}$ 的输出先后次序。合成方法以及空间电压矢量输出次序会影响开关的频率和损耗以及输出电压的谐波含量。

3. U^* 的区域判别

为了判别 U^* 所处的区域，可将坐标平面分为 6 个区域，如图 6.32 所示。当 U^* 落入 I 区时，有 $u_a^* > 0$、$u_c^* < 0$，且 $|u_a^*| > |u_b^*|$、$|u_c^*| > |u_b^*|$，所以，这时 $u_a^* - u_b^* > 0$，$u_b^* - u_c^* > 0$，$u_c^* - u_a^* < 0$；依此类推，当 U^* 落入不同区域时，$u_a^* - u_b^*$，$u_b^* - u_c^*$，$u_c^* - u_a^*$ 的正负特性具有一定的规律，令

$$\left.\begin{array}{l} D_{ab} = \text{sign}(u_a^* - u_b^*) \\ D_{bc} = \text{sign}(u_b^* - u_c^*) \\ D_{ac} = \text{sign}(u_c^* - u_a^*) \end{array}\right\} \tag{6.40}$$

式中

$$\text{sign}(x) = \begin{cases} 1 & (x > 0) \\ 0 & (x < 0) \end{cases} \tag{6.41}$$

那么 U^* 所处的区域逻辑关系为

$$\left.\begin{array}{l}R_U(1) = D_{ab}D_{bc}\overline{D}_{ca}\\ R_U(2) = \overline{D}_{ab}D_{bc}\overline{D}_{ca}\\ R_U(3) = \overline{D}_{ab}D_{bc}D_{ca}\\ R_U(4) = \overline{D}_{ab}\overline{D}_{bc}D_{ca}\\ R_U(5) = D_{ab}\overline{D}_{bc}D_{ca}\\ R_U(6) = D_{ab}\overline{D}_{bc}\overline{D}_{ca}\end{array}\right\} \qquad (6.42)$$

式中，$R_U(1) \sim R_U(6)$ 为 U^* 对应落入区域 1~6 的逻辑变量。若 U^* 落入区域 n，则 $R_U(n)=1$，否则 $R_U(n)=0$，其中 n 的取值为 1~6 的数字。例如，当 U^* 落入区域 1 时，通过式（6.42）逻辑运算可得 $R_U(1)=1$；当 U^* 落入区域 1 以外时，$R_U(1)=0$。

以上介绍的空间电压矢量控制，依赖于对线路参数和期望电压 U^* 估计。电气化铁道电力机车是不断移动负荷，系统参数变化无常，有很大的不确定性，依赖参数估计的控制策略难以达到满意的效果。

6.3.3 三相滞环电流比较控制

与空间电压矢量控制相结合，通过滞环电流比较控制和空间电压矢量实时切换，使电流误差限制在滞环宽度以内。这种控制策略响应速度快，且有很好的健壮性，适合应用于电气化铁道同相供电平衡补偿系统。它主要有两大类：不定频滞环电流比较空间电压矢量控制[144,145]和定频滞环电流比较空间电压矢量控制。以下介绍不定频滞环电流比较空间电压矢量控制，定频滞环电流比较空间电压矢量控制将在下一节介绍。

1. 滞环电流比较控制规则

参照单相变流器双滞环电流比较控制原理，可以直接给出三相变流器滞环控制规则：

规则 1，当电流误差 $|\Delta I|<h$ 时，保持开关状态不变，以减小开关频率，减小开关损耗；

规则 2，当电流误差 $h \leq |\Delta I|<h+\Delta h$ 时，调整开关状态尽可能使电流误差 $|\Delta I|$ 以最小速度减小；

规则 3，当电流误差 $|\Delta I| \geq h+\Delta h$ 时，应调整开关状态使电流误差 $|\Delta I|$ 以最快速度减小，以确保电流跟踪效果。

假定电流误差超出边界，为了使电流误差绝对值减小到边界以内。以开关切换时刻为时间起点，起始点 $t=0$ 的电流误差矢量记为 ΔI_0，各相分量分别记为 Δi_{a0}、Δi_{b0}、Δi_{c0}；切换后 t 时刻的电流误差矢量记为 ΔI，其各相分量分别记为 Δi_a、Δi_b、Δi_c。根据式（6.35）可得某一相的电流误差为

$$\Delta i_k = \Delta i_{k0}e^{-\frac{t}{\tau}} + \frac{\Delta u_k}{R}(1-e^{-\frac{t}{\tau}})(k \in \{a \quad b \quad c\}) \qquad (6.43)$$

其中，$\tau = L/R$。由式（6.43）可以看出任意时刻的电流误差由两部分构成：一是由开关切换时刻电流误差产生的响应分量，其绝对值随时间而减小，如式（6.43）等号右侧第一项所示；另一部分是由于电压误差不为零产生的响应分量，其绝对值随时间而增加，如式（6.43）

等号右侧第二项所示。为了保证开关切换后使电流误差减小到边界以内，则 Δu_k 应与 Δi_{k0} 符号相反，即，如果 $\Delta i_{k0} > 0$，则应使 $\Delta u_k < 0$；如果 $\Delta i_{k0} < 0$，则应使 $\Delta u_k > 0$。

式（6.43）写成矢量形式为

$$\Delta \boldsymbol{I} = \Delta \boldsymbol{I}_0 \mathrm{e}^{-\frac{t}{\tau}} + \frac{\Delta \boldsymbol{U}}{R}(1-\mathrm{e}^{-\frac{t}{\tau}}) \tag{6.44}$$

从式中可以看出，当 $\Delta \boldsymbol{U}$ 与 $\Delta \boldsymbol{I}_0$ 同向时，$\Delta \boldsymbol{U}$ 将使电流误差 $\Delta \boldsymbol{I}$ 的模值增大；而当 $\Delta \boldsymbol{U}$ 与 $\Delta \boldsymbol{I}_0$ 反向时，$\Delta \boldsymbol{U}$ 将使电流误差 $\Delta \boldsymbol{I}$ 的模值减小。

若式（6.44）中，$\tau = 0.01\,\mathrm{s}$，$|\Delta \boldsymbol{U}/R| = 2|\Delta \boldsymbol{I}_0| = 2$ 时，可计算得到电流误差与 $\Delta \boldsymbol{U}$、$\Delta \boldsymbol{I}_0$ 的关系曲线，如图 6.33、图 6.34 所示。图 6.33、图 6.34 分别为 $\Delta \boldsymbol{U}$ 与 $\Delta \boldsymbol{I}_0$ 同向和反向时的电流误差变化曲线，其中实线对应初始电流误差曲线，即对应式（6.44）等号右侧第一项；虚线是开关状态对电流误差影响曲线，即对应式（6.44）等号右侧第二项。标注"*"的曲线代表在初始电流误差和开关的双重作用下实际电流误差变化曲线。从图 6.33 和图 6.34 可以更清楚地看出，调整开关的状态使 $\Delta \boldsymbol{U}$ 与 $\Delta \boldsymbol{I}_0$ 同向时，将使电流误差绝对值进一步增大，说明开关状态调整方向是错误的；调整开关的状态使 $\Delta \boldsymbol{U}$ 与 $\Delta \boldsymbol{I}_0$ 反向时，将使电流误差绝对值迅速减小，不到 4 ms 时电流误差变为零。

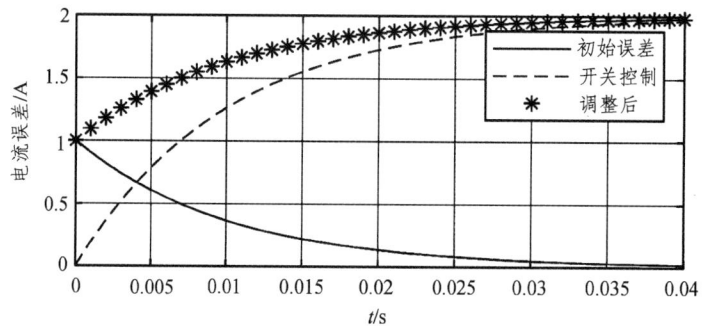

图 6.33 当 $\Delta \boldsymbol{U}$ 与 $\Delta \boldsymbol{I}_0$ 同向时的电流误差曲线

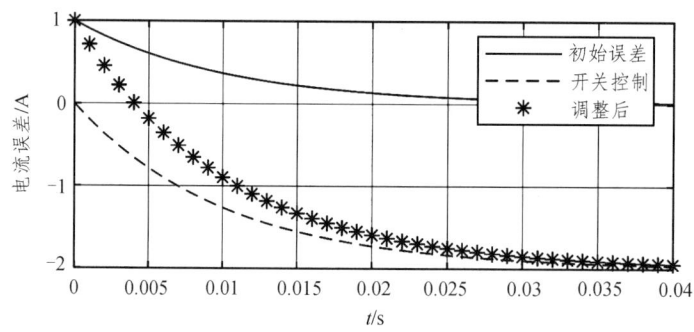

图 6.34 当 $\Delta \boldsymbol{U}$ 与 $\Delta \boldsymbol{I}_0$ 反向时的电流误差曲线

所以，为了减小电流误差，把电流误差控制在边界以内，则应调整开关使 $\Delta \boldsymbol{U}$ 与 $\Delta \boldsymbol{I}_0$ 反向。若 $\Delta \boldsymbol{U}$ 与 $\Delta \boldsymbol{I}_0$ 完全反向共线，令 $\Delta \boldsymbol{I} = 0$ 可求得

$$t = \tau \ln\left(1 + R\left|\frac{\Delta \boldsymbol{I}_0}{\Delta \boldsymbol{U}}\right|\right) \tag{6.45}$$

式（6.45）说明，ΔU 的模值越大，则时间 t 越小，即 ΔI 模值下降为零的时间越短。因此，只要 ΔU 的模值足够大，就能在很短的时间内使 ΔI 的模值快速减小为零。减小的快慢与 ΔU 的模值大小有关。当 $h \leqslant |\Delta I| < h+\Delta h$ 时，为了减小开关频率，应选择与 ΔI_0 反向的最小模值 ΔU；当 $|\Delta I| > h+\Delta h$ 时，为了提高跟踪效果，应选择与 ΔI_0 反向的最大模值 ΔU。

由于可供选择的空间电压矢量只有八个，所以通常情况下 ΔU 不可能完全与 ΔI_0 反向共线，假定 $\Delta U = -m\Delta I_0 R \angle \theta$，其中，$m$ 为正比于 ΔU 与 ΔI_0 模之比值的一个常数，θ 为 ΔU 与 ΔI_0 反向夹角，如图 6.35 所示。

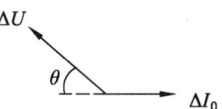

图 6.35 电压电流误差矢量之间的关系

将 $\Delta U = -m\Delta I_0 R \angle \theta$ 代入式（6.44）可得

$$\Delta I = \Delta I_0 (e^{-\frac{t}{\tau}} - m\cos\theta(1-e^{-\frac{t}{\tau}})) + j\Delta I_0 [-m\sin\theta(1-e^{-\frac{t}{\tau}})] \quad (6.46)$$

由式（6.46）可以看出，ΔI 由实部和虚部两部分组成。只要 $m\cos\theta$ 足够大，也即 ΔU 的模值足够大且与 ΔI 反方向的夹角 θ 足够小，实部绝对值就能在较短时间内降到足够小；虚部绝对值随时间而增大，而且 θ（θ 为锐角）越大则其绝对值越大。所以为了使 ΔI 的模值减小到一定值，必须使 ΔU 与 ΔI_0 反向夹角 θ 足够小，也就是选择开关状态应使 ΔU 与 ΔI_0 尽可能接近反向共线；如果想提高电流的跟踪速度，则应选择与 ΔI_0 反向、模值足够大 ΔU；如果想减小开关频率，则应选择与 ΔI_0 反向、模值小的 ΔU。

2．最优开关状态的选择

根据空间电压矢量原理，只要知道 ΔI、U^* 落入的空间区域，就可以确定开关的切换状态。三相空间电压矢量将 U^* 所在的矢量空间自然划分成六个三角形区域，分别记为 Ⅰ～Ⅵ区，对应的三相坐标轴分别为 a，b，c，如图 6.36（a）所示。同样，为了确定 ΔI 的空间位置和便于判别 Δi_a、Δi_b、Δi_c 的极性，也将 ΔI 所处的空间划分成六个区域，并记为①～⑥区，如图 6.36（b）所示，其中 h 代表电流滞环宽度。根据三相坐标轴 a、b、c 的相对空间位置可以看出，电流矢量空间六个区域的位置相当于空间电压矢量构成的六个三角形顺时针旋转了 30°。

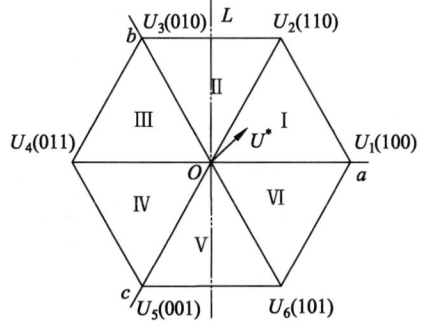
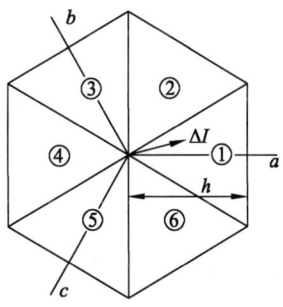

（a）电压矢量空间的划分　　　　　（b）电流矢量空间的划分

图 6.36 电压、电流矢量空间区域的划分

根据 ΔI_0、U^* 落入的区域,可以找到能够产生与 ΔI_0 反向的最小模值 ΔU 和最大模值 ΔU 及其对应的空间电压矢量 U_k。以 ΔI 落入①区为例,假定 U^* 落入Ⅲ区,如图 6.37 所示,从各空间电压矢量顶点向 U^* 矢量顶点引线,则线段长度就是各空间电压矢量所对应的 ΔU 的模值。与 ΔI_0 反向的 ΔU 共有四个,分别是 $\Delta U_{0,7}$、ΔU_1、ΔU_2、ΔU_6,其中 ΔU_1 是最大的,$\Delta U_{0,7}$ 是最小的。只要 U^* 落入Ⅲ、Ⅳ区任何位置,$\Delta U_{0,7}$ 就是与 ΔI_0 反向的最小电压误差矢量,ΔU_1 就是与 ΔI_0 反向的最大电压误差矢量,对应的空间电压矢量分别是 $U_{0,7}$ 和 U_1;当 U^* 落入Ⅰ、Ⅵ区任何位置,与 ΔI_0 反向只有 ΔU_1,ΔU_1 即是最小也是最大电压误差矢量;当 U^* 落入Ⅱ区时,与 ΔI_0 反向的最小电压误差为 ΔU_2,最大电压误差是 ΔU_1;当 U^* 落入Ⅴ区时,与 ΔI_0 反向的最小电压误差为 ΔU_6,最大电压误差是 ΔU_1。ΔI_0 与 U^* 落入不同区域时开关状态选择如表 6.5 所示。

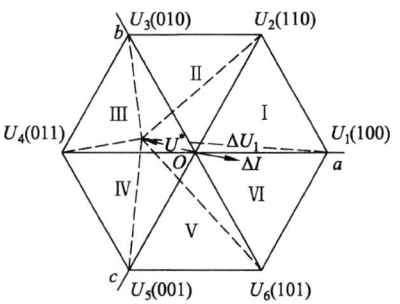

图 6.37 $N=4$ 落入Ⅲ区时的电压误差矢量

表 6.5 ΔI_0 落入不同区域时开关状态选择

ΔI_0 区域	基本特征	U^* 区域	$h\leqslant\|\Delta I\|<h+\Delta h$ 状态选择				$\|\Delta I\|\geqslant h+\Delta h$ 状态选择			
			S_a	S_b	S_c	$\dot{U}_k$	S_a	S_b	S_c	$\dot{U}_k$
①	$\Delta i_a>0$ $\Delta i_b<0$ $\Delta i_c<0$	Ⅲ、Ⅳ	1	1	1	$\dot{U}_7$	1	0	0	$\dot{U}_1$
			0	0	0	$\dot{U}_0$	1	0	0	$\dot{U}_1$
		Ⅱ	1	1	0	$\dot{U}_2$	1	0	0	$\dot{U}_1$
		Ⅴ	1	0	1	$\dot{U}_6$	1	0	0	$\dot{U}_1$
		Ⅰ、Ⅵ	1	0	0	$\dot{U}_1$	1	0	0	$\dot{U}_1$
②	$\Delta i_a>0$ $\Delta i_b>0$ $\Delta i_c<0$	Ⅳ、Ⅴ	1	1	1	$\dot{U}_7$	1	1	0	$\dot{U}_2$
			0	0	0	$\dot{U}_0$	1	1	0	$\dot{U}_2$
		Ⅵ	1	0	0	$\dot{U}_1$	1	1	0	$\dot{U}_2$
		Ⅲ	0	1	1	$\dot{U}_5$	1	1	0	$\dot{U}_2$
		Ⅱ、Ⅰ	1	1	0	$\dot{U}_2$	1	1	0	$\dot{U}_2$
③	$\Delta i_a<0$ $\Delta i_b>0$ $\Delta i_c<0$	Ⅴ、Ⅵ	1	1	1	$\dot{U}_7$	0	1	0	$\dot{U}_3$
			0	0	0	$\dot{U}_0$	0	1	0	$\dot{U}_3$
		Ⅳ	0	1	1	$\dot{U}_4$	0	1	0	$\dot{U}_3$
		Ⅰ	1	1	0	$\dot{U}_2$	0	1	0	$\dot{U}_3$
		Ⅱ、Ⅲ	0	1	0	$\dot{U}_3$	0	1	0	$\dot{U}_3$
④	$\Delta i_a<0$ $\Delta i_b>0$ $\Delta i_c>0$	Ⅰ、Ⅵ	1	1	1	$\dot{U}_7$	0	1	1	$\dot{U}_4$
			0	0	0	$\dot{U}_0$	0	1	1	$\dot{U}_4$
		Ⅱ	0	1	0	$\dot{U}_3$	0	1	1	$\dot{U}_4$
		Ⅴ	0	0	1	$\dot{U}_5$	0	1	1	$\dot{U}_4$
		Ⅳ	0	1	1	$\dot{U}_4$	0	1	1	$\dot{U}_4$

续表

ΔI_0 区域	基本特征	U^* 区域	$h \leqslant \|\Delta I\| < h+\Delta h$ 状态选择				$\|\Delta I\| \geqslant h+\Delta h$ 状态选择			
			S_a	S_b	S_c	$\dot{U}_k$	S_a	S_b	S_c	$\dot{U}_k$
⑤	$\Delta i_a < 0$ $\Delta i_b < 0$ $\Delta i_c > 0$	Ⅰ、Ⅱ	1	1	1	$\dot{U}_7$	0	0	1	$\dot{U}_5$
			0	0	0	$\dot{U}_0$	0	0	1	$\dot{U}_5$
		Ⅲ	0	1	1	$\dot{U}_4$	0	0	1	$\dot{U}_5$
		Ⅵ	1	0	1	$\dot{U}_6$	0	0	1	$\dot{U}_5$
		Ⅳ、Ⅴ	0	0	1	$\dot{U}_5$	0	0	1	$\dot{U}_5$
⑥	$\Delta i_a > 0$ $\Delta i_b < 0$ $\Delta i_c > 0$	Ⅱ、Ⅲ	1	1	1	$\dot{U}_7$	1	0	1	$\dot{U}_6$
			0	0	0	$\dot{U}_0$	1	0	1	$\dot{U}_6$
		Ⅰ	1	0	0	$\dot{U}_1$	1	0	1	$\dot{U}_6$
		Ⅳ	0	0	1	$\dot{U}_5$	1	0	1	$\dot{U}_6$
		Ⅴ、Ⅵ	1	0	1	$\dot{U}_6$	1	0	1	$\dot{U}_6$

所以，如果知道了 U^*、ΔI_0 落入的区域，按照表 6.5 就能确定开关的最优控制状态。

3．U^* 与 ΔI 落入区域判别

U^* 落入区域判别已在前面阐述，下面仅介绍 ΔI 落入区域判别。定义：

$$\left.\begin{array}{l} X_a = \text{sign}(\Delta i_a) \\ X_b = \text{sign}(\Delta i_b) \\ X_c = \text{sign}(\Delta i_c) \end{array}\right\} \quad (6.47)$$

式中

$$\text{sign}(x) = \begin{cases} 1 & (x > h) \\ 0 & (x < -h) \end{cases} \quad (6.48)$$

那么 ΔI 所处的区域逻辑关系为

$$\left.\begin{array}{l} R_{\Delta I}(1) = X_a \overline{X}_b \overline{X}_c \\ R_{\Delta I}(2) = X_a X_b \overline{X}_c \\ R_{\Delta I}(3) = \overline{X}_a X_b \overline{X}_c \\ R_{\Delta I}(4) = \overline{X}_a X_b X_c \\ R_{\Delta I}(5) = \overline{X}_a \overline{X}_b X_c \\ R_{\Delta I}(6) = X_a \overline{X}_b X_c \end{array}\right\} \quad (6.49)$$

表 6.6 ΔI 区域判别

Δi_a	+	+	−	−	−	+
Δi_b	−	+	+	+	−	−
Δi_c	−	−	−	+	+	+
ΔI 区域	①	②	③	④	⑤	⑥

注："+"表示 $\Delta i_j > 0$，"−"表示 $\Delta i_j < 0$，其中 $j \in \{a\ b\ c\}$。

式中 $R_{\Delta I}(1) \sim R_{\Delta I}(6)$ 为 ΔI 对应落入区域 1~6 的逻辑变量。若 ΔI 落入 X 区，则 $R_{\Delta I}(X)=1$，否则 $R_{\Delta I}(X)=0$，其中 X 的取值为 1~6 的数字。例如，当 ΔI 落入①区时，通过式（6.49）逻辑运算可得 $R_{\Delta I}(X)=1$；当 ΔI 落入区域①以外时，$R_{\Delta I}(X)=0$。

4．不定频滞环电流比较控制原理

不定频滞环电流比较控制原理如图 6.38 所示。各相期望电流指令信号与变流器实际输出电流反馈信号，经滞环比较器，按照式（6.47）、式（6.48）确定输出状态值 X_a、X_b、X_c；期望电压指令信号经区域判别单元输出状态值 D_{ab}、D_{bc}、D_{ca}。最终按照状态选择表 6.5 确定开关的状态矢量，输出合适的空间电压矢量 U_k，即最优的开关状态。在 U_k 的作用下可以使变流器三相输出电流逼近三相期望电流。

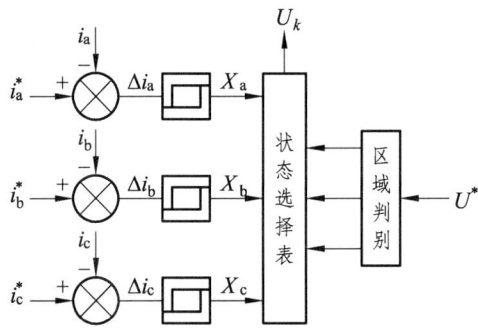

图 6.38　滞环电流比较控制原理

6.3.4　滞环电流比较单臂开关控制

三相空间电压矢量控制和三相滞环电流比较控制都需要根据系统参数确定期望电压，很难在电气化铁道同相供电中得到应用。为了选择最优开关状态，多数情况需要同时调整两个以上多个桥臂开关，在一个开关周期内需要调整的开关个数多，开关频率高。如果每一次只调整一个桥臂开关，另外两个桥臂状态保持不变，只要切换的桥臂状态是最优的，就可以充分利用每一个桥臂状态的切换，减小开关次数，降低开关频率。滞环电流比较单臂开关控制每一次只调整一个桥臂，且不依赖于对系统参数估计，不需要确定期望电压，而是根据电流误差矢量直接确定最优开关状态。

三相三桥臂变流器的特点是任何一相的输出电压都会受各个桥臂状态的影响。由于开关周期足够短，在一个开关周期内系统参数可视为常数，期望电压可认为恒定不变，这样一来就可以把系统当作线性系统来对待。这时，任何一相的输出电压都可以视为是三个桥臂状态叠加的结果。式（6.31）可以变为如下形式：

$$\begin{bmatrix} u_a \\ u_b \\ u_c \end{bmatrix} = \frac{1}{3} S_a \begin{bmatrix} -1 \\ 2 \\ -1 \end{bmatrix} E_{dc} + \frac{1}{3} S_c \begin{bmatrix} -1 \\ -1 \\ 2 \end{bmatrix} E_{dc} \qquad (6.50)$$

由式（6.50）可知，尽管变流器输出电压同时受各个桥臂状态的影响，但不同桥臂状态的改变对输出电压的影响是完全不同的。为了观察每一个桥臂状态变化对输出电压的影响,将电压用二值逻辑函数表示,根据式(6.29),可得

$$U = \frac{2}{3}(s_a E_{dc} + a s_b E_{dc} + a^2 s_b E_{dc}) \tag{6.51}$$

假设原来各桥臂开关状态分别为 s_a^0、s_b^0、s_c^0,调整后分别为 s_a、s_b、s_c,调整各相桥臂所产生的电压增量分别记为 ΔU_a、ΔU_b、ΔU_c。则

$$\begin{bmatrix} \Delta U_a \\ \Delta U_b \\ \Delta U_c \end{bmatrix} = \frac{2}{3} E_{dc} \begin{bmatrix} (s_a^0 - s_a) \\ a(s_b^0 - s_b) \\ a^2(s_c^0 - s_c) \end{bmatrix} \tag{6.52}$$

单独调整各相桥臂开关状态时所产生的电压增量 ΔU_a、ΔU_b、ΔU_c 矢量如图 6.39 所示。单独调整桥臂 a、b、c 的开关状态由 "0" 变为 "1" 时,所产生的电压增量分别记为 ΔU_a^-、ΔU_b^-、ΔU_c^-,三个电压增量分别与 a、b、c 轴反向,如图 6.39(a)所示;而单独调整桥臂 a、b、c 的开关状态由 "1" 变为 "0" 时,所产生的电压增量分别记为 ΔU_a^+、ΔU_b^+、ΔU_c^+,三个电压增量分别与 a、b、c 轴同向,如图 6.39(b)所示。每个桥臂可以由 "0" 变为 "1" 或由 "1" 变为 "0" 两种状态变化,三个桥臂六种状态变化,对应六个电压增量。任意改变三个桥臂开关状态,所产生的电压增量,不外乎是这六个电压增量中的一个或几个叠加。

改变某一桥臂状态相当于额外施加了一个电压,如改变 a 相桥臂开关,由 "0" 变为 "1",相当于在原状态基础上施加了一个 ΔU_a^-,当 ΔI 落入①区时,ΔU_a^- 正好与 ΔI 反向,并且是与 ΔI 反向的最小电压增量矢量。根据式(6.35)ΔU 与 ΔI 的关系可知,在 ΔU_a^- 的作用下可以使 ΔI 减小。而 ΔU_c^+、ΔU_b^-、ΔU_a^+、ΔU_c^-、ΔU_b^+ 要么与 ΔI 同向,要么偏离 ΔI 反方向较多,所以其他任何单个桥臂状态切换都无法达到切换 a 相桥臂开关的效果。对应 ΔI 分别落入①、②、③、④、⑤、⑥的区域时,与 ΔI 反向的分别是 ΔU_a^-、ΔU_c^+、ΔU_b^-、ΔU_a^+、ΔU_c^-、ΔU_b^+,所以最优单臂调整策略分别为 $s_a=1$、$s_c=0$、$s_b=1$、$s_a=0$、$s_c=1$、$s_b=0$。

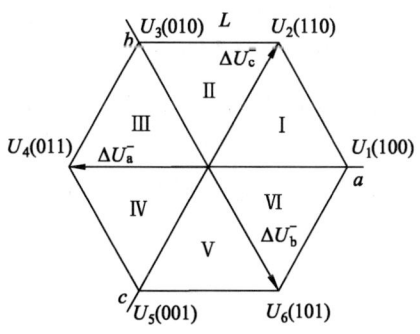
(a)桥臂状态由 "0" 变为 "1" 时

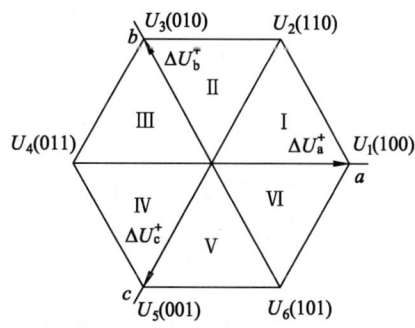
(b)桥臂状态由 "1" 变为 "0" 时

图 6.39 改变桥臂状态时效果

根据以上分析可以得出单臂最优调整策略,如表 6.7 所示。

表 6.7 单臂最优调整策略

$\Delta \boldsymbol{I}_0$ 区域	基本特征	$h \leqslant |\Delta I| < h+\Delta h$ 状态选择	$|\Delta I| \geqslant h+\Delta h$ 状态选择			
			S_a	S_b	S_c	$\dot{U}_k$
①	$\Delta i_{a0}>0$, $\Delta i_{b0}<0$, $\Delta i_{c0}<0$	$S_a=1$	1	0	0	$\dot{U}_1$
②	$\Delta i_{a0}>0$, $\Delta i_{b0}>0$, $\Delta i_{c0}<0$	$S_c=0$	1	1	0	$\dot{U}_2$
③	$\Delta i_{a0}<0$, $\Delta i_{b0}>0$, $\Delta i_{c0}<0$	$S_b=1$	0	1	0	$\dot{U}_3$
④	$\Delta i_{a0}<0$, $\Delta i_{b0}>0$, $\Delta i_{c0}>0$	$S_a=0$	0	1	1	$\dot{U}_4$
⑤	$\Delta i_{a0}<0$, $\Delta i_{b0}<0$, $\Delta i_{c0}>0$	$S_c=1$	0	0	1	$\dot{U}_5$
⑥	$\Delta i_{a0}>0$, $\Delta i_{b0}<0$, $\Delta i_{c0}>0$	$S_b=0$	1	0	1	$\dot{U}_6$

在实际中可能存在调整一个桥臂达不到减小电流误差的要求，而必须调整另外两个桥臂状态。例如，ΔI 落入①区时，调整 a 相桥臂开关，产生与 ΔI 反向的 ΔU_a^-，企图使误差减小，但并没有达到要求，这就需要调整另外两个桥臂状态。假如 ΔI 依然落在①区，这时单独调整 b 相或 c 相所产生的电压增量 ΔU_b^+、ΔU_c^+ 偏离 ΔI 反方向较多，而 ΔU_b^+、ΔU_c^+ 二者的合成矢量与 ΔI 正好反方向。所以，单臂最优开关控制分两步控制：

首先，当 $|\Delta I| \geqslant h+\Delta h$ 时，为了提高跟踪效果应该选取与 ΔI_0 反向的最大模值 ΔU 所对应的空间电压矢量 U_k，它与 ΔI_0 落入的区域一一对应。如：当 ΔI_0 落入①区时，则对应的空间电压矢量为 U_1；而当 ΔI_0 落入②区，则对应的空间电压矢量为 U_2，依此类推，ΔI_0 落入③、④、⑤、⑥区时对应空间电压矢量分别为 U_3、U_4、U_5、U_6。所以，当 $|\Delta I| \geqslant h+\Delta h$ 时，可以直接根据 ΔI_0 落入的区域切换开关的状态。

其次，当 $h \leqslant |\Delta I| < h+\Delta h$ 时，根据 ΔI_0 落入的区域选择单臂最优开关切换，如果 ΔI_0 落入①区，则 $S_a=1$；当 ΔI_0 分别落入②、③、④、⑤、⑥区时，则应分别按照 $s_c=0$、$s_b=1$、$s_a=0$、$s_c=1$、$s_b=0$ 进行切换。

滞环比较单臂开关控制的特点是每一次只切换一个桥臂，而且只切换对减小电流误差最合理的桥臂状态，这样可以充分利用每一次和每一个桥臂状态切换，有效减小开关次数。只有在超出外滞环边界时，为了提高电流的跟踪速度，才按照最大电流变化率进行切换。其次是它不需要知道期望电压 U^* 和 U^* 所落入的区域，不用估算系统参数，也不受系统参数激烈变化的影响，有较高的控制精度和稳定性，控制算法简单有效。这些特点对于电气化铁道同相牵引供电系统十分有意义。

6.3.5 三相电流解耦定频滞环控制

电气化铁道同相牵引供电平衡补偿系统，具有大功率、大电流、高电压的特点，为了变流器开关管工作的安全性和可靠性，应尽可能保持开关频率固定，以减小开关管应力及开关损耗。对于三相 120° 接线同相牵引供电系统可采用三相电流解耦定频滞环控制[116,141,142]。

1. 单桥臂定频滞环电流控制

单桥臂变流器等值电路,如图 6.40(a)所示。其中 h 为滞环宽度,u 和 i 分别为桥臂输出电压和输出电流。

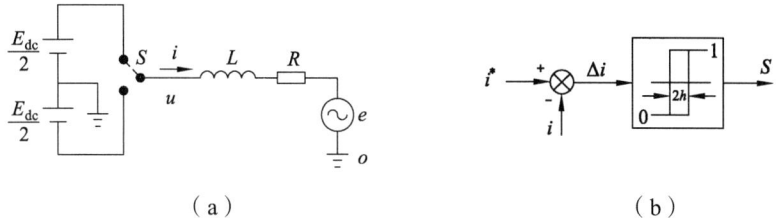

(a)   (b)

图 6.40 单桥臂电压变流器及其滞环电流控制原理

由图 6.40(a)可得

$$u - e = L\frac{di}{dt} + Ri \tag{6.53}$$

对应期望电压和期望电流关系式为

$$u^* - e = L\frac{di^*}{dt} + Ri^* \tag{6.54}$$

式(6.54)减式(6.53),并忽略电阻 R 的影响:

$$\Delta u = L\frac{d\Delta i}{dt} \tag{6.55}$$

式(6.55)中,$\Delta u = u^* - u$、$\Delta i = i^* - i$,端电压 u 为

$$u = \begin{cases} E_{dc}/2 & (s=1) \\ -E_{dc}/2 & (s=0) \end{cases} \tag{6.56}$$

图 6.40(b)是不定频滞环控制原理框图,输出 s 满足

$$s = \text{sign}(\Delta i) \tag{6.57}$$

其中

$$\text{sign}(x) = \begin{cases} 1 & (x > h) \\ 0 & (x < -h) \end{cases} \tag{6.58}$$

图 6.41(a)为单桥臂滞环控制在一个开关周期内的误差电流图。由于变流器开关频率较高,在一个开关周期内期望电压 u^* 可近似认为不变,因此根据式(6.55)可计算出误差电流的上升时间 T_p 和下降时间 T_n 及一个开关周期 T 的总时间。

定义

$$u^0 = u^*/(E_{dc}/2) \tag{6.59}$$

当 $u = -E_{dc}/2$ 时,$u^* - u > 0$,则 $d\Delta i/dt > 0$,Δi 随时间而增加。如图 6.41 所示,在 T_p 时间内 Δi 从 $-h$ 增加到 h,$d\Delta i/dt = 2h/T_p$,则由式(6.55)可求得

$$T_p = 4hL/[E_{dc}(1+u^0)] \tag{6.60}$$

同理,当 $u = -E_{dc}/2$ 时,$u^* - u > 0$,则 $d\Delta i/dt < 0$,Δi 随时间而减小。如图 6.41 所示,在 T_n 时间内 Δi 从 h 减小到 $-h$,$d\Delta i/dt = -2h/T_n$,则由式(6.55)可求得

$$T_n = 4hL/[E_{dc}(1-u^0)] \tag{6.61}$$

所以

$$T = \frac{8hL}{E_{dc}[1-(u^0)^2]} \tag{6.62}$$

式(6.62)可见,如果滞环宽度固定不变,则由于 $u^0 = u^*/(E_{dc}/2)$ 的不断变化,开关频率将随之波动。若随着 u^0 变化等比例调节滞环宽度 $2h$,可以使 T 保持不变。这就是单桥臂定频滞环控制基本原理。图 6.41(b)为定频滞环控制框图。开关信号 s 与一频率固定的方波信号(时钟信号)相比较,得到相位差,经过比例积分环节得到期望的滞环比较器宽度 $2h$,使滞环宽度 $2h$ 随着 u^0 成比例变化,从而保证了开关频率保持不变。

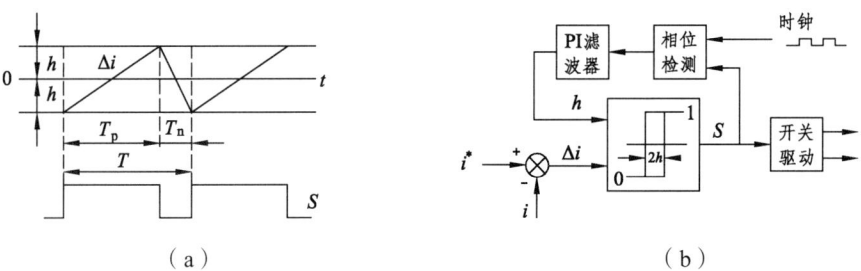

图 6.41 变带宽定频滞环控制

2. 三相解耦控制的基本原理

通过前面的分析我们知道,三相变流器的输出电压与每一个桥臂的状态有关,如式(6.31)所示,每一相输出电压都与 u_N 有关,u_N 为各相耦合电压。要想实现定频控制就必须解除三相之间的耦合关系。对应式(6.31),若将各相电压相差,可以消除耦合电压 u_N 的影响,因此相差后的相间电压具有解耦作用。将式(6.31)对应各相相减可得

$$\begin{bmatrix} u_{ab} \\ u_{bc} \\ u_{ca} \end{bmatrix} = \begin{bmatrix} s_{ab} \\ s_{bc} \\ S_{ca} \end{bmatrix} E_{dc} = L \begin{bmatrix} di_{ab}/dt \\ di_{bc}/dt \\ di_{ca}/dt \end{bmatrix} + R \begin{bmatrix} i_{ab} \\ i_{bc} \\ i_{ca} \end{bmatrix} + \begin{bmatrix} e_{ab} \\ e_{bc} \\ e_{ca} \end{bmatrix} \tag{6.63}$$

式中,$s_{ab} = s_a - s_b$,$s_{bc} = s_b - s_c$,$s_{ca} = s_c - s_a$;u_{ab}、u_{bc}、u_{ca} 为变流器三个相间电压,且 $u_{ab} = u_a - u_b$,$u_{bc} = u_b - u_c$,$u_{ca} = u_c - u_a$;i_{ab}、i_{bc}、i_{ca} 为变流器三个相间电流,$i_{ab} = i_a - i_b$,$i_{bc} = i_b - i_c$,$i_{ca} = i_c - i_a$。

可见,改变 a 相桥臂状态并不影响 u_{bc} 和 i_{bc},改变 b 相桥臂状态并不影响 u_{ca} 和 i_{ca},改变

c 相桥臂状态并不影响 u_{ab} 和 i_{ab}。所以，a、b、c 相的桥臂状态分别与 i_{bc}、i_{ca}、i_{ab} 的控制是解耦的。

与式（6.63）对应，有

$$\begin{bmatrix} u_{ab}^* \\ u_{bc}^* \\ u_{ca}^* \end{bmatrix} = L \begin{bmatrix} di_{ab}^*/dt \\ di_{bc}^*/dt \\ di_{ca}^*/dt \end{bmatrix} + R \begin{bmatrix} i_{ab}^* \\ i_{bc}^* \\ i_{ca}^* \end{bmatrix} + \begin{bmatrix} e_{ab} \\ e_{bc} \\ e_{ca} \end{bmatrix} \quad (6.64)$$

式中，u_{ab}^*、u_{bc}^*、u_{ca}^* 分别为三个相间期望电压；i_{ab}^*、i_{bc}^*、i_{ca}^* 分别为三个相间期望电流。式（6.64）、式（6.63）相减并忽略电阻，得误差方程：

$$L \begin{bmatrix} d i_{ab}^*/dt \\ d i_{bc}^*/dt \\ d i_{ca}^*/dt \end{bmatrix} = \begin{bmatrix} u_{ab}^* \\ u_{bc}^* \\ u_{ca}^* \end{bmatrix} - \begin{bmatrix} s_{ab} \\ s_{bc} \\ s_{ca} \end{bmatrix} E_{dc} \quad (6.65)$$

如果 $u_{ab}^* > 0$、$u_{bc}^* < 0$，此时 b 相桥臂下管导通，$s_b = 0$，所以

$$L \begin{bmatrix} d\Delta i_{ab}/dt \\ d\Delta i_{bc}/dt \end{bmatrix} = \begin{bmatrix} u_{ab}^* \\ u_{bc}^* \end{bmatrix} - \begin{bmatrix} s_a \\ -s_c \end{bmatrix} E_{dc} \quad (6.66)$$

在 $s_b = 0$ 时，可通过 a 相桥臂独立控制 i_{ab}，可通过 c 相桥臂独立控制 i_{bc}。

控制 i_{ab} 方程为

$$\left. \begin{array}{l} s_a = 1 \quad 当 E_{dc} > |u_{ab}^*| 时，d\Delta i_{ab}/dt < 0 \rightarrow i_{ab} \uparrow \\ s_a = 0 \quad d\Delta i_{ab}/dt > 0 \rightarrow i_{ab} \downarrow \end{array} \right\} \quad (6.67)$$

控制 i_{bc} 方程为

$$\left. \begin{array}{l} s_c = 1 \quad 当 E_{dc} > |u_{bc}^*| 时，d\Delta i_{bc}/dt > 0 \rightarrow i_{bc} \downarrow \\ s_c = 0 \quad d\Delta i_{bc}/dt > 0 \rightarrow i_{bc} \uparrow \end{array} \right\} \quad (6.68)$$

由以上分析可知，当 $s_b = 0$ 时，$u_{ab}^* > 0$、$u_{bc}^* < 0$ 条件下，如单桥臂定频滞环控制类似，可通过 a 相和 c 相功率开关管进行定频滞环控制，分别独立控制相间电流 i_{ab} 和 i_{bc}。

同理，当 $u_{bc}^* > 0$、$u_{ca}^* < 0$，此时 c 相桥臂下管导通 $s_c = 0$，此时通过 b 相和 a 相功率开关管的定频滞环控制，可独立控制相间电流 i_{bc} 和 i_{ca}。这时相间误差方程为

$$L \begin{bmatrix} d\Delta i_{bc}/dt \\ d\Delta i_{ca}/dt \end{bmatrix} = \begin{bmatrix} u_{bc}^* \\ u_{ca}^* \end{bmatrix} - \begin{bmatrix} s_b \\ -s_a \end{bmatrix} E_{dc} \quad (6.69)$$

i_{bc} 和 i_{ca} 的控制方程分别为

$$\left. \begin{array}{l} s_b = 1 \quad 当 E_{dc} > |u_{bc}^*| 时，d\Delta i_{bc}/dt < 0 \rightarrow i_{bc} \uparrow \\ s_b = 0 \quad d\Delta i_{bc}/dt > 0 \rightarrow i_{bc} \downarrow \end{array} \right\} \quad (6.70)$$

$$\left.\begin{aligned}&s_\mathrm{a}=1 \quad 当 E_\mathrm{dc}>|u^*_\mathrm{ac}|时,\ \mathrm{d}\Delta i_\mathrm{ca}/\mathrm{d}t>0\rightarrow i_\mathrm{ca}\downarrow\\&s_\mathrm{a}=0 \quad \mathrm{d}\Delta i_\mathrm{ca}/\mathrm{d}t>0\rightarrow i_\mathrm{ca}\uparrow\end{aligned}\right\} \tag{6.71}$$

当 $u^*_\mathrm{ca}>0$、$u^*_\mathrm{ab}<0$,则此时 a 相桥臂下管导通,$s_\mathrm{a}=0$,此时通过 b 相和 c 相功率开关管的定频滞环控制,可独立控制相间电流 i_ab 和 i_ca。这时相间误差方程为

$$L\begin{bmatrix}\mathrm{d}\Delta i_\mathrm{ca}/\mathrm{d}t\\ \mathrm{d}\Delta i_\mathrm{ab}/\mathrm{d}t\end{bmatrix}=\begin{bmatrix}u^*_\mathrm{ca}\\ u^*_\mathrm{ab}\end{bmatrix}-\begin{bmatrix}s_\mathrm{c}\\ -s_\mathrm{b}\end{bmatrix}E_\mathrm{dc} \tag{6.72}$$

i_ab 和 i_ca 的控制方程分别为

$$\left.\begin{aligned}&s_\mathrm{c}=1 \quad 当 E_\mathrm{dc}>|u^*_\mathrm{ca}|时,\ \mathrm{d}\Delta i_\mathrm{ca}/\mathrm{d}t<0\rightarrow i_\mathrm{ca}\uparrow\\&s_\mathrm{c}=0 \quad \mathrm{d}\Delta i_\mathrm{ca}/\mathrm{d}t>0\rightarrow i_\mathrm{ca}\downarrow\end{aligned}\right\} \tag{6.73}$$

$$\left.\begin{aligned}&s_\mathrm{b}=1 \quad 当 E_\mathrm{dc}>|u^*_\mathrm{ab}|时,\ \mathrm{d}\Delta i_\mathrm{ab}/\mathrm{d}t>0\rightarrow i_\mathrm{ab}\downarrow\\&s_\mathrm{b}=0 \quad \mathrm{d}\Delta i_\mathrm{ab}/\mathrm{d}t<0\rightarrow i_\mathrm{ab}\uparrow\end{aligned}\right\} \tag{6.74}$$

3. 指令电压矢量区域的确定及开关控制逻辑

要想把前述解耦控制思想用于三相定频电流滞环控制,需要确定三个相间电压的极性。三个相间电压的极性与指令电压矢量所落入的区域具有对应关系。

针对三相空间电压矢量分布,在原坐标系(a,b,c)基础上,引入新坐标系(ab,bc,ca),如图 6.42 所示,新坐标系相当于原坐标系顺时针旋转 30°得到。根据开关状态和期望电压矢量,可将三相空间电压矢量六边形分成Ⅰ—Ⅱ、Ⅲ—Ⅳ、Ⅴ—Ⅵ三个平行四边形所围成的区域,如图 6.42 所示。三个区域正好对应三种情况:

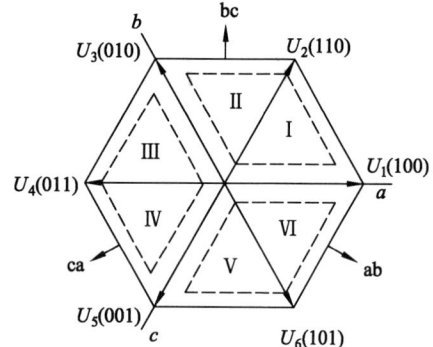

图 6.42 期望电压矢量分布

$u^*_\mathrm{ab}>0$、$u^*_\mathrm{bc}<0$ 情况,对应 U^* 落入Ⅴ—Ⅵ平行四边形区域内;

$u^*_\mathrm{bc}>0$、$u^*_\mathrm{ca}<0$ 情况,对应 U^* 落入Ⅰ—Ⅱ平行四边形区域内;

$u^*_\mathrm{ca}>0$、$u^*_\mathrm{ab}<0$ 情况,对应 U^* 落入Ⅲ—Ⅳ平行四边形区域内。

在Ⅴ—Ⅵ平行四边形区域中共有 5 个空间电压矢量,分别是 U_5(001)、U_6(101)、U_1(100)、U_0(000)、U_7(111)。除 U_7(111)矢量外,其余四个矢量所对应的开关状态始终有 $s_\mathrm{b}=0$,即 b 相桥臂下侧功率开关管始终导通。如果 a 相桥臂开关动作,电压矢量将在 U_5(001)、U_6(101)或 U_1(100)、U_0(000)之间切换。由于 $u_\mathrm{ab}=s_\mathrm{a}E_\mathrm{dc}$,所以调整 a 相桥臂开关可以控制电压 u_ab 的大小,使 Δi_ab 得以控制。此时由于 u_bc 保持不变,因此,误差电流 Δi_bc 不受 a 相桥臂状态的任何影响。同理,当 c 相开关动作时,电压矢量将在 U_5(001)、U_0(000)或 U_6(101)、U_1(100)之间切换。由于 $u_\mathrm{bc}=-s_\mathrm{c}E_\mathrm{dc}$,所以调整 c 相桥臂开关可以控制电压 u_bc 的大小,使 Δi_bc 得以控制。此时,由于 u_ab 保持不变,因而误差电流 Δi_ab 不受 c 相开关状态的影响。

当 $u_{bc}^* > 0$、$u_{ca}^* < 0$ 时，期望电压矢量 U^* 落入 Ⅰ—Ⅱ 平行四边形区域中，此时 c 相下侧功率开关管始终导通 $s_c = 0$，可用电压矢量集 $U_k \in \{U_0 \ U_1 \ U_2 \ U_3\}$ 独立控制 Δi_{bc}、Δi_{ca}。而当 $u_{ab}^* < 0$、$u_{ca}^* > 0$ 时，期望电压矢量 U^* 落入 Ⅲ—Ⅳ 平行四边形区域中，此时 a 相下侧功率开关管始终导通 $s_a = 0$。可用电压矢量集 $U_k \in \{U_0 \ U_3 \ U_4 \ U_5\}$ 独立控制 Δi_{ca}、Δi_{ab}。

这种基于相间电流解耦控制的关键是判定 U^* 落入的区域和确定开关动作的逻辑，以下通过双滞环比较原理来实现。图 6.43 中，s_{ij1}（$ij \in \{ab \ bc \ ca\}$）表示内滞环状态值，s_{ij2} 表示外滞环状态值。内、外滞环宽度分别为 $2h_1$、$2h_2$。

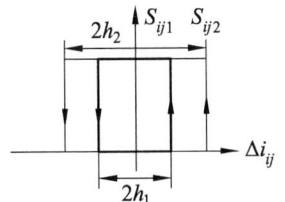

图 6.43 双滞环电流比较特性

1) U^* 落入的区域判定

U^* 落入的区域是通过外滞环输出状态值 s_{ij2} 确定的。例如，当外滞环比较器发生翻转且 $s_{ab2} = 1$ 时，说明 $\Delta i_{ab} = i_{ab}^* - i_{ab} > h_2$，表明应施加指令电压矢量控制，使 $i_{ab}\uparrow$；与此同时，若 $s_{bc2} = 0$，说明 $\Delta i_{bc} = i_{bc}^* - i_{bc} < -h_2$，表明应施加指令电压矢量控制，使 $i_{bc}\downarrow$。这只有当 $u_{ab}^* > 0$、$u_{bc}^* < 0$ 时才能成立，所以 U^* 对应落入 Ⅴ—Ⅵ 区域。U^* 落入的区域与 s_{ij2} 对应关系如表 6.8 所示。

表 6.8　U^* 落入的区域与 s_{ij2} 对应关系

s_{ab2}	s_{bc2}	s_{ca2}	U^* 所在区域	开关状态
1	0	x	Ⅴ—Ⅵ	$s_b = 0$，且 s_a、s_c 可调
x	1	0	Ⅰ—Ⅱ	$s_c = 0$，且 s_a、s_b 可调
0	x	1	Ⅲ—Ⅳ	$s_a = 0$，且 s_b、s_c 可调

注："x" 表示 s_{ij2} 可取任意值。

2) 开关状态的确定

当指令电压矢量 U^* 所在的平行四边形区域确定后，必须对该平行四边形四个顶点对应的四条空间电压矢量做出选择，确定开关切换的状态，以控制电流误差矢量 ΔI。这是通过内滞环比较单元实现的。

假设 U^* 在 Ⅴ—Ⅵ 区域，这时 $s_{ab2} = 1$、$s_{bc2} = 0$、$s_b = 0$，且 s_a、s_c 可调。若使 $s_a = 1$，则 $i_{ab}\uparrow$；若使 $s_c = 1$，则 $i_{bc}\downarrow$。也就是，当内滞环比较单元输出状态 $s_{ab1} = 1$ 时，表明此时 i_{ab} 过小，应使 $s_a = 1$，以控制 $i_{ab}\uparrow$；而当内滞环比较单元输出状态 $s_{bc1} = 0$ 时，表明 i_{bc} 过大，应使 $s_c = 1$，以控制 $i_{bc}\downarrow$。因此 U^* 在 Ⅴ—Ⅵ 区域时的开关逻辑为

$$\left.\begin{array}{l} s_a = s_{ab2} \cdot \overline{s}_{bc2} \cdot s_{ab1} \\ s_b = 0 \\ s_c = s_{ab2} \cdot \overline{s}_{bc2} \cdot \overline{s}_{ab1} \end{array}\right\} \quad (6.75)$$

同理，可得出 U^* 在 Ⅰ—Ⅱ 区域和 Ⅲ—Ⅳ 区域时的开关逻辑关系式为

$$\left.\begin{array}{l} s_a = s_{ab2} \cdot \overline{s}_{ca2} \cdot s_{ca1} \\ s_b = s_{bc2} \cdot \overline{s}_{ca2} \cdot s_{bc1} \\ s_c = 0 \end{array}\right\} \quad (6.76)$$

$$\left.\begin{array}{l}s_{\mathrm{a}}=0\\ s_{\mathrm{b}}=s_{\mathrm{ca2}}\cdot\overline{s}_{\mathrm{ab2}}\cdot\overline{s}_{\mathrm{ab1}}\\ s_{\mathrm{c}}=s_{\mathrm{ca2}}\cdot\overline{s}_{\mathrm{ab2}}\cdot s_{\mathrm{ca1}}\end{array}\right\} \quad (6.77)$$

根据式（6.75）~（6.77）进行逻辑运算，可导出 U^* 在任一区域时的三相开关逻辑关系式为

$$\left.\begin{array}{l}s_{\mathrm{a}}=s_{\mathrm{bc2}}\cdot\overline{s}_{\mathrm{ca2}}\cdot\overline{s}_{\mathrm{ca1}}+s_{\mathrm{ab2}}\cdot\overline{s}_{\mathrm{bc2}}\cdot s_{\mathrm{ab1}}\\ s_{\mathrm{b}}=s_{\mathrm{ca2}}\cdot\overline{s}_{\mathrm{ab2}}\cdot\overline{s}_{\mathrm{ab1}}+s_{\mathrm{bc2}}\cdot\overline{s}_{\mathrm{ca2}}\cdot s_{\mathrm{bc1}}\\ s_{\mathrm{c}}=s_{\mathrm{ab2}}\cdot\overline{s}_{\mathrm{bc2}}\cdot\overline{s}_{\mathrm{bc1}}+s_{\mathrm{ca2}}\cdot\overline{s}_{\mathrm{ab2}}\cdot s_{\mathrm{ca1}}\end{array}\right\} \quad (6.78)$$

以上通过内外滞环控制，确定三相开关逻辑，也就等同于选定了三相控制电压矢量 U_k（$k=0,\cdots,7$）。

4．三相定频滞环控制的实现

同单桥臂定频滞环控制相类似，可以引入锁相环控制，以动态调整内、外滞环宽度，从而获得三相定频滞环控制，控制框图如图 6.44 所示。

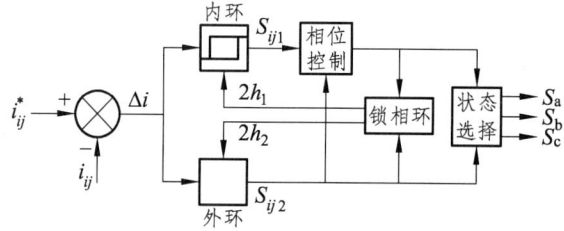

图 6.44 定频滞环电流控制

当外滞环比较单元 U^* 所在的区域确定后，只有两个相间电流误差可以独立控制。如 U^* 处于 III—IV 区域时，Δi_{bc}、Δi_{ca} 可独立控制，而第三个相间误差为 $\Delta i_{\mathrm{ab}}=-(\Delta i_{\mathrm{bc}}+\Delta i_{\mathrm{ca}})$。因此，为了减小第三个相间电流的误差，应使 Δi_{bc}、Δi_{ca} 大小接近且方向相反。由于电流误差的峰值点对应滞环比较器的翻转点，因此要使两独立控制的相间电流误差方向相反，只需要相应的内环比较器的输出信号相位相反即可。当采用锁相环进行定频控制时，对两个相应的受控相间电流比较器，应使其中一个比较器输出信号与锁相环定频同步信号同相，而另一个比较器输出信号应与锁相环同步信号反相。内滞环比较器输出信号与锁相环定频同步信号间相位关系如表 6.9 所示。

表 6.9 内滞环比较器输出信号相位关系

s_{ab2}	s_{bc2}	s_{ca2}	与定频同步信号相位关系		
			s_{ab1}	s_{bc1}	s_{ca1}
1	0	x	同相	反相	x
x	1	0	x	同相	反相
0	x	1	反相	x	同相

注：x 表示任意取值或无须同步。

上述定频滞环电流控制特点是：有较高直流电压利用率；U^*旋转一周，a、b、c三个桥臂各有1/3周期不调制，开关损耗小；不需要确定期望电压U^*，不依赖于系统参数估计，因而具有较高的电流控制精度。

6.3.6　四桥臂电流比较解耦控制

单台YN,d11-275接线同相牵引供电系统，平衡补偿装置由四桥臂变流器构成，如图3.14所示。为了降低开关频率并考虑控制方法的简单实用性，采用三电平电流比较解耦控制[122-136]，以下简要说明其原理。假设平衡补偿装置的变比$k=1$，忽略系统电阻，由图3.14可写出如下方程：

$$\begin{bmatrix} U_{ac} \\ U_{bc} \\ U_{Fc} \end{bmatrix} = L \begin{bmatrix} di_{ab}/dt \\ di_{pb}/dt \\ di_{pF}/dt \end{bmatrix} + \begin{bmatrix} e_{ac} \\ e_{bc} \\ e_{Fc} \end{bmatrix} - L_n \begin{bmatrix} di_{pc}/dt \\ di_{pc}/dt \\ di_{pc}/dt \end{bmatrix} \quad (6.79)$$

式中　U_{ac}、U_{bc}、U_{Fc}——桥臂间电压；

L、L_n——系统各相等效电感；

e_{ac}、e_{bc}、e_{Fc}——电源等效电压。

根据式（1.18）对上式进行$\alpha\beta\gamma$坐标变换，可得：

$$\begin{bmatrix} U_\alpha \\ U_\beta \\ U_\gamma \end{bmatrix} = \begin{bmatrix} L & 0 & 0 \\ 0 & L & 0 \\ 0 & 0 & L-3L_n \end{bmatrix} \begin{bmatrix} di_\alpha/dt \\ di_\beta/dt \\ di_\gamma/dt \end{bmatrix} + \begin{bmatrix} e_\alpha \\ e_\beta \\ e_\gamma \end{bmatrix} \quad (6.80)$$

式中，U_α、U_β、U_γ和e_α、e_β、e_γ以及i_α、i_β、i_γ分别为桥臂间电压和电源等效电压以及三相补偿电流在$\alpha\beta\gamma$坐标系下的各分量。每个桥臂有两个状态，四个桥臂共有16个状态，对应每个状态下桥臂间电压U_{ac}、U_{bc}、U_{Fc}，通过$\alpha\beta\gamma$坐标变换，可以得到相应的U_α、U_β、U_γ值，共有16种组合，构成了$\alpha\beta\gamma$坐标系下空间电压矢量，平衡补偿装置期望输出电压可以由这16个空间电压矢量组合得到。表6.10给出了16个开关状态和各个相应的电压值。

表6.10　开关状态及相应的各电压值

状态序号	s_a	s_b	s_F	s_c	U_{ac}	U_{bc}	U_{Fc}	U_α	U_β	U_γ
0	0	0	0	0	0	0	0	0	0	0
1	0	0	0	1	$-E_{dc}$	$-E_{dc}$	$-E_{dc}$	0	0	$-3V$
2	0	0	1	0	0	0	1	$-V$	$-\sqrt{3}V$	V
3	0	0	1	1	$-E_{dc}$	$-E_{dc}$	0	$-V$	$-\sqrt{3}V$	$-V$
4	0	1	0	0	0	E_{dc}	0	$-V$	$\sqrt{3}V$	V
5	0	1	0	1	$-E_{dc}$	0	$-E_{dc}$	$-V$	$\sqrt{3}V$	$-2V$
6	0	1	1	0	0	E_{dc}	E_{dc}	$-2V$	0	$2V$
7	0	1	1	1	$-E_{dc}$	0	0	$-2V$	0	$-V$

续表

状态序号	s_a	s_b	s_F	s_c	U_{ac}	U_{bc}	U_{Fc}	U_α	U_β	U_γ
8	1	0	0	0	E_{dc}	0	0	$2V$	0	V
9	1	0	0	1	0	$-E_{dc}$	$-E_{dc}$	$2V$	0	$-2V$
10	1	0	1	0	E_{dc}	0	E_{dc}	V	$-\sqrt{3}V$	$2V$
11	1	0	1	1	0	$-E_{dc}$	0	V	$-\sqrt{3}V$	$-V$
12	1	1	0	0	E_{dc}	E_{dc}	0	V	$\sqrt{3}V$	$2V$
13	1	1	0	1	0	0	$-E_{dc}$	V	$\sqrt{3}V$	$-V$
14	1	1	1	0	E_{dc}	E_{dc}	E_{dc}	0	0	0
15	1	1	1	1	0	0	0	0	0	0

注：表中 E_{dc} 为直流电压；$V=E_{dc}/3$。

由表 6.10 可知，三相四桥臂逆变器共有 14 个非零矢量和 2 个零矢量。桥臂 a、b、c 的开关状态只影响 U_α 和 U_β 的取值，而桥臂 d 的开关状态只影响 U_γ 的取值。将 14 个空间矢量投影到 $\alpha\beta$ 平面上就可以得到如同三相三桥臂逆变器的六边形空间矢量图，其中每一个电压矢量都代表两个开关状态。由于 U_α、U_β 和 U_γ 都可取正、负及零值，因此可选用 3 个三电平比较器对逆变器输出电流进行控制。

电流比较解耦控制框图如图 6.45 所示。电流误差信号经 $\alpha\beta\gamma$ 坐标变换得到在 $\alpha\beta\gamma$ 坐标系下的误差信号 $\Delta i_{\alpha\beta\gamma}$，再经三电平和滞环电压比较器输出 $d_{\alpha\beta\gamma}$，用以选择合适的空间电压矢量，确定开关的动作状态，从而驱动平衡补偿装置产生在指定电流误差范围内跟踪指令电流信号 i^*_{abF} 的实际补电流 i_{abF}。根据图 6.45 和式（6.80）可知，当 $d_k=1$ 时应选择具有正 U_k 分量的空间电压矢量（其中 $k\in\{\alpha\ \beta\ \gamma\}$），从而驱动逆变器相应开关动作使 i_k 增加；反之，$d_k=-1$ 时应选择具有负 U_k 分量的空间电压矢量，从而驱动逆变器相应开关动作使 i_k 减小。图 6.45 中，Δi_γ 通道选用了两电平滞环比较器，主要是为了解决当 U_α、U_β 和 U_γ 同时为零时而造成无法跟踪的情形。表 6.11 给出了所有 d_α、d_β 和 d_γ 的状态组合及相应被选择的空间电压矢量

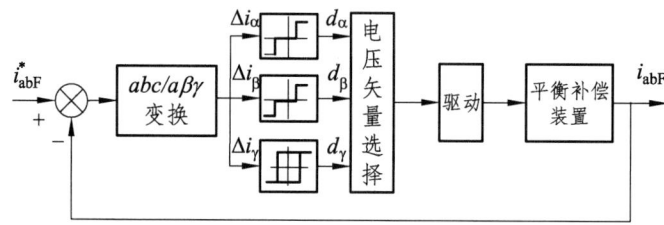

图 6.45　电流比较解耦控制框图

表 6.11　空间矢量选择表

空间矢量	d_α	-1	-1	-1	-1	-1	-1	0	0	0	0	0	0	1	1	1	1	1	1
	d_β	-1	-1	0	0	1	1	-1	-1	0	0	1	1	-1	-1	0	0	1	1
	d_γ	-1	1	-1	1	-1	1	-1	1	-1	1	-1	1	-1	1	-1	1	-1	1
状态序号		3	2	7	6	5	4	11	10	1	14	5	4	11	10	9	8	13	12

6.4 本章小结

（1）阐述了平衡补偿电流、期望补偿电压的生成方法。

（2）介绍了三相空间电压矢量控制、三相滞环比较控制、三相电流解耦定频滞环控制和四桥臂电流比较解耦控制的基本原理。

（3）提出了单相变流器滞环状态优化控制和滞环电流比较单臂开关控制。这两种控制原理的特点是每一次只切换一个桥臂，而且只切换对减小电流误差最合理的桥臂状态，这样可以充分利用每一次和每一个桥臂状态切换，有效减小开关次数。其次不用估算系统参数，也不受系统参数激烈变化的影响，因此有较高的控制精度和稳定性。这对于电气化铁道同相牵引供电系统十分有意义。同时在此基础上也很容易实现定频控制。

第 7 章 同相牵引供电系统仿真

7.1 平衡变换装置参数确定原则

平衡变换装置参数确定主要是指主电路结构、开关器件、直流侧电压及电容容量、滤波电感和变压器的选择。第 3 章 3.3 节针对不同接线方式系统，给出了主电路的结构形式，本节简要讨论变流器直流侧电压、电容和交流侧滤波电感参数的确定方法，更详细内容可参考相关文献。

1．开关器件的选择

开关器件有 MOSFET 器件、IGBT 器件和 GTO/IGCT 器件等多种类型，选择时应根据器件的耐压水平、最大工作电流和开关频率以及不同应用场合综合考虑。器件的耐压水平和最大工作电流一般应根据装置的容量和直流侧电压的大小来确定。考虑可靠性的需要，通常选择器件的耐压水平为器件实际中承受的最大工作电压的两倍以上；而开关器件的最大工作电流一般选择为实际最大峰值电流的两倍以上。开关频率则应根据补偿要求选择，从理论上讲，开关频率越高，变流器产生的补偿电流越接近实际补偿电流，补偿效果也越好；但随着器件开关频率的增高，开关损耗会增加，器件的价格和器件工作时对散热要求也会越高。

2．直流侧电压及电容容量的确定

变流器直流侧电压主要根据器件的耐压水平和变流器的补偿能力确定。直流侧电压应与器件的耐压水平相协调，一方面应确保器件不因为直流电压过高而损坏，另一方面又应使器件得到充分利用，不因为器件耐压水平过高而造成浪费。变流器的补偿能力与直流侧电压有关，为了研究变流器的补偿能力与直流侧电压的关系，可将同相供电平衡补偿系统等效为图 7.1 所示的电路。根据图 7.1 可得

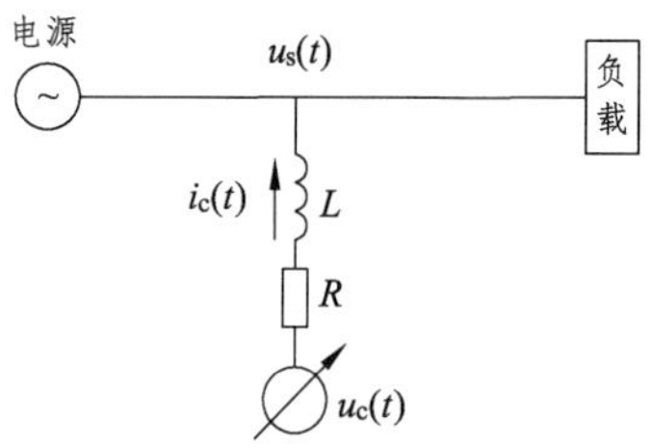

$$L\frac{di_c(t)}{dt} + Ri_c(t) = u_c(t) - u_s(t) \quad (7.1)$$

图 7.1 平衡补偿系统等效电路

式中 $u_s(t)$、$u_c(t)$——系统等效电压和变流器等效输出电压；
L、R——等效电感和电阻；
$i_c(t)$——变流器提供的补偿电流。

通常情况下，等效电阻很小，可以忽略，同时根据控制理论，变流器可等效为一个比例放大器，所以输出电压 $u_c(t)$ 与变流器直流侧电压 $u_{dc}(t)$ 的关系可表示为 $u_c(t) = K_w u_{dc}(t)$，K_w 为与调制控制方法有关的一个比例函数。所以式（7.1）可近似为

$$L\frac{\mathrm{d}i_\mathrm{c}(t)}{\mathrm{d}t} = K_\mathrm{w}u_\mathrm{dc}(t) - u_\mathrm{s}(t) \tag{7.2}$$

为得到好的补偿效果，平衡补偿装置提供的补偿电流应满足两个条件：① 变流器必须有能力提供所需要的期望补偿电流，也就是说变流器能够提供大于或等于系统所需要的补偿电流，这要求平衡补偿装置容量应满足一定要求；② 变流器的输出电流变化率应大于等于期望补偿电流变化率，只有这样才能快速跟踪期望补偿电流的变化。从式（7.2）可以看出，由于通常 K_w 变化范围是一定的，所以为了提高变流器输出电流的变化率，要么减小滤波器的等效电感 L，要么增大直流侧电压 $u_\mathrm{dc}(t)$。利用式（7.1），根据补偿电流变化率、等效电感、电阻和系统电压 $u_\mathrm{s}(t)$ 以及所选择的脉冲调制方法，可以估算直流侧电压 $u_\mathrm{dc}(t)$ 下限，如果能够满足电流变化率的要求，通常选直流侧电压为 $u_\mathrm{s}(t)$ 峰值电压的 3 倍以上[21, 107]，否则将不能达到预期的补偿效果。

直流侧电容的作用是为了防止直流电压波动，用于缓存补偿容量，所以只要与电感不发生谐振，从补偿效果上讲，电容容量越大越好，但电容容量越大，装置的成本就越高，所以电容的容量以满足直流电压波动不超过允许范围为宜。设直流电压波动率和电容储存能量最大变化量分别为[47, 107]：

$$\delta = \frac{U_\mathrm{dcmax} - U_\mathrm{dcmin}}{2U_\mathrm{dc}} \tag{7.3}$$

$$W_\mathrm{max} = \frac{1}{2}CU_\mathrm{dcmax}^2 - \frac{1}{2}CU_\mathrm{dcmin}^2 = 2\delta CU_\mathrm{dc}^2 \tag{7.4}$$

式中　δ、U_dc——直流电压的允许波动率和直流电压 $u_\mathrm{dc}(t)$ 的平均值；
　　　U_dcmax、U_dcmin——直流电压最大值和最小值；
　　　C——直流电容的容量。

由式（7.4）可得[47,107]

$$C = \frac{W_\mathrm{max}}{2\delta U_\mathrm{dc}^2} \tag{7.5}$$

3．滤波电感的选择

根据式（7.2）知，平衡补偿装置输出电流又跟踪补偿电流的能力与电感有关，电感越小，跟踪能力越强，补偿效果越好。但滤波电感又不能过小，因为滤波电感的作用主要是增加平衡补偿装置输出电流的光滑程度，限制输出电流脉动的幅度，滤除基于开关频率的特征谐波。如果电感过小，则达不到应有的效果；而且滤波电感过小，一旦平衡补偿装置本身出现故障，就会产生较大的过电流，从而影响系统。综合考虑以上因素滤波电感应满足[47,107]：

$$\frac{E_\mathrm{m}(U_\mathrm{dc} - \mu E_\mathrm{m})T_\mathrm{s}}{\Delta i_\mathrm{max}U_\mathrm{dc}} \leqslant L \leqslant \frac{U_\mathrm{dc}}{\mu I_\mathrm{m}\omega} \tag{7.6}$$

式中　E_m、I_m——系统电源相电压峰值和交流侧基波电流峰值；
　　　Δi_max——交流侧谐波电流最大允许脉动的幅值；

μ——与相数有关的一个常数，单相 $\mu=1$，三相 $\mu=3/2$；
T_s——开关周期。

7.2 同相 AT 供电系统仿真分析

同相牵引供电系统的运行状况与很多因素有关，为了能够很好地观察谐波、无功的补偿效果和单相到三相的平衡变换效果，验证补偿电流检测方法的正确性和同相供电系统方案的可行性，特做如下假定：

（1）系统三相电源电压是对称的，负荷端口电压和负荷电流可设为

$$\left.\begin{aligned}u_\mathrm{f} &= \sqrt{2}U\sin(\omega t - \psi_\mathrm{f}) \\ i_\mathrm{f} &= 1\,200\sin(\omega t - \psi_\mathrm{f} - 30°) + 200\sin(3\omega t - \psi_\mathrm{f} - 36°) + \\ &\quad 100\sin(5\omega t - \psi_\mathrm{f} - 45°) + 50\sin(7\omega t - \psi_\mathrm{f})\end{aligned}\right\} \quad (7.7)$$

（2）补偿目标是最优的，采用了最优补偿电流检测方法，这样便于比较补偿前后电流波形。

（3）平衡变换装置的参数按照上节给出的原则确定；变压器参数按实际值选取，并假定铁心不饱和，原次边电流满足线性关系。

在以上假定条件下，基于 Matlab/Simulink 建立了仿真模型[146-149]，给出了 V,y 接线、三相变四相接线和单台 275 接线三种有代表性的同相牵引供电系统仿真结果。

7.2.1 V,y-55 系统仿真

仿真模型是根据图 3.4 所示的 V,y 接线同相 AT 牵引供电系统建立。其中，平衡变换装置采用了图 3.12 所示两单相变流器结构（这里仅是为了检验可行性，实际采用三相变流器更合理，二者的补偿效果基本相同）；变流器采用了双滞环电流比较状态优化控制，如图 6.29 所示；补偿电流检测方法采用了最优补偿有功电流分离检测法，如图 5.17 所示；三相电源电压为 110 kV，牵引变压器变比为 110/55 kV；平衡变换装置的参数设为：$k=55/2.5$，$L=1\,\mathrm{mH}$，$C=0.65\,\mathrm{mF}$，直流侧电压给定为 10 kV，电流比较器内外滞环宽度分别给定为 5 A 和 10 A；负载电流滞后电压 30°，功率因数为 0.866。按照上述仿真条件，开关器件所承受的最大电压为 10 kV，开关频率集中在 2.5 kHz 附近，在 1～4.5 kHz 范围变化。仿真结果如图 7.2～图 7.6 所示。

图 7.2（a）为 110 kV 侧电源电压波形。图 7.2（b）和图 7.2（c）分别为平衡补偿前牵引变压器原边和副边三相电流波形。可见三相电流极不平衡，并含有大量的谐波和无功。

图 7.3 和图 7.4 分别为平衡补偿后变压器原边和副边电流波形。可见虽然三相负载电流极不平衡，但经平衡补偿装置调节后，110 kV 侧三相电流基本对称，电流不对称度（基波负序与正序电流分量之比）约为 1.6%，电流与相电压同相位，基本不含无功和谐波。

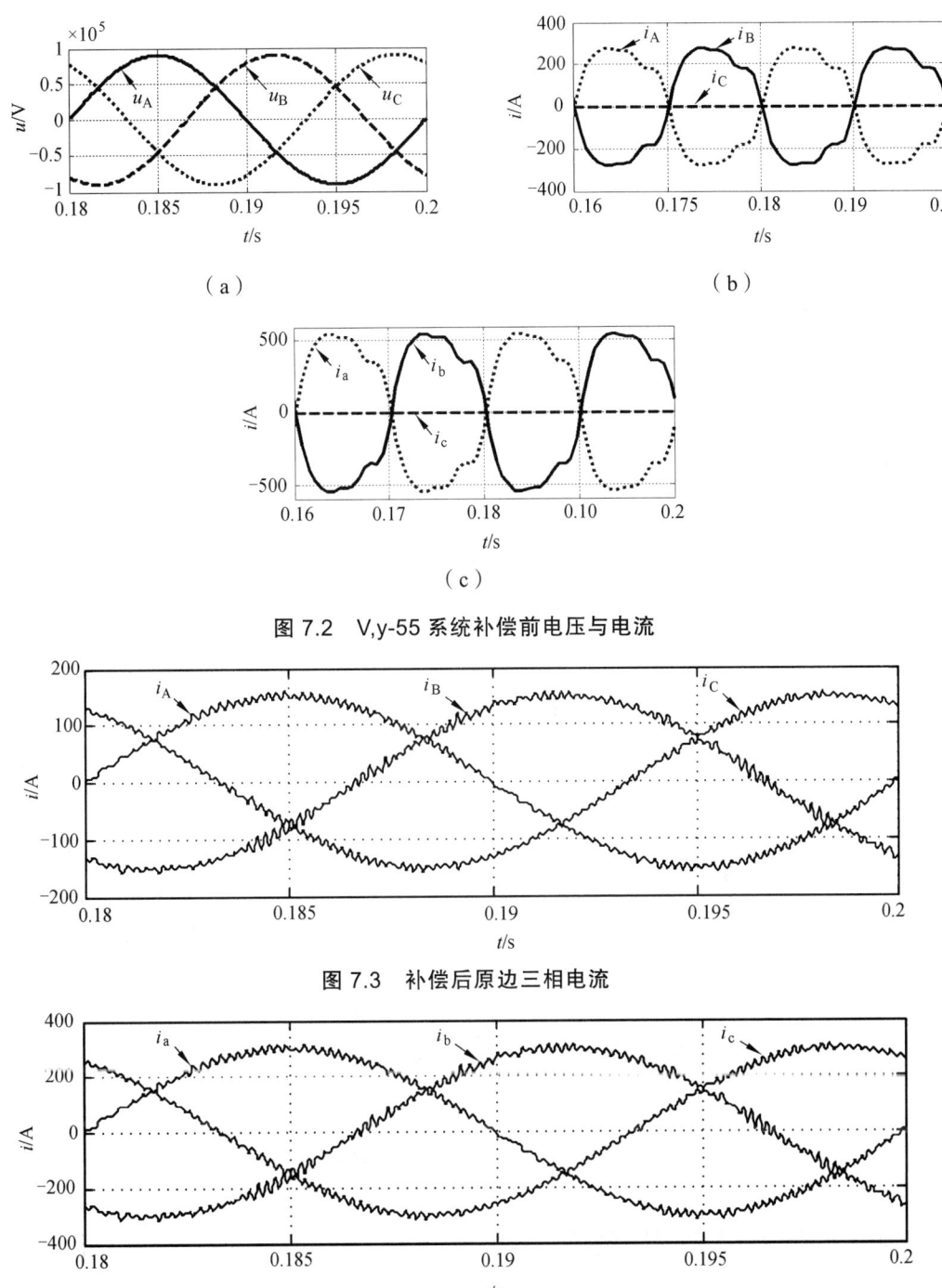

图 7.2 V,y-55 系统补偿前电压与电流

图 7.3 补偿后原边三相电流

图 7.4 补偿后次边三相电流波形

图 7.5（a）和图 7.5（b）分别为平衡补偿前和补偿后原边电流频谱,平衡补偿前原边电流含有较大的谐波,THD% = 18.26;而平衡补偿后原边电流仅含有少量的开关频率特征谐波,THD% = 0.65。

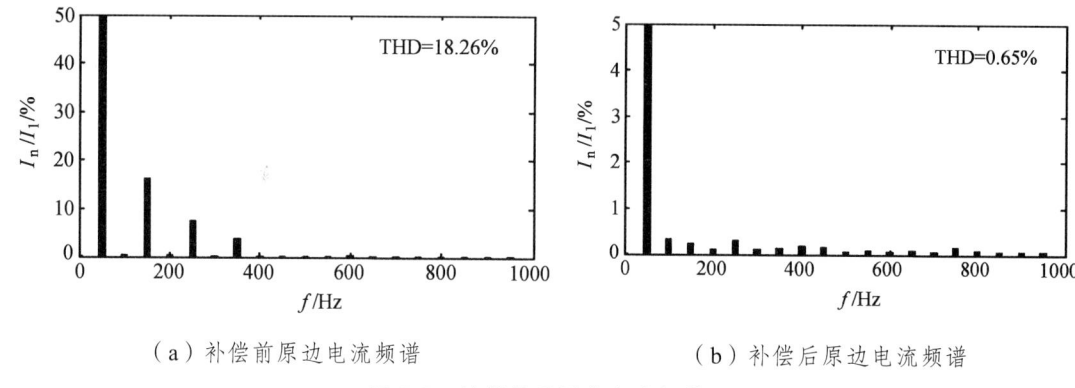

(a) 补偿前原边电流频谱　　　　　　(b) 补偿后原边电流频谱

图 7.5　补偿前后原边电流频谱

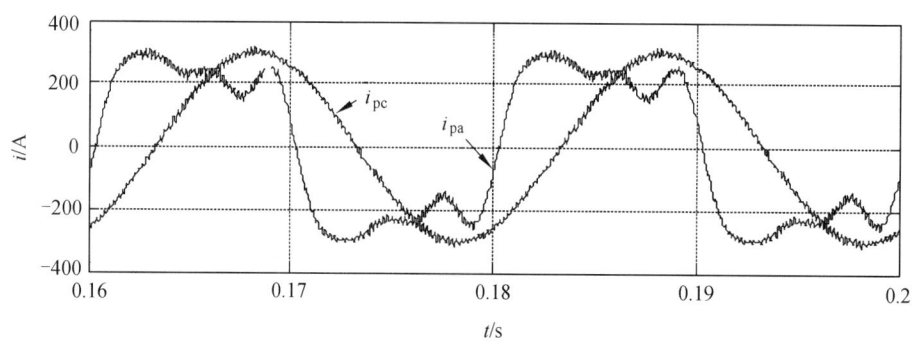

图 7.6　两单相变流器提供的补偿电流

图 7.6 为平衡补偿装置提供的补偿电流,由于装置的两个单相变流器相对独立,所以每个变流器的桥臂电流总是均衡的,这是采用单相变流器的优势。其中一个变流器仅传递 $1/\sqrt{3}$ 的基波有功功率,所以波形为纯正弦波;另一个变流器不但要提供 $1/\sqrt{3}$ 的基波有功功率而且还要补偿负载端口的谐波与无功,所以波形中含有谐波和无功分量。值得说明的是 V,y-55 同相牵引供电系统(包括 V,x 接线系统)也可以采用三相三桥臂变流器结构的平衡变换装置,当仅补偿负序电流时三相补偿电流相等,优于两单相变流器;当须同时补偿谐波和无功时,三相补偿电流不再平衡,这时对于各桥臂等容量的三桥臂变流器不利于充分利用其容量,可根据实际需要匹配各桥臂变流器的容量,这样可以避免容量的浪费,但同时变流器各桥臂容量不再是均等。

V,x-55 接线同相供电系统仿真结果与 V,y 接线完全相同。

7.2.2　三相变四相系统

根据图 3.9 所示的三相变四相同相 AT 牵引供电系统建立了仿真模型,其中平衡补偿装置仍采用图 3.12 所示的两单相变流器结构,平衡补偿装置参数仍设为 $C=0.65$ mF,$L=1.5\times10^{-3}$ H,直流侧电压给定为 10 kV;平衡补偿装置的两个单相变流器分别经两个单相变压器接入三相变四相变压器副边四个端子,两个单相变压器变比设为 $k=55/2.5$;变流器仍采用图 6.29 所示的双滞环电流比较状态优化控制方法,内外滞环比较器滞环宽分别给定为

±5,±10；牵引网电压为 55 kV；负载电流滞后电压 30°，功率因数为 0.866。按照上述仿真条件，开关器件所承受的最大电压为 10 kV，开关频率集中在 1.5 kHz，在 1~3.5 kHz 范围变化。110 kV 侧三相电源电压波形如图 7.2（a）所示，仿真结果如图 7.7 所示。

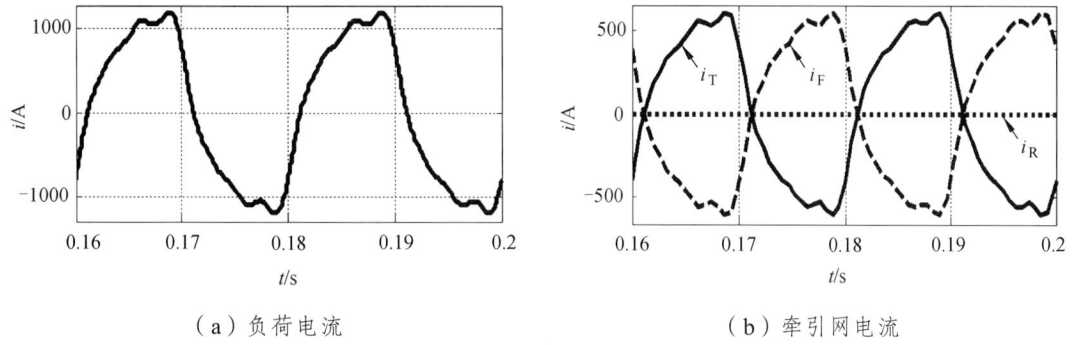

（a）负荷电流　　　　　　　　　　　　（b）牵引网电流

图 7.7　负荷电流与牵引网电流

图 7.7（a）和图 7.7（b）分别为负荷电流和牵引网电流。为了便于比较还给出了原系统（无平衡变换装置）的仿真结果，如图 7.8 所示，其中图 7.8（a）是仅左供电臂（ac 相）有负荷时原边三相电流波形，而图 7.8（b）是仅右供电臂（bc 相）有负荷时原边三相电流波形。无论哪一种情况，110 kV 侧三相电流极不平衡，并含有大量的谐波和无功。

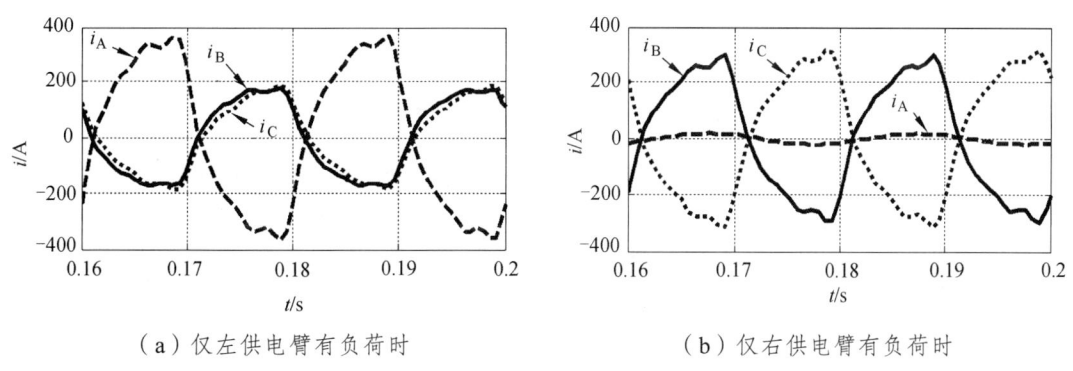

（a）仅左供电臂有负荷时　　　　　　　　（b）仅右供电臂有负荷时

图 7.8　平衡补偿前原边三相电流

图 7.9 为平衡补偿后的原边三相电流波形，而图 7.10 为平衡补偿后变压器次边四相电流波形，可见变压器两侧电流对称，电流不对称度（基波负序与正序电流分量之比）约为 1.3%，原边相电流与相电压同相位，基本不含无功和谐波。

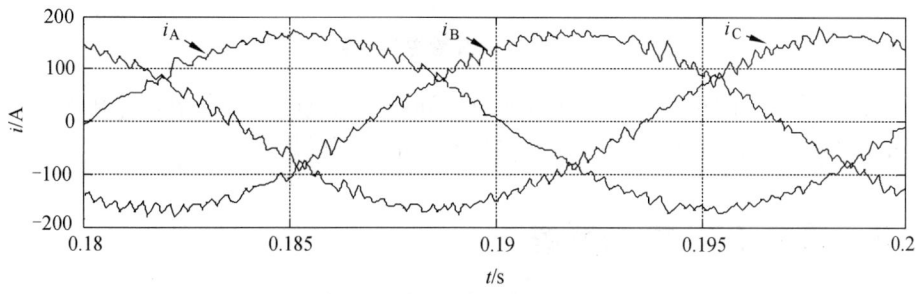

图 7.9　平衡补偿后原边三相电流波形

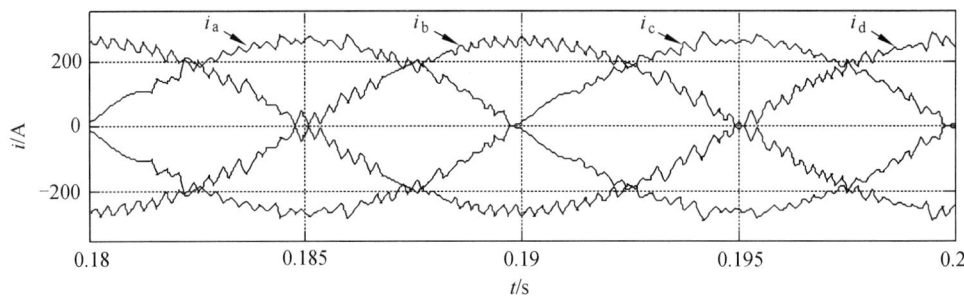

图 7.10 平衡补偿后次边四相电流波形

图 7.11 是补偿前和补偿后原边电流频谱，补偿前原边电流含有较大谐波，THD%=17.9%；而平衡补偿后原边电流仅含有少量的谐波，THD%=1.96%。

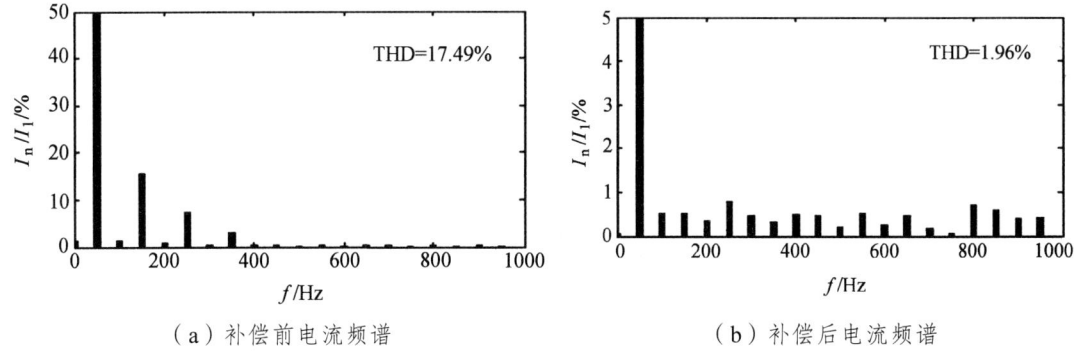

（a）补偿前电流频谱　　　　　　　　　　（b）补偿后电流频谱

图 7.11　补偿前后的原边电流频谱

图 7.12 是平衡变换装置提供的补偿电流，由于其中一个变流器仅传递 1/2 的基波有功功率，所以波形为纯正弦波；另一个变流器不但要提供 1/2 的基波有功功率，而且要补偿负载端口的谐波与无功，所以波形中含有谐波和无功分量。

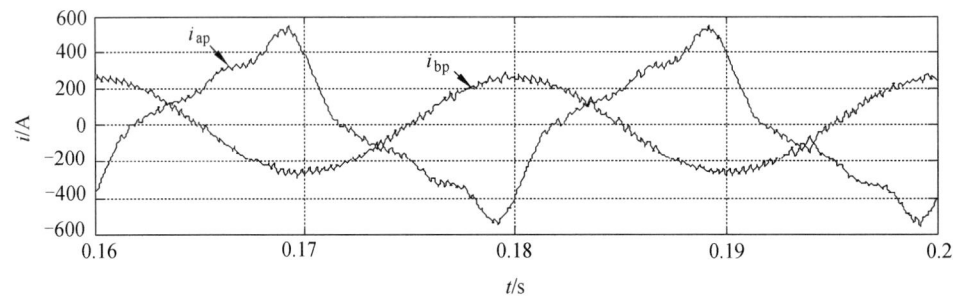

图 7.12　平衡补偿装置提供的补偿电流

基于 Scott 接线、阻抗匹配平衡接线构成的同相牵引供电系仿真结果与基于三相变四变压器构成的同相牵引供电系统仿真结果基本相同，本节不再详述。

7.2.3　单台-275 接线系统

根据图 3.8（b）所示的单台 YN, d11-275 接线系统建立了仿真模型，其中主变压器变比为 110/27.5；平衡补偿装置采用了图 3.14 所示的三相四桥臂变流器结构；变流器经 YN, yn 接线匹配变压器接入系统，匹配变压器变比设为 $k = 27.5/2.5$，$L = 8 \times 10^{-4}$ H，$C = 0.65$ mF，直流侧电压给定为 10 kV。变流器的控制器主要由两个三电平比较器（误差门限给定为 8）和一个滞环比较器（滞环宽度给定为 20）构成；负载电流滞后电压 30°，功率因数为 0.866。按照上述仿真条件，开关器件所承受的最大电压为 10 kV，开关频率集中在 2 kHz 附近，在 1~2.6 kHz 范围变化。仿真结果如图 7.13~图 7.17 所示，110 kV 侧三相电源电压仍如图 7.2（a）所示。

图 7.13（a）和图 7.13（b）分别为两台 YN, d11 变压器十字交叉接线牵引网电流和 110 kV 侧三相电流波形。可见 110 kV 侧三相电流极不平衡，并含有大量的谐波和无功。

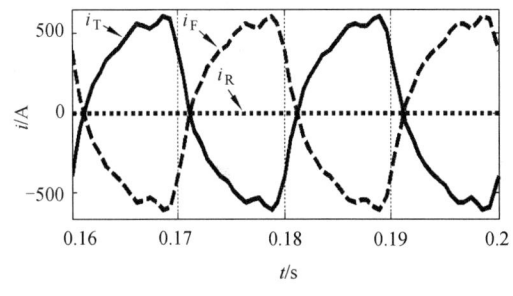 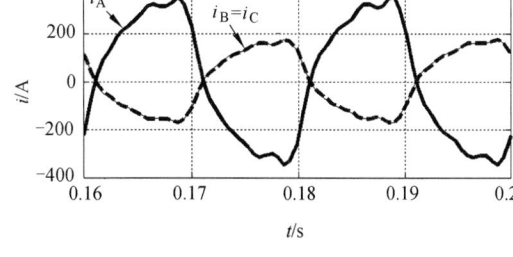

（a）牵引网电流　　　　　　　　　　　　（b）变电器原边电流

图 7.13　原十字交叉接线电流

图 7.14 为单台-275 接线同相牵引供电系统变压器原边三相电流波形，图 7.15 为单台-275 接线同相牵引供电系统变压器次边三相电流波形。无论是变压器原边还是次边的三相电流基本对称，并与相电压同相位，电流不对称度（负序与正序基波电流之比）约为 0.6%，且基本不含有谐波和无功。

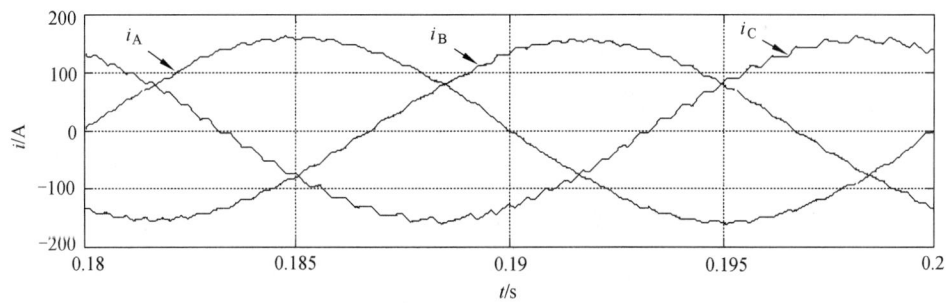

图 7.14　新型同相供电系统原边三相电流波形

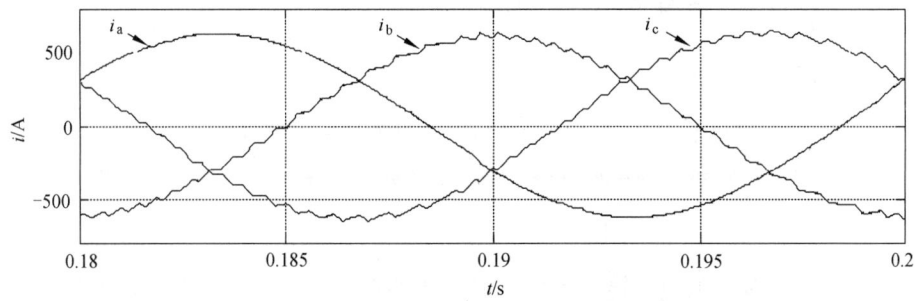

图 7.15　新型同相供电系统次边三相电流波形

图 7.16（a）和图 7.16（b）分别为原系统和单台-275 同相供电系统原边电流频谱。可见原系统也即平衡补偿前电流中含有大量谐波，THD%＝18.34；而新系统也即平衡补偿后电流中仅含有少量的谐波，电流谐波总畸变率为 THD%＝0.85。

图 7.17 是平衡变换装置提供的补偿电流，四个补偿电流不平衡，但大小基本接近。

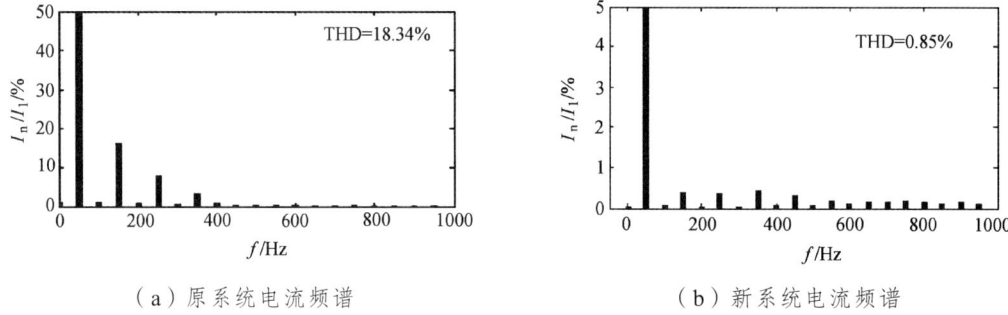

（a）原系统电流频谱　　　　　　　　（b）新系统电流频谱

图 7.16　原系统与新系统原边电流频谱

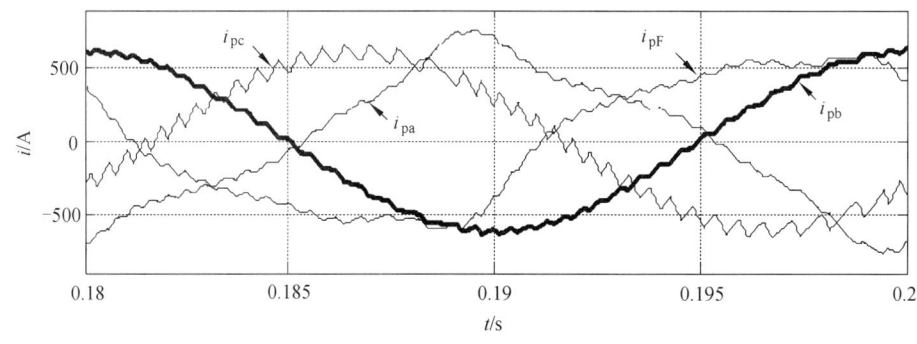

图 7.17　平衡补偿电流

单台-275 接线与三相变四相接线同相供电系统相比，平衡补偿后原边电流波形相同，电流中都没有谐波、无功和负序电流，这是因为无论什么接线系统经平衡补偿后系统仅承担负荷的总有功功率。二者的不同点是：由于两者主变压器变比不同，前者为 110/27.5，后者为 110/55，所以主变压器次边电流和平衡补偿装置的补偿电流也不相同，前者为后者的两倍，但容量相同；由于两者所采用的平衡补偿装置的结构不同，控制方法也不同，所以平衡补偿后电流中谐波含量略有差异，相比而言，前者谐波含量低于后者。

7.2.4　动态仿真分析

假定负荷电流初始值为：

$$i_\mathrm{f} = 600\sin(\omega t - \psi_\mathrm{f} - 45°) + 100\sin(3\omega t - \psi_\mathrm{f} - 30°) + \\ 50\sin(5\omega t - \psi_\mathrm{f} - 36°) + 25\sin(7\omega t - \psi_\mathrm{f}) + \\ 25\sin(9\omega t - \psi_\mathrm{f}) \tag{7.8}$$

为了检验系统动态平衡与补偿效果，从 0.15 s 开始到 0.16 s 结束使负荷电流逐步增加到原来的 2 倍。负荷电流波形如图 7.18 所示。

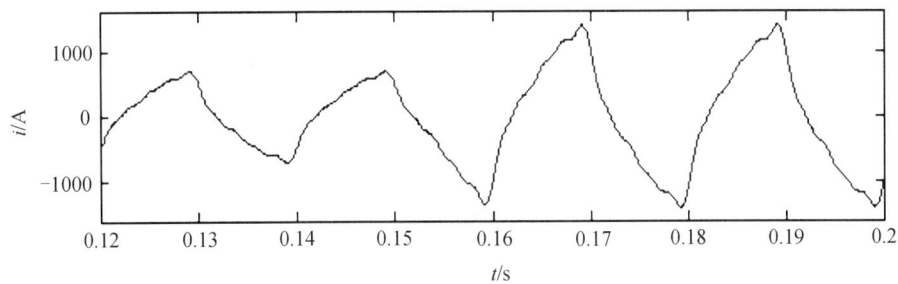

图 7.18 负荷电流波形

在上述负荷作用下，基于单台变压器 27.5 接线同相 AT 牵引供电系统的仿真结果如图 7.19 所示，图中为平衡补偿后的系统侧三相电流波形。同样在上述负荷作用下，也可以得到其他接线的同相 AT 牵引供电系统的系统侧三相电流波形，仿真结果与单台变压器 27.5 接线同相 AT 牵引供电系统情况基本相同（谐波含量和不平衡度略有差异），本节不再给出。

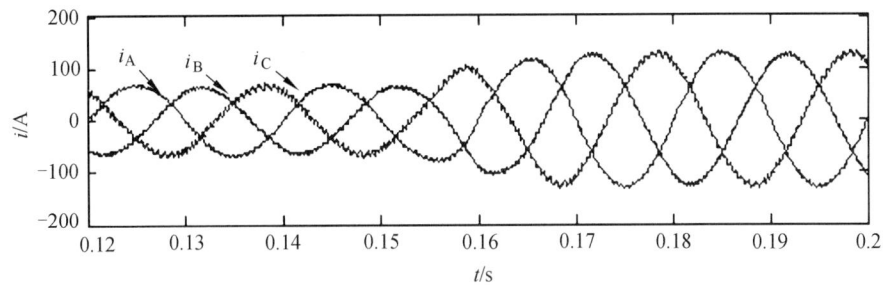

图 7.19 平衡补偿后系统侧三相电流

由图 7.19 可得两点结论：① 虽然负载中含有谐波和无功，变压器次边三相不对称，但经平衡补偿后三相电流基本对称不含谐波和无功；② 补偿后的电流波形约在 0.155 s 开始变化到 0.17 s 基本稳定，所以相对于负荷变化时刻约有 10 ms 延时，这一延时是由于检测电路中的滤波器引起的，若采用重采样技术还可以进一步缩小延时。总体来讲，新型同相牵引供电系统都具有较好的动态跟踪和补偿效果。

7.2.5 方案比较

基于 "V" 形变压器、"Y" 形变压器和三相变四相平衡变压器构成的三种同相供电系统，它们的共同点是能够实现由单相到三相的平衡变换，并能滤除谐波和补偿无功，但由于这三种方案基于的变压器类型不同，平衡变换装置结构和构建方案不同，所以在性能上略有差异。表 7.1 列出了三种方案以及无补偿和无源对称补偿时系统的主要性能指标。从表中可以看出，三种接线方式构成的新型同相牵引供电系统综合补偿效果很好。

表 7.1 同相供电方案性能指标

补偿方案	无补偿	V 形	Y 形	三相变四相	无源补偿
变压器容量（相对于总负载容量）	≥1	1.15×0.8	0.8	0.8	0.8
补偿装置容量（相对于总负载容量）	0	1	1	1	1.53

续表

补偿方案	无补偿	V 形	Y 形	三相变四相	无源补偿
THD%（参考仿真结果）	18.26%	0.65%	0.85%	1.96%	受负载影响
不平衡度（参考仿真结果）	100%	1.6%	0.6%	1.3%	受负载影响
节能	差	好	好	好	较好
一次投资	低	高	高	高	较低
运营成本	高	低	低	低	较低
功率因数	0.8	1	1	1	接近1
综合补偿效果	无	好	好	好	较好

7.3 本章小结

本章讨论了平衡变换装置参数选择原则，给出了三种接线同相 AT 牵引供电系统的仿真结果，仿真结果证实新型同相牵引供电系统平衡补偿效果能够达到期望要求。

参考文献

[1] 曹建猷. 电气化铁道牵引供电系统[M]. 北京：中国铁道出版社，1983.

[2] 李群湛，贺建闽. 牵引供电系统分析[M]. 成都：西南交通大学出版社，2007.

[3] 谭秀炳，刘向阳.交流电气化铁道牵引供电系统[M]. 成都：西南交通大学出版社，2002.

[4] 刘光晔. 三相变四相电力变压器的接线方案与原理研究[J]. 中国电机工程学报，2000，20（1）：81-84.

[5] LIU G Y, YANG Y H. Three-phase-to-four-phase Transformer for Four-phase power-transmission systems[J]. IEEE Transactions on Power Delivery, 2002, 17(4): 1018-1022.

[6] 高仕斌，钱清泉. 电气化铁道应用三相变四相电力变压器的理论分析[J]. 中国电机工程学报，2004，24（3）：175-177.

[7] 娄奇鹤，高仕斌. 三相变四相变压器在AT供电系统中的应用研究[J]. 中国电机工程学报，2005，25（1）：125-130.

[8] 刘光晔，杨以涵. 电力系统分析中常用的坐标变换在四相系统中的推广[J]. 电网技术，2000，24（4）：60-62.

[9] 李圣清，朱英浩，周有庆. 基于瞬时无功功率理论的四相输电谐波电流检测方法[J]. 中国电机工程学报，2004，24（3）：12-17.

[10] 高仕斌. 三相变四相电力变压器的差动保护原理[J]. 电网技术，2003，27（6）：39-41.

[11] 刘光晔. 三相变四相电力变压器的阻抗理论研究[J]. 中国电机工程学报，2000，20（2）：47-50.

[12] 周有庆，姚建刚，彭建春，等. 四相输电方式研究[J]. 中国电机工程学报，1999，19（5）：80-84.

[13] 刘光晔，杨以涵. 四相输电系统的短路故障分析[J]. 中国电机工程学报，2002，22（6）：47-51.

[14] 刘光晔，杨以涵. 四相输电系统故障分析的对称分量法原理[J]. 电工技术学报，1999，14（3）：75-79.

[15] 高仕斌，陈小川. 四相四柱式三相变四相变压器差动保护[J]. 西南交通大学学报，2003，38（1）：106-110.

[16] 冯金柱.电气化铁路基本知识[M]. 北京：中国铁道出版社，2000.

[17] 铁道部人事司组织编写. 电力牵引供电系统技术及装备[M]. 成都：西南交通大学出版社，1998：44-48.

[18] JIRO ITO.（日）高速列车供电系统选择[J]. 国外铁道车辆，1995（6）：46-50.

[19] 连级三. 电传动机车概论[M]. 成都：西南交通大学出版社，2001.

参考文献

[20] 中华人民共和国. 电能质量 公用电网谐波：GB/T14549-93[S]. 北京：中国标准出版社，1994.

[21] 王兆安，杨军，刘进军. 谐波抑制和无功功率补偿[M]. 北京：机械工业出版社，2002：209-241，245-311.

[22] GEORGE J W. 电力系统谐波——基本原理、分析方法和滤波器设计[M]. 徐政. 北京：机械工业出版社，2003：116-122.

[23] 桂林芳. 对电力机车与牵引供电几个问题的探讨[J]. 机车电传动，1997（5）：1-3，18.

[24] TAN P C, ROBERT E M, DONALD G H. Voltage Form Factor Control and Reactive Power Compensation in a 25 kV Electrified Railway System Using a Shunt Active Filter Based on Voltage Detection[J]. IEEE Transactions on Industry Applications, 2003, 39(2): 575-580.

[25] SUN Z, JIANG X J, ZHU D Q, et al. A Novel Active Power Quality Compensator Topology for Electrified Railway[J]. IEEE Transactions on Power Electronics, 2004, 19(4): 1036-1041.

[26] 李群湛. 电气化铁道并联综合补偿及其应用[M]. 北京：中国铁道出版社，1993.

[27] 钱立新. 世界高速铁路技术[M]. 北京：中国铁道出版社，2003：218-223，437-440，727-728.

[28] 门汉文. 意大利和西班牙高速铁路简介[J]. 电气化铁道. 1998（1）：42-45.

[29] 李颖红. 高速铁路干线牵引供电系统的用电特点[J]. 电气化铁道，1998（1）：21-24.

[30] 郑启村. 平衡变压器在牵引供电系统中的应用[J]. 电气化铁道，1998（3）：19-22.

[31] 郑启村. 电气化铁道与平衡变压器[J]. 变压器，1998，35（10）：1-7.

[32] 何小勇. 阻抗匹配平衡变压器的应用[J]. 电力自动化设备，2004，24（12）：43-45.

[33] GOTO M, NAKAMURA T, MOCHINAGA Y. Static Negative-phase-sequence Current Compensator for Railway Power Supply system[J]. International Conference on Electric Railways in a United Europe, 1995:78-82.

[34] SENINI S T, WOLFS P J. Novel Topology for Correction of Unbalance Load in Single Phase Electric Traction systems[J]. IEEE 33rd Annual Power Electronics Specialist Conference, Australia, 2002: 1208-1212.

[35] UZUKA T, JKEDO S, UEDSA K. A Static Voltage Fluctuation Compensator for AC Electric Railway[C]. IEEE 35th Annual Power Electronics Specialist Conference, Germany, 2004: 1869-1873.

[36] 孙超. 实现牵引供电臂同相供电的全新技术[J]. 西铁科技，2000（2）：10-14.

[37] 郭育华，连级三，张昆仑. 自动过分相对电力机车的影响[J]. 机车电传动，2000（2）：13-15.

[38] 赵朝蓬. 分相绝缘器在运营中存在的问题及采取的措施[J]. 电气化铁道，2000（4）：31-33.

[39] 冯金柱. 世界电气化铁路的发展[J]. 电气化铁道，2001,（4）：1-7.

[40] 门汉文. 德国统一后的电气化铁路概况[J]. 电气化铁道，1997（1）：1-7，14.

[41] 李群湛. 论新一代牵引供电系统及其关键技术[J]. 西南交通大学学报，2014，49（4）：559-568.

[42] 李群湛. 牵引变电所供电分析及综合补偿技术[M]. 北京：中国铁道出版社，2006.

[43] 贺建闽，张雪. 同相供电对称补偿技术应用[J]. 铁道学报，1995，17：35-41.

[44] 贺建闽，李群湛. 用于同相供电系统的对称补偿技术[J]. 铁道学报，1998，20（6）：47-51.

[45] 吴命利，李群湛. 同相供电对称补偿的接线形式与补偿装置容量选择[J]. 机车电传动，2000（5）：15-18.

[46] 解绍锋，李群湛，贺建闽，吴命利. 同相供电系统对称补偿装置控制策略研究[J]. 铁道学报，2002，24（2）：109-113.

[47] 曾国宏. 基于三/单相平衡变换的铁道新型牵引供电系统研究[D]. 北京：北京交通大学，2002：22-23，38-39.

[48] 曾国宏，SIAMAK F，赫荣泰. 三/单相平衡变换的铁路新型牵引供电系统的研究[J]. 机车电传动，1999（3）：14-17，21.

[49] 曾国宏，郝荣泰. 采用有源滤波器实现平衡变换的供电系统研究[J]. 铁道学报，2003，25（1）：48-53.

[50] 曾国宏，郝荣泰. 基于有源滤波器和斯科特变压器的同相供电系统[J]. 北京交通大学学报，2003，27（4）：84-90.

[51] 曾国宏，郝荣泰. 基于有源滤波器和阻抗匹配平衡变压器的同相供电系统[J]. 铁道学报，2003，25（3）：49-54.

[52] ZENG G H, ZHENG Q L, HAO R T. Topology and Control strategy of a Novel APF Based Traction supply System[C]. //2002 IEEE Region 10 Conference on Computers, Communications, Control and Power Engineering, Beijing, 2002: 2087-2090.

[53] ZENG G H, HAO R T. Analysis and Design of An Active Power Filter for Three-phase Balanced Electrified Railway Power Supply System[C]. //The 5th International Conference on Power Electronics and Drive System, Novotel Apollo Hotel, Singapore, 2003: 1510-1513.

[54] 张秀峰，连级三. 利用电力电子技术构建的新型牵引供电系统[J]. 变流技术与电力牵引，2011（3）：49-54.

[55] 张秀峰. 高速铁路同相AT牵引供电系统研究[D]. 成都：西南交通大学，2006.

[56] 张秀峰，李群湛，吕晓琴. 基于有源滤波器的V,v接同相供电系统[J]. 中国铁道科学，2006.27（2）：98-103.

[57] 张秀峰，钱清泉，李群湛，吕晓琴. 基于有源滤波器和AT供电方式的新型同相牵引供电系统[J]. 中国铁道科学，2006，27（6）：73-78.

[58] 张秀峰，高仕斌，钱清泉，丁菊霞. 基于阻抗匹配平衡变压器和AT供电方式的新型同相牵引供电系统[J]. 铁道学报，2006，28（4）：32-37.

[59] 张秀峰，连级三，高仕斌. 基于三相变四相变压器的新型同相牵引供电系统[J]. 中国电机工程学报，2006，26（15）：19-23.

[60] 张秀峰，连级三，吕晓琴. 基于斯科特变压器的新型同相AT牵引供电系统[J].机车电传动，2006（4）：14-18.

参考文献

[61] 李永东，肖曦，高跃. 大容量多电平变换器[M]. 北京：科学出版社，2005：24-79，82-130.

[62] 刘凤君. 现代逆变技术及应用[M]. 北京：电子工业出版社，2006.

[63] 刘凤君. 多电平逆变技术及其应用[M]. 北京：机械工业出版社，2007.

[64] 张秀峰，吕晓琴，连级三. 同相牵引供电系统平衡补偿的最优模型[J]. 西南交通大学学报，2009，44（3）：841-847.

[65] 王茂海，刘会金. 通用瞬时功率定义及广义谐波理论[J]. 中国电机工程学报，2001，21（9）：68-73.

[66] 王茂海，刘会金. 通用瞬时功率理论的完善与负载性能评价指标的建立[J]. 中国电机工程学报，2002，22（7）：81-84.

[67] 柳焯. 最优化原理及其在电力系统中的应用[M]. 哈尔滨：哈尔滨工业大学出版社，1988.

[68] 陈定林. 最优理论与算法[M]. 2版. 北京：清华大学出版社，2005.

[69] 王茂海，孙元章. 通用瞬时功率理论在三相不平衡负载补偿中的应用[J]. 中国电机工程学报，2003，23（11）：56-59.

[70] 王茂海，刘会金. 非正弦及不对称电路中功率现象的探讨[J]. 电工技术学报，2002，17（3）：93-96.

[71] 张秀峰，谢杰. 同相供电有源补偿的特性与最小容量[J]. 西南交通大学学报，2011，46（3）：445-450.

[72] 李圣清，朱英浩，周有庆，等. 电网谐波检测方法的综述[J]. 高电压技术，2004，30（3）：39-42.

[73] 余健明，同白前. 瞬时谐波电流检测方法的动静态特性分析[J]. 电力电子技术，1999（2）：15-17.

[74] 戴朝波，林海雪，雷林绪. 两种谐波电流检测方法的比较研究[J]. 中国电机工程学报，2002，22（1）：80-84.

[75] 高大威，孙孝瑞，陈宇. 一种谐波和无功电流检测的新方法[J]. 现代电力，2000（1）：65-68.

[76] 高大威，孙孝瑞. 基于神经网络的用于有源电力滤波器的电流检测[J]. 现代电力，2000（1）：72-75.

[77] 吴军基，刘皓明，孟绍良，等. 小波滤波器在电力系统谐波检测中的应用[J]. 电力系统及其自动化学报，1999（Z1）：50-53.

[78] SHIN K C, CHANG G W. A New Instantaneous Power Theory-based Three-phase Active Power filter[J]. IEEE Power Engineering Society Winter Meeting, 2000: 2687-2692.

[79] AFONSO J L, SEPULV$EDA FREITAS M J, MARTINS J S. P-Q Theory Power Components Calculations[J]. IEEE International Symposium on Industrial Electronics, 2003: 385-390.

[80] FANG Z P, OTT G W, ADAMS D J. Harmonic and Reactive Power Compensation Based on the Generalized Instantaneous Reactive Power Theory for Three-phase Four-wire Systems[J]. IEEE Transactions on Power Electronics,1998,13(6):1174-1181.

[81] KIM Y S, KIM J S, KO S H. Three-phase Three-wire Series Active Power Filter, Which Compensates for Harmonics and Reactive power[J]. IEEE Proceedings Electric Power Applications, 2004, 151(3): 276-282.

[82] LE G M, LEE D C, SEOK J K. Control of Series Active Power Filters Compensating for Source Voltage Unbalance and Current Harmonics[J]. IEEE Transactions on Industrial Electronics, 2004, 51(1): 132-139.

[83] VICTOR C, LUIS M, ARTURO B. Comparative Analysis of Real time Reference Generation Techniques for Four-wire Shunt Active Power Filters[C]. IEEE 34th Annual Power Electronics Specialist Conference, Mexico, Acapulco, 2003: 791-796.

[84] CLAUDIO A B, JUAN C B. A New Method for Instantaneous Reactive Power Compensation in Three-phase Four-wire Systems[C]. IEEE 19th Annual Applied Power Electronics Conference and Exposition, The Disneyland Hotel, California, Anaheim, 2004: 179-184.

[85] 赤木泰文，金澤喜平，等. 瞬時無功電力の一般化理論とその應用[J]. 日本電氣學會論文志 B，1983：529-535.

[86] 王兆安，李民，卓放. 三相电路瞬时无功功率理论的研究[J]. 电工技术学报，1992（3）：55-69.

[87] 李民，王兆安，卓放. 基于瞬时无功功率理论的高次谐波和无功功率检测[J]. 电力电子技术，1992（2）：14-17.

[88] 杨君，王兆安，邱关源. 单相电路谐波及无功电流的一种检测方法[J]. 电工技术学报，1996，11（3）：42-46.

[89] 戴瑜兴，张义兵，陈际达. 检测单相系统谐波电流和无功电流的一种新方法[J]. 电工技术学报，2004，19（2）：19，93-97.

[90] ZHOU L W, LI Z C. A Novel Active Power Filter Based on the Least Compensation Current Control Method[J]. IEEE Transactions on Power Electronics, 2000, 15(4): 655-659.

[91] 蒋斌，颜钢峰，赵光宙. 单相电路瞬时谐波及无功电流实时检测新方法[J]. 电力系统自动化，2000，24（21）：35-38.

[92] 任永峰，李含寿，贺纲，等. 两种单相电路瞬时谐波及无功电流实时检测方法分析[J]. 电力系统及其自动化学报，2003，15（1）：95-98.

[93] LI G Y, ZHAO C Y, ZHOU M. A Predicted Control Scheme of Single Phase Active Power Filter in Electric Traction System[C]. //Proceedings of the 5th International Conference on Advances in Power System Control, Operation and Management, China: Hong Kong, October 2000: 101-104.

[94] 李自成，孙玉坤. 基于离散傅里叶变换的单相电路谐波电流实时检测方法的研究[J]. 电测与仪表，2005，42（471）：20-22.

[95] Marques G D. Detection of Reference Currents for Active Filters Using the Darrieus Definition of Reactive Power[J]. Proceedings of the 2000 IEEE International Symposium on

参考文献

Industrial Electronics, Mexico: Puebla, 2000: 73-77.

[96] 朱学军，赖惠鸽，王品. 电气化铁路瞬时无功理论及检测研究[J]. 兰州铁道学院学报（自然科学版），2002，21（4）：67-70.

[97] WANG Z A, WANG Q, YAO W Z. A Series Active Power Adopting Hybrid Control Approach[C]. IEEE Trans. on Power Electronics, 2001, 16(3): 301-310.

[98] 陈允平，彭春萍. 一种基于最优化的标准波形提取方法[J]. 电工技术学报，2003，18（4）：132-135.

[99] 孙卓，姜新建，朱东起. 电气化铁路中谐波、无功、负序电流的实时检测方法[J]. 电力系统自动化，2003，27（15）：53-57.

[100] 张秀峰. 基于有源滤波器的同相供电系统补偿电流的实时检测[J]. 铁道学报，2005，27（6）：43-49.

[101] ZHANG X F，DING J X. A Method of Dynamic Detecting Harmonic and Reactive Current Based on Fryze Power Definition in Single-phase Circuit[J]. 西南交通大学学报（英文），2006.

[102] 王群，姚为正，王兆安. 高通和低通滤波器对谐波检测电路检测效果的影响研究[J]. 电工技术学报，1999，14（5）：22-26.

[103] 刘开培，张俊敏，宣扬. 基于重采用理论和均值滤波的三相电路谐波检测方法[J]. 中国电机工程学报，2003，23（9）：79-82.

[104] 杨君，王兆安，邱关源. 不对称三相电路谐波及基波负序电流实时检测方法研究[J]. 西安交通大学学报，1996，30（3）：94-100.

[105] GHARTERMANI K, LRAVANI M, M R KATIRAEI. F M R. Extraction of Signals for Harmonics, Reactive Current and Network-unbalance Compensation[J]. IEEE Proceedings Generation, Transmission and Distribution,2005,152(1):137-143.

[106] 孙驰，巍光辉，毕增军. 基于同步坐标变换的三相不对称系统的无功与谐波电流的检测[J]. 中国电机工程学报，2003，23（12）：43-48.

[107] 张崇巍，张兴. PWM 整流器及其控制[J]. 北京：机械工业出版社，2003：251-261.

[108] 姜齐荣，赵东元，陈建业. 有源电力滤波器[J]. 北京：科学出版社，2005：61-83.

[109] HABETLER T G. A space vector-based rectifier regulator for AC/DC/AC converter[J]. IEEE Trans Power Electron, 1993, 8: 30-36.

[110] BUSO S, MALESANI L, MATTAVELLI P. Comparison of Current Control Techniques for Active Filter Applications[J]. IEEE Transactions on Industry Electronics, 1998, 42(5): 722-729.

[111] 曾国宏，郝荣泰. 有源滤波器滞环电流控制的矢量方法[J]. 电力系统自动化，2003，27（5）：31-35.

[112] SINGH B, HADDAD K A, CHANDRA A. A New Control Approach to Three Phase Active Filter for Harmonics and Reactive Power Compensation[J]. IEEE Transactions on Power Systems, 1998, 13(1): 133-138.

[113] ZENG J, JIAO L, NI Y, et al. A Novel Hysteresis Current Controller for Active Power Filter With Constant Switching Frequency[C]. //The 3rd International Power Electronics and Motion Control Conference, Beijing, China: 2000: 692-697.

[114] MALESANI L, MATTAVELLI P, TOMASIN P. High Performance Hysteresis Modulation Technique for Active Filters[J]. IEEE Transactions on Power Electronics, 1997, 12(5): 876-884.

[115] 曾江，刁勤华，倪以信，等. 基于最优电压矢量的有源滤波器电流控制新方法[J]. 电力系统自动化，2000，24（6）：25-31.

[116] 曾江，焦连伟，倪以信，等. 有源滤波器定频滞环电流控制新方法[J]. 电网技术，2000，24（6）：1-8.

[117] 周以荣，李霄燕，李兰英，等. 空间矢量控制法在有源滤波器中的应用[J]. 哈尔滨理工大学学报，2002，7（1）：33-36.

[118] 粟时平，刘桂英. 并联有源电力滤波器电流滞环比较控制方法研究[J]. 郑州大学学报，2005，26（2）：32-35.

[119] GREEN T C, MARKS J H. Control Techniques for Active Power Filters[J]. IEEE Proceedings Electric Power Applications, 2005, 152(2): 369-381.

[120] CHEN D H, XIE S J. Review of the Control Strategies Applied to Active Power Filters[C]. IEEE International Conference on Electric Utility Deregulation, Restructuring and Power Technologies, China: Hong Kong, 2004: 666-670.

[121] CHEN R, XU Z, NI Y X. A New Current Control Method Based on SVM in αβ0 Coordinate System[C]. IEEE Power Engineering Society General Meeting, Colorado: Denver, 2004: 353-357.

[122] WANG Y, SHEN S H, CAO Y X. Study on the Three-phase Four-legs Active Filter Based on One-cycle Control[C]. //Proceedings of the 8th International Conference on Electrical Machines and Systems, China: Nanjing, 2005: 1301-1304.

[123] ZHOU L, SHEN X L, ZHOU L W. Unified Constant-frequency Integration Control of Four-arm Three-phase Four-wire Active Power Filter with Vector Operation[C]. //The 30th Annual Conference of the IEEE industrial electronics society, Korea, 2004: 735-738.

[124] 孙驰，张国安，巍光辉. 一种新颖的三相四桥臂逆变器电流调节方案研究[J]. 电机与控制学报，2004，8（2）：165-169.

[125] ALI S M, KAZMIERKOWSKI M P. PWM Voltage and Current Control of Four-leg VSI[J]. IEEE ISIE'98, South Africa, Pretoria, 1998: 196-201.

参考文献

[126] QUINN C A, MOHAN N, MEHTA H. A Four-wire Current Controlled Converter Provides Harmonic Neutralization in Three-phase Four Wire System[J]. IEEE APEC'93, USA, San Diego California,1993: 841-846.

[127] HAO M, ZHENG C. Comparison of Control Strategies for Active Power Filter in Three-phase Four-wire Systems[C]. //The 30th Annual Conference of the IEEE Industrial Electronics Society, Korea, 2004: 1429-1434.

[128] LI C, ZOU Y P. One-cycle Control Active Power Filter for Three-phase Four-wire Systems[C]. // 2004 First International Conference on Power Electronics Systems and Applications,Chiang Cheng Studio Theatre,Hong Kong, China: 2004: 61-65.

[129] 周小军，周林，沈小莉. 单周控制四桥臂三相四线制有源滤波器[J]. 重庆大学学报，2004，27（3）：77-80.

[130] 戴宁怡，黄民聪. 三相四线系统并联电能质量补偿器的新型控制方法[J]. 电力自动化设备，2003，23（6）：16-20.

[131] 龚春英，熊宇，郦鸣，等. 四桥臂三相逆变电源的三维空间矢量控制技术研究[J]. 电工技术学报，2004，19（12）：29-36.

[132] 孙驰，毕增军，巍光辉. 一种新颖的三相四桥臂逆变器解耦控制的建模与仿真[J]. 中国电机工程学报，2004，24（1）：124-130.

[133] SHEN D, LEHN P W. Fixed-frequency Space-vector-modulation Control for Three-phase Four-leg Active Power Filters[J]. IEEE Proceedings Electric Power Applications, 2002, 149(4): 268-274.

[134] ZHOU F, YANG J, HU J F. Study on Active Power Filter used in Three-phase Four-wire System[C]. //The 3rd International Power Electronics and Motion Control Conference, China: Beijing, 2000: 1037-1040.

[135] ZHOU F, WANG Y, WANG Z A. The Configuration of Main Circuit and Control Strategy for Power Filter in Three-phase Four-wire System[C]. //2001 IEEE 32nd Annual Power Electronics Specialist Conference, Canada: Vancouver, 2001:1615-1618.

[136] LIN B R, YANG T Y. Experimental Verification of Three-phase Four-wire Current-regulated PWM Converter[J]. IEEE Proceedings Electric Power Applications, 2005, 152(3): 677-685.

[137] 马晓军，陈建业，王仲鸿，等. 单相并联型有源滤波器的研究[J]. 清华大学学报，1997，7（37）：39-43.

[138] 刘凡，杨洪耕，马文营，等. 单相并联型有源滤波器在电铁谐波抑制中的研究[J]. 电力系统及其自动化学报，2002，14（6）：60-62.

[139] 任万强，张一工，张金元. 单相电力有源滤波器的仿真与研究[J]. 郑州大学学报，1998，3（30）：44-48.

[140] 李卫国，曾国宏，郝荣泰. 基于状态优化的单相有源滤波器边带控制方案[J]. 电力系统自动化，2002，5：36-40.

[141] MIN B D, YOUM J H, KWON B H. A Space Vector Modulation Based Hysteresis Current Controller for the PWM Rectifier with Voltage Link[J]. Int. T. Electronics, 1999, 86(3): 363-377.

[142] KWON B H, WOOKIM T, YOWN J H. A Novel Svm-based Hysteresis Current Vontrolled[J]. IEEE Trans. on PE, 1998, 13(2): 297-307.

[143] HABETLER T G. A Space Vecter-based Rectifier Regulator for AC/DC/AC Converters[J]. IEEE Trans Paver Electron, 1993(8): 30-36.

[144] 张兴，张崇巍. PWM 可逆变流器空间电压矢量控制技术的研究[J]. 电气传动，1997（3）：21-24.

[145] 薛定宇，陈阳泉. 基于 MATLAB/Simulink 的系统仿真技术与应用[M]. 北京：清华大学出版社，2004.

[146] 范影乐，杨胜天，李轶. MATLAB 仿真应用详解[M]. 北京：人民邮电出版社，2001.

[147] 梁春贤，冯丽. 用 MATLAB 对电网谐波信号检测及谐波补偿进行仿真[J]. 电测与仪表，39（5）：5-7.

[148] 吴天明，谢小竹，彭彬. MATLAB 电力系统设计与分析[M]. 北京：国防工业出版社，2004.